파이썬 자연어 처리의 이론과 실제

'적인 자연어 처리를 위한
러닝과 딥러닝 구현하기

잘라지 트하나키 지음

이승준 옮김

Packt> 에이콘

파이썬 자연어 처리의
이론과 실제

데이터 과학으로 인해 소매업, 은행, 금융 서비스, 출판, 제약, 제조 등의 사업 방식과 세상살이가 빠르게 변화하고 있다. 양적, 질적, 구조적, 비구조적, 말하기, 비디오 등 모든 형태의 데이터는 기하급수적으로 증가하는 추세다. 위험과 사기를 피하고 고객 경험을 향상시키며, 수익을 높이고 운영을 간소화하려면 이런 데이터를 활용하는 것이 중요하다.

조직은 데이터 과학을 적극적으로 수용하고 고급 데이터 과학팀에 많은 투자를 한다. 나는 은행, 금융서비스 및 보험(BFSI) 분야에서 12년 이상을 일하면서 이 업계가 분석 기술을 사업으로 받아들이지 못했다는 사실에 당황스러웠다. 잘라지Jalaj와 내가 몸담은 핀테크 및 디지털 대출 세계는 특히 분석 기술을 사업으로 받아들이지 못했다.

나는 대학 시절부터 잘라지와 친분이 있었고 그녀의 충만함과 스스로 동기 부여를 하는 모습에 깊은 인상을 받았다. 연구 기술, 인내, 헌신, 훈련 그리고 가장 어려운 개념조차 신속히 파악하는 능력으로 잘라지는 4년이라는 짧은 기간 동안 기업 활동에서 성공을 거뒀다.

잘라지는 수학과 통계학에 탁월한 지식을 지닌 재능 있는 지식인으로서 업계의 새롭고 복잡한 분석과 통계 기법을 배우려는 열정을 지녔다. 나는 그녀가 데이터 과학 분야에서 경험을 쌓고 NLP, 머신 러닝, 기본 언어 분석, 신경망, 딥러닝과 관련된 프로젝트를 인상적으로 수행하는 과정을 보았다. 잘라지가 스스로 설정한 업무 일정에 맞춘 맹렬한 추진과 업무에 대한 열정으로 그녀의 조직은 명확하고 괄목할 만한 결과를 얻었다.

잘라지의 가장 특별한 자질 중의 하나는 사업적 흥미를 갖고 아주 복잡한 문제의 근원적 부분을 해결하려는 점이다. 그녀는 탁월한 팀 운영자이며 조직에서 훌륭한 재능을 최대한 발휘한다.

이 책에서 잘라지는 자연어 처리 분야를 통해 흥미롭고 통찰력 있는 여행으로 우리를 데려간다. 그녀는 기본 개념부터 시작해서 NLP에서의 머신 러닝과 딥러닝 사용 방법 같은 가장 고급 개념까지 알려준다.

그녀의 향후 모든 노력에 행운이 따르길 바란다.

사리타 아로라(Sarita Arora)
SMECorner 최고 분석 책임자
인도 뭄바이

| 지은이 소개 |

잘라지 트하나키 Jalaj Thanaki

데이터 과학자다. 구체적으로 말하면 데이터 과학 연구자로, 데이터 과학 관련 문제를 다루는 것을 좋아한다. 또한 데이터 과학과 인공 지능 관련 기술을 사용해 세계를 더 나은 곳으로 만들고 싶어한다. 연구 관심사는 자연어 처리, 머신 러닝, 딥러닝 및 대용량 데이터 분석이다. 사회 활동가, 여행자, 자연 애호가이기도 하다.

| 감사의 글 |

나의 남편 쉐툴 트하나키Shetul Thanak의 끊임없는 지지, 격려 및 독창적인 제안에 감사하며, 그에게 이 책을 바친다.

인생의 단계마다 나를 도와주신 부모님과 시부모님, 가족, 친구들에게 깊은 감사를 표한다. 지난 몇 년 동안 내 멘토가 된 모든 분에게 감사드리며, 이 책을 검토한 기술 감수자의 노력에도 진심으로 감사드린다. SMECorner 사의 지원에도 고마움을 전하고 싶다. 나는 오픈 소스 커뮤니티와 교육 커뮤니티의 열렬한 팬이므로 Kaggel, Udacity, Coursera 같은 커뮤니티에서 직접 또는 간접적으로 데이터 과학의 다양한 개념을 이해하는 데 도움을 받은 사실에 진심으로 감사의 마음을 전한다. 이들 커뮤니티에서 배우지 않았다면 지금의 일을 할 수 없었을 것이다.

이 책을 쓰도록 기회를 준 팩트출판사와 아만 싱Aman Singh에게 감사드린다. 이 책을 훌륭하게 만들기 위해 편집팀 전체가 기울인 노력에도 진심으로 감사한다. 특히 아만 싱, 자그루티 바바리아Jagruti Babaria, 멘카 보흐라Menka Bohra, 만트한 파텔Manthan Patel, 니드히 조시Nidhi Joshi, 사일리 니칼제Sayli Nikalje, 마니샤 신하Manisha Sinha, 사피스Safis와 타니아 두타Tania Dutta에게 감사드린다.

기술 편집팀, 전략 및 관리팀, 마케팅팀, 영업팀, 그래픽 디자이너팀, 사전 제작팀, 사후 제작팀, 레이아웃 코디네이터팀, 인덱서indexer팀의 노력에도 감사드린다.

나는 기꺼이 배우려는 사람들에게 내 지식을 전할 수밖에 없다고 느낀다.

내게 자애로우신 신에게도 감사한다!

모두 힘내고, 행복한 독서를 하기 바란다!

| 기술 감수자 소개 |

데베시 라지Devesh Raj

의료, 제조, 자동차, 생산 등 다양한 분야에서 머신 러닝(지도 및 비지도 머신 러닝 기술)과 구조화된 학습 및 구조화되지 않은 데이터의 딥러닝(컴퓨터 비전 및 NLP)을 적용하며, 알고리즘 개발과 문제 해결에 10년의 경력을 지닌 데이터 과학자다.

가예트리 트하쿠르Gayetri Thakur

자연어 처리 분야에서 일하는 언어 학자다. 자동 문법 검사기, 개체명 인식기, 텍스트-음성 및 음성-텍스트 변환 시스템 같은 NLP 도구를 공동 개발했다. 현재 구글 인도법인에서 근무하고 있다. 언어학 박사 과정 중에 있으며 바나라스 힌두 대학교에서 언어학 석사 학위를 받았다.

프랍한잔 탓타르Prabhanjan Tattar

9년 이상의 경력을 가진 통계분석가다. 주요 연구 분야이자 관심 분야는 서바이벌 분석과 통계적 추론으로, 상호 심사 저널에 여러 연구 논문을 발표했다. R과 관련해 『R Statistical Application Development by Example』(Packt, 2013), 『Practical Data Science Cookbook』(Packt, 2017), 『A Course in Statistics with R』(Wiley, 2016) 등 3권의 책을 저술했다. R 패키지인 gpk, RSADBE, ACSWR도 관리한다.

치락 마하파트라Chirag Mahapatra

머신 러닝과 자연어 처리를 신용과 안전 문제에 적용하는 소프트웨어 엔지니어다. 현재 Trooly(Airbnb가 인수함)에서 근무 중이며, A9.com에서 광고 데이터 플랫폼을 연구한 경험이 있다.

| 옮긴이 소개 |

이승준(violakr0@gmail.com)

한아시스템에서 소프트웨어 엔지니어로 근무했으며, 현재 프리랜서로 일하고 있다.

삼각형프레스에서 출간한 『Boogazine JFC PROGRAMMING』(1997), 『Java Workshop 2.0 21일 완성』(1997), 『Boogazine Visual J++ 6.0』(1998), 『XML 기본+활용 마스터하기』(2002)를 집필했고, 『JAVA 서블릿 & JSP 프로그래밍 한꺼번에 끝내기』(2002)를 번역했다. 또한 에이콘출판사에서 출간한 『(개정판) C & C++ 시큐어 코딩』(2015), 『닷넷 개발자를 위한 AngularJS』(2016), 『파이썬 분산 컴퓨팅』(2016), 『앵귤러2 컴포넌트 마스터』(2016), 『유니티 게임 개발을 위한 절차적 콘텐트 생성』(2017), 『(2판) React 16 핵심 정리』(2018)를 번역했다.

│ 옮긴이의 말 │

자연어 처리는 인공지능과 맞물려 현대 생활의 중심으로 들어오고 있다. 광고에는 사람의 말을 알아듣는 제품이 등장하고, 시중에는 말로 제어하는 가전기기가 출시돼 있다. 인간형 로봇의 경우에는 인간과 의사소통을 하기 위해 자연어 처리가 필수다. 이제 컴퓨터 관련 분야에서 종사하거나 관심 있는 사람들이 자연어 처리를 알아야만 하는 상황이 된 것이다.

하지만 자연어 처리는 복잡한 영역이라 아주 많은 자료가 존재하며, 학습자가 자연어 처리를 익히려면 여기저기 발품을 팔아야 하는 실정이다. 저자는 그런 현실을 깨닫고 한 권의 책으로 파이썬 자연어 처리의 전반을 이해할 수 있게 집필했다.

한정된 지면에 많은 지식을 넣기 위해 저자는 링크를 활용했다. 안내서로의 역할도 충분해서 독자가 해당 링크를 방문해 학습한다면 이 책 한 권으로 여러 권 분량의 지식을 쌓는 성과를 맛볼 수 있다. 나는 독자가 생소하게 느낄 만한 전문용어에 대해서는 주석을 달아 손쉽게 관련 용어를 이해할 수 있게 했다. 여기서 익힌 지식을 바탕으로 한국어 자연어 처리에 잘 응용하기를 바란다.

이 책을 번역하는 동안 물심양면으로 신경 써준 대우증권 IT센터 이수현 팀장, 보험개발원 정보서비스부문 IT 개발팀 김기홍 팀장, 한아시스템의 옛 동료이자 현재 (주)수가미디어컴의 김영기 대표에게도 감사의 말을 전한다. 마지막으로 이 번역서가 나올 수 있도록 기회를 주신 에이콘출판사 권성준 사장님과 편집자 분들께 감사드린다.

차례

| 들어가며 |

제목인 『파이썬 자연어 처리의 이론과 실제』는 이 책에 대해 여러 가지를 생각하게 만든다. 여러분은 독자로서 자연어 처리(NLP, natural language processing)의 모든 측면을 처음부터 배울 수 있는 기회를 얻게 된다. 나는 이 책에서 NLP 개념을 매우 간단한 언어로 설명했으며 이 분야를 잘 이해할 수 있게 실용 예제를 소개한다. 예제를 구현하다 보면 NLP 기술을 향상시킬 수 있다. 재미있을 것 같지 않은가?

이제 NLP 분야에 대해 친구나 동료로부터 받은 가장 일반적인 질문에 답해보겠다. 이 질문은 내가 이 책을 쓰는 데 정말로 영감을 주었다. 내게 있어서는 모든 독자에게 이 책의 집필 이유를 알리는 것이 아주 중요하다. 그렇다면 시작해보자!

일단 독자에게 중요한 질문에 답하고 싶다. 몇 가지 질문부터 답하겠다. 내가 보통 묻는 첫 번째 질문은 "NLP란 무엇인가?"이다. 두 번째 질문은 "파이썬이 주로 NLP 애플리케이션을 개발하는 데 사용되는 이유는 무엇인가?"이다. 마지막으로 가장 중요한 질문은 "NLP를 배우기 위해 사용할 수 있는 자원은 무엇인가?"이다. 이제 답변을 알아보자.

첫 번째 질문에 대한 대답으로, NLP는 인간처럼 말하고 쓰고 읽거나 이해하는 언어다. 따라서 자연어는 의사 소통 수단이다. 전산과학 알고리즘, 수학 개념, 통계 기법을 사용해 우리는 기계도 인간처럼 언어를 이해할 수 있게 처리하려고 한다. 이를 NLP라고 한다.

이제 두 번째 질문, 즉 "사람들이 주로 NLP 애플리케이션을 개발하는 데 파이썬을 사용하는 이유는 무엇일까?"에 대한 대답을 해보겠다. 여러분과 나누고 싶은 사실이기도 한데, 매우 간단하고 직설적으로 말하면 파이썬에는 NLP 애플리케이션을 개발할 때 쉽게 사용할 수 있는 라이브러리가 많다. 또한 여러분이 C, 또는 C++ 코딩에 경험이 있다면 메모리 누수를 걱정할 필요가 없다. 파이썬 인터프리터가 이를 처리하기 때문에 주요 코딩 부분에만 집중할 수 있다. 게다가 파이썬은 코더 친화적coder-friendly인 언어다. 다른 객체 지향 언어에 비해 몇 행의 코드만 작성하면 훨씬 많은 작업을 수행할 수 있다. 따라서 이러한 모든 사실로 인해 사람들은 파이썬을 사용해 신속한 프로토타입 제작을 위한 NLP 및 기타 데이터 과학 관련 애플리케이션을 개발할 수 있다.

마지막 질문은 내게 중요한데 그 이유는 위와 같은 답변을 들은 내 친구들이 이후 NLP를 배우고 싶다면서 이용할 수 있는 자원은 무엇인지 물었기 때문이다. 예전에는 책, 블로그, 유튜브 동영상, Udacity, Coursera 같은 교육 플랫폼 등을 추천했는데 며칠 후 도서, 블로그, 그 외 형태의 하나로 된 자원이 있는지 다시 질문을 받고는 했다. 불행히도 내 대답은 "아니오"였다. 그때 나는 모든 자원을 일일이 이용하는 것이 어렵다고 느꼈으며, 결국 이 책을 집필하게 된 것이다.

그래서 나는 이 책에서 모든 사람에게 유용한 NLP의 필수 부분을 모두 다루려고 노력했다. 좋은 소식은 파이썬을 사용한 실용적인 예제를 담았기 때문에 독자는 이론적으로나 실제적으로 모든 개념을 이해할 수 있다는 것이다. 나는 독자가 쉽게 알 수 있게 읽기, 이해, 코딩이라는 3개의 주요 과정에 따라 이 책을 집필했다.

▌ 이 책에서 다루는 내용

1장, 소개 NLP와 NLP 분야에 관련된 여러 갈래를 소개한다. NLP 애플리케이션 빌드와 NLTK 설치를 논의하는 다양한 단계를 알아본다.

2장, 코퍼스와 데이터세트의 실제 이해 코퍼스 분석의 모든 측면을 보여준다. 코퍼스에 존재하는 다양한 타입의 코퍼스와 데이터 속성을 볼 수 있다. 우리는 CSV, JSON, XML, LibSVM 등과 같은 각 코퍼스 형식을 다루며, 웹 스크레이핑 예제도 살펴본다.

3장, 문장 구조의 이해 언어학인 자연어의 가장 기본적인 측면을 이해해본다. 어휘 분석, 구문 분석, 의미 분석, 모호성 처리 등의 개념을 알아본다. 모든 개념을 실질적으로 이해하는 데는 NLTK를 사용한다.

4장, 전처리 다양한 타입의 전처리 기술과 이를 사용자 정의할 수 있는 방법을 알아본다. 데이터 준비, 데이터 처리, 데이터 변환 같은 전처리 단계를 살펴본다. 이외에도 전처리의 실제적인 측면을 이해할 수 있다.

5장, 피처 엔지니어링과 NLP 알고리즘 NLP 애플리케이션의 핵심을 알아본다. NLP 애플리케이션을 개발할 때 사용하는 머신 러닝 알고리즘에 대한 입력을 생성하기 위해 서로 다른 알고리즘과 도구가 어떻게 사용되는지 살펴본다. 피처 엔지니어링에서 사용되는 통계적 개념을 이해하게 되며, 도구와 알고리즘의 사용자 정의로 넘어갈 것이다.

6장, 고급 피처 엔지니어링과 NLP 알고리즘 의미론적 문제를 다루는 데 사용되는 NLP의 최신 개념을 이해할 수 있다. 「왕좌의 게임Game of Thrones」 데이터 세트에서 벡터를 생성해 word2vec, doc2vec, GloVe 등을 알아볼 수 있을 뿐 아니라 word2vec의 실제 구현도 볼 수 있다.

7장, NLP를 위한 규칙 기반 시스템 규칙 기반 시스템을 구축하는 방법과 NLP용으로 동일한 시스템을 개발하는 동안 명심해야 할 모든 측면에 대해 자세히 설명한다. 규칙을 만드는 과정을 보게 되며 규칙도 코딩해본다. 또한 템플릿 기반의 챗봇chatbot을 어떻게 개발하는지 살펴본다.

8장, NLP 문제에 대한 머신 러닝 머신 러닝 기술의 새로운 면을 알아본다. NLP 애플리케이션을 개발하는 데 사용되는 다양한 알고리즘을 볼 수 있다. 또한 머신 러닝을 사용해 멋진 NLP 애플리케이션도 구현한다.

9장, NLU와 NLG 문제에 대한 딥러닝 인공 지능의 다양한 측면을 소개한다. 인공 신경망(ANN)의 기본 개념과 자신만의 ANN을 만드는 방법을 살펴본다. 하드코어 딥러닝을 이해하고 딥러닝의 수학적 측면을 개발하며, 자연어 이해(NLU)와 자연어 생성(NLG)에 딥러닝이 얼마나 사용되는지 확인한다. 여기서도 멋진 실전 예제를 기대할 수 있다.

부록 A, 고급 도구　아파치 하둡, 아파치 스파크, 아파치 플링크 같은 다양한 프레임워크를 간략하게 소개한다.

부록 B, NLP 기술을 향상시키는 방법　NLP 기술을 최신 상태로 유지하는 방법을 설명하며, 지속적인 학습이 새로운 NLP 기술을 습득하는 데 얼마나 도움이 되는지 의견을 제시한다.

부록 C, 설치 안내　필요한 설치에 대한 지시사항을 볼 수 있다.

▌준비 사항

이 책을 읽는 데 필요한 사전 조건에 대해 논의해보자. 걱정하지 말라. 수학이나 통계가 필요하지 않고 기본 파이썬 코딩 구문 지식만 있으면 된다. 그 외에 컴퓨터에 파이썬 2.7.X, 또는 파이썬 3.5.X가 설치돼 있어야 한다. 또한 리눅스 운영체제를 사용하길 권장한다.

파이썬 종속성 리스트는 깃허브의 https://github.com/jalajthanaki/NLPython/blob/master/pip-requirements.txt에서 볼 수 있다.

이제 이 책에 필요한 하드웨어를 알아보자. 4GB RAM과 최소 듀얼코어 CPU를 갖춘 컴퓨터는 코드를 실행하기에 충분하지만, 머신 러닝과 딥러닝 예제에 대해서는 8GB 또는 16GB의 RAM과 GPU를 사용하는 연산 능력을 갖추는 것이 좋다.

▌이 책의 대상 독자

이 책은 NLP를 구현해 애플리케이션을 더 스마트하게 만들려는 파이썬 개발자를 대상으로 한다.

▌ 편집 규약

정보의 종류를 구분하기 위해 여러 가지 편집 규약을 사용했다. 각 사용 사례와 의미는 다음과 같다.

본문의 코드 단어, 데이터베이스 테이블 이름, 폴더명, 파일명, 파일 확장자, 경로명은 다음과 같이 표시한다.

"nltk 라이브러리는 내장 코퍼스를 제공한다."

프로그램 코드 블록은 다음처럼 나타낸다.

```
import nltk
from nltk.corpus import brown as cb
from nltk.corpus import gutenberg as cg
```

명령줄 입력이나 출력은 다음과 같이 표현한다.

```
pip install nltk 또는 sudo pip install nltk
```

새로운 용어나 **중요 단어**는 굵게 표시한다. 화면에 나타나는 단어, 예를 들면 메뉴나 대화 상자에 표시되는 단어는 다음과 같이 굵은 텍스트로 보여준다.

"그러면 특정 라이브러리를 선택할 수 있는 추가 대화 상자 창이 열리는데 여기서 특정 라이브러리를 선택할 수 있지만, 우리의 경우엔 **All packages**를 클릭해 패키지가 있는 경로를 선택하면 된다. 모든 패키지가 다운로드될 때까지 기다린다."

경고나 중요한 내용은 이 아이콘으로 표시한다.

 도움이 될 팁은 이 아이콘으로 표시한나.

█ 독자 의견

독자 의견은 언제나 환영이다. 이 책의 좋았던 점, 부족한 점 등의 소감을 알려주기 바란다. 독자 의견은 독자에게 필요한 주제를 개발하는 데 매우 중요하다. 일반적인 의견을 보낼 때는 제목에 책 제목을 적어서 간단하게 feedback@packtpub.com으로 이메일을 보내면 된다. 만약 전문 지식을 갖고 있는 주제가 있거나 출판에 관심이 있다면 팩트출판사의 저자 안내 페이지(www.packtpub.com/authors)를 참고하기 바란다.

█ 고객 지원

팩트출판사의 도서를 구매한 여러분이 책을 최대한 활용할 수 있도록 도움이 되는 여러가지 방법을 제공한다.

예제 코드 다운로드

이 책의 원서에 수록된 예제 코드 파일은 http://www.packtpub.com에서 로그인한 후 다운로드할 수 있다. 이 책을 다른 곳에서 구입한 경우에는 http://www.packtpub.com/support에서 계정을 등록하면 파일을 이메일로 직접 받을 수 있다.

예제 코드 다운로드 방법은 다음과 같다.

1. 팩트출판사의 웹사이트에서 이메일 주소와 비밀번호로 새 계정을 등록하거나, 계정이 있는 경우 로그인한다.
2. 맨 위에 있는 SUPPORT 탭을 클릭한다.
3. Code Download & Errata를 클릭한다.
4. 검색 창에 책 이름을 입력한다.
5. 코드 파일을 다운로드할 책을 선택한다.
6. 드롭다운 메뉴에서 책을 구입한 곳을 선택한다.
7. Code Download를 클릭한다.

파일을 다운로드한 이후에는 다음 프로그램의 최신 버전을 사용해서 압축을 해제한다.

- 윈도우: WinRAR / 7-Zip
- 맥: Zipeg / iZip / UnRarX
- 리눅스: 7-Zip / PeaZip

원서의 예제 코드는 깃허브의 https://github.com/PacktPublishing/Python-Natural-Language-Processing에서도 내려받을 수 있다. 또한 https://github.com/PacktPublishing/에서는 다양한 도서와 비디오 카탈로그에서 제공하는 다른 코드도 있으니 확인해 보길 바란다. 그리고 한국어판 예제코드는 에이콘출판사의 도서정보 페이지인 http://www.acornpub.co.kr/book/python-nlp에서 다운로드할 수 있다.

컬러 이미지 다운로드

이 책에서 사용된 그림과 다이어그램을 컬러 이미지로 볼 수 있는 PDF 파일도 제공한다. 이 컬러 이미지는 출력물에서 나타나는 차이점을 이해하는 데 많은 도움이 될 것이다. 이 파일은 https://www.packtpub.com/sites/default/files/downloads/PythonNatu

ralLanguageProcessing_ColorImages.pdf에서 다운로드한다. 또한 에이콘출판사의 도서정보 페이지인 http://www.acornpub.co.kr/book/python-nlp에서도 다운로드할 수 있다.

정오표

내용의 정확성을 위해 항상 최선을 다하지만 실수가 발생할 수 있다. 책의 내용이나 코드에서 잘못된 부분을 발견하면 알려주기를 바란다. 그런 참여를 통해 책의 다음 버전을 개선하고, 다른 독자에게도 도움을 줄 수 있다. 오탈자를 발견하면 http://www.packtpub.com/submit-errata페이지에 접속해 책을 선택하고, Errata Submission 링크를 클릭해 오탈자의 세부 내용을 입력하면 된다. 보내준 오류 내용이 확인되면 웹사이트에 그 내용을 올리거나, 해당 도서의 정오표 섹션의 목록에 추가된다.

등록된 오탈자는 https://www.packtpub.com/books/content/support에 접속해서 검색 창에 책 제목을 입력하면 Errata 섹션에서 확인할 수 있다.

한국어판의 오탈자는 에이콘출판사의 도서정보 페이지 http://www.acornpub.co.kr/book/python-nlp에서도 확인 가능하다.

▍ 저작권 침해

인터넷상의 저작권 자료에 대한 불법 복제는 모든 미디어에서 발생하는 심각한 문제다. 팩트출판사는 저작권과 라이선스 보호를 매우 중요하게 생각한다. 어떤 형태로든 팩트출판사의 불법 복제물을 인터넷에서 발견한 경우, 적절한 조치를 취할 수 있도록 해당 주소나 웹사이트를 즉시 알려주길 바란다. 불법 복제가 의심되는 자료에 대한 링크를 copyright@packtpub.com으로 보내주기를 바란다. 저자를 보호하고, 독자에게 귀중한 콘텐츠를 제공할 수 있도록 큰 도움을 주는 여러분께 깊은 감사의 뜻을 전한다.

▌ 질문

이 책과 관련된 질문이 있을 경우, questions@packtpub.com으로 보내주면 문제 해결을 위해 최선을 다하겠다. 한국어판에 관한 질문은 이 책의 옮긴이나 에이콘출판사 편집팀(editor@acornpub.co.kr)으로 문의해주길 바란다.

01

소개

1장에서는 자연어 처리NLP, natural language processing를 소개하고 실제 인공지능 애플리케이션에서 자연어 처리 개념을 사용하는 방법에 대해 설명한다. 여기서는 주로 NLP 애플리케이션을 개발하는 데 사용되는 파이썬 프로그래밍 패러다임에 중점을 둘 것이다. 1장의 뒷부분에는 독자를 위한 팁을 두었다. NLP에 대한 다양한 프로그래밍 패러다임을 비교하고 파이썬이 최고의 프로그래밍 패러다임인 이유에 대해 알고 싶다면 이 책의 머리말을 읽어보기 바란다. 나는 업계 전문가로서 NLP 프로그래밍 패러다임의 대부분을 시도해 보았다. NLP 애플리케이션에 자바, R, 파이썬을 사용했다. 파이썬은 NLP 개념을 사용하는 애플리케이션을 개발하는 데 아주 쉽고 효율적이다.

1장에서는 다음과 같은 주제를 다룬다.

- 자연어 처리에 대한 이해
- 기본 애플리케이션 이해
- 고급 애플리케이션 이해
- 공생의 이점: NLP와 파이썬
- NLTK 환경 설정
- 독자를 위한 팁

▋ 자연어 처리에 대한 이해

지난 몇 년 동안 인공지능AI, Artificial Intelligence 분야는 많은 관심을 불러 일으켰으며, 이 분야로는 데이터 과학, 데이터 분석, 예측 분석, NLP 등이 있다.

이 책의 '머리말'에서 언급했듯이, 우리는 파이썬과 자연어 처리에 초점을 맞출 것이다. 여러분에게 몇 가지 질문을 해보자. 여러분은 자연어가 무엇인지 정말로 아는가? 자연어 처리란 무엇인가? 자연어 처리의 다양한 개념을 사용해 전문가 시스템을 구축하는 데 관련된 다른 분야는 무엇이 있을까? NLP의 개념을 사용해 지능형 시스템을 구축하려면 어떻게 해야 할까?

NLP 이해를 위한 설명을 시작해보겠다.

자연어란 무엇일까?

- 인간으로서 우리는 언어를 통해 생각이나 감정을 표현한다.
- 여러분이 말하거나 읽고 쓰거나 듣는 것이 대부분 자연어 형태이기 때문에 일반적으로 자연어로 표현된다.

- 예를 들면 다음과 같다.
  - 이 책의 내용은 자연어 소스다.
  - 일상 생활에서 여러분이 말하고 듣고 쓰는 것도 자연어의 형태다.
  - 영화 대사도 자연어 소스다.
  - 왓츠앱WhatsApp 메신저 대화도 자연어 형태로 간주된다.

자연어 처리란 무엇일까?

- 이제 여러분은 자연어가 무엇인지 알게 됐다. NLP는 AI의 하위 분야다. 예제를 통해 NLP의 개념을 이해해보자. 여러분은 자연어의 형태로 인간과 대화하는 머신을 만들고 싶다고 가정하자. 이런 종류의 지능 시스템은 컴퓨터 기술과 컴퓨터 언어학이 필요하며, 시스템은 인간처럼 자연어를 처리하게 된다.
- 위에서 언급한 NLP 개념을 구글의 구글 어시스턴트Google Assistant, 애플의 시리Siri 대화 지원 등과 같은 세계 최고 기술 회사에서 개발된 기존 NLP 제품과 연관시킬 수 있다.
- 이제 NLP의 정의를 살펴보면 다음과 같다.
  - 자연어 처리란 인간의 자연어를 처리하기 위한 계산 기술 그리고, 또는 계산 언어학에 대한 능력이다.
  - 자연어 처리란 컴퓨터와 인간(자연) 언어 간의 상호작용과 관련된 전산과학, 인공지능, 컴퓨터 언어학의 한 분야다.
  - 자연어 처리란 인간 자연어의 자동 (또는 반자동) 처리로 정의할 수 있다.

NLP의 다양한 개념을 사용해 전문가 시스템을 구축하는 데 관련된 다른 분야는 무엇일까? 그림 1.1을 보면 NLP 개념을 사용해 전문가 시스템을 구축할 때 관련 분야가 얼마나 많은지 잘 알 수 있다.

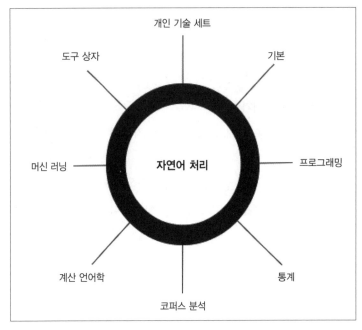

그림 1.1 NLP 개념

그림 1.2와 1.3은 그림 1.1에 있는 분야에 포함된 모든 하위 주제를 나타낸다.

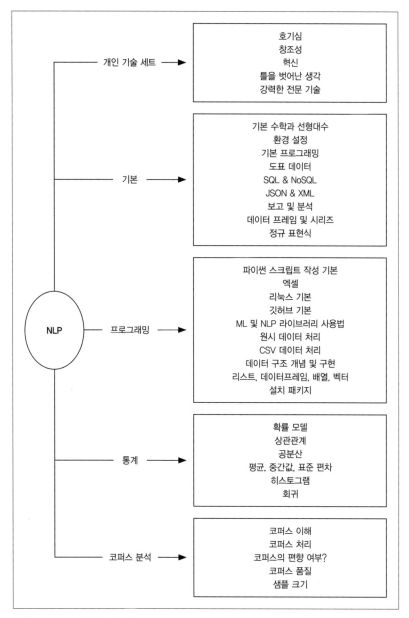

그림 1.2 NLP 개념의 하위 분야

그림 1.3은 나머지 하위 분야를 보여준다.

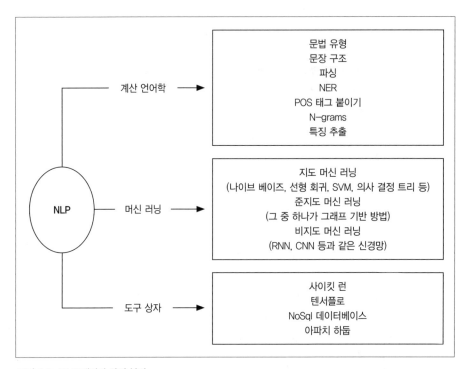

그림 1.3 NLP 개념의 하위 분야

NLP 개념을 사용해 지능형 시스템을 구축하려면 어떻게 해야 할까? 그림 1.4는 NLP 애플리케이션을 위해 전문가 시스템을 구축하는 방법을 나타낸 기본 모델이다. 개발 수명주기development life cycle는 다음 그림에 정의돼 있다.

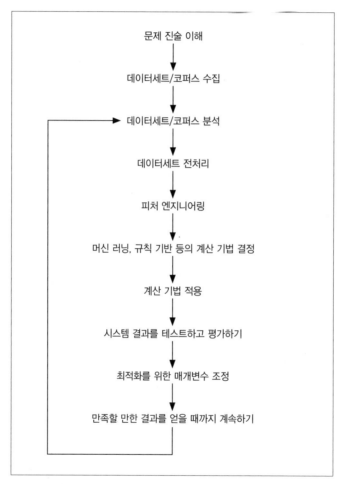

그림 1.4 개발 수명주기

NLP 관련 문제의 개발 수명주기에 대한 세부 사항을 알아보자.

1. NLP 문제를 해결하려면 먼저 문제 진술^{problem statement}을 이해해야 한다.
2. 문제 진술을 이해하면 문제를 해결하는 데 필요한 데이터, 또는 코퍼스의 종류를 생각하라. 따라서 데이터 수집은 문제 해결의 기본 활동이다.
3. 충분한 양의 데이터를 수집한 후에는 데이터 분석을 시작할 수 있다. 코퍼스의 질과 양은 얼마일까? 데이터 품질과 문제 진술에 따라 전처리가 필요하다.
4. 전처리가 끝나면 피처 엔지니어링 프로세스를 시작해야 한다. 피처 엔지니어링은 NLP 및 데이터 과학 관련 애플리케이션의 가장 중요한 측면이다. '5장 피처 엔지니어링과 NLP 알고리즘' 및 '6장 고급 피처 엔지니어링과 NLP 알고리즘'에서 피처 엔지니어링 관련 측면을 자세히 다룰 것이다.
5. 원시 전처리된 데이터에서 기능을 결정하고 추출한 후에는 어느 계산 기술이 문제 진술을 해결하는 데 유용한지 결정해야 하는데, 예를 들면 머신 러닝 기술이나 규칙 기반 기술을 적용할지를 결정한다.
6. 이제 어떤 기술을 사용하는지에 따라 여러분이 결정한 알고리즘에 대한 입력으로 제공할 기능 파일을 준비해야 한다.
7. 로직을 실행하고 나서 출력을 생성한다.
8. 시스템의 출력을 테스트하고 평가한다.
9. 최적화를 위해 매개변수를 조정하고 만족스러운 결과를 얻을 때까지 계속한다.

1장에서는 짧은 시간 내에 많은 정보를 다루므로 바로 이해되지 않더라도 참으며 읽어 나가도록 하자. 2장 이후부터는 모든 세부 사항과 예제를 살펴볼 테니 이해하는 데 도움이 될 것이다.

▌기본 애플리케이션 이해

NLP는 AI의 하위 분야다. NLP 개념은 다음과 같은 전문가 시스템에서 사용된다.

- 음성 인식 시스템
- 질문 응답 시스템
- 한 특정 언어에서 다른 특정 언어로의 번역
- 텍스트 요약
- 감정 분석
- 템플릿 기반의 챗봇
- 텍스트 분류
- 토픽 세분화

이후 장에서는 앞선 애플리케이션에서 사용된 대부분의 NLP 개념을 학습하겠다.

고급 애플리케이션 이해

고급 애플리케이션에는 다음과 같은 내용을 포함한다.

- 자연어 명령을 이해하고 사람과 자연어로 대화하는 인간형 로봇
- 특정 언어를 다른 특정 언어로 변환할 수 있는 기계 번역 시스템을 쉽게 구축할 수 있기 때문에 범용 기계 번역 시스템universal machine translation system 구축은 NLP 분야의 장기적 목표가 되지만 다른 여러 언어를 번역하는 데 도움이 될지 미지수다. 딥러닝의 도움으로 범용 기계 번역 시스템을 개발할 수 있으며, 구글은 최근 이 목표를 달성하는 데 아주 가까이 왔다고 발표했다. '9장 NLU와 NLG 문제에 대한 딥러닝'에서는 딥러닝을 사용해 자체 기계 번역 시스템을 구축하겠다.

- 주어진 문서에 대해 논리적인 제목을 생성하는 NLP 시스템은 고급 애플리케이션 중 하나다. 또한 딥러닝을 통해 문서 제목을 생성하고 게다가 요약도 수행할 수 있다. 이러한 종류의 애플리케이션은 9장에서 볼 수 있다.
- 특정 주제, 또는 이미지용 텍스트를 생성하는 NLP 시스템도 고급 NLP 애플리케이션으로 간주된다.
- 인간을 위한 개인용 텍스트를 생성하고 인간의 글쓰기에서 실수를 알아채는 고급 챗봇도 우리가 달성하려는 목표다.
- 많은 다른 NLP 애플리케이션이 있는데 그림 1.5에서 볼 수 있다.

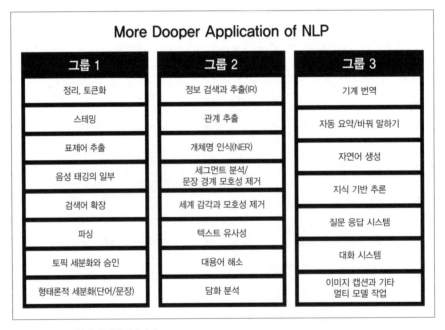

그림 1.5 NLP 분야의 애플리케이션

공생의 이점: NLP와 파이썬

다음은 파이썬이 NLP 기반 전문가 시스템을 구축하는 데 가장 좋은 옵션이라는 점을 보여준다.

- 파이썬을 사용해 NLP 기반 전문가 시스템을 위한 프로토타입을 개발하는 것은 매우 쉽고 효율적이다.
- 파이썬 프로그래머는 다양한 오픈 소스 NLP 라이브러리를 사용할 수 있다.
- 커뮤니티 지원이 아주 강력하다.
- 초보자가 사용하기 쉽고 덜 복잡하다.
- 신속한 개발: 테스트와 평가가 쉽고 덜 복잡하다.
- 아파치 스파크, 아파치 플링크, 텐서플로 같은 많은 새 프레임워크에서는 파이썬용 API를 제공한다.
- NLP 기반 시스템의 최적화는 다른 프로그래밍 패러다임에 비해 덜 복잡하다.

NLTK 환경 설정

모든 독자에게 깃허브의 NLPython 저장소(https://github.com/jalajthanaki/NLPython) 이용을 제안한다.

나는 리눅스(우분투)를 운영체제로 사용한다. 리눅스에 익숙하지 않다면 리눅스와 친해지는 것이 좋다. 그 이유는 아파치 하둡, 아파치 스파크, 아파치 플링크, 구글 텐서플로 같은 대부분의 고급 프레임워크가 리눅스 운영체제에서 돌아가기 때문이다.

해당 깃허브 저장소에는 리눅스 설치 방법과 이 책에서 사용하는 기본적인 리눅스 명령에 대한 지시사항이 포함돼 있다. 깃허브에서 깃(Git)을 처음 사용한다면 깃허브에 대한 기본 명령을 https://github.com/jalajthanaki/NLPython/tree/master/ch1/documentation 에서 찾아보면 된다.

이 책의 독자들이 각 장의 환경을 설정할 수 있도록 설치 가이드를 제공한다. 해당 가이드는 https://github.com/jalajthanaki/NLPython/tree/master/ch1/installation_guide 에서 볼 수 있으며, nltk 설치 단계는 다음과 같다(또는 https://github.com/jalajthanaki/NLPython/blob/master/ch1/installation_guide/NLTK%2BSetup.md을 따라 해도 된다).

1. 파이썬 2.7.x를 직접 설치하라.[1] 그러나 리눅스 우분투 14.04에서는 이미 설치 돼 있다. 잘 모를 경우에는 python –V 명령을 사용해 파이썬 버전을 확인하면 된다.

2. 파이썬 라이브러리 설치를 위해 pip를 설치하라(https://github.com/jalajthanaki/NLPython/blob/master/ch1/installation_guide/NLTK%2BSetup.md).[2]

3. 터미널을 열고 다음 명령을 실행한다.

---

pip install nltk 또는 **sudo pip install nltk**

---

4. 터미널을 열고 python 명령을 실행한다.

5. 파이썬 셸에서 import nltk 명령을 실행한다.
   nltk 모듈이 시스템에 성공적으로 설치됐다면 시스템은 아무 메시지를 나타내지 않는다.

6. 파이썬 셸 내에서 nltk.download( ) 명령을 실행한다.

7. 그러면 특정 라이브러리를 선택할 수 있는 대화상자 창이 열리는데, **All packages** 를 클릭하고 패키지를 저장할 경로를 선택한다. 모든 패키지가 다운로드될 때까지 기다린다. 다운로드하는 데 시간이 오래 걸릴 수 있다. 다운로드가 완료되면 앞서 지정한 경로에서 nltk_data라는 폴더를 찾을 수 있다. 다음 그림에서 NLTK Downloader를 확인해 보자.

---

1 이 책의 번역 시점에서는 각각 2.7.14와 3.6.4 버전이 나와 있다. https://www.python.org/downloads/ 링크를 통해 여러분의 작업 대상에 맞는 버전으로 다운로드해서 사용하면 된다. – 옮긴이

2 3.x 버전에는 pip가 포함돼 있다. – 옮긴이

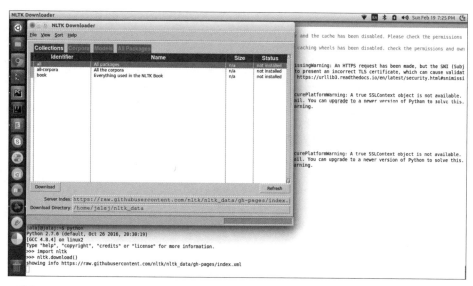

그림 1.6 NLTK Downloader

이 저장소에는 설치 가이드, 코드, 위키 페이지 등이 들어 있다. 독자가 질문할 내용이 있으면 Gitter 그룹에 게시하면 된다. Gitter 그룹의 URL은 https://gitter.im/NLPython/Lobby?utm_source=share-link&utm_medium=link&utm_campaign=share-link 이다.

▌ 독자를 위한 팁

이 책은 실용적인 가이드다. 업계 전문가로서 나는 모든 독자가 깃허브에서 사용 가능한 코드를 받아서 이 책에서 제공하는 연습을 수행하기를 강력히 권한다. 그렇게 하면 NLP 개념을 이해하기가 더 나을 것이다. 실전을 수행하지 않으면 모든 NLP 개념을 철저히 이해하기란 거의 불가능하다. 그 외에도 구현하는 재미가 있을 거라고 장담한다.

앞으로 나올 내용의 흐름은 다음과 같다.

- 개념 설명
- 개념 응용
- 개념의 필요성
- 개념을 구현하는 가능한 방법(코드는 깃허브에 있음)
- 개념에 대한 과제
- 도전 과제를 극복하기 위한 팁
- 연습

▌ 요약

1장에서는 NLP에 대해 소개했다. 이제 NLP에 어떤 종류의 분야가 관련돼 있고, NLP 개념을 사용해 전문가 시스템을 구축하기 위한 다양한 단계에 대해 간략한 지식을 얻었다. 마지막에는 NLTK를 위한 환경을 설정했다. 모든 설치 관련 지시 사항과 코드는 깃허브에서 이용할 수 있다.

2장에서는 NLP 관련 애플리케이션에서 어떤 종류의 코퍼스를 사용하는지, 코퍼스를 분석할 때 어떤 중요한 점을 유의해야 하는지를 알아보겠다. 파일 형식의 각 타입과 데이터 세트도 다룰 것이다. 함께 살펴보자!

02

코퍼스와 데이터세트의
실제 이해

2장에서는 자연어 처리의 첫 번째 기본 요소에 대해 살펴보겠다. 코퍼스 또는 데이터세트를 실제로 이해하기 위해 다음 주제를 다룬다.

- 코퍼스란 무엇인가?
- 왜 코퍼스가 필요한가?
- 코퍼스 분석 이해
- 데이터 속성 타입 이해
- 데이터세트의 다양한 파일 형식 알기
- 접근 무료 코퍼스 자원

- NLP 애플리케이션을 위한 데이터세트 준비
- 웹 스크레이핑web scraping[1] 애플리케이션 개발

█ 코퍼스란 무엇인가?

자연어 처리 관련 애플리케이션은 방대한 양의 데이터를 사용해 만든다. 간단히 말하면 많은 데이터 모음을 **코퍼스**corpus라고 부를 수 있다. 좀 더 형식적, 또는 기술적으로 말하면 다음과 같이 코퍼스를 정의할 수 있다.

코퍼스는 컴퓨터에 저장된, 쓰이거나 말해진 자연어 자료 모음이며 언어가 어떻게 사용됐는지 알아내는 데 사용한다. 더 정확히 말하면 코퍼스는 코퍼스 분석뿐만 아니라 언어 분석에 사용되는 실제 언어의 체계적 디지털 모음이다. 둘 이상의 코퍼스가 있으면 **코포라**corpora라고 부른다.

NLP 애플리케이션을 개발하려면 작성된 코퍼스나 말이 들어간 자연어 자료가 필요하다. 우리는 이 자료, 또는 데이터를 입력 데이터로 사용해서 NLP 애플리케이션을 개발하도록 할 것이다. NLP 애플리케이션은 코퍼스 하나만 입력으로 사용하기도 하지만 여러 코포라를 입력으로 사용할 때도 있다.

NLP 애플리케이션을 개발할 때 코퍼스를 사용하는 데는 여러 가지 이유가 있는데, 그 중 일부는 다음과 같다.

- 코퍼스의 도움으로 빈도 분포, 단어의 동시 발생 등과 같은 통계 분석을 수행할 수 있다. 걱정하지 말라. 2장의 뒷부분에서 코퍼스에 대한 몇 가지 기본적인 통계 분석을 보게 될 것이다.

---

1 잡지, 신문 등을 오려서 모으는 것을 스크랩(scrap)이라고 부른다. 이 책에서는 이와 비슷한 단어인 scrape(긁어내다, 도려내다)가 나온다. 이것의 발음 표기는 스크레입 또는 스크레이프가 된다. 이 책에서는 스크레이프로 적용하니 스크랩과 혼동하지 않길 바란다. – 옮긴이

- 다양한 NLP 애플리케이션에 대한 언어 규칙을 정의하고 검증할 수 있다. 문법 교정 시스템을 구축하는 경우라면, 텍스트 코퍼스를 사용해 문법적으로 잘못된 인스턴스를 찾고 나서 해당 인스턴스를 수정하는 데 도움이 되는 문법 규칙을 정의하게 된다.
- 언어 사용에 따라 특정 언어 규칙을 정의할 수 있다. 규칙 기반 시스템의 도움으로 언어 규칙을 정의하고 코퍼스를 사용해 규칙의 유효성을 검사할 수 있다.

코퍼스에서 데이터의 대량 수집은 다음과 같은 형식으로 이뤄질 수 있다.

- 쓰인 자료를 의미하는 텍스트 데이터
- 말하기 자료를 의미하는 음성 데이터

정확히 텍스트 데이터가 무엇인지, 어떻게 텍스트 데이터를 수집할 수 있는지 살펴보자. 텍스트 데이터는 작성된 정보의 모음이다. 뉴스 기사, 서적, 디지털 도서관, 전자 메일 메시지, 웹 페이지, 블로그 등과 같이 쓰여진 정보를 얻는 데 사용할 수 있는 여러 가지 자원이 있다. 현재 우리 모두는 디지털 세계에 살고 있기 때문에 텍스트 정보의 양이 급속히 증가하는 중이다. 그래서 주어진 모든 자원을 사용해 텍스트 데이터를 얻어 코퍼스를 만들 수 있다. 예를 들어 보자. 뉴스 기사를 요약하는 시스템을 구축하려고 한다면, 먼저 웹에 있는 다양한 뉴스 기사를 수집하고 뉴스 기사로 하나의 컬렉션을 생성하는데, 해당 컬렉션은 뉴스 기사에 대한 코퍼스가 되며 텍스트 데이터를 갖는다. 웹 스크레이핑 도구를 사용해 원시 HTML 페이지에서 정보를 얻을 수 있다. 2장에서는 도구 하나를 개발할 것이다.

이제 음성 데이터를 수집하는 방법을 알아본다. 음성 데이터 코퍼스에는 일반적으로 두 가지가 있다. 하나는 오디오 파일이고 다른 하나는 오디오 파일에 대한 텍스트 전사transcription[2]다. 일반적으로는 오디오 녹음으로 음성 데이터를 얻을 수 있다. 이 오디오 녹음에는 대사 또는 사람들의 대화가 들어간다. 필자의 예를 들어보겠다. 인도에서 은행 고

---

2 구술된 내용 등을 글로 옮김 – 옮긴이

객 관리 부서에 전화할 때 주의를 기울여보면 통화마다 모두 녹음된 사실을 알게 된다. 이것이 음성 데이터, 또는 음성 코퍼스를 생성할 수 있는 방법이다. 이 책에서는 음성 데이터가 아닌 텍스트 데이터에만 집중할 것이다.

어떤 경우에는 코퍼스를 데이터세트^{dataset}라고도 한다.

코퍼스에는 다음과 같은 3개 타입이 있다.

- **단일 언어 코퍼스**: 이 타입의 코퍼스는 하나의 언어로 돼 있다.
- **이중 언어 코퍼스**: 이 타입의 코퍼스는 2개 언어로 돼 있다.
- **다국어 코퍼스**: 이 타입의 코퍼스는 3개 이상의 언어로 돼 있다.

이용 가능한 코퍼스 예제는 다음과 같다.

- Google Books Ngram corpus
- Brown corpus
- American National corpus

▌ 왜 코퍼스가 필요한가?

어떤 NLP 애플리케이션에 있어도 NLP 도구와 애플리케이션을 만들려면 데이터, 또는 코퍼스가 필요하다. 코퍼스는 모든 NLP 관련 애플리케이션에서 가장 중요하고 기본적인 구성 요소다. 코퍼스는 NLP 애플리케이션을 만드는 데 사용되는 양적 데이터를 제공한다. 또한 데이터의 일부를 사용해 언어에 대한 아이디어와 직관을 테스트하고 도전해 볼 수 있다. 코퍼스는 NLP 애플리케이션에서 아주 큰 역할을 한다. NLP 애플리케이션에 대한 코퍼스 생성과 관련된 문제는 다음과 같다.

- 문제 진술problem statement을 해결하기 위해 필요한 데이터 타입 결정
- 데이터 가용성
- 데이터 품질
- 금액 측면에서의 데이터 적합성

이제 여러분은 위의 모든 질문에 대한 자세한 사항을 알고 싶을 것이다. 이를 위해 이 모든 점을 쉽게 이해하기 위한 예제를 보여주겠다. 특정 환자의 의학적 상태를 이해하고 적절한 의학적 분석을 통해 진단을 내리는 데 도움이 되는 NLP 도구를 만들려 한다고 가정하자.

여기서는 당연히 코퍼스 수준으로 생각해서 일반화한다. 이 예제를 NLP 학습자로서 바라본다면 다음에 설명한 대로 문제 진술을 처리해야 한다.

- 문제 진술을 해결하려면 나는 어떤 종류의 데이터가 필요한가?
  - 임상 기록 또는 환자 병력
  - 의사와 환자 간의 대화 오디오 녹음
- 당신에게 이런 종류의 코퍼스나 자료가 있는가?
  - 그렇다면 좋다! 당신은 좋은 위치에 있으므로 다음 질문으로 진행할 수 있다.
  - 그렇지 않아도 OK! 걱정하지 말라. 하나의 질문을 더 처리해야 하는데 이는 어렵긴 하지만 흥미로울 것이다.
- 오픈 소스 코퍼스를 사용할 수 있는가?
  - 그렇다면 다운로드해서 다음 질문으로 계속 진행하라.
  - 그렇지 않다면 데이터에 접근해서 자료를 구축하는 방법에 대해 생각해보라. 웹 스크레이핑 도구와 기법을 생각하라. 그러나 웹 스크레이핑 도구의 윤리적 및 법적 측면을 알아봐야 한다.
- 코퍼스의 품질 수준은 어떤가?
  - 코퍼스를 살펴보고 다음 사항을 파악하라.
    - 데이터세트를 전혀 이해할 수 없다면 어떻게 해야 할까?

- 데이터세트에 더 많은 시간을 할애하라.
- 기계처럼 생각하면서 이런 종류의 데이터세트를 제공받았다면 처리할 모든 내용을 생각해보라. 에러 처리는 생각도 하지 말라!
- 당신이 시작할 수 있다고 느끼는 한 가지를 찾는다.
- NLP 도구가 사람의 질병을 진단했다고 가정하고, 여러분이 의사의 기계라면 환자에게 물어볼 내용을 생각하라. 이제 데이터세트를 이해하고 전처리 부분을 생각해볼 수 있다. 서두르지 마라.

- 데이터세트를 이해할 수 있다면 무엇을 해야 하는가?
  - NLP 시스템을 구축하기 위해 코퍼스에 있는 모든 것이 필요한가?
    - 그렇다면 다음 레벨로 진행하는데 '5장 피처 엔지니어링 및 NLP 알고리즘'에서 살펴본다.
    - 그렇지 않다면 다음 레벨로 진행하는데 '4장 전처리'에서 살펴본다.

- **최소한의 개념 증명**POC, proof of concept 기준으로 문제 진술을 해결하기에 충분한 양의 데이터가 있는가?
  - 내 경험에 비춰 볼 때 작은 POC의 경우 최소 500MB ~ 1GB의 데이터를 선호한다.
  - 시작할 때 500MB ~ 1GB 데이터를 수집하는 것도 다음과 같은 이유로 어려움이 있다.
    - 신생 기업은 비즈니스에서 초보다.
    - 때로는 매우 혁신적이라서 사용 가능한 기성품 데이터세트가 없다.
    - POC를 구축하더라도 실생활에서 제품에 문제가 없는지 확인하기가 어렵다.

위 프로세스에 대한 설명은 그림 2.1을 참조하자.

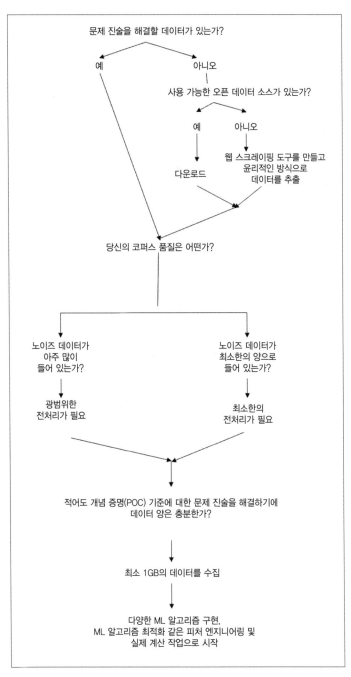

그림 2.1 코퍼스 필요 이유에 따라 정의한 프로세스 설명

코퍼스 분석 이해

이번 절에서는 먼저 코퍼스 분석corpus analysis이 무엇인지를 알아본다. 이후에는 음성 분석speech analysis에 대해 간단히 살펴보고, 또한 다른 NLP 애플리케이션의 텍스트 코퍼스를 분석하는 방법을 알아보겠다. 끝으로 텍스트 코퍼스에 대한 실제 코퍼스 분석을 수행할 것이다. 이제 시작해보자!

코퍼스 분석이란 진정한 의사 소통 상황의 맥락을 토대로 해서 언어 개념의 심층적인 조사를 수행하는 방법론으로 정의할 수 있다. 여기서는 컴퓨터를 통해 접근, 검색, 분석을 수행할 수 있도록 디지털로 저장된 언어 코포라language corpora에 대해 설명하겠다.

음성 데이터의 코퍼스 분석에는 각 데이터 인스턴스의 음성 이해에 대한 분석이 필요하다. 음성 분석 외에도 대화 분석이 필요한데, 대화 분석을 통하면 특정 언어로 일상 생활에서 사회적 상호작용이 어떻게 발생하는지 알 수 있다. 실생활에서 일상 영어에 대한 대화 분석을 한다면 대화 속에서 "How are you, sir (or madam)?" 문장에 비해 "What's up, dude?" 같은 문장이 더 자주 사용된다는 사실을 알게 된다.

텍스트 데이터에 대한 코퍼스 분석은 데이터세트를 통계적으로 면밀히 조사하고 조작하며 일반화하는 것으로 구성된다. 따라서 텍스트 데이터세트의 경우, 일반적으로 코퍼스에 단어가 몇 개 나오는지, 그리고 코퍼스 내에 있는 특정 단어의 빈도수가 얼마인지를 분석한다. 코퍼스에 노이즈가 있으면 해당 노이즈를 제거하려고 시도한다. 거의 모든 NLP 애플리케이션에서는 코퍼스를 잘 이해할 수 있게 기본적인 코퍼스 분석을 할 필요가 있다. nltk는 몇 가지 내장 코퍼스를 제공한다. 따라서 우리는 이 내장 코퍼스를 사용해 코퍼스 분석을 수행한다. 실제적인 부분으로 이동하기에 앞서 어떤 타입의 코포라가 nltk에 있는지 알고 있어야 한다.

nltk에는 다음 4개 타입의 코포라가 있다. 각각을 살펴보자.

- **아이솔레이트 코퍼스**Isolate corpus: 이 코퍼스 타입은 텍스트, 또는 자연어 모음이다. 이런 타입의 코퍼스 예로는 gutenberg, webtext 등이 있다.
- **카테고리화 코퍼스**Categorized corpus: 이 타입의 코퍼스는 나양한 타입의 부류로 그룹화된 텍스트 모음이다. 이런 종류의 코퍼스 예로는 brown 코퍼스가 있는데 여기에는 뉴스, 취미, 유머 등 다양한 카테고리의 데이터가 들어간다.
- **오버래핑 코퍼스**Overlapping corpus: 이 타입의 코퍼스는 분류된 텍스트 모음이지만 카테고리는 서로 겹친다. 이런 종류의 코퍼스 예로는 reuters 코퍼스가 있는데 이 코퍼스에는 분류된 데이터가 들어 있지만 정의된 카테고리가 서로 겹친다.

  좀 더 명확히 reuters 코퍼스의 예를 정의해보자. 예를 들어 여러 타입의 코코넛을 하나의 카테고리로 생각하면 코코넛 오일이라는 하위 카테고리를 볼 수 있으며 면화 오일도 있다. 따라서 reuters 코퍼스에서는 다양한 데이터 카테고리가 겹친다.
- **템포럴 코퍼스**Temporal corpus: 이 코퍼스는 일정 기간 동안 자연어를 사용하는 모음이다.

  이러한 종류의 코퍼스의 예로는 inaugural address 코퍼스가 있다.

  1950년 인도 어느 도시에서의 언어 사용법을 기록한다고 가정해보자. 그런 다음 1980년에 해당 도시에서 동일한 활동을 반복해 언어 사용법을 알아보고 나서 2017년에 다시 해보자. 사람들이 언어를 사용하는 방법과 일정 기간 동안의 변화가 어떤지에 대한 다양한 데이터 속성이 기록됐을 것이다.

이제 이론이 충분하므로 실제적인 부분으로 넘어가자. 다음 링크로 가보면 코드를 볼 수 있다.

2장 코드는 깃허브 디렉토리 URL인 https://github.com/jalajthanaki/NLPython/tree/master/ch2에 있다.

https://nbviewer.jupyter.org/github/jalajthanaki/NLPython/blob/master/ch2/2_1_Basic_corpus_analysis.html의 파이썬 코드를 따라 해보자.

이 파이썬 코드에는 nltk API를 사용해 코퍼스에 접근하는 방법에 대한 기본 명령이 들어 있다. 우리는 brown과 gutenberg 코포라를 사용할 것이다. 여기서 기본적인 코퍼스 관련 API를 접하게 된다.

기본 API 속성에 대한 설명은 다음 표에 나와 있다.

API 속성	설명
fileids()	결과는 코퍼스 파일이다.
fileids([categories])	이들 카테고리에 해당하는 코퍼스의 파일이 생성된다.
categories()	코퍼스의 카테고리를 나열한다.
categories([fileids])	이들 파일에 해당하는 코퍼스의 카테고리를 나타낸다.
raw()	코퍼스의 원시 내용을 나타낸다.
raw(fileids=[f1,f2,f3])	지정된 파일의 원시 내용을 나타낸다.
raw(categories=[c1,c2])	지정된 카테고리의 원시 내용을 나타낸다.
words()	전체 코퍼스의 단어를 나타낸다.
words(fileids=[f1,f2,f3])	지정된 fields의 단어를 나타낸다.
words(categories=[c1,c2])	지정된 카테고리의 단어를 나타낸다.
sents()	전체 코퍼스의 문장을 나타낸다.
sents(fileids=[f1,f2,f3])	지정된 fields의 문장을 나타낸다.
sents(categories=[c1,c2])	지정된 카테고리의 문장을 나타낸다.
abspath(fileid)	디스크에서 해당 파일의 위치를 나타낸다.
encoding(fileid)	파일의 인코딩을 나타낸다(알려진 경우).
open(fileid)	기본적으로 해당 코퍼스 파일을 읽기 위한 스트림을 연다.
root	어떤 경로가 로컬로 설치된 코퍼스의 루트 경로이라면 그 경로를 나타낸다.
readme()	코퍼스의 README 파일 내용을 나타낸다.

nltk을 사용해 사용자 정의된 코퍼스를 로드하는 코드뿐만 아니라 사용 가능한 코퍼스와 사용자 정의 코퍼스의 도수분포frequency distribution도 알아보았다.

 FreqDist 클래스는 코퍼스에서 각 단어가 발생하는 횟수를 세는 도수분포를 인코딩하는 데 사용된다.

모든 nltk 코포라에는 노이즈가 없다. 기본 종류의 전처리는 피처feature3를 생성하는 데 필요하다. nltk의 기본 코퍼스 로딩 API를 사용하면 극단적 레벨의 정크 데이터를 식별할 수 있다. 생화학 자료가 있다면 많은 방정식이 필요한 데다가 기존의 파서를 사용해도 정확하게 파싱할 수 없는 복잡한 화학 물질 이름이 있을 수 있다. 그러면 문제 진술에 따라 전처리 단계에서 그러한 용어를 제거해야 하는지, 아니면 그대로 유지할지 여부를 결정하고 **품사 태깅**part-of-speech tagging 레벨에서 파싱에 대한 사용자 정의 작업을 수행할 수 있다.

실제 애플리케이션에서 코포라는 매우 지저분하다. FreqDist를 사용하면 단어를 어떻게 분류하는지와 무엇을 고려해야 하고, 무엇을 고려하지 말아야 하는지를 살펴볼 수 있다. 전처리 때 파싱, POS 태깅, 문장 분할의 결과가 적절한지 등의 많은 복잡한 속성을 점검해야 한다. 4장과 5장에서 자세한 내용을 살펴볼 것이다.

 여기서 코퍼스 분석은 기술적 측면에 관한 것이다. 우리는 코퍼스 언어학 분석에 초점을 맞추지 않으므로 두 가지를 혼동하지 마라.

코퍼스 언어학 분석에 대한 자세한 내용은 https://en.wikipedia.org/wiki/Corpus_linguistics을 참조하기 바란다.

nltk API를 더 자세히 알아보려면 http://www.nltk.org/을 살펴보자.

---

3 단순하게 말하면 데이터에서 흥미로운 부분을 의미한다. 정확한 정의는 147페이지에 있다. – 옮긴이

연습

1. brown 코퍼스에서 fileID: fileidcc12인 단어의 수를 계산하라.
2. 자신의 코퍼스 파일을 만들고 nltk를 사용해 로드하고 나서 해당 코퍼스의 도수 분포를 확인하라.

▌ 데이터 속성 타입 이해

이제는 어떤 종류의 데이터 속성이 코퍼스에 나타날 수 있는지에 초점을 맞춰보자. 그림 2.3에는 다양한 타입의 데이터 속성에 대한 세부 정보가 나타나 있다.

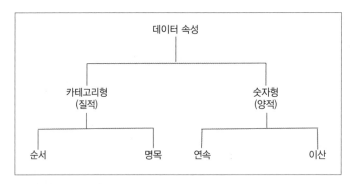

그림 2.2 데이터 속성의 타입

여러 타입의 코포라에 대한 예제를 알아보겠다. 해당 예제는 일반화한 것이므로 여러 타입의 데이터 속성을 이해할 수 있다.

카테고리형 또는 질적 데이터 속성

카테고리형 또는 질적 데이터 속성은 다음과 같다.

- 이들 종류의 데이터 속성은 더 설명적이다.

- 예로는 콜리, 셰퍼드, 테리어 같은 여러 가지 타입의 개를 기록한 코퍼스, nltk가 제공한 코포라, 우리가 작성한 노트 등이 있다.

카테고리 데이터 속성에는 다음과 같이 2개의 하위 타입이 있다.

- **순서 데이터**Ordinal data:
  - 이 타입의 데이터 속성은 만족도, 행복도, 불편도처럼 숫자가 아닌 개념을 측정하는 데 사용된다.
  - 예를 들어 주어진 옵션으로 답해야 할 다음 질문을 보자.
    - 질문 1: 오늘 기분이 어떤가?
    - 질문 1에 대한 옵션:
      - 아주 나쁨
      - 나쁨
      - 좋음
      - 행복함
      - 아주 기쁨
    - 이제 주어진 옵션 중 하나를 선택하게 된다. 여러분이 '좋음'을 선택한다고 가정하면, 아무도 여러분이 어느 정도의 수치만큼 좋은지 알 수 없다.
  - 위의 모든 옵션은 숫자가 아닌 개념이다. 따라서 그것은 순서 데이터 카테고리에 속한다.
    - 질문 2: 호텔 서비스에 대해 어떻게 평가하는가?
    - 질문 2의 옵션:
      - 나쁨
      - 평균
      - 평균 이상
      - 좋음
      - 훌륭함

- 이제 주어진 옵션 중 하나를 선택한다고 가정하자. 앞서 말한 모든 옵션으로 여러분의 만족도를 측정할 것이고 응답은 사람마다 다를 수 있으므로 대답을 수치로 환산하기는 어렵다.
- 한 사람이 좋다고 말하고 다른 사람이 평균 이상이라고 말하면, 호텔 서비스에 대해 생각이 같지만 반응이 다를 가능성이 있다. 간단히 말해서 한 옵션과 다른 옵션의 차이는 불명확하다고 말할 수 있다. 따라서 이러한 종류의 데이터에 대해 수치를 정확하게 결정할 수는 없다.

- **명목 데이터**Nominal data:
  - 이 타입의 데이터 속성은 중복되지 않는 데이터를 기록하는 데 사용된다.
  - 예제: 여러분의 성별은 무엇인가? 대답은 남성 또는 여성이며 답변은 겹치지 않는다.
  - 다른 예를 들어보자. 여러분의 눈 색깔은 어떤가? 대답은 검은색, 갈색, 파란색, 회색이다(그런데 우리는 시장에서 판매되는 컬러 렌즈를 고려하고 있지 않다!).

NLP 관련 애플리케이션에서는 주로 카테고리형 데이터 속성을 처리한다. 따라서 카테고리형 데이터 속성을 가진 코퍼스로부터 적절한 데이터 점data point을 유도해내는 것이 피처 엔지니어링의 부분이다. 이에 대한 자세한 내용은 5장에서 살펴본다.

어떤 코포라에는 두 가지 타입의 카테고리형 데이터가 모두 들어있다.

숫자형 또는 양적 데이터 속성

다음은 숫자형 또는 양적 데이터 속성이다.

- 이런 종류의 데이터 속성은 숫자이며 측정 가능한 양을 나타낸다.
- 예제: 재무 데이터, 도시 인구, 사람들의 무게 등

숫자형 데이터 속성에는 다음과 같이 2개의 하위 타입이 있다.

- **연속 데이터**^{Continuous data}:
  - 이런 종류의 데이터 속성은 연속적이다.
  - 예제: 10~12세 학생의 체중을 기록한다면 학생 체중에 관해 수집하는 데이터는 모두 연속적인 데이터가 된다. Iris flower 코퍼스도 있다.
- **이산 데이터**^{Discrete data}:
  - 이산 데이터는 특정 값만 가질 수 있다.
  - 예: 주사위 두 개를 굴린다면 그 합의 결과 값은 2, 3, 4, 5, 6, 7, 8, 9, 10, 11, 12까지만 가능하다. 그 결과가 1, 또는 1.5가 나올 수 없다.
  - 다른 예를 들어보자. 동전을 던지면 앞면, 또는 뒷면만 나온다.

이런 종류의 데이터 속성은 분석 애플리케이션의 주요 부분이다.

▌ 코포라의 여러 파일 형식 알아보기

코포라는 다양한 형식으로 존재할 수 있다. 실제로 우리는 아래에 나열한 파일 형식을 사용할 수 있다. 이런 모든 파일 형식은 일반적으로 피처를 저장하는 데 사용되며 나중에 머신 러닝 알고리즘에 반영된다. 다음 파일 형식을 다루는 데 관한 실용적인 내용은 4장부터 다룰 것이다. 다음은 앞서 언급한 파일 형식이다.

- .txt: 이 형식은 기본적으로 원시 데이터세트로 제공된다. gutenberg 코퍼스는 이 예제 코포라 중 하나다. 실제 애플리케이션 중 일부에는 병렬 코포라가 있다. Grammarly[4]를 일종의 문법 교정 소프트웨어로 만들려고 한다면 병렬 코퍼스가 필요하다.

---

4 영어 문법 검사 프로그램 – 옮긴이

- .csv: 이런 종류의 파일 형식은 일부 해커톤hackathon[5] 또는 캐글Kaggle[6]에 참여하는 경우 일반적으로 제공된다. 이 파일 형식을 사용해 원시 텍스트에서 파생된 피처를 저장하고, NLP 애플리케이션용 머신을 교육하는 데 .csv 파일을 사용한다.

- .tsv: 이런 파일 형식 사용법을 이해하기 위해 예제를 사용하겠다. 쉼표를 어디에 넣어야 하는지 알려주는 NLP 시스템을 만들려 한다고 하자. 이 경우 일부 피처 속성에 쉼표가 포함돼 있기 때문에 .csv 파일 형식을 사용해 피처를 저장할 수 없으며, 피처 파일 처리를 시작할 때 성능에 영향을 줄 수 있다. 사용자 정의된 분리 문자도 사용할 수 있다. 추가 처리를 쉽게 하기 위해 \t, || 등을 넣을 수 있다.

- .xml: 일부 잘 알려진 NLP 파서와 도구는 .xml 형식의 결과를 제공한다. 예를 들어 스탠포드 CoreNLP 툴킷은 파서 결과를 .xml 형식으로 제공한다. 이런 파일 형식은 주로 NLP 애플리케이션의 결과를 저장하는 데 사용된다.

- .json: 스탠포드 CoreNLP 툴킷은 그 결과를 .json 형식으로 제공한다. 이 파일 형식은 주로 NLP 애플리케이션의 결과를 저장하는 데 사용되며 웹 애플리케이션에 나타내고 통합하기가 쉽다.

- LibSVM: 특별한 파일 형식 중 하나다. 다음 그림 2.3을 참조하자.

```
-1 1:1 6:1 17:1 19:1 39:1 42:1 53:1 64:1 67:1 73:1 74:1 76:1 80:1 83:1
-1 2:1 6:1 18:1 20:1 37:1 42:1 48:1 64:1 71:1 73:1 74:1 76:1 81:1 83:1
+1 5:1 11:1 15:1 32:1 39:1 40:1 52:1 63:1 67:1 73:1 74:1 76:1 78:1 83:1
```

그림 2.3 LibSVM 파일 형식 예제

  - LibSVM은 스파스 훈련 데이터sparse training data를 허용한다. 0이 아닌 값만 학습 데이터세트에 포함된다. 따라서 인덱스는 인스턴스 데이터(피처 인덱스)의 열을 지정한다. 기존 데이터세트로부터 변환하려면 데이터에 대해서만 반복하고, X(i, j) 값이 0이 아닌 경우에 j + 1: X(i,j)를 출력한다.

  - X(i, j): 이것은 희소 행렬sparse matrix이다.

5 Hacking + Marathon의 합성어. 팀을 이뤄 마라톤을 하듯 긴 시간 동안 시제품 단계의 결과물을 완성해 내는 대회 – 옮긴이
6 데이터 과학 플랫폼. 다양한 데이터를 제공하며 데이터 분석 시합도 진행한다. – 옮긴이

- X(i, j)의 값이 0이 아니면 LibSVM 형식에 포함시킨다.
  - j+1: 이것은 X(i, j)의 값이다. 여기서 j는 0으로 시작하는 행렬의 열 인덱스이므로 1을 더한다.
- X(i, j)의 값이 0이면 LibSVM 형식에 포함시키지 않는다.
- 다음 예제를 보자.
  - 예제: 1 5:1 7:1 14:1 19:1
    - 여기서 1은 클래스, 또는 레이블이다.
    - 위의 예제에서 5:1에 초점을 맞추자. 여기서 5는 키이고 1은 값이다. 즉 5:1은 키:값 쌍이다.
    - 5는 열 번호, 또는 데이터 속성 번호이고 키이며 LibSVM 형식이다. 0이 아닌 값을 포함하는 데이터 열만 고려하고 있으므로 여기서 1은 값이다.
    - 인덱스 1, 2, 3, 4, 6 및 기타 언급되지 않은 매개변수의 값은 0이므로 우리 예제에서 이것을 포함시키지 않을 것이다.
- 이런 종류의 데이터 형식은 아파치 스파크에서 데이터를 훈련하는 데 사용되며, 5장 이후부터 텍스트 데이터를 LibSVM 형식으로 변환하는 방법을 배울 것이다.
- **사용자 정의 형식**: 사용자 정의된 파일 형식을 사용해 피처 파일을 만들 수 있다(CoNLL 데이터세트 참조). 이것은 사용자 정의 파일 형식의 일종이다. 매년 CoNLL은 다르게 공유 작업이 되므로 많은 다른 CoNLL 형식이 있다. 그림 2.4에서는 CoNLL 형식의 데이터 샘플을 보여준다.

```
0           0        Both    DT  {TOP(S(NP(NP*        -              -         speaker1        *   (ARG1*    (ARG2*       *        *      *
bc/msnbc/00/msnbc_0004    0        1    vehicles    NNS        *)       -        -        1    speaker1        *        *)       *       -
bc/msnbc/00/msnbc_0004    0        2    which    WDT  (SBAR(WHNP*)     -        -        -    speaker1        *   (R-ARG1*)       *       -
bc/msnbc/00/msnbc_0004    0        3    are    VBP     (S(VP*       be       01       1    speaker1        *        (V*)       *       -
bc/msnbc/00/msnbc_0004    0        4    armored    JJ  (ADJP*)))))    -        -        -    speaker1        *   (ARG2*)       *       -
bc/msnbc/00/msnbc_0004    0        5    can    MD        (VP*       -        -        -    speaker1        *        *  (ARGM-MOD*)     -
bc/msnbc/00/msnbc_0004    0        6    house    VB        (VP*     house       01       -    speaker1        *        *       (V*)     -
bc/msnbc/00/msnbc_0004    0        7    up    IN      (NP(QP*       -        -        -    speaker1  (CARDINAL*       *     (ARG1*      -
bc/msnbc/00/msnbc_0004    0        8    to    TO        *       -        -        -    speaker1        *        *        *       -
bc/msnbc/00/msnbc_0004    0        9    twenty    CD        *       -        -        -    speaker1        *)       *        *       -
bc/msnbc/00/msnbc_0004    0       10    five    CD        *)      -        -        -    speaker1        *        *        *       -
bc/msnbc/00/msnbc_0004    0       11    marines    NNS       *)))     -        -        -    speaker1        *        *        *)      -
bc/msnbc/00/msnbc_0004    0       12    /.    .        *))|     -        -        -    speaker1        *        *        *       -
```

그림 2.4 CoNLL 형식의 데이터 예제

무료 코포라 접근용 자원

코퍼스를 얻는 것은 어려운 작업이지만 이 절에서는 무료 코퍼스를 다운로드해 NLP 애플리케이션을 빌드하는 데 사용할 수 있는 링크를 알려준다.

nltk 라이브러리는 내장 코퍼스를 제공한다. 모든 코퍼스 이름을 나열하려면 다음 명령을 실행하면 된다.

```
import nltk.corpus
dir(nltk.corpus) # 파이썬 셸
print dir(nltk.corpus) # PyCharm IDE 구문
```

그림 2.5에서는 이 코드의 출력을 볼 수 있다. 하이라이트로 표시된 부분은 이미 설치된 코포라의 이름을 나타낸다.

```
- - python
Python 2.7.6 (default, Oct 26 2016, 20:30:19)
[GCC 4.8.4] on linux2
Type "help", "copyright", "credits" or "license" for more information.
>>> import nltk.corpus
>>> dir(nltk.corpus)
['AlignedCorpusReader', 'AlpinoCorpusReader', 'BNCCorpusReader', 'BracketParseCorpusReader', 'CHILDESCorpusReader', 'CMUDictCorpusReader', 'CategorizedBracket
ParseCorpusReader', 'CategorizedCorpusReader', 'CategorizedPlaintextCorpusReader', 'CategorizedSentencesCorpusReader', 'CategorizedTaggedCorpusReader', 'Chase
nCorpusReader', 'ChunkedCorpusReader', 'ComparativeSentencesCorpusReader', 'ConllChunkCorpusReader', 'ConllCorpusReader', 'CorpusReader', 'CrubadanCorpusReade
r', 'DependencyCorpusReader', 'EuroparlCorpusReader', 'FramenetCorpusReader', 'IEERCorpusReader', 'IPIPANCorpusReader', 'IndianCorpusReader', 'KNBCorpusReader
', 'LazyCorpusLoader', 'LinThesaurusCorpusReader', 'MTECorpusReader', 'MacMorphoCorpusReader', 'NKJPCorpusReader', 'NPSChatCorpusReader', 'NombankCorpusReader
', 'NonbreakingPrefixesCorpusReader', 'OpinionLexiconCorpusReader', 'PPAttachmentCorpusReader', 'PanLexLiteCorpusReader', 'Pl196xCorpusReader', 'PlaintextCorp
usReader', 'PortugueseCategorizedPlaintextCorpusReader', 'PropbankCorpusReader', 'ProsConsCorpusReader', 'RTECorpusReader', 'RegexpTokenizer', 'ReviewsCorpusR
eader', 'SemcorCorpusReader', 'SensevalCorpusReader', 'SentiSynset', 'SentiWordNetCorpusReader', 'SinicaTreebankCorpusReader', 'StringCategoryCorpusReader',
'SwadeshCorpusReader', 'SwitchboardCorpusReader', 'SyntaxCorpusReader', 'TEICorpusView', 'TaggedCorpusReader', 'TimitCorpusReader', 'TimitTaggedCorpusReader',
'ToolboxCorpusReader', 'TwitterCorpusReader', 'UdhrCorpusReader', 'UnicharsCorpusReader', 'VerbnetCorpusReader', 'WordListCorpusReader', 'WordNetCorpusReader'
, 'WordNetICCorpusReader', 'XMLCorpusReader', 'YCOECorpusReader', '_LazyModule__lazymodule_globals', '_LazyModule__lazymodule_import', '_LazyModule__lazymodul
e_init', '_LazyModule__lazymodule_loaded', '_LazyModule__lazymodule_locals', '_LazyModule__lazymodule_name', '__builtins__', '__doc__', '__file__', '__getattr
__', '__init__', '__lazymodule_loaded', '__module__', '__name__', '__package__', '__path__', '__repr__', '__setattr__', 'abc', 'alpino', 'brown', 'cess_cat',
'cess_esp', 'cmudict', 'comparative_sentences', 'comtrans', 'conll2000', 'conll2002', 'conll2007', 'crubadan', 'demo', 'dependency_treebank', 'find_corpus_fil
eids', 'floresta', 'framenet', 'framenet15', 'gazetteers', 'genesis', 'gutenberg', 'ieer', 'inaugural', 'indian', 'ipipan', 'jeita', 'knbc', 'lin_thesaurus',
'mac_morpho', 'machado', 'masc_tagged', 'movie_reviews', 'multext_east', 'names', 'nkjp', 'nombank', 'nombank_ptb', 'nonbreaking_prefixes', 'nps_chat', 'opini
on_lexicon', 'panlex_lite', 'perluniprops', 'pl196x', 'ppattach', 'product_reviews_1', 'product_reviews_2', 'propbank', 'propbank_ptb', 'pros_cons', 'ptb', 'q
c', 're', 'reader', 'reuters', 'rte', 'semcor', 'senseval', 'sentence_polarity', 'sentiwordnet', 'shakespeare', 'sinica_treebank', 'state_union', 'stopwords',
'subjectivity', 'swadesh', 'swadesh110', 'swadesh207', 'switchboard', 'tagged_treebank_para_block_reader', 'teardown_module', 'timit', 'timit_tagged', 'toolb
ox', 'treebank', 'treebank_chunk', 'treebank_raw', 'twitter_samples', 'udhr', 'udhr2', 'universal_treebanks', 'util', 'verbnet', 'webtext', 'wordnet', 'wordne
t_ic', 'words', 'ycoe']
>>>
```

그림 2.5 nltk에서 사용 가능한 모든 코포라 리스트

 TIP 파이썬으로 NLP 애플리케이션을 개발하는 데 IDE를 사용하고 싶으면 PyCharm 커뮤니티 버전을 사용할 수 있다. https://github.com/jalajthanaki/NLPython/blob/master/ch2/Pycharm_installation_guide.md를 클릭해 설치 단계를 수행하면 된다.

더 많은 코퍼스 자원을 알아보고 싶으면 버나드 마르^{Bernard Marr}의 「Big Data: 33 Brilliant and Free Data Sources for 2016」 글을 보기 바란다(https://www.forbes.com/forbes/welcome/?toURL=https://www.forbes.com/sites/bernardmarr/2016/02/12/big-data-35-brilliant-and-free-data-sources-for-2016/&refURL=&referrer=#53369cd5b54d).

지금까지 우리는 많은 기본 내용을 알아보았다. 이제 머신 러닝을 통해 개발할 자연어 처리 애플리케이션용 데이터세트를 준비하는 방법에 대해 살펴보겠다.

▌ NLP 애플리케이션용 데이터세트 준비

이번에는 NLP, 또는 데이터 과학 애플리케이션의 데이터세트를 준비하기 위한 기본 단계를 살펴볼 것이다. 기본적으로 데이터세트를 준비하는 데에는 다음과 같이 3단계가 있다.

- 데이터 선택
- 데이터 전처리
- 데이터 변형

데이터 선택

여러분이 구글, 애플, 페이스북 같은 세계적인 기술 대기업과 협력하는 중이라고 가정하자. 그러면 많은 양의 데이터를 쉽게 얻을 수 있지만, 그런 기업과 함께 일하지 않고 독립적인 연구를 하거나 NLP 개념을 배울 거라면 데이터세트를 어디에서 얻을 수 있을까? 먼저 개발하려는 NLP 애플리케이션에 따라 필요한 데이터세트의 종류를 결정한다. 또한 만들려는 NLP 애플리케이션의 최종 결과를 고려하자. 건강관리분야용 챗봇을 만들고 싶다면 은행 고객 관리에 대한 대화 상자 데이터세트를 사용하면 안 된다. 따라서 여러분의 애플리케이션이나 문제 진술을 철저히 이해해야 한다.

애플리케이션에 따라 데이터세트를 선택한 후 다음 단계로 이동하면 된다.

데이터세트 전처리

이 단계에서는 데이터세트에서 사용할 수 있는 속성처럼 기본 데이터 분석을 수행한다. 이 단계에는 3개의 하위 단계가 있으며 각각을 살펴볼 것이다. 전처리 단계에 대한 자세한 내용은 4장을 참조하자. 여기서는 기본 정보만 살펴본다.

형식 변경

이 단계에서는 가장 편하게 작업할 수 있는 데이터세트 형식을 생성한다. 여러분에게 JSON 형식의 데이터세트가 있는데 CSV로 작업하는 것이 가장 편하다고 생각되면 데이터세트를 JSON에서 CSV로 변환한다.

정리

이 단계에서는 데이터를 정리한다. 데이터세트에 누락 값이 있으면 해당 데이터 레코드를 삭제하거나 가장 가까운 값으로 대체한다. 불필요한 데이터 속성을 찾는다면 이를 제거할 수도 있다. 문법 교정 시스템을 만든다면 문법 교정 애플리케이션에서는 방정식을 사용하지 않기 때문에 데이터세트에서 수학 방정식을 제거할 수 있다.

샘플링

여기에서는 현재 데이터세트에서 어떤 데이터 속성이 가능한지, 그리고 해당 데이터 속성 중에서 어떤 것을 이끌어 낼 수 있는지를 파악할 수 있다. 또한 우리 애플리케이션에 따라 가장 중요한 데이터 속성이 무엇인지 파악할 것이다. 챗봇을 만드는 중이라고 가정하면 문장의 키워드를 식별할 수 있도록 문장을 단어로 분해하려고 할 것이다. 따라서 단어 수준 정보는 문장에서 유도해낼 수 있는데, 단어 수준과 문장 수준 정보 모두는 챗봇 애플리케이션에 중요하다. 그러므로 정크 문장junk sentences 외의 문장은 삭제하지 않는다. 샘플링을 사용해 전체 데이터세트를 가장 잘 나타내는 최상의 데이터 속성을 추출하려고 시도한다.

이제 마지막 단계를 살펴볼 텐데, 바로 변형 단계다.

데이터 변형

이 단계에서는 머신이 데이터세트를 이해해 데이터세트의 패턴을 찾을 수 있도록 텍스트 데이터를 숫자 데이터로 변환하는 데 도움이 되는 피처 엔지니어링 기법을 적용한다. 따라서 이 단계는 기본적으로 데이터 조작 단계다. NLP 분야에서는 변형 단계를 위해 인코딩과 벡터화 기술을 사용할 수 있다. 용어에 겁먹지 말자. 5장과 6장에서 모든 데이터 조작 기술과 피처 추출 기술을 살펴볼 것이다.

그 이전 단계는 모든 NLP, 또는 데이터 과학 관련 애플리케이션용 데이터세트를 준비하기 위한 기본 단계다. 이제 웹 스크레이핑을 사용해 데이터를 생성하는 방법을 살펴보자.

▌ 웹 스크레이핑

웹 스크레이핑web scraping 도구를 개발하려면 beautifulsoup와 scrapy 같은 라이브러리를 사용하면 된다.

여기서는 웹 스크레이핑의 기본 코드를 알려준다.

그림 2.6의 부분 코드를 살펴보자. 이 코드는 beautifulsoup을 이용해 기본 웹 스크레이퍼web scraper를 개발하는 데 사용된다.

```python
# Various ways to scrape the page here I'm using my own blog pages.

import requests
from bs4 import BeautifulSoup


def Get_the_page_by_beautibulsoup():
    page = requests.get("https://simplifydatascience.wordpress.com/about/")
    #print page.status_code
    #print page.content
    soup = BeautifulSoup(page.content, 'html.parser')
    #print soup()
    #print(soup.prettify()) #display source of the html page in readable format.
    soup = BeautifulSoup(page.content, 'html.parser')
    print soup.find_all('p')[0].get_text()
    print soup.find_all('p')[1].get_text()
    print soup.find_all('p')[2].get_text()
    print soup.find_all('p')[3].get_text()


if __name__ =="__main__":
    Get_the_page_by_beautibulsoup()
```

그림 2.6 beautifulsoup를 이용한 기본 웹 스크레이퍼 도구

다음의 그림 2.7에서는 해당 출력을 보여준다.

```
/usr/bin/python2.7 /home/jalaj/PycharmProjects/NLPython/NLPython/ch2/Webscraping.py
/usr/local/lib/python2.7/dist-packages/requests/packages/urllib3/util/ssl_.py:334: SNIMissingWarning: An HTTPS request has been made, but the SNI (Subject Name Indication)
extension to TLS is not available on this platform. This may cause the server to present an incorrect TLS certificate, which can cause validation failures. You can upgrade to a
newer version of Python to solve this. For more information, see https://urllib3.readthedocs.io/en/latest/advanced-usage.html#ssl-warnings
  SNIMissingWarning

/usr/local/lib/python2.7/dist-packages/requests/packages/urllib3/util/ssl_.py:132: InsecurePlatformWarning: A true SSLContext object is not available. This prevents urllib3
from configuring SSL appropriately and may cause certain SSL connections to fail. You can upgrade to a newer version of Python to solve this. For more information, see https://
urllib3.readthedocs.io/en/latest/advanced-usage.html#ssl-warnings
  InsecurePlatformWarning

simplify data science
SDS
I'm data science researcher by practice and data scientist by profession. I like to deal with data science related problems. My research interest lies into Big Data Analytics ,
Natural Language Processing , Machine Learning  and Deep Learning.
I am still learning myself, but I found that writing posts and tutorials is the best way to deepen my own understanding and knowledge. On this platform, I'm sharing my
experiences and also coming up with tutorials for beginners and posting articles. I am happy to help in any way I can. So don't hesitate to get in touch!
```

그림 2.7 beautifulsoup를 이용한 기본 웹 스크레이퍼의 출력

다음 링크에서 beautifulsoup와 scrapy스크래파이의 설치 가이드를 볼 수 있다.

70

https://github.com/jalajthanaki/NLPython/blob/master/ch2/Chapter_2_
Installation_Commands.txt

다음 링크에서 이 코드를 찾을 수 있다.

https://github.com/jalajthanaki/NLPython/blob/master/ch2/2_2_Basic_
webscraping_byusing_beautifulsuop.py

스크립트를 실행하는 동안 경고 메시지가 나타나도 괜찮을 것이다. 경고에 대해서 걱정하지 말라.

이제는 scrapy를 사용해 웹 스크레이핑을 해보자. 이를 위해서는 새 scrapy 프로젝트를 생성해야 한다.

명령어를 통해 scrapy 프로젝트를 만든다. 터미널에서 다음 명령을 실행시킨다.

```
$ scrapy startproject project_name
```

이제 `web_scraping_test` 이름으로 scrapy 프로젝트를 만들 텐데, 그 명령은 다음과 같다.

```
$ scrapy startproject web_scraping_test
```

이 명령을 실행하면 그림 2.8과 같은 출력을 볼 수 있다.

```
% scrapy startproject web_scraping_test                                          NLPython/NLPython (master *) jalaj-System-Product-Name
New Scrapy project 'web_scraping_test', using template directory '/usr/local/lib/python2.7/dist-packages/scrapy/templates/project', created in:
    /home/jalaj/PycharmProjects/NLPython/NLPython/web_scraping_test

You can start your first spider with:
    cd web_scraping_test
    scrapy genspider example example.com
%                                                                                NLPython/NLPython (master *) jalaj-System-Product-Name
```

그림 2.8 새 scrapy 프로젝트 생성 시의 출력

프로젝트를 생성한 후 다음 단계를 수행한다.

1. 미리 생성된 items.py 파일을 편집한다.
2. spiders 디렉토리 내부에 WebScrapingTestspider 파일을 생성한다.
3. 스크레이프하려는 웹 사이트 페이지로 이동해 해당 요소의 xpath를 선택한다. https://doc.scrapy.org/en/1.0/topics/selectors.html 링크를 클릭하면 xpath 선택기에 대한 자세한 내용을 볼 수 있다.

그림 2.9의 부분 코드를 살펴보자. 이 코드는 다음의 깃허브 URL에서 이용 가능하다.

https://github.com/jalajthanaki/NLPython/tree/master/web_scraping_test

```python
# -*- coding: utf-8 -*-

# Define here the models for your scraped items
#
# See documentation in:
# http://doc.scrapy.org/en/latest/topics/items.html

import scrapy


class WebScrapingTestItem(scrapy.Item):
    title = scrapy.Field()
    url = scrapy.Field()
    pass
```

그림 2.9 스크레이프해야 할 항목을 정의한 items.py 파일

그림 2.10은 scrapy를 이용해 기본적인 웹 스크레이퍼를 개발하는 데 사용된다.

```
from scrapy import Spider
from scrapy.selector import Selector

class WebScrapingTestspider(Spider):
    name = "WebScrapingTestspider"
    allowed_domains = ["stackoverflow.com"]
    start_urls = [
        "http://stackoverflow.com/questions?pagesize=50&sort=newest",
    ]

    def parse(self, response):
        questions = Selector(response).xpath('//div[@class="summary"]/h3')

        for question in questions:
            item = dict()
            item['title'] = question.xpath(
                'a[@class="question-hyperlink"]/text()').extract()[0]
            item['url'] = question.xpath(
                'a[@class="question-hyperlink"]/@href').extract()[0]
            yield item

#Now you can run this by using following commands.
#$ cd web_scraping_test/web_scraping_test
#If you wnat to export data in csv format execute the following command
#$ scrapy crawl WebScrapingTestspider -o result.csv -t csv
```

그림 2.10 실제 코드가 포함된 스파이더 파일

그림 2.11은 CSV 파일 형식의 출력을 보여준다.

```
url,title
/questions/43223545/what-should-be-my-application-type-in-google-console-if-i-am-working-on-a-cordov,What should be my application type in google consol
/questions/43223543/drop-values-saved-comma-separated-in-a-cell-in-excel,Drop values saved comma separated in a cell in excel
/questions/43223541/android-using-incompatible-plugins-for-the-annotation-processing,Android Using incompatible plugins for the annotation processing
/questions/43223536/in-python3-what-is-called-when-a-number-is-referenced,"In python3, what is called when a number is referenced?"
/questions/43223535/how-to-send-message-to-skpe-user-from-chatbot,How to send message to skpe user from chatbot
/questions/43223534/how-to-use-session-to-avoid-some-user-to-view-some-pages,how to use session to avoid some user to view some pages?
/questions/43223533/how-to-do-auto-verify-otp-like-whatsup-in-recharge-app-in-ionic2,How to do auto verify OTP like Whats'up in Recharge App in IONIC2
/questions/43223531/how-can-i-install-librados-on-mac-osx,How can I install librados on mac osx?
/questions/43223528/how-do-i-retrieve-links-inside-a-href-from-a-page-and-show-on-rails-page,How do I retrieve links inside <a href> from a page and sho
/questions/43223526/rest-post-http-json-objects-400-error-android,REST POST HTTP JSON Objects 400 error Android
/questions/43223525/how-to-add-fixed-header-and-footer-to-each-pdf-page-using-jspdf,How to add fixed header and footer to each pdf page using jspdf ..?
/questions/43223521/how-to-design-email-template,How to design Email Template
/questions/43223520/how-to-manage-multiple-database-schema-from-simple-docker,How to manage multiple database schema from simple docker?
/questions/43223515/faceted-search-with-a-sample,Faceted search with a sample
```

그림 2.11 스크레이퍼의 출력은 CSV 파일로 리디렉션된다.

SSL 관련 경고가 나타나면 다음 링크에서 답변을 참조한다.

https://stackoverflow.com/questions/29134512/insecureplatformwarning-a-true-sslcontext-object-is-not-available-this-prevent

AJAX와 스크립트를 우회하는 웹 스크레이퍼를 개발할 수 있지만 이 일을 할 때 아주 신중해야 하는데, 비윤리적인 일을 하지 않을 것을 명심해야 하기 때문이다. 따라서 여기에서는 AJAX와 스크립트를 우회해 데이터를 스크레이프하는 부분에 대해서는 다루지 않을 것이다. 호기심에 사람들이 실제로 어떻게 하는지 웹에서 찾아볼 수는 있다. Selenium 라이브러리를 사용해 자동 클릭하게 해서 웹 이벤트를 수행할 수 있다.

▌요약

2장에서는 코퍼스가 NLP 애플리케이션의 기본 구성요소란 점을 알았다. 또한 코포라의 각 타입과 해당 데이터 속성에 대한 아이디어도 얻었다. 우리는 코퍼스의 실제 분석 측면을 다뤘으며, 코퍼스 분석을 쉽게 하기 위해 nltk API를 사용했다.

3장에서는 품사, 어휘 항목, 토큰화 같은 언어 개념을 사용해 자연어의 기본적이고 효과적인 측면을 다룰 것이며, 이는 전처리와 피처 엔지니어링에 도움이 될 것이다.

03

문장 구조의 이해

3장에서는 NLP의 기본 개념을 살펴본다. 3장은 여러분의 기반을 단단히 잡아주기 때문에 가장 중요한 장이다.

4장을 이해하는 데 도움이 되는 기본 NLP 개념을 잘 알기 위해 여기서는 다음과 같은 주제를 다룬다.

- NLP의 컴포넌트 이해
- 문맥 자유 문법이란 무엇인가?
- 형태학적 분석
- 어휘 분석
- 구문 분석

- 의미 분석
- 모호성 처리
- 담화 통합
- 화용 분석

NLP의 컴포넌트 이해

NLP에는 2개의 주요 컴포넌트가 있는데, 2개를 모두 알아본다.

자연어 이해

자연어 이해에 대해 살펴보자.

- 자연어 이해NLU, natural language understanding는 NLP의 첫 번째 컴포넌트로 간주된다.
- NLU는 **인공지능-하드(AI-Hard)** 문제, 또는 **인공지능-완료(AI-Complete)** 문제로 간주된다.
- NLU는 컴퓨터를 인간처럼 지능을 갖추게 만들려고 하기 때문에 AI-Hard 문제로 간주된다.
- NLU는 어렵지만 요즘 기술 대기업과 연구 커뮤니티는 전통적인 머신 러닝 알고리즘을 즉시 수행해서 목표를 달성하는 데 도움이 되는 다양한 타입의 심층 신경망을 적용한다. 컴퓨터는 자연어NL, natural language를 처리할 수 있는 지능을 가질 수도 있다.
- NLU는 컴퓨터 언어학 도구를 사용해 NL 입력을 유용한 표현으로 변환하는 프로세스로 정의된다.
- NLU에서는 NL을 유용한 표현으로 변환하기 위해 다음 분석이 필요하다.

- 형태학적 분석
- 어휘 분석
- 구문 분석
- 의미 분석
- 모호성 처리
- 담화 통합
- 화용 분석

이 책에서는 NLU에 중점을 두고 NLU 표현을 사용하는 NLP 기반 시스템을 개발할 것이다.

자연어 생성

자연어 생성NLG, natural language generation에 대해 배워보자.

- NLG는 NLP의 두 번째 컴포넌트로 간주한다.
- NLG는 머신이 NL을 출력으로 생성하는 프로세스로 정의한다.
- 머신의 출력은 논리적인 방식이어야 하는데, 이 말은 머신에서 생성되는 어떠한 NL이라도 논리적이어야 한다는 뜻이다.
- 논리적인 출력을 생성하기 위해 많은 NLG 시스템은 기본 사실, 또는 지식 기반의 표현을 사용한다.
- 예를 들어보자. 특정 주제에 대한 에세이를 작성하는 시스템이 있다. The Cows라는 주제로 100 단어를 생성하도록 컴퓨터에 지시해서 컴퓨터가 소를 주제로 100단어를 생성한다면, 머신이 생성한 출력(여기서는 소에 관한 100 단어)은 유효한 형식이어야 한다. 모든 문장은 논리적으로 정확해야 하며 문맥 또한 의미가 있어야 한다.

NLU와 NLG의 차이점

이제 다음과 같이 NLU와 NLG의 차이점을 살펴보겠다.

NLU	NLG
이 컴포넌트는 텍스트. 또는 음성 형식에 관계없이 NL의 의미를 설명하는 데 도움이 된다. 우리는 영어, 프랑스어, 스페인어, 힌디어, 또는 다른 인간 언어를 분석할 수 있다.	이 컴포넌트는 머신을 사용해 NL을 생성하는 데 도움이 된다.
NLU는 NLP 애플리케이션을 개발하기 위해 POS 태거(tagger), 파서 등 다양한 도구와 기술을 사용해 NL로부터 팩트(fact)를 생성한다.	NLG는 POS 태그 같은 팩트에서 시작해 결과를 파싱하는 등의 작업을 거쳐 NL을 생성한다.
언어를 읽고 통역하는 과정이다.	언어를 쓰거나 생성하는 과정이다.

NLP의 분야

NLP에는 NLP 애플리케이션을 개발하는 데 도움이 되는 2개의 주요 분야가 있다. 하나는 **전산과학**Computer Science 분야이며, 다른 하나는 **언어학**Linguistics 분야다.

그림 3.1을 살펴보자.

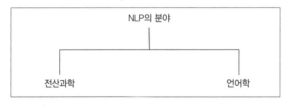

그림 3.1 NLP의 분야

언어학 분야는 다양한 과학 기술을 사용해 NL을 어떻게 분석할지에 중점을 둔다. 따라서 **언어학** 분야는 형식, 의미, 맥락에 대한 과학적 분석을 수행한다.

모든 언어학 분석은 전산과학 기술의 도움으로 구현할 수 있다. NLP 애플리케이션을 만들기 위해 머신 러닝 알고리즘에서 분석과 분석의 피드 요소feed element를 사용할 수 있다. 여기서 머신 러닝 알고리즘은 **전산과학의** 한 부분이며 언어 분석은 **언어학**이다.

전산언어학computational linguistics은 전산과학과 언어학 접근법을 함께 이해할 수 있도록 도와주는 분야다.

다음은 언어학 개념이고 전산과학 기술의 도움으로 구현되는 도구 리스트다. 이런 도구는 종종 다음과 같은 NLP 애플리케이션을 개발하는 데 사용된다.

- POS 태깅의 경우, POS 태거가 사용된다. 유명한 라이브러리는 nltk와 pycorenlp 이다.
- 모프 분석기morph analyzer는 단어 수준 형태학적 분석을 생성하는 데 사용된다. 이를 위해 nltk와 polyglot 라이브러리가 사용된다.
- 파서는 문장의 구조를 식별하는 데 사용된다. 이를 위해 스탠포드 CoreNLP와 nltk를 사용해 구문 분석 트리를 생성한다. spaCy라는 파이썬 패키지를 사용할 수 있다.

▌ 문맥 자유 문법 정의

이제 NLU에 초점을 맞추고 이를 이해하기 위해 먼저 문맥 자유 문법CFG, context-free grammar 과 이것이 NLU에서 어떻게 사용되는지 이해해야 한다.

문맥 자유 문법은 4개의 주요 컴포넌트로 정의한다. 이 4개의 컴포넌트는 다음과 같이 CFG의 기호 표현으로 나타낸다.

- 비터미널non-terminal[1] 기호 집합, N
- 터미널 기호 집합, T
  - 비터미널 기호인 시작 기호 S
  - 문장을 생성하기 위한 생성 규칙production rule P라는 규칙 집합

---

1 비터미널을 비종단, 터미널을 종단이라고 말하기도 한다. – 옮긴이

문맥 자유 문법 용어에 대한 이해를 높이기 위해 다음 예제를 보자.

$$X \rightarrow \alpha$$

여기서 $X \rightarrow \alpha$는 **구절 구조 규칙**^{phrase structure rule} 또는 **생성 규칙** P라고 한다. $X \in N$은 X가 비터미널 기호에 속한다는 것을 뜻한다. $\alpha \in \{N \text{ or } T\}$는 α가 터미널 기호, 또는 비터미널 기호에 속한다는 뜻이다. X는 α의 형태로 재작성될 수 있다. 이 규칙은 문장을 생성하기 위해 어떤 요소를 재작성해 문장을 생성할 수 있는지, 그리고 요소의 순서가 무엇인지도 알려준다.

이제 실제 NLP 예제를 사용해보자. 여기서는 CFG 규칙을 사용해 문장을 생성하는데, 개념을 이해하기 위해 간단한 문장 구조를 다룰 것이다.

생각해보자. 문법적으로 정확한 문장을 영어로 생성하는 데 필요한 기본 요소는 무엇일까? 기억나는 점이 있는가?

명사구와 동사구가 문장의 중요 요소라는 사실을 기억해두자. 그래서 거기에서 시작하라. 다음 문장을 보자.

> He likes cricket.

이 문장을 생성하기 위해 다음과 같은 생성 규칙을 제안한다.

- R1: S –> NP VP
- R2: NP –> N
- R3: NP –> Det N
- R4: VP –> V NP
- R5: VP –> V
- R6: N –> Person Name | He | She | Boy | Girl | It | cricket | song | book
- R7: V –> likes | reads | sings

80

그림 3.2에 나타난 "He likes cricket" 문장의 파스 트리^{parse tree}를 살펴보자.

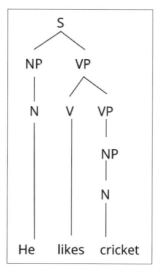

그림 3.2 생성 규칙을 사용한 문장의 파스 트리.

어떻게 파스 트리를 생성했는지 알아보자.

- 생성 규칙에 따르면 S는 **명사구**^{NP, noun phrase}와 **동사구**^{VP, verb phrase}의 조합으로 재작성될 수 있음을 알 수 있다. R1 규칙을 보라.
- NP는 **명사**^{NN, noun}가 나오거나 **결정자**^{Det, determiner} 다음에 명사가 나오는 것으로 재작성될 수 있다. 규칙 R2와 R3을 보라.
- 이제 VP를 **동사**^{V, verb} 다음에 NP가 나오는 형태로 재작성하거나 V만 나오는 것으로 재작성할 수 있다. 규칙 R4와 R5를 보라.
- 여기서 N은 **사람 이름**^{Person Name}, He, She 등의 형식으로 재작성할 수 있다. N은 터미널 기호다. R6 규칙을 보라.
- V는 규칙 R7의 오른쪽에 있는 옵션 중 하나를 사용해 재작성할 수 있다. V도 터미널 기호다.

우리는 모든 규칙을 사용해 그림 3.2의 파스 트리를 생성했다.

파스 트리를 생성할 수 없다고 해서 걱정하지 말자. 5장에서 해당 개념과 구현 세부 사항을 볼 수 있다.

여기서는 CFG에 대해 아주 기본적이고 간단한 예제를 보았다. 문맥 자유 문법은 **구문 구조 문법**phrase structure grammar이라고도 한다.

연습

1. 이 절에서 앞서 주어진 규칙을 사용해 구문 분석 트리를 생성하고, 다음 문장에 대한 파스 트리를 생성하라.

   She sings a song.

2. 생성 규칙을 만들어 다음 문장에 대한 파스 트리를 생성하라.

   That boy is reading a book.

▌ 형태학적 분석

여기서는 형태학적 분석morphological analysis 분야에서 사용되는 기본 용어를 살펴보겠다. 용어와 개념은 실제 문제를 해결할 때 도움이 될 것이다.

형태학이란 무엇인가?

형태학morphology은 단어가 어떻게 구조화되고 형성될 수 있는지를 연구하는 언어학의 한 분야다.

형태소란 무엇인가?

언어학에서 형태소^{morpheme}란 주어진 언어의 가장 작은, 의미 있는 단위다. 형태학의 중요한 부분은 형태학의 기본 단위인 형태소다.

예를 들어보자. 단어 boy는 단일 형태소로 구성되는 반면에 boys는 두 개의 형태소로 구성된다. 하나는 boy이고 다른 형태소는 −s이다.

어간이란 무엇인가?

접사^{affix}가 붙어있는 단어의 부분을 **어간**^{stem}이라고 부른다. 단어 tie는 **어근**^{root}이며 Untie는 어간이다.

이제 형태학적 분석을 이해해보자.

형태학적 분석이란 무엇인가?

형태학적 분석은 의미의 최소 단위인 형태소를 사용해 단어가 어떻게 형성되는지에 대한 문법적 분석으로 정의된다.

일반적으로 형태소는 접사다. 이 접사는 다음의 4개 타입으로 나눌 수 있다.

- unhappy 같이 어간 앞에 나타나는 접두사
- happiness 같이 어간 뒤에 나타나는 접미사
- bumili(필리핀의 한 언어인 타갈로그어로 '구입하다'의 뜻) 같이 어간 안에 나타나는 접요사^{infix}
- 접환사^{circumfix[2]}는 단어를 둘러싸며 어간의 시작과 끝 부분에 붙는다. 예를 들어 kabaddangan(필리핀의 또 다른 언어인 투왈리 이푸가오어로 '돕다'의 뜻)를 예로 들 수 있다.

---

2 포위접사라고도 한다. - 옮긴이

형태학적 분석은 단어 분리^{word segmentation}에 사용되고 **품사**^{POS, Part Of Speech} 태깅은 이 분석을 사용한다. **어휘 분석** 절에서 POS에 대해 설명할 것이므로 나올 때까지 참기 바란다.

내가 제안한 개념을 실제적으로 설명하기 위해 단어 Unexpected를 살펴보자. 그림 3.3을 보면 형태소에 관해, 그리고 형태학적 분석이 어떻게 일어나는지에 관해서도 알 수 있다.

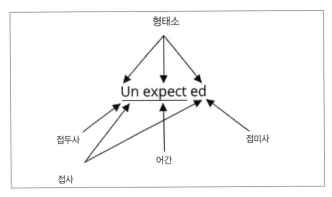

그림 3.3 형태소와 형태학적 분석

그림 3.3에서는 Unexpected를 형태소로 표현하고 형태학적 분석을 수행했다. 여기서 Un은 **접두사**이고 ed는 **접미사**다. Un과 ed는 **접사**로 간주될 수 있으므로 Unexpect는 **어간**이 된다.

또 다른 중요 개념을 알아보고 이것을 형태소의 개념과 관련시켜보자. 이제 단어를 어떻게 정의하는지에 대해 얘기할 것이다.

단어란 무엇인가?

단어는 의미를 갖는 문장의 가장 작은 단일 요소로서 문장에서 분리될 수 있다. 이렇게 문장의 가장 작은 분리 부분을 **단어**^{word}라고 한다.

형태소 정의를 다시 참조해서 단어 정의와 관련지어보자. 내가 여러분에게 이 작업을 하라고 말한 이유는 여러분이 단어와 형태소를 혼동할 수도 있고, 아니면 그 둘의 차이가 무엇인지 모를 수도 있기 때문이다. 여러분이 그렇게 생각했더라도 괜찮다. 제대로 이해하지 못하면 혼란스러울 수 있다.

정의는 비슷하지만 단어와 형태소 간에는 약간의 차이가 있다. 다음 표에서 그 차이점을 볼 수 있다.

형태소	단어
형태소는 단독으로 있을 수도 있고 그렇지 않을 수도 있다. 단어 cat은 단독으로 있을 수 있지만 복수형 표시인 –s 는 단독으로 있을 수 없다. 여기서 cat과 –s는 모두 형태소다.	단어는 단독으로 있을 수 있다. 따라서 단어는 문장에서 기본적으로 독립된 단위다.
형태소가 단독으로 있으면 그 형태소는 자체의 의미를 전달하기 때문에 **어근**이라고 부르고, 단독으로 있지 않으면 형태소는 주로 접사를 가진다. 형태소가 어떤 종류의 접사를 가질 것인가에 대한 분석은 형태론적 분석으로 다뤄진다.	단어는 단일 형태소로 구성될 수 있다.
예를 들어 cat은 독립형(standalone) 형태소이지만 cats를 고려하면 접미사 –s가 붙어서, cat이 하나의 형태소라는 정보를 전달하고, 접미사 –s는 주어진 형태소 cat의 복수형이라는 문법적 정보를 나타낸다.	예를 들어 cat은 독립형 단어다. cats도 독립형 단어다.

형태소 분류

형태소를 분류해보면 형태학적 분석의 전체 개념이 어떻게 작동하는지에 대한 정보를 많이 알 수 있다. 그림 3.4를 보자.

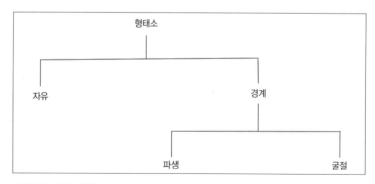

그림 3.4 형태소 분류

형태소에는 2개의 주요 부분이 있다.

자유 형태소

자유 형태소는 다음과 같이 설명할 수 있다.

- 자유 형태소는 단독으로 있으며 단어로 동작할 수 있다. 이것들은 또한 **무경계 형태소**unbound morpheme 또는 **단독형 형태소**free-standing morpheme라고 부른다.
- 다음과 같이 몇 가지 예를 살펴보자.
  - dog, cats, town, house.
  - 위의 모든 단어는 다른 단어와 함께 사용할 수도 있다. 자유 형태소는 다른 단어와 함께 나타낼 수도 있다. 이들 종류의 단어는 단어를 개별적으로 볼 때 다른 의미를 전달한다.
    - 그 예를 들어보자.
      - doghouse, town hall.
      - 여기서 doghouse의 의미는 dog와 house의 각 의미와 다르다. town hall에도 똑같이 적용된다.

경계 형태소

경계 형태소bound morpheme는 보통 접사를 사용하며, 2개의 클래스로 나눈다.

파생 형태소

파생 형태소derivational morpheme는 접사가 어근과 결합해서 의미론적 의미semantic meaning를 변경시킬 때 확인된다.

이제 몇 가지 예를 살펴보자.

- unkind 단어를 살펴보자. 이 단어에서 un은 접두사이고 kind는 어근이다. 접두사 un은 단어 kind의 의미를 그 반대인 '불친절한' 의미로 바꾸는 파생 형태소로 작용한다.
- happiness 단어를 분석해보자. 이 단어에서 −ness는 파생 형태소이고 happy는 어근 단어다. 그래서 −ness는 '행복한'을 '행복'으로 바꾼다. POS 태그를 확인해보면 happy는 형용사이고 happiness는 명사다. 여기서 형용사, 명사와 같은 단어 클래스를 나타내는 태그를 POS라고 부른다.

굴절 형태소

굴절 형태소inflection morpheme는 접미사로서 단어에 추가돼 해당 단어에 특정 문법적 속성을 지정한다. 굴절 형태소는 시제, 숫자, POS 등을 나타내는 문법적 표식으로 간주된다. 따라서 좀 더 간단한 언어에서는 굴절 형태소가 단어 의미나 POS에 영향을 주지 않고 동사 시제, 상aspect[3], 법mood[4], 사람, 수number(단수와 복수), 성별, 격case[5]을 수정하는 형태소의 타입으로 식별된다고 말할 수 있다.

다음은 몇 가지 사례를 보여준다.

- dogs라는 단어에서 −s는 dog의 수를 변경한다. −s는 단수형에서 복수형으로 dog를 바꾼다.
- expected 단어에는 동사 시제를 수정하는 굴절 형태소인 −ed가 포함된다.

여기에는 형태소에서 어간을 생성하는 코드가 있다. 우리는 nltk 와 polyglot 라이브러리를 사용할 것이다. 해당 코드는 https://github.com/jalajthanaki/NLPython/blob/master/ch3/3_1_wordsteam.py 링크에서 찾을 수 있다.

---

3 완료진행형, 진행형을 의미한다. − 옮긴이

4 가정법 등을 의미한다. − 옮긴이

5 주격, 소유격 등을 의미한다. − 옮긴이

그림 3.5과 그림 3.6의 부분 코드를 보자.

```python
from nltk.stem import PorterStemmer
from polyglot.text import Text, Word

word = "unexpected"
text = "disagreement"
text1 = "disagree"
text2 = "agreement"
text3 = "quirkiness"
text4 = "historical"
text5 = "canonical"
text6 = "happiness"
text7 = "unkind"
text8 = "dogs"
text9 = "expected"
words_derv = ["happiness", "unkind"]
word_infle = ["dogs", "expected"]
words = ["unexpected", "disagreement", "disagree", "agreement", "quirkiness", "canonical" "historical"]

def stemmer_porter():
    port = PorterStemmer()
    print "\nDerivational Morphemes"
    print " ".join([port.stem(i) for i in text6.split()])
    print " ".join([port.stem(i) for i in text7.split()])
    print "\nInflectional  Morphemes"
    print " ".join([port.stem(i) for i in text8.split()])
    print " ".join([port.stem(i) for i in text9.split()])
    print "\nSome examples"
    print " ".join([port.stem(i) for i in word.split()])
    print " ".join([port.stem(i) for i in text.split()])
    print " ".join([port.stem(i) for i in text1.split()])
    print " ".join([port.stem(i) for i in text2.split()])
    print " ".join([port.stem(i) for i in text3.split()])
    print " ".join([port.stem(i) for i in text4.split()])
    print " ".join([port.stem(i) for i in text5.split()])
```

그림 3.5 NLTK를 사용해 형태소로부터 어간 생성하기

이제 polyglot 라이브러리가 어떻게 사용됐는지 그림 3.6을 보자.

```python
def polygolt_stem():
    print "\nDerivational Morphemes using polyglot library"
    for w in words_derv:
        w = Word(w, language="en")
        print("{:<20}{}".format(w, w.morphemes))
    print "\nInflectional Morphemes using polyglot library"
    for w in word_infle:
        w = Word(w, language="en")
        print("{:<20}{}".format(w, w.morphemes))
    print "\nSome Morphemes examples using polyglot library"
    for w in word_infle:
        w = Word(w, language="en")
        print("{:<20}{}".format(w, w.morphemes))


if __name__ == "__main__":
    stemmer_porter()
    polygolt_stem()
```

그림 3.6 polyglot 라이브러리를 사용해 형태소에서 어간 생성하기

이 부분 코드의 출력은 그림 3.7에 나타나 있다.

```
Derivational Morphemes
happi
unkind

Inflectional  Morphemes
dog
expect

Some examples
unexpect
disagr
disagre
agreement
quirki
histor
canon

Derivational Morphemes using polyglot library
happiness           ['happi', 'ness']
unkind              ['un', 'kind']

Inflectional Morphemes using polyglot library
dogs                ['dog', 's']
expected            ['expect', 'ed']

Some Morphemes examples using polyglot library
dogs                ['dog', 's']
expected            ['expect', 'ed']
```

그림 3.7 그림 3.5과 그림 3.6에 있는 부분 코드의 출력

어간과 어근의 차이점은 무엇인가?

그 차이점은 다음과 같이 설명할 수 있다.

어간	어근
어간을 만들기 위해서는 단어에서 접사를 제거할 필요가 있다.	어근은 더 작은 형태소로 나눌 수 없다.
어간을 더 잘게 나누다 보면 어근을 만들 수 있다.	어근과 더불어 파생 형태소를 사용하면 어간을 만들 수 있다.
Untie 단어는 어간이다.	tie 단어는 어근이다.

연습

1. redness, quickly, teacher, unhappy, disagreement에 있는 형태소에 대해 그림 3.3에서 했듯이 형태학적 분석을 해보자. 접두사, 접미사, 동사, 어간을 정의하라.

2. nltk와 polyglot 라이브러리를 사용해 redness, quickly, teacher, disagreement, reduce, construction, deconstruction 단어의 어간을 만들어라.

3. disagree, disagreement, historical의 어간과 어근을 만들어라.

어휘 분석

어휘 분석lexical analysis은 텍스트를 단어, 구, 그 외 의미 있는 요소로 분류하는 과정으로 정의된다. 어휘 분석은 단어 수준 분석을 기반으로 한다. 이런 종류의 분석에서는 단어, 구, 기호 같은 다른 요소의 의미에도 초점을 맞춘다.

때로는 어휘 분석도 **토큰화 과정**tokenization process으로 설명된다. 토큰화를 논의하기 전에 토큰이 무엇인지, 그리고 POS 태그가 무엇인지 알아보자.

토큰이란 무엇인가?

토큰token은 어휘 분석 기법을 사용해 생성되는 의미 있는 요소로 정의된다.

품사 태그란 무엇인가?

품사는 비슷한 문법적 특성을 가진 단어, 또는 어휘 항목에 대한 카테고리다. 동일한 품사 카테고리에 속하는 단어는 문장의 문법 구조 내에서 유사한 동작을 보인다.

영어에서 POS 카테고리에는 동사, 명사, 형용사, 부사, 대명사, 전치사, 관계사, 감탄사, 그리고 때로는 수사, 관사, 한정사^{determiner}가 있다.

토큰 유도 과정

문장은 단어의 흐름에 의해 형성되고 문장에서 우리는 **토큰**이라고 부르는 개별적으로 의미 있는 덩어리를 도출해야 하며, 다음과 같이 토큰을 유도하는 과정을 **토큰화**^{tokenization}라고 한다.

- 텍스트 스트림에서 토큰을 유도하는 과정은 두 단계로 이뤄진다. 단락이 많다면 먼저 문장 토큰화를 하고 난 후 단어 토큰화를 수행해 토큰의 의미를 생성해야 한다.
- 토큰화와 표제어 추출^{lemmatization}은 어휘 분석에 도움이 되는 과정이다. nltk 라이브러리를 사용해 토큰화와 표제어 추출을 수행할 수 있다.
- 토큰화는 문장이나 단어의 경계를 식별하는 것으로 정의할 수 있다.
- 표제어 추출은 올바르게 의도된 POS와 문장에 존재하는 단어의 의미를 식별하는 과정으로 정의할 수 있다.
- 표제어 추출은 토큰의 의미를 모호하게 하는 POS 태깅도 포함한다. 이 과정에서 문맥 창^{context window}은 구^{phrase} 수준, 또는 문장 수준이다.

깃허브 https://github.com/jalajthanaki/NLPython/tree/master/ch3 링크에서 코드를 찾을 수 있다.

해당 부분의 코드는 그림 3.8에 나타나 있다.

```python
from nltk.tokenize import word_tokenize
from nltk.stem.wordnet import WordNetLemmatizer

def wordtokenization():
    content = """Stemming is funnier than a bummer says the sushi loving computer scientist.
    She really wants to buy cars. She told me angrily. It is better for you.
    Man is walking. We are meeting tomorrow. You really don't know..!"""
    print word_tokenize(content)

def wordlemmatization():
    wordlemma = WordNetLemmatizer()
    print wordlemma.lemmatize('cars')
    print wordlemma.lemmatize('walking',pos='v')
    print wordlemma.lemmatize('meeting',pos='n')
    print wordlemma.lemmatize('meeting',pos='v')
    print wordlemma.lemmatize('better',pos='a')
    print wordlemma.lemmatize('is',pos='v')
    print wordlemma.lemmatize('funnier',pos='a')
    print wordlemma.lemmatize('expected',pos='v')
    print wordlemma.lemmatize('fantasized',pos='v')

if __name__ =="__main__":
    wordtokenization()
    print "\n"
    print "---------Word Lemmatization----------"
    wordlemmatization()
```

그림 3.8 토큰화를 위한 부분 코드

그림 3.8 코드 출력은 그림 3.9에 나타나 있다.

```
['Stemming', 'is', 'funnier', 'than', 'a', 'bummer', 'says', 'the', 'sushi', 'loving', 'computer',
'scientist', '.', 'She', 'really', 'wants', 'to', 'buy', 'cars', '.', 'She', 'told', 'me', 'angrily', '.', 'It', 'is',
'better', 'for', 'you', '.', 'Man', 'is', 'walking', '.', 'We', 'are', 'meeting', 'tomorrow', '.', 'You',
'really', 'do', "n't", 'know..', '!']
---------Word Lemmatization----------
car
walk
meeting
meet
good
be
funny
expect
fantasize
```

그림 3.9 토큰화와 표제어 추출의 출력

92

어간 추출과 표제어 추출의 차이점

어간 추출stemming과 표제어 추출lemmatization, 이들 개념 모두는 접사를 제거하고 해당 의미를 고려해 주어진 단어를 **정규화**normalization[6]하는 데 사용된다. 이들의 주요 차이점은 다음과 같다.

어간 추출	표제어 추출
어간 추출은 일반적으로 문맥에 대한 지식 없이 한 단어로 작동한다.	표제어 추출은 보통 문장에서 단어와 문맥을 고려한다
어간 추출에서는 POS 태그를 고려하지 않는다.	표제어 추출에서는 POS 태그를 고려한다.
어간 추출은 비슷한 기본 의미를 가진 단어를 그룹화하는 데 사용된다.	표제어 추출 개념은 사전, 또는 WordNet 종류의 사전을 만드는 데 사용된다.

애플리케이션

NLP 애플리케이션을 개발하는 데 이러한 어휘 분석이 어떻게 사용됐는지 생각해야 한다. 그래서 여기서는 어휘 분석 개념을 사용하는 NLP 애플리케이션 중 일부를 나열했다.

- 문장 토큰화와 불용어stop word[7] 식별 같은 어휘 분석은 종종 사전 처리에 사용된다.
- 어휘 분석은 POS 태거tagger를 개발하는 데에도 사용된다. POS 태거는 텍스트 스트림에 대해 POS 태그를 생성하는 도구다.

---

6 표준에 맞춘다는 의미도 있다. – 옮긴이

7 인덱스로 의미가 없는 단어. 즉 인덱스 작성 때 표제어로 하지 않는 단어로써 관사, 전치사, 조사, 접속사 등이 여기에 속한다. – 옮긴이

▌ 구문 분석

어휘 분석에서 단어 수준 분석을 알아봤다. 이 절에서는 상위 수준의 내용을 살펴본다. 우리는 문장의 문구를 고려해 문장의 문법과 구조에 초점을 맞출 것이다.

이제 구문 분석을 정의하고 NLP 애플리케이션에서 구문 분석을 어떻게 사용할지 알아보자.

구문 분석이란 무엇인가?

구문 분석syntactic analysis이란 특정 문장, 또는 해당 문장 일부분의 논리적 의미를 알려주는 분석으로 정의된다. 문장의 정확성뿐만 아니라 논리적인 의미를 정의하기 위해서는 문법 규칙도 고려해야 한다.

예를 들어보자. 내가 영어로 "School go a boy"처럼 문장을 쓴다면, 이 문장은 논리적으로 의미를 전달하지 않으며 문법 구조도 올바르지 않다. 따라서 구문 분석은 주어진 문장이 논리적인 의미를 전달하는지, 그리고 문법적 구조가 올바른지를 알려준다.

구문 분석은 NL 구문을 다루는, 잘 발달된 NLP 영역이다. 구문 분석에서는 어떤 문장이 합법적인지 판단하는 데 문법 규칙을 사용해왔다. 구조 표현이나 파스 트리를 생성하는 파싱 알고리즘을 개발하는 데에는 문법을 적용해왔다.

여기서는 pycorenlp라는 스탠포드 CoreNLP용 파이썬 래퍼 라이브러리와 nltk를 사용해 파스 트리를 생성한다. 그림 3.10과 그림 3.11에 있는 부분 코드를 참조하라. 해당 출력은 그림 3.12에 나타나 있다.

```
# This script is for generating parsing tree by using NLTK.
# We are using python wrapper for stanford CoreNLP called-"pycorenlp" to generate Parsing result for us.
# NLTK gives us tree representation of stanford parser.
import nltk
from nltk import CFG
from nltk.tree import *
from pycorenlp import StanfordCoreNLP
from collections import defaultdict

# Part 1: Define a grammar and generate parse result using NLTK
def definegrammar_pasreoult():
    Grammar = nltk.CFG.fromstring("""
    S -> NP VP
    PP -> P NP
    NP -> Det N | Det N PP | 'I'
    VP -> V NP | VP PP
    Det -> 'an' | 'my'
    N -> 'elephant' | 'pajamas'
    V -> 'shot'
    P -> 'in'
    """)
    sent = "I shot an elephant".split()
    parser = nltk.ChartParser(Grammar)
    trees = parser.parse(sent)
    for tree in trees:
        print tree

# Part 2: Draw the parse tree
def draw_parser_tree():
    dp1 = Tree('dp', [Tree('d', ['the']), Tree('np', ['dog'])])
    dp2 = Tree('dp', [Tree('d', ['the']), Tree('np', ['cat'])])
    vp = Tree('vp', [Tree('v', ['chased']), dp2])
    tree = Tree('s', [dp1, vp])
    print(tree)
    print(tree.pformat_latex_qtree())
```

그림 3.10 구문 분석을 위한 부분 코드

구문 분석을 위해 스탠포드 파서를 사용하는 방법은 그림 3.11에 나와 있다.

```
# Part 3: Stanford parser wrapper library "pycorenlp"
# you need to install pycorenlp as well as you need to download stanford-corenlp-full-* from standford corenlp website.
def stanford_parsing_result():
    text ="""  I shot an elephant. The dog chased the cat. School go to boy.  """
    nlp = StanfordCoreNLP('http://localhost:9000')
    res = nlp.annotate(text, properties={
        'annotators': 'tokenize,ssplit,pos,depparse,parse',
        'outputFormat': 'json'
    })
    print(res['sentences'][0]['parse'])
    print(res['sentences'][2]['parse'])


if __name__ == "__main__":
    print "\n--------Parsing result as per defined grammar-------"
    definegrammar_pasrereult()
    print "\n--------Drawing Parse Tree-------"
    draw_parser_tree()
    print "\n--------Stanford Parser result------"
    stanford_parsing_result()
```

그림 3.11 구문 분석을 위한 부분 코드

앞의 두 부분 코드의 출력은 다음과 같이 보인다. 그림 3.12를 참조하자.

```
--------Parsing result as per defined grammar-------
(S (NP I) (VP (V shot) (NP (Det an) (N elephant))))

--------Drawing Parse Tree-------
(s (dp (d the) (np dog)) (vp (v chased) (dp (d the) (np cat))))
\Tree [.s
       [.dp [.d the ] [.np dog ] ]
       [.vp [.v chased ] [.dp [.d the ] [.np cat ] ] ] ]
                     s
             _____|____
            |            vp
            |        ____|___
            dp       |       dp
          __|___     |     __|__
          d     np   v     d    np
          |     |    |     |    |
          the   dog chased the  cat


--------Stanford Parser result------
(ROOT
  (S
    (NP (PRP I))
    (VP (VBD shot)
      (NP (DT an) (NN elephant)))
    (. .)))
(ROOT
  (S
    (NP (NNP School))
    (VP (VB go)
      (PP (TO to)
        (NP (NN boy))))
    (. .)))
```

그림 3.12 구문 분석의 한 부분으로써 파싱의 출력

5장에서 파싱 도구 및 개발 주기와 관련된 세부 정보를 볼 수 있다.

▌ 의미 분석

의미 분석semantic analysis은 기본적으로 NL의 의미에 초점을 맞춘다. 이 절에서는 정의, 다양한 요소, 적용을 알아본다.

이제 의미 여행을 시작해보는데, 이 분야에서 멋진 연구를 하고 싶다면 이 여행은 아주 흥미로울 것이다.

의미 분석이란 무엇인가?

의미 분석이란 NL의 의미에 대한 표현을 생성하는 것이다. 어휘 분석이 텍스트 흐름에서 주어진 단어의 의미에 초점을 맞춘 것이라면 도대체 의미 분석과 어휘 분석의 차이점은 무엇인지 의문을 가질지도 모른다. 그 대답은 어휘 분석이 좀 더 작은 토큰에 바탕을 두고 있다는 것이다. 즉 그 초점이 단어의 의미에 있지만 의미 분석은 더 큰 덩어리에 초점을 둔다. 의미 분석은 구 수준, 문장 수준, 단락 수준, 때로는 문서 수준에서도 수행할 수 있다. 의미 분석은 다음과 같이 두 부분으로 나눌 수 있다.

- 개별 단어의 의미에 대한 연구. **어휘 의미론**lexical semantics이라고 부른다.
- NL의 더 큰 단위를 다루는 맥락에서 문장이나 단락의 의미를 제공하기 위해 개개의 단어가 결합하는 방법에 대한 연구

한 가지 예를 들어보겠다. "white house is great" 같은 문장이 있다면 이 말은 미국에 있는 백악관의 맥락 속에 있음을 의미할 수 있지만, 반면에 말 그대로 근처의 흰색 집이 멋지다는 의미도 된다. 따라서 문장의 적절한 의미를 얻는 것이 의미 분석의 일이다.

어휘 의미론

어휘 의미론에는 단어, 보조 단어sub-word, 접사 같은 부차적 단위sub-unit, 심지어 합성어compound words와 구가 들어간다. 여기서 단어, 보조 단어 등을 **어휘 항목**lexical item이라고 부른다.

어휘 의미론에 대한 연구에는 다음과 같은 부분이 들어간다.

- 어휘 항목의 분류
- 어휘 항목의 분해
- 다양한 어휘 의미 구조 간의 차이점과 유사점
- 어휘 의미는 어휘 항목 간의 관계이며 문장의 의미와 문장의 구문이다.

의미 분석의 부분을 이루는 다양한 요소를 살펴보자.

하의 관계와 하의어

하의 관계hyponymy는 일반 용어generic term와 구체적 용어 간의 관계를 설명한다. 여기에서는 일반 용어를 **상의어**hypernym로 부르며 구체적 용어를 **하의어**hyponym라고 한다.

따라서 색은 상의어가 되고 빨간색, 녹색, 노란색 등은 하의어가 된다

동음이의어 관계

동음이의어homonym는 구문이나 철자가 같거나 형식이 같은 단어지만 그 의미는 다르며 서로 관련이 없다.

'bank' 단어가 전형적인 사례로, 이 단어는 금융 기관, 또는 강둑을 의미한다.[8]

다의어

다의어polysemy를 이해하려면 문장 속의 단어를 살펴봐야 한다. 다의어란 의미는 다르지만 서로 관련 있는 단어나 문구다. 이런 종류의 단어는 어휘적으로 모호한 단어ambiguous word라고도 한다.

'발'이라는 단어를 보자. 다음과 같이 문장에 따라 여러 느낌이나 의미가 있다.

- 발이 **빠르다**(걸음)
- 발이 **넓다**(인간관계)
- 발이 **크다**(신체)

---

8 한글 예로는 '감다'를 들 수 있다. : 실을 감다/머리를 감다 – 옮긴이

다의어와 동음이의어의 차이점은 무엇인가?

한 단어가 다른 의미를 표현하는 데 사용되면 해당 단어를 **다의어**라고 한다. 단어 의미 간에 관련성이 있다.

동일한 소리가 나거나 동일한 철자로 돼 있지만 관련 의미가 없는 경우를 **동음이의어**라고 한다.

의미 분석의 적용

의미 분석은 공개 연구 영역 중 하나이므로 다음 적용에서 그 기본 개념을 사용할 수 있다.

- 다의성 해소^{WSD, word sense disambiguation}는 의미 분석이 많이 사용된 NLP의 주요 작업 중 하나이며, 인도 언어에 있어서 아직도 미해결 연구 영역이다
- '7장 NLP를 위한 규칙 기반 시스템'에서 **다의성 해소(WSD)** 사용법을 볼 수 있다.
- word2vec 개념은 의미 유사성을 처리하기 위해 등장했다. 6장에서 확인할 수 있다.

▌ 모호성 처리

의미 분석으로 넘어가면 NLP 시스템이 처리하기에는 너무 모호한 경우가 많이 있다는 사실을 발견할 것이다. 이런 경우에는 어떤 종류의 모호성^{ambiguity9}이 있고 어떻게 처리할 수 있는지 알아야 한다.

모호성은 NLP의 한 영역이며 잘 정의된 솔루션이 없는 NLP 영역이자 인지 과학^{cognitive science} 중 하나다. 때로는 문장이 아주 복잡하고 모호해서 화자^{speaker}만이 원래의 의미를 명확하게 정의할 수 있다.

---

9 중의성, 다의성 또는 애매성이라고도 한다. – 옮긴이

단어, 구, 문장이 둘 이상의 의미를 가지면 모호한 것이다. light 단어를 보면 이 단어는 무겁지 않거나 어둡지 않다는 뜻일 수 있다. 이것은 단어 수준의 모호성이다. **도자기 계란 컨테이너**porcelain egg container구는 구조 수준의 모호성이다. 따라서 여기서는 NLP에서 각 타입의 모호성을 보게 될 것이다.

먼저 모호성 타입을 확인하고 나서 사용 가능한 수단을 사용해 처리하는 방법을 살펴보자. 각 타입의 모호성에 대해서는 그림 3.13을 참조하라.

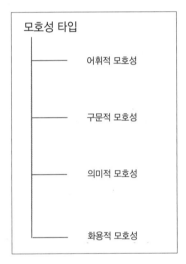

그림 3.13 모호성 타입

어휘적 모호성

어휘적 모호성lexical ambiguity은 단어 수준의 모호성이다. 한 단어는 내부 구조와 구문적 클래스syntactic class라는 측면에서 중의적인 의미를 가질 수 있다. 다음과 같이 몇 가지 예를 보자.

- 문장1: Look at the stars. 여기서 look은 동사다.
- 문장2: The person gave him a warm look. 여기서 look은 명사다.

- 문장3: She won three silver medals. 여기서 silver는 명사다.
- 문장4: She made silver speech. 여기서 silver는 형용사다.
- 문장5: His stress had silvered his hair. 여기서 silver는 동사다.

이 사례에서 특정 단어는 문상 구조에서 사용법에 따라 POS 태그를 변경한다. 이러한 종류의 모호성은 다음의 두 가지 접근법을 사용해 해결할 수 있다.

- 정확한 POS 태그 도구를 사용해 이러한 종류의 모호성을 해결할 수 있다.
- 워드넷WordNet의 분별력은 단어가 특정 POS 태그를 가질 때 그 단어에 대해 사용 가능한 다양한 장면을 판단한다. 이것은 모호성을 처리하는 데에도 도움이 된다.

많은 인도어에는 어휘적 모호성 문제가 있다.

구문적 모호성

우리는 구문 분석에서 단어의 연속이 문법적으로 구조화돼 있음을 알았다. 단어의 연속을 해석하는 데에는 다양한 방법이 있으며, 구조마다 해석이 다르다. 구문적 모호성syntactic ambiguity으로 구문은 명확하지 않는데 이것은 단어 수준의 의미가 아니다. 다음은 구문적 모호성의 사례다.

- The man saw the girl with the telescope. 여기서 모호성은 그 남자가 망원경을 가진 소녀를 보는지, 그 남자가 망원경을 사용해 소녀를 보는지 명확하지 않다. 이러한 모호성을 **전치사 구**PP, prepositional phrase 모호성이라고 한다.

구문적 모호성을 처리하기 위한 접근법

이러한 모호성을 처리하려면 통계적 접근 방식을 사용해 가장 가능성이 높은 비율을 얻어야 한다. 한편으로는 동사와 전치사를, 다른 편으로는 전치사와 명사를 함께 묶고 나서 다음 식을 사용해 log-likelihood 비율을 계산해야 한다.

$$F(v, n, p) = \log \frac{p(p/v)}{p(p/n)}$$

그림 3.14 log-likelihood 비율

여기서 p(p/v)는 동사 v 뒤에 전치사 p가 붙은 PP가 나올 확률이다.

그리고 p(p/n)는 명사 n 뒤에 전치사 p가 붙은 PP가 나올 확률이다.

F(v,p,n) < 0이면 명사에 전치사를 붙일 필요가 있고, F(v,p,n) >0이면 동사에 전치사를 붙일 필요가 있다. 5장에서 이 구현을 보게 될 것이다.

의미적 모호성

의미적 모호성semantic ambiguity은 단어 자체의 의미가 잘못 해석될 수 있는 경우에 발생한다. 다음은 해당 사례다.

- ABC head seeks arms
- 여기서 head라는 단어는 수석 또는 신체 부분을 의미하며, 같은 방식으로 arms는 무기, 또는 신체 부분으로 해석할 수 있다.
- 이러한 모호성은 의미적 모호성으로 간주된다.

의미적 모호성을 고정밀도로 처리하는 것은 미해결 연구 영역이다. 요즘 word2vec 표현 기법은 의미적 모호성을 처리하는 데 매우 유용하다.

화용적 모호성

화용적 모호성pragmatics ambiguity은 구의 맥락이 여러 개로 다르게 해석될 때 발생한다. 예를 들어보자.

- Give it to that girl. 이 말은 많은 내용을 의미할 수 있다.

다음과 같은 긴 문맥을 보자.

- I have chocolate and a packet of biscuits. Give it to that girl. 여기서는 초 콜릿이나 비스킷 봉지를 가리키는지 분명하지 않다.

이런 종류의 모호성을 다루는 부분은 아직도 연구 영역으로 남아 있다.

▌담화 통합

담화 통합discourse integration은 화용론pragmatics과 밀접한 관련이 있다. 담화 통합은 NL 구조의 작은 부분에 대해 좀 더 큰 문맥으로 간주된다. NL은 매우 복잡하고 대부분의 경우 앞의 담화에 따라 텍스트의 연속이 달라진다.

이 개념은 종종 화용적 모호성에서 발생한다. 이 분석은 바로 앞 문장이 다음 문장의 의미와 해석에 어떻게 영향을 미칠 수 있는지를 다룬다. 여기서 문맥은 문단 수준, 문서 수준 등과 같은 더 큰 문맥에서 분석될 수 있다.

애플리케이션

담화 통합의 개념은 다음과 같은 NLP 애플리케이션에서 사용됐다.

- 이 개념은 종종 NLG 애플리케이션에서 사용됐다.
- 일반화된 인공지능을 제공하도록 개발된 챗봇. 이런 종류의 애플리케이션에서는 딥러닝이 사용됐다. '9장 NLU와 NLG 문제에 대한 딥러닝'에서 딥러닝의 NLG를 확인할 수 있다.

화용 분석

화용 분석pragmatic analysis[10]은 단어 지식을 벗어난 범위를 다루는데, 이 말은 문서 그리고/또는 질의queries에 대해 외부 정보가 있어야 한다는 뜻이다. 묘사된 데에 초점을 맞춘 화용 분석은 실제로 의미 있는 것으로 재해석돼 실제 지식이 필요한 다양한 언어 측면을 파생시킨다.

다음 예제를 보자.

- Pruning a tree is a long process.
- 여기서 Pruning a tree는 전산과학 알고리즘 기술 개념 중 하나다. 따라서 **pruning** 단어는 실제로 물리적인 나무를 자르는 행동과 관련이 없으며 전산과학 알고리즘에 대해 이야기하고 있는 것이다. 이는 모호한 상황이다. 즉 이런 종류의 모호한 상황을 어떻게 처리하느냐도 연구 분야로 남아 있다. 기술 대기업은 딥러닝 기술을 사용해 화용 분석을 수행하고, 문장의 정확한 문맥을 생성해 고도로 정확한 NLP 애플리케이션을 개발한다.

요약

3장에서는 NLP 애플리케이션을 개발하는 데 자주 사용되는 언어학의 기초에 대해 살펴봤다. 우리는 NL과 관련된 모든 종류의 분석을 알아봤으며, 단어 수준 분석과 좀 더 큰 상황 분석을 살펴봤다. 혼란을 해결하기 위한 몇 가지 핵심 개념 간의 차이점도 확인했다. 3장 이후로 여러분은 언어학이나 도구의 어느 개념이 사용하기에 더 흥미로운지 알아볼 수 있다. 언어학, 컴퓨터 언어학, 전산과학 분야에서 NLP를 전문으로 하고 싶다면 잠재적인 연구 영역도 찾을 수 있다.

---

10 실제 분석이라고도 한다. - 옮긴이

4장에서는 실제적인 코딩 측면에 중점을 두고 NLP 애플리케이션을 개발하는 여정을 시작할 것이다. 4장은 NLP 애플리케이션 개발의 기본이지만 중요한 단계 중 하나인 데이터 전처리preprocessing에 관한 내용이다. 전처리에는 여기에서 설명한 개념이 들어간다. 우리는 전처리의 표준 방식과 함께 그 개념을 사용할 것이다.

04

전처리

여기서부터 모든 장에는 대부분 코드가 들어간다. 독자들은 결국 코드를 실행하고 개발해야 한다는 점을 상기해야 할 것이다. 코딩 기술자 여정을 시작하자.

4장에서는 다양한 NLP 애플리케이션에 따라 전처리를 수행하는 방법을 배우게 된다. 여기서는 다음과 같은 주제를 다룬다.

- 코퍼스–원시 텍스트 처리
- 코퍼스–원시 문장 처리
- 기본 전처리
- 실제적이고 사용자 정의된 전처리

코퍼스-원시 텍스트 처리

이 절에서는 원시 텍스트를 얻는 방법을 살펴보고 다음 절에서는 텍스트를 전처리하고 문장을 식별할 것이다.

이 절의 과정은 그림 4.1에서 확인 가능하다.

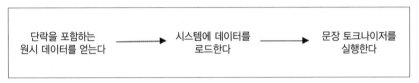

그림 4.1 코퍼스-원시 텍스트 처리 과정

원시 텍스트 얻기

여기에서 원시 텍스트 데이터를 얻을 수 있는 3가지 소스를 사용할 텐데, 다음은 해당 데이터 소스다.

- 원시 텍스트 파일
- 스크립트 내에서 로컬 변수의 형태로 원시 데이터 텍스트 정의
- nltk로부터 이용 가능한 코퍼스 사용

다음과 같이 시작해 보자.

- **원시 텍스트 파일 접근**: 로컬 컴퓨터에 .txt 파일이 저장돼 있으며 이 파일에는 단락의 형태로 텍스트 데이터가 들어가 있다. 해당 파일의 내용을 읽고 다음 단계로써 그 내용을 로드할 것이다. 여기서 문장을 얻기 위해 문장 토크나이저sentence tokenizer를 실행한다.
- **스크립트 내에서 로컬 변수의 형태로 원시 데이터 텍스트 정의**: 적은 양의 데이터가 있으면 로컬 문자열 변수에 데이터를 할당할 수 있다. 예를 들면 다음과 같다.

Text = This is the sentence, this is another example.

- **nltk로부터 이용 가능한 코퍼스 사용**: nltk로부터 brown 코퍼스, gutenberg 코퍼스 등의 이용 가능한 코퍼스를 임포트해서 내용을 로드할 수 있다.

이 책에서는 다음과 같이 3개의 함수를 정의했다.

- fileread( ): 파일의 내용을 읽는다.
- localtextvalue( ): 정의된 텍스트를 로컬로 로드한다.
- readcorpus( ): gutenberg 코퍼스 내용을 읽는다.

그림 4.2의 부분 코드를 보면, 이 그림에는 앞에서 정의한 3가지 경우 모두가 묘사돼 있다.

```python
import nltk
from nltk.corpus import gutenberg as cg
import re


# Get raw data form file
def fileread():
    file_contents = open("/home/jalaj/PycharmProjects/NLPython/NLPython/data/rawtextcorpus.txt", "r").read()
    # print file_contents
    return file_contents


# assign text data to local variable
def localtextvalue():
    text = """ one paragraph, of 100-250 words, which summarizes the purpose, methods, results and conclusions of the paper.
    It is not easy to include all this information in just a few words. Start by writing a summary that includes whatever you think is important.
    and then gradually prune it down to size by removing unnecessary words, while still retaini ng the necessary concepts.
    Don't use abbreviations or citations in the abstract. It should be able to stand alone without any footnotes. Fig 1.1.1 shows below."""
    # print text
    return text


# Use NLTK corpus which we seen in chapter 2 as well
def readcorpus():
    raw_content_cg = cg.raw("burgess-busterbrown.txt")
    # print raw_content_cg[0:1000]
    return raw_content_cg[0:1000]


if __name__ == "__main__":
    print ""
    print "----------Output from Raw Text file-----------"
    print ""
    filecontentdetails = fileread()
    print filecontentdetails

    print ""
    print "-------Output from assigned variable-------"
    print ""
    localveriabledata = localtextvalue()
    print localveriabledata

    print ""
    print "-------Output Corpus data--------------"
    print ""
    fromcorpusdata = readcorpus()
    print fromcorpusdata
```

그림 4.2 원시 데이터를 얻기 위한 다양한 방법

깃허브의 https://github.com/jalajthanaki/NLPython/blob/master/ch4/4_1_proce
ssrawtext.py 링크를 클릭하면 이 코드를 찾을 수 있다.

소문자 변환

모든 데이터를 소문자로 변환하면 전처리 과정은 물론이고 구문 분석을 수행하는 NLP 애
플리케이션의 나중 단계에도 도움이 된다.

텍스트를 소문자로 변환하는 방법은 아주 쉽다. 깃허브의 https://github.com/
jalajthanaki/NLPython/blob/master/ch4/4_4_wordtokenization.py 링크에서 해당
코드를 찾을 수 있다.

그림 4.3에서 코드 일부를 볼 수 있다.

```
def wordlowercase():
    text= "I am a person. Do you know what is time now?"
    print text.lower()
```

그림 4.3 데이터를 소문자로 변환하기

이 일부 코드의 출력은 다음과 같다.

```
----------converting data to lower case ---------
i am a person. do you know what is time now?
```

문장 토큰화

원시 텍스트 데이터에서 데이터는 단락 형태다. 이제 단락에서 문장을 뽑아내려면 문장 레벨로 토큰화해야 한다.

 문장 토큰화(sentence tokenization)는 문장의 경계를 식별하는 과정이다. 이를 **문장 경계 검출**(sentence boundary detection), 또는 **문장 분할**(sentence segmentation), **문장 경계 모호성 제거**(sentence boundary disambiguation)라고도 한다. 이 과정은 문장의 시작점과 끝점을 식별한다.

전문 사례 중 일부에서는 문장 토큰화에 대한 맞춤 규칙customized rule이 필요하다.

문장 토큰화를 수행하는 데 다음과 같은 오픈 소스 도구를 사용할 수 있다.

- OpenNLP
- 스탠포드 CoreNLP
- GATE
- nltk

여기서는 nltk 문장 토크나이저를 사용한다.

다음과 같이 nltk의 sent_tokenize를 사용하며 그것을 st로 임포트할 것이다.

- sent_tokenize(rawtext): 원시 데이터 문자열을 인자로 사용한다.
- st(filecontentdetails): 이것은 입력 인자로 제공되는 사용자 정의 원시 데이터다.

깃허브 링크 https://github.com/jalajthanaki/NLPython/blob/master/ch4/4_1_processrawtext.py에서 해당 코드를 볼 수 있다.

그림 4.4의 부분 코드에 해당 코드가 나타나 있다.

```python
import nltk
from nltk.corpus import gutenberg as cg
from nltk.tokenize import sent_tokenize as st
import re


# Get raw data form file
def fileread():...
# assign text data to local variable
def localtextvalue():...

# Use NLTK corpus which we seen in chapter 2 as well
def readcorpus():...

if __name__ == "__main__":
    print ""
    print "----------Output from Raw Text file-----------"
    print ""
    filecontentdetails = fileread()
    print filecontentdetails
    # sentence tokenizer
    st_list_rawfile = st(filecontentdetails)
    print len(st_list_rawfile)

    print ""
    print "-------Output from assigned variable-------"
    print ""
    localveriabledata = localtextvalue()
    print localveriabledata
    # sentence tokenizer
    st_list_local = st(localveriabledata)
    print len(st_list_local)
    print st_list_local

    print ""
    print "-------Output Corpus data--------------"
    print ""
    fromcorpusdata = readcorpus()
    print fromcorpusdata
    # sentence tokenizer
    st_list_corpus = st(fromcorpusdata)
    print len(st_list_corpus)
```

그림 4.4 nltk 문장 토크나이저에 대한 부분 코드

문장 토큰화의 과제

언뜻 보면 "주어진 원시 텍스트에서 문장 경계를 찾는 것이 뭐가 중요할까?"라고 의문이 들지 모른다.

문장 토큰화는 언어마다 다르다.

다음 시나리오를 처리하려면 상황이 복잡해진다. 이 사례를 설명하기 위해 예제를 사용해 보겠다.

- 점 뒤에 소문자가 있으면 해당 문장은 점 뒤에서 분리해서는 안 된다. 다음은 사례다.
  - 문장: He has completed his Ph.D. degree. He is happy.
  - 이 사례에서 문장 토크나이저는 **Ph.D**가 아닌 **degree** 뒤에서 문장을 분리해야 한다.
- 점 뒤에 소문자가 있으면 그 문장은 점 뒤에서 분리해야 한다.
  대문자 대신 소문자를 쓰는 것은 흔한 실수다. 예를 들어보자.
  - 문장: This is an apple.an **apple** is good for health.
  - 위의 예에서 문장 토크나이저는 apple 뒤에서 문장을 분리해야 한다.
- 문장에 이름 첫 글자가 있으면 그 문장은 첫 글자 뒤에서 분리해서는 안 된다.
  - 문장: Harry Potter was written by J.K. Rowling. It is an entertaining one.
  - 이 사례에서 문장은 J. 뒤에서 분리해서는 안 된다. 이론적으로 **Rowling** 뒤에서 분리해야 한다.
- 문법 교정 소프트웨어인 Grammarly Inc.는 문장 식별을 위한 규칙을 사용자 정의해서 문장 경계 검출을 위한 정확도를 높인다. 블로그 링크 https://tech.grammarly.com/blog/posts/How-to-Split-Sentences.html을 참조하기 바란다.

앞의 과제를 극복하기 위해 다음의 접근 방식을 취할 수 있지만, 각 접근 방식의 정확성은 구현 방식에 달려 있다. 접근 방식은 다음과 같다.

- 문장 토크나이저의 성능을 향상시키기 위해 다음과 같은 규칙 기반 시스템을 개발할 수 있다.
  - 이전 접근법에 대해 **개체명 인식(NER, named entity recognition)** 도구, POS 태거, 파서를 사용해 설명한 도구의 출력뿐만 아니라 문장 토크나이저의 출력을 분석해서 문장 토크나이저가 잘못한 위치를 수정할 수 있다. 여러분은 NER 도구, POS 태거, 파서의 도움으로 문장 토크나이저의 잘못된 출력을 고칠 수 있겠는가? 이런 경우, 규칙을 작성하고 나서 코드를 작성하고 출력이 예상한 대로 나오는지 확인하자.
  - 코드를 테스트하라! 예외적인 경우를 확인해야 한다. 코드가 잘 수행되는가? 그렇다면 잘했다! 그렇지 않다면 약간 변경하라.
    - **머신 러닝(ML, machine learning)** 또는 딥러닝 기술을 사용해 문장 토크나이저를 향상시킬 수 있다.
      - 인간이 주석 처리한 데이터가 충분하다면 주석이 달린 데이터 세트를 사용해 모델을 학습할 수 있다. 그 훈련된 모델에 기초해 문장 경계가 끝나는 곳에서 새로운 예측을 생성할 수 있다.
      - 이 방법에서는 모델이 어떻게 수행하는지 확인해야 한다.

원시 텍스트에 대한 어간 추출

3장에서 봤듯이 어간 추출은 접미사를 삭제하거나 대체해서 문장의 각 단어를 어근 형태로 변환하는 과정이다.

이 절에서는 원시 텍스트에 스테머Stemmer[1] 개념을 적용해 보겠다.

---

1 어간 추출 알고리즘 또는 어간 추출 프로그램 – 옮긴이

여기서는 nltk에서 이용 가능한 PorterStemmer를 사용하는 코드가 있다. 그림 4.5를 보자.

```python
from nltk.stem import PorterStemmer

text = """Stemming is funnier than a bummer says the sushi loving computer scientist. She really wants to buy cars. She told me angrily."""

def stemmer_porter():
    port = PorterStemmer()
    return " ".join([port.stem(i) for i in text.split()])

if __name__ == "__main__":
    print stemmer_porter()
```

그림 4.5 원시 텍스트에 대한 PorterStemmer 코드

이 코드의 출력은 다음과 같다.

---

stem is funnier than a bummer say the sushi love comput scientist. she realli want to buy cars. she told me angrily.

이 출력을 다음의 원본 텍스트와 비교하면 변경 사항을 알 수 있다.

Stemming is funnier than a bummer says the sushi **loving computer** scientist. **She really** wants to buy cars. **She** told me angrily.

차이점을 알려면 굵게 표시된 단어를 참조해 해당 차이점을 확인하면 된다.

원시 텍스트에 대한 어간 추출 과제

처음에는 어간 추출 도구가 영어로 작성됐다. 영어용 어간 추출 도구의 정확도는 높지만 우르두어Urdu[2]와 히브리어 같은 언어의 경우에는 어간 추출 도구가 제대로 수행되지 않는다. 따라서 다른 언어에 대한 어간 추출 도구를 개발하는 일은 상당히 어렵다. 여전히 미해결 연구 분야다.

---

2 우르두 언어. 파키스탄의 공용어이며 인도에서 널리 사용된다. – 옮긴이

원시 텍스트의 표제어 추출

표제어 추출은 정확하게 의도된 **품사(POS)**와 문장에 있는 단어의 의미를 식별하는 과정이다.

표제어 추출에서는 활용 어미^{inflection ending}를 없애고 단어를 사전이나 어휘에 존재하는 기본형으로 변환한다. 원시 텍스트에 있는 모든 단어의 어휘와 형태학적 분석을 적절하게 사용하면 표제어 추출에 대해 높은 정확성을 얻을 수 있다.

표제어 추출은 워드넷 같은 태그가 있는 사전을 사용해 원시 텍스트에 있는 단어를 표제어^{lemma}[3]로 변환한다.

표제어 추출은 어간 추출과 밀접한 관련이 있다.

 표제어 추출에서는 POS 태그를 고려하고 어간 추출에서는 POS 태그와 단어 문맥을 고려하지 않는다.

개념을 분명히 하기 위해 몇 가지 사례 문장을 살펴보자.

- 문장 1: It is better for you.
  - 문장 1에는 **better** 단어가 있다. **better** 단어의 표제어는 **good**이다. 그러나 사전 조회^{dictionary lookup}가 필요하기 때문에 어간 추출이 누락될 수 있다.
- 문장 2: Man is walking.
  - **walking**단어는 기본 단어 walk에서 파생됐으므로 여기서는 어간 추출과 표제어 추출이 모두 동일하다.
- 문장 3: We are meeting tomorrow.
  - 여기서 meet는 기본형이다. meeting 단어는 이 기본형에서 파생됐다. 기본형인 meet는 명사일 수도 있고 동사일 수도 있는데, 그것은 사용할 문맥에

---

3 사전에 실리는 단어 – 옮긴이

116

달려 있다. 그러므로 표제어 추출은 POS 태그를 기반으로 올바른 표제어를 선택하도록 시도한다.

```python
from nltk.stem import PorterStemmer
from nltk.stem import WordNetLemmatizer
text = """Stemming is funnier than a bummer says the sushi loving computer scientist.
She really wants to buy cars. She told me angrily.
It is better for you. Man is walking. We are meeting tomorrow."""

def stemmer_porter():
    port = PorterStemmer()
    print "\nStemmer"
    return " ".join([port.stem(i) for i in text.split()])

def lammatizer():
    wordnet_lemmatizer = WordNetLemmatizer()
    ADJ, ADJ_SAT, ADV, NOUN, VERB = 'a', 's', 'r', 'n', 'v'
    # Pos = verb
    print "\nVerb lemma"
    print " ".join([wordnet_lemmatizer.lemmatize(i,pos="v") for i in text.split()])
    # Pos = noun
    print "\nNoun lemma"
    print " ".join([wordnet_lemmatizer.lemmatize(i,pos="n") for i in text.split()])
    # Pos = Adjective
    print "\nAdjective lemma"
    print " ".join([wordnet_lemmatizer.lemmatize(i, pos="a") for i in text.split()])
    # Pos = satellite adjectives
    print "\nSatellite adjectives lemma"
    print " ".join([wordnet_lemmatizer.lemmatize(i, pos="s") for i in text.split()])
    print "\nAdverb lemma"
    # POS = Adverb
    print " ".join([wordnet_lemmatizer.lemmatize(i, pos="r") for i in text.split()])

if __name__ == "__main__":
    print stemmer_porter()
    lammatizer()
```

그림 4.6 원시 텍스트의 어간 추출과 표제어 추출

원시 텍스트의 표제어 추출에 대해서는 그림 4.6의 부분 코드를 참조하자.

이 코드의 출력은 다음과 같다.

주어진 입력:

---

text = """Stemming is funnier than a bummer says the sushi loving computer
scientist.She really wants to buy cars. She told me angrily.It is better for you.
Man is walking. We are meeting tomorrow."""

출력:

Stemmer

stem is funnier than a bummer say the sushi love comput scientist. she realli want to buy cars. she told me angrily. It is better for you. man is walking. We are meet tomorrow. Verb lemma Stemming be funnier than a bummer say the sushi love computer scientist.

She really want to buy cars. She tell me angrily. It be better for you. Man be walking. We be meet tomorrow. Noun lemma Stemming is funnier than a bummer say the sushi loving computer scientist.

She really want to buy cars. She told me angrily. It is better for you. Man is walking. We are meeting tomorrow. Adjective lemma Stemming is funny than a bummer says the sushi loving computer scientist.

She really wants to buy cars. She told me angrily. It is good for you. Man is walking. We are meeting tomorrow. Satellite adjectives lemma Stemming is funny than a bummer says the sushi loving computer scientist.

She really wants to buy cars. She told me angrily. It is good for you. Man is walking. We are meeting tomorrow. Adverb lemma Stemming is funnier than a bummer says the sushi loving computer scientist.

She really wants to buy cars. She told me angrily. It is well for you. Man is walking. We are meeting tomorrow.

표제어 추출에서는 다른 POS 태그를 사용한다. 약어 설명은 다음과 같다.

- v는 동사verb를 의미한다.

- n은 명사noun를 의미한다.

- a는 형용사adjective를 의미한다.

- s는 위성 형용사satellite adjective를 의미한다.

- r은 부사adverb를 의미한다.

lemmatizer( ) 함수 내부를 보면 설명한 모든 POS 태그를 사용했음을 알 수 있다.

깃허브 링크 https://github.com/jalajthanaki/NLPython/blob/master/ch4/4_2_raw text_Stemmers.py에서 코드를 다운로드할 수 있다.

원시 텍스트의 표제어 추출에 대한 과제

표제어 추출은 워드넷처럼 태그가 있는 사전을 사용한다. 대부분 그것은 인간이 일일이 태그를 붙인 사전이다. 따라서 워드넷을 다른 언어로 만드는 데 들어가는 시간과 인간의 노력이 문제가 되고 있다.

불용어 제거

불용어 제거는 감정 분석^{sentiment analysis}, 텍스트 요약 등 일부 NLP 애플리케이션의 중요한 전처리 단계다.

사용이 겹치는 단어를 제거할 뿐만 아니라 불용어를 제거하는 작업은 기본이지만 중요한 단계다. 다음은 제거될 불용어 리스트다. 이 리스트는 nltk에서 생성됐다. 그림 4.7의 부분 코드를 참조하자.

```python
from nltk.corpus import stopwords


def stopwordlist():
    stopwordlist = stopwords.words('english')
    for s in stopwordlist:
        print s


if __name__ == "__main__":
    stopwordlist()
```

그림 4.7 영어의 불용어 리스트를 보기 위한 코드

이 코드의 출력은 nltk에서 이용 가능한 불용어 리스트이며, 그림 4.8을 참조하자.

i	me	my	myself	we	our	ours	ourselves	you	your	yours	yourself	yourselves	he	him
his	himself	she	her	hers	herself	it	its	itself	they	them	their	theirs	themselves	what
which	who	whom	this	that	these	those	am	is	are	was	were	be	been	being
have	has	had	having	do	does	did	doing	a	an	the	and	but	if	or
because	as	until	while	of	at	by	for	with	about	against	between	into	through	during
before	after	above	below	to	from	up	down	in	out	on	off	over	under	again
further	then	once	here	there	when	where	why	how	all	any	both	each	few	more
most	other	some	such	no	nor	not	only	own	same	so	than	too	very	s
t	can	will	just	don	should	now	d	ll	m	o	re	ve	y	ain
aren	couldn	didn	doesn	hadn	hasn	haven	isn	ma	mightn	mustn	needn	shan	shouldn	wasn
weren	won	wouldn												

그림 4.8 영어의 nltk 불용어 리스트의 출력

nltk에는 영어에 대해 즉시 이용 가능한 불용어 리스트가 있다. 또한 개발 중인 NLP 애플리케이션에 따라 제거할 단어를 사용자가 지정할 수 있다.

그림 4.9에서 사용자 정의된 불용어를 제거하기 위한 부분 코드를 볼 수 있다.

```python
from nltk.corpus import stopwords

def customizedstopwordremove():
    stop_words = set(["hi", "bye"])
    line = """hi this is foo. bye"""
    print " ".join(word for word in line.split() if word not in stop_words)

def stopwordlist():...

def stopwordremove():...

def fileloadandremovestopwords():...

if __name__ == "__main__":
    #stopwordlist()
    customizedstopwordremove()
```

그림 4.9 사용자 정의된 불용어 제거

그림 4.9에 나와 있는 코드의 출력은 다음과 같다.

this is foo.

그림 4.10의 부분 코드는 원시 텍스트에서 실제 불용어 제거를 수행하며, 해당 원시 텍스트는 영어로 돼 있다.

```
def stopwordremove():
    stop = set(stopwords.words('english'))
    sentence = "this is a test sentence. I am very happy today."
    print ""
    print "--------Stop word removal from raw text---------"
    print " ".join([i for i in sentence.lower().split() if i not in stop])



...


if __name__ == "__main__":
    stopwordlist()
    customizedstopwordremove()
    stopwordremove()
```

그림 4.10 원시 텍스트에서 불용어 제거

이 부분 코드의 출력은 다음과 같다.

```
Input raw sentence: ""this is a test sentence. I am very happy today.""
--------Stop word removal from raw text---------
test sentence. happy today.
```

연습

데이터 폴더에 있는 rawtextcorpus.txt라는 파일을 가져와서 파일을 읽기 모드로 열고, 내용을 로드하고 나서 nltk 불용어 리스트를 사용해 불용어를 제거한다. 작업이 어떻게 진행되는지 더 잘 이해할 수 있도록 출력을 분석해보자.

지금까지는 원시 텍스트를 분석했다. 다음 절에서는 문장 수준과 단어 수준에 대한 전처리 작업을 수행할 것이다.

코퍼스-원시 문장 처리

앞 절에서는 원시 텍스트를 처리하고 문장 수준의 개념을 살펴봤다. 여기서부터는 단어 수준에서 토큰화, 표제어 추출 등의 개념을 알아본다.

단어 토큰화

단어 토큰화는 텍스트 스트림을 단어, 구, 의미 있는 문자열로 자르는 과정으로 정의된다. 이 과정을 **단어 토큰화**word tokenization라고 한다. 그 과정의 산물은 토큰화 후에 출력으로 얻어지는 단어가 된다. 이를 토큰token이라고 한다.

토큰화된 단어에 대해 그림 4.11의 부분 코드를 보자.

```
from nltk.tokenize import word_tokenize

def wordtokenization():
    content = """Stemming is funnier than a bummer says the sushi loving computer scientist.
    She really wants to buy cars. She told me angrily. It is better for you.
    Man is walking. We are meeting tomorrow. You really don't know..!"""
    print word_tokenize(content)

if __name__ =="__main__":
    wordtokenization()
```

그림 4.11 단어 토큰화의 부분 코드

그림 4.11에 주어진 코드의 출력은 다음과 같다.

단어 토큰화를 위한 입력:

Stemming is funnier than a bummer says the sushi loving computer scientist.
She really wants to buy cars. She told me angrily. It is better for you.Man is
walking. We are meeting tomorrow. You really don''t know..!

단어 토큰화에 대한 출력:

```
[''Stemming'', ''is'', ''funnier'', ''than'', ''a'', ''bummer'', ''says'',
''the'', ''sushi'', ''loving'', ''computer'', ''scientist'', ''.'', ''She'',
''really'', ''wants'', ''to'', ''buy'', ''cars'', ''.'', ''She'', ''told'',
''me'', ''angrily'', ''.'', ''It'', ''is'', ''better'', ''for'', ''you'', ''.'',
''Man'', ''is'', ''walking'', ''.'', ''We'', ''are'', ''meeting'', ''tomorrow'',
''.'', ''You'', ''really'', ''do'', ""n''t"", ''know..'', ''!'']
```

단어 토큰화에 대한 과제

앞의 결과를 분석해보면 don't 단어가 do, n't know로 토큰화돼 있음을 알 수 있다. 이런
종류의 단어를 토큰화하는 것은 nltk의 word_tokenize를 사용하면 꽤 힘들다.

이 문제를 해결하기 위해 예외 코드를 작성해서 임시로 정확성을 개선할 수 있다. 정의된
과제를 해결하는 패턴 대응 규칙pattern matching rule을 작성해야 하지만 애플리케이션마다 맞
춤화돼 있어서 다르다.

또 다른 과제로는 우르두어, 히브리어, 아랍어 같은 언어가 있다. 이들 언어는 단어 경계
를 결정하고 문장에서 의미 있는 토큰을 찾기가 상당히 어렵다.

단어 표제어 추출

단어 표제어 추출은 첫 번째 절에서 정의한 개념과 동일하다. 우리는 그냥 재빨리 개정만
하고 나서 단어 수준에서 표제어 추출을 구현할 것이다.

단어 표제어 추출은 단어를 활용형inflected form에서 기본형으로 변환하는 것이다. 단어 표제
어 추출에서는 POS 태그를 고려하고 POS 태그에 따라 어휘 워드넷에서 이용 가능한 기
본형을 유도할 수 있다.

그림 4.12에서 코드 일부를 볼 수 있다.

```python
from nltk.tokenize import word_tokenize
from nltk.stem.wordnet import WordNetLemmatizer

def wordtokenization():
    content = """Stemming is funnier than a bummer says the sushi loving computer scientist.
    She really wants to buy cars. She told me angrily. It is better for you.
    Man is walking. We are meeting tomorrow. You really don't know..!"""
    print word_tokenize(content)

def wordlemmatization():
    wordlemma = WordNetLemmatizer()
    print wordlemma.lemmatize('cars')
    print wordlemma.lemmatize('walking',pos='v')
    print wordlemma.lemmatize('meeting',pos='n')
    print wordlemma.lemmatize('meeting',pos='v')
    print wordlemma.lemmatize('better',pos='a')

if __name__ =="__main__":
    wordtokenization()
    print "\n"
    print "----------Word Lemmatization----------"
    wordlemmatization()
```

그림 4.12 단어 표제어 추출 부분 코드

이 단어 표제어 추출의 출력은 다음과 같다.

```
Input is: wordlemma.lemmatize(''cars'')   Output is: car
Input is: wordlemma.lemmatize(''walking'',pos=''v'') Output is: walk
Input is: wordlemma.lemmatize(''meeting'',pos=''n'') Output is: meeting
Input is: wordlemma.lemmatize(''meeting'',pos=''v'') Output is: meet
Input is: wordlemma.lemmatize(''better'',pos=''a'') Output is: good
```

단어 표제어 추출에 대한 과제

어휘 사전을 만드는 데에는 시간이 많이 걸린다. 더 큰 문맥을 생각해서 앞 문장의 문맥을 고려할 수 있는 표제어 추출 도구를 만들려고 한다면 여전히 연구가 필요한 영역이 된다.

▌ 기본 전처리

기본적인 전처리 과정에는 간단하고 코딩하기 쉬운 내용이 들어가지만, NLP 애플리케이션을 위한 전처리 작업을 할 때는 주의를 기울여야 한다.

정규 표현식

이제 전처리의 흥미로운 개념을 시작할 텐데 이는 가장 유용할 내용으로, 고급 수준의 정규 표현식을 살펴본다.

정규 표현식을 처음 접하는 사람들을 위해 **정규식**(regex, regular expression)의 기본 개념을 알아보겠다.

정규 표현식은 일련의 문자에서 특정 패턴을 찾거나 찾기−바꾸기에 유용하다. 정규식을 만들 때 따라야 할 특별한 구문이 있다.

여러분 자신의 정규식을 개발하고 테스트할 수 있는 많은 온라인 도구가 있다. 내가 가장 좋아하는 온라인 정규식 개발 도구 링크는 https://regex101.com이다.

파이썬 정규식 라이브러리 문서는 https://docs.python.org/2/library/re.html에서 참조할 수 있다.

기본 레벨 정규 표현식

정규식은 사용자 정의된 전처리 작업을 원할 때, 또는 쓸모 없는 데이터가 있을 때 강력한 도구다.

여기서는 기본적인 구문을 제시하고 나서 파이썬에서 실제 구현을 알아보자. 파이썬에서는 re 라이브러리를 사용할 수 있으며 이 라이브러리를 사용해 정규식을 구현할 수 있다. 깃허브 링크 https://github.com/jalajthanaki/NLPython/blob/master/ch4/4_5_regualrexpression.py에서 관련 코드를 찾을 수 있다.

기본 플래그

기본 플래그는 다음과 같이 I, L, M, S, U, X가 있다.

- re.I: 이 플래그는 대소문자 무시에 사용된다.
- re.M: 이 플래그는 여러 행에 걸쳐 패턴을 찾고 싶을 때 유용하다.
- re.L: 이 플래그는 로컬 종속성을 찾는 데 사용된다.
- re.S: 이 플래그는 점에 대응되는 것을 찾는 데 사용된다.
- re.U: 이 플래그는 유니코드 데이터 작업에 사용된다.
- re.X: 이 플래그는 정규식을 좀 더 읽기 쉬운 형식으로 작성하는 데 사용된다

여기서는 주로 re.I, re.M, re.L, re.U 플래그를 사용했다.

우리는 re.match( ) 및 re.search( ) 함수를 사용할 것이다. 둘 다 패턴을 찾는 데 사용되므로 애플리케이션의 요구 사항에 따라 패턴을 처리할 수 있다.

re.match( )와 re.search( ) 간의 차이점을 살펴보자.

- re.match( ): 문자열 시작 부분에서만 문자열 일치를 검사한다. 따라서 입력 문자열의 시작 부분에서 패턴을 찾으면 일치하는 패턴을 반환하고 그렇지 않으면 명사를 반환한다.
- re.search( ): 문자열 속의 아무 곳에서 문자열의 일치 여부를 점검한다. 주어진 입력 문자열이나 데이터 속에서 해당 패턴과 같은 것 모두를 찾는다.

그림 4.13에 나와 있는 부분 코드를 참조하자.

```python
import re

def searchvsmatch():
    line = "I love animals.";

    matchObj = re.match(r'animals', line, re.M | re.I)
    if matchObj:
        print "match: ", matchObj.group()
    else:
        print "No match!!"

    searchObj = re.search(r'animals', line, re.M | re.I)
    if searchObj:
        print "search: ", searchObj.group()
    else:
        print "Nothing found!!"

if __name__ == "__main__":
    searchvsmatch()
```

그림 4.13 re.match()와 re.search() 간의 차이점을 알아보기 위한 부분 코드

그림 4.13의 부분 코드에 대한 출력은 그림 4.14에 나와 있다.

```
No match!!
search:  animals
```

그림 4.14 re.match()와 re.search()의 출력 비교

구문은 다음과 같다.

문자 a와 b의 한 번 발생 찾기:

Regex: [ab]

a와 b를 제외한 문자 찾기:

Regex: [^ab]

a~z 범위에서 문자 찾기:

Regex: [a-z]

z를 제외한 범위 찾기:

Regex: [^a-z]

a~z는 물론이고 A~Z 문자 모두 찾기:

Regex: [a-zA-Z]

임의의 문자 하나:

Regex: .

공백 문자:

Regex: \s

공백 아닌 문자:

Regex: \S

임의의 숫자:

Regex: \d

임의의 비숫자:

Regex: \D

임의의 비단어:

Regex: \W

임의의 단어:

Regex: \w

a 또는 b와 일치:

Regex: (a|b)

a의 발생은 0, 또는 한 번:

Regex: a?

a의 발생은 0번, 또는 그 이상:

Regex: a*

a의 발생은 한 번, 또는 그 이상:

Regex: a+

정확히 a가 3번 발생:

Regex: a{3}

a의 동시 발생이 3번, 또는 3번 이상:

Regex: a{3,}

a의 동시 발생을 3~6번 사이에 일치시킴:

Regex: a{3,6}

문자열 시작:

Regex: ^

문자열 끝:

Regex: $

단어 경계 일치:

Regex: \b

비단어 경계:

Regex: \B

기본 부분 코드는 그림 4.15에 나와 있다.

```python
import re

def searchvsmatch():...

def basicregex():
    line = "This is test sentence and test sentence is also a sentence."
    contactInfo = 'Doe, John: 1111-1212'
    print "-----------Output of re.findall()--------"
    # re.findall() finds all occurences of sentence from line variable.
    findallobj = re.findall(r'sentence', line)
    print findallobj

    # re.search() and group wise extraction
    groupwiseobj = re.search(r'(\w+), (\w+): (\S+)', contactInfo)
    print "\n"
    print "-----------Output of Groups--------"
    print "1st group ------- " + groupwiseobj.group(1)
    print "2nd group ------- " + groupwiseobj.group(2)
    print "3rd group ------- " + groupwiseobj.group(3)

    # re.sub() replace string
    phone = "1111-2222-3333 # This is Phone Number"

    # Delete Python-style comments
    num = re.sub(r'#.*$', "", phone)
    print "\n"
    print "-----------Output of re.sub()--------"
    print "Phone Num : ", num

    # Replace John to Peter  in contactInfo
    contactInforevised = re.sub(r'John', "Peter", contactInfo)
    print "Revised contactINFO : ", contactInforevised


if __name__ == "__main__":
    print "\n"
    print "---------re.match() vs re.search()"
    searchvsmatch()
    print "\n"
    basicregex()
```

그림 4.15 기본 정규식 함수 부분 코드

그림 4.15의 부분 코드 출력은 그림 4.16에 나와 있다.

```
----------Output of re.findall()--------
['sentence', 'sentence', 'sentence']


----------Output of Groups--------
1st group ------- Doe
2nd group ------- John
3rd group ------- 1111-1212


----------Output of re.sub()--------
Phone Num :   1111-2222-3333
Revised contactINFO :   Doe, Peter: 1111-1212
```

그림 4.16 기본 정규식 함수 부분 코드에 대한 출력

고급 레벨 정규 표현식

아주 유용한 정규식의 고급 개념이 있다.

Lookahead와 Lookbehind는 데이터에서 하위 문자열 패턴을 찾는 데 사용된다. 기본 언어의 개념을 알아보고 나서 해당 구현을 살펴본다.

Positive lookahead

Positive lookahead는 문자열 속에서 정의된 패턴 앞의 문자열을 찾는다. 이해가 안 되면 다음 예를 보자.

- 다음 문장을 생각해 보자: I play on the playground.
- play뒤에 ground가 나올 때 그 play를 추출하고 싶다고 하자. 이 상황에서는 positive lookahead를 사용할 수 있다.

positive lookahead의 구문은 (?=패턴)이다.

정규식 rplay(?=ground)는 play 뒤에 ground가 나올 때만 play를 일치시킨다. 따라서 텍스트 문자열 속의 첫 번째 play는 일치시키지 않는다.

Positive lookbehind

Positive lookbehind은 문자열 속에서 정의된 패턴 다음의 문자열을 찾는다. 다음 예제를 참조하자.

- 다음 문장을 생각해 보자: I play on the playground. It is the best ground.
- ground 앞에 play 문자열이 있을 때 그 ground를 추출하고 싶다고 하자. 이 경우에 positive lookbehind를 사용할 수 있다.

positive lookbehind의 구문은 (?<=패턴)이다.

r (?<=play)ground 정규식은 ground에 일치시키지만, 그 앞에 play가 있는 경우에만 해당된다.

Negative lookahead

Negative lookahead는 정규식 패턴 부분에서 정의한 패턴을 따르지 않는 그 앞 문자열을 일치시킨다.

negative lookahead를 이해할 예를 들어보자.

- 다음 문장을 생각해 보자: I play on the playground. It is the best ground.
- 이제는 play다음에 ground가 오지 않는 경우에만 play를 추출하고 싶다고 하자. 이 경우 negative lookahead을 사용할 수 있다.

negative lookahead의 구문은 (?!패턴)이다.

r play(?!ground) 정규식은 play가 ground 다음에 있지 않을 때만 play를 일치시킨다. 따라서 on 바로 앞의 play만 일치하게 된다.

Negative lookbehind

Negative lookbehind는 정규식 패턴 부분에서 정의한 패턴을 따르지 않는 그 뒤 문자열을 일치시킨다.

Negative lookbehind를 이해할 예제를 보자.

- 이 문장을 생각해 보자: I play on the playground. It is the best ground.
- ground 앞에 play 문자열이 없을 경우에만 ground를 추출하고 싶다고 하자. 이 경우에 negative lookbehind를 사용하면 된다.

negative lookbehind의 구문은 (?<!패턴)이다.

r (?<!play)ground 정규식은 ground 앞에 play가 있지 않는 경우에만 ground를 일치시킨다. 따라서 best 뒤의 ground가 일치하게 된다.

그림 4.17에서 advanceregex( )을 구현한 부분 코드를 볼 수 있다.

```python
def advanceregex():
    text = "I play on playground. It is the best ground."

    positivelookaheadobjpattern = re.findall(r'play(?=ground)',text,re.M | re.I)
    print "Positive lookahead: " + str(positivelookaheadobjpattern)
    positivelookaheadobj = re.search(r'play(?=ground)',text,re.M | re.I)
    print "Positive lookahead character index: "+ str(positivelookaheadobj.span())

    possitivelookbehindobjpattern = re.findall(r'(?<=play)ground',text,re.M | re.I)
    print "Positive lookbehind: " + str(possitivelookbehindobjpattern)
    possitivelookbehindobj = re.search(r'(?<=play)ground',text,re.M | re.I)
    print "Positive lookbehind character index: " + str(possitivelookbehindobj.span())

    negativelookaheadobjpattern = re.findall(r'play(?!ground)', text, re.M | re.I)
    print "Negative lookahead: " + str(negativelookaheadobjpattern)
    negativelookaheadobj = re.search(r'play(?!ground)', text, re.M | re.I)
    print "Negative lookahead character index: " + str(negativelookaheadobj.span())

    negativelookbehindobjpattern = re.findall(r'(?<!play)ground', text, re.M | re.I)
    print "negative lookbehind: " + str(negativelookbehindobjpattern)
    negativelookbehindobj = re.search(r'(?<!play)ground', text, re.M | re.I)
    print "Negative lookbehind character index: " + str(negativelookbehindobj.span())

if __name__ == "__main__":
    print "\n"
    print "---------re.match() vs re.search()"
    searchvsmatch()
    print "\n"
    basicregex()
    print "\n"
    advanceregex()
```

그림 4.17 고급 정규식 부분 코드

134

그림 4.17의 부분 코드에 대한 출력은 그림 4.18에 나와 있다.

```
Positive lookahead: ['play']
Positive lookahead character index: (10, 14)
Positive lookbehind: ['ground']
Positive lookbehind character index: (14, 20)
Negative lookahead: ['play']
Negative lookahead character index: (2, 6)
negative lookbehind: ['ground']
Negative lookbehind character index: (37, 43)
```

그림 4.18 고급 정규식의 부분 코드에 대한 출력

▌ 실제적이고 사용자 정의된 전처리

NLP 애플리케이션에 대한 전처리를 시작하면 NLP 애플리케이션에 따라 일부 사용자 정의 작업을 수행해야 하는 경우가 있다. 그럴 때 다음과 같이 설명한 점을 생각해 볼 필요가 있다.

혼자서 결정하라

이 절에서는 NLP 애플리케이션을 개발하는 데 필요한 전처리의 종류를 모를 때 전처리에 접근하는 방법에 대해 설명한다. 이런 상황에서 여러분이 할 수 있는 일은 단순히 다음 의문을 품고 결정을 내리는 것이다.

NLP 애플리케이션은 무엇이며 NLP 애플리케이션을 작성하려면 어떤 종류의 데이터가 필요한가?

- 문제 진술을 이해하는 것은 물론이고, 출력물이 무엇인지 명확하게 알게 되면 좋은 상황이 된다.

- 문제 진술과 예상 결과에 대해 알게 되면 이제 원시 데이터 세트에서 필요한 모든 데이터 요소가 무엇인지 생각하라.
- 앞선 두 점을 이해하기 위해 예를 들어보자. 여러분은 뉴스 텍스트 요약 애플리케이션을 만들려고 할 때 웹에 올라오는 새 뉴스 기사를 사용한다고 하자. 이제 웹에서 뉴스 기사를 긁어 모으는 스크레이퍼를 만든다. 이 원시 뉴스 기사 데이터 세트에는 HTML 태그, 긴 텍스트 등이 포함될 수 있다.

뉴스 텍스트 요약을 위해 어떻게 전처리를 할 것인가? 그 답을 하기 위해서는 몇 가지 질문을 자신에게 해야 한다. 이제 전처리에 대한 몇 가지 질문으로 넘어가보자.

전처리가 필요한가?

- 이제 텍스트 요약을 위한 원시 데이터를 갖게 됐고, 데이터 세트에는 HTML 태그, 반복되는 텍스트 등이 들어 있다.
- 원시 데이터에 첫 번째 점에서 설명한 모든 내용이 들어 있다면 전처리가 필요하며 이럴 경우에 HTML 태그와 반복되는 문장을 제거해야 한다. 그렇지 않으면 전처리가 필요 없다.
- 또한 소문자 관례를 적용해야 한다.
- 그 후 텍스트 요약 데이터세트에 문장 토크나이저를 적용해야 한다.
- 마지막으로 텍스트 요약 데이터 세트에 단어 토크나이저를 적용해야 한다.
- 데이터세트가 전처리를 필요로 하는지 여부는 원시 데이터세트에 어떤 데이터가 들어 있는지와 문제 진술에 따라 달라진다.

그림 4.19에 순서도가 나와 있다.

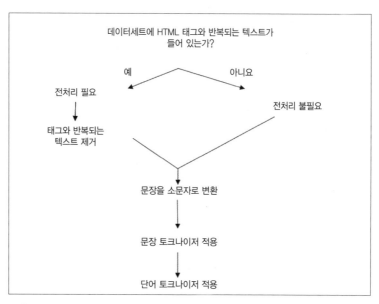

그림 4.19 텍스트 요약의 전처리를 수행하기 위한 기본 순서도

어떤 종류의 전처리가 필요한가?

예제 텍스트 요약의 예에서 원시 데이터세트에 HTML 태그, 긴 텍스트, 반복되는 텍스트가 포함돼 있다면 애플리케이션 개발 동안은 물론이고 출력에서 다음 데이터가 필요 없다.

- HTML 태그가 필요 없으므로 HTML 태그를 제거할 수 있다.
- 반복되는 문장이 필요하지 않으므로 문장을 제거할 수도 있다.
- 긴 텍스트 내용이 있을 때 불용어와 고빈도의 짧은 단어를 찾을 수 있으면 그것들을 제거해야 한다.

전처리 사례 연구의 이해

설명한 실제 사례를 여러분이 연구해보면 사용자 정의 전처리와 관련해 여기서 설명한 내용을 이해할 수 있다.

문법 교정 시스템

- 여러분은 문법 교정 시스템을 만들 것이다. 이제 그것의 하위 작업을 생각해보자. 특정 문장에서 관사 a, an, the의 배치를 예측하는 시스템을 구축하고 싶을 것이다.
- 이런 종류의 시스템 경우, 매번 불용어를 제거해야 한다고 생각한다면 모든 불용어를 무턱대고 제거할 수 없으므로 이는 잘못된 생각이다. 결국 관사 a, an, the를 예측해야 한다.
- 데이터세트에 수학 기호가 포함된 경우처럼 전혀 의미가 없는 단어를 제거하고 나서 그것을 제거하면 된다. 그러나 이번에는 약어와 같은 짧은 길이의 단어를 제거할 수 있는지에 대한 자세한 분석이 필요하다. 그 이유는 여러분의 시스템이 어떤 약어가 관사를 갖지 않는지 예측해야 하기 때문이다.

이제 여기서 설명한 모든 전처리 기술을 적용할 수 있는 시스템을 알아볼 것이다. 감정 분석의 핵심을 살펴보자.

감정 분석

감정 분석sentiment analysis은 고객의 리뷰를 평가하고 이를 다음과 같이 긍정적, 부정적, 중립적 카테고리로 분류하는 작업이다.

- 이러한 종류의 시스템 경우, 데이터세트에 사용자 리뷰가 포함돼 있어 사용자의 글에는 일반적으로 일상어casual language가 포함돼 있다.

- 데이터에는 비공식 언어가 포함돼 있으므로 Hi, Hey, Hello 등의 불용어를 제거 해야 한다. 사용자 리뷰가 긍정, 부정, 중립인지를 아는 데에 Hi, Hey, How are u ? 를 사용하지는 않는다.
- 그 외에도 반복되는 리뷰를 제거할 수 있다.
- 단어 토큰화와 표제 추출화를 사용해 데이터를 전처리할 수도 있다.

기계 번역

기계 번역^{machine translation}은 널리 사용되는 NLP 애플리케이션 중 하나다. 기계 번역에서 우리의 목표는 논리적인 방식으로 하나의 언어를 다른 언어로 번역하는 것이다. 따라서 영어를 독일어로 번역하려면 다음 전처리 단계를 적용할 수 있다.

1. 전체 데이터세트에 대해 변환을 적용해 소문자로 변환할 수 있다.
2. 각 문장의 경계를 얻을 수 있도록 문장 분리기를 데이터세트에 적용한다.
3. 이제 모든 영문 문장이 English_Sentence_File에 있고 모든 독일어 문장이 German_Sentence_File에 있는 코퍼스가 있다고 가정하자. 각 영어 문장에 대해 German_Sentence_File에는 대응하는 독일어 문장이 있다. 이런 종류의 코퍼스를 **병렬**^{parallel} 코퍼스라고 한다. 따라서 이 경우 두 파일의 모든 문장이 적절하게 정렬돼 있는지 확인해야 한다.
4. 문장의 각 단어에 대해 어간 추출을 적용할 수도 있다.

철자 교정

철자 교정^{spelling correction}은 NLP 애플리케이션을 개선하는 데 도움이 되므로 전처리에도 매우 유용한 도구가 될 수 있다.

접근 방식

철자 교정의 개념은 두 문자열에 얼마나 많은 유사성이 포함돼 있는지에 대한 개념에서 나왔다. 이 개념은 두 문자열을 비교하는 데 사용된다. 동일한 개념이 오늘날 모든 곳에서 사용돼 왔다. 두 문자열의 유사성을 검사하는 개념이 우리에게 얼마나 도움이 되는지 더 잘 이해할 수 있는 예제를 알아보겠다.

구글에서 검색할 때 검색어로 잘못 타이핑하면 **"(으)로 검색하시겠습니까?"**라는 제안을 받게 된다. 이 메커니즘은 철자 오류를 고쳐주는데 구글은 매번 거의 완벽한 결과를 제공하는 자체 방식을 갖고 있다. 구글은 철자 교정에만 그치지 않고 제안된 검색어의 인덱스를 알려주므로 최상의 결과를 보여준다. 따라서 철자 교정의 개념은 두 문자열 간의 유사성이다.

또 다른 예를 들어보자. 여러분이 기계 번역 시스템을 개발한다면 기계가 번역한 문자열을 볼 때 다음 단계는 아마도 그 출력을 검증하는 작업이다. 이제 여러분은 기계의 출력을 인간 번역자 및 상황과 비교할 텐데, 이때 기계의 출력이 아주 유사하지 않을지도 모른다.

기계가 번역한 문자열이 "She said could she help me?"라면 인간은 "She asked could she help me?"로 번역할 것이다. 시스템 문자열과 인간 문자열 간의 유사성을 점검해보면 said가 asked로 대체된 것을 발견할 수 있다.

따라서 이 두 문자열의 유사성 개념은 음성 인식, NLP 애플리케이션 등 많은 애플리케이션에서 사용할 수 있다.

두 문자열의 유사성을 측정할 때 3개의 주요 연산이 있다. 이 연산은 삽입, 삭제, 대체다. 이들 연산은 절차 교정 연산을 구현하는 데 사용된다. 지금은 복잡성을 피하기 위해 낱말의 위치 변경과 긴 문자열 편집 연산을 고려하지 않을 것이다.

먼저 이 연산으로 출발한 다음, 철자 교정을 위한 알고리즘을 살펴보겠다.

삽입 연산

잘못된 문자열이 있으면 하나 이상의 문자를 삽입한 후 올바른 문자열이나 예상되는 문자열을 얻는다.

예를 살펴보자.

aple 문자열을 입력했다면 p를 삽입한 후 올바른 apple을 얻게 된다. staemnt 문자열을 입력했다면 t와 e를 삽입한 후 올바른 statement를 얻게 된다.

삭제 연산

문자열에서 하나 이상의 문자를 삭제하면 올바른 문자열로 되는 잘못된 문자열이 있을 수 있다.

예를 들면 다음과 같다.

carroot을 입력했다면 올바른 문자열을 얻기 위해서는 o 하나를 삭제해야 한다. 그러면 올바른 문자열인 carrot을 얻게 된다.

대체 연산

하나 이상의 문자를 대체해 올바른 문자열을 얻는다면 이를 **대체 연산**substitution operation이라고 한다.

implemantation 문자열이 있다고 하자. 올바르게 만들려면 첫 번째 a를 e로 대체해야 하며, 그렇게 하면 올바른 문자열인 implementation를 얻게 된다.

철자 교정을 위한 알고리즘

철자 교정을 이해하기 위해 최소 편집 거리minimum edit distance 알고리즘을 사용한다.

최소 편집 거리

이 알고리즘은 하나의 문자열 X를 다른 문자열 Y로 변환하기 위한 것이며, 문자열 X를 문자열 Y로 변환하는 데에 최소 편집 비용이 얼마인지 구해야 한다. 따라서 여기서는 문자열 X를 Y로 변환하기 위해 최소한의 가능한 문자 편집 순서로 삽입, 삭제, 대체 연산을 수행할 수 있다.

길이가 n의 문자열 X와 길이가 m의 문자열 Y가 있다고 하자.

알고리즘 단계는 다음과 같다.

입력: 2개의 문자열, X와 Y

출력: X에서 Y로 문자열을 변환하기 위해 문자 편집에서 가장 소모가 적은 가능한 시퀀스. D(i , j) = X 문자열을 Y로 변환하기 위한 최소 거리 비용

다음 단계를 살펴보자.

1. n을 P의 길이로 설정한다.

   m을 Q의 길이로 설정한다.

2. n = 0이면 m을 반환하고 종료한다. m = 0이면 n을 반환하고 종료한다.

3. 0..m 행과 0..n 열이 들어간 행렬을 작성한다.

4. 첫 행을 0..n으로 초기화한다.

   첫 열을 0..m으로 초기화한다.

5. P의 각 문자를 반복한다(i는 1에서 n까지).

   Q의 각 문자를 반복한다(j는 1에서 m까지).

6. P[i]가 Q[j]와 같으면 비용은 0이다.

   Q[i]가 Q[j]와 같지 않으면 비용은 1이다.

   행렬의 셀 v[i,j]에 있는 값을 다음 세 점 모두의 최소값과 같게 설정한다.

7. 바로 위쪽 셀에 1을 더함: v[i-1,j] + 1

8. 바로 왼쪽 셀에 1을 더함: v[i,j-1] + 1

9. 최소 편집 거리를 위해 대각선으로 왼쪽 위 셀에 비용을 더함: v[i-1,j-1] +1. 레벤슈타인 거리Levenshtein distance를 사용하려면 v[i-1,j-1] + 비용을 고려해야 한다.

10. 단계 7에서 단계 9까지의 반복이 완료된 후에, 거리는 셀 v[n,m]에서 구해진다.

앞의 단계는 철자 교정 로직을 개발하는 기본 알고리즘이지만 단어의 확률 분포를 사용해서 이를 고려할 수도 있다. 이러한 종류의 알고리즘 접근법은 동적 프로그래밍dynamic programing을 기반으로 한다.

문자열 tutour에서 u를 삭제해야 한다는 사실을 안다고 가정하고 tutor로 변환해보자. 그러면 편집 거리는 1이다. 최소 편집 거리를 계산하기 위해 정의된 알고리즘을 사용해서 개발된 표가 그림 4.20에 나와 있다.

	#	t	u	t	o	u	r
#	0	1	2	3	4	5	6
t	1	0	1	2	3	4	5
u	2	1	0	1	2	3	4
t	3	2	1	1	2	3	4
o	4	3	2	2	1	2	3
r	5	4	3	3	2	2	2

그림 4.20 최소 편집 거리 계산

구현

이제 철자 교정을 위해 사전을 추가하거나 큰 문서에서 단어를 추출해야 한다. 구현에 있어서 단어를 추출한 곳의 큰 문서를 사용했다. 그 외에도 배포본에 대한 아이디어를 얻기 위해 문서에서 단어가 발생할 확률을 사용했다. http://norvig.com/spell-correct.html 링크를 클릭하면 구현 부분에 대한 자세한 내용을 볼 수 있다.

최소 편집 거리 2에 대한 철자 교정을 구현했다.

그림 4.21에서 철자 교정의 구현을 참조하자.

```python
import re
from collections import import Counter
def words(text):
    return re.findall(r'\w+', text.lower())

WORDS = Counter(words(open('/home/jalaj/PycharmProjects/NLPython/NLPython/data/big.txt').read()))

def P(word, N=sum(WORDS.values())):
    "Probability of `word`."
    return WORDS[word] / N

def correction(word):
    "Most probable spelling correction for word."
    return max(candidates(word), key=P)

def candidates(word):
    "Generate possible spelling corrections for word."
    return (known([word]) or known(edits1(word)) or known(edits2(word)) or [word])

def known(words):
    "The subset of `words` that appear in the dictionary of WORDS."
    return set(w for w in words if w in WORDS)

def edits1(word):
    "All edits that are one edit away from `word`."
    letters    = 'abcdefghijklmnopqrstuvwxyz'
    splits     = [(word[:i], word[i:])    for i in range(len(word) + 1)]
    deletes    = [L + R[1:]               for L, R in splits if R]
    transposes = [L + R[1] + R[0] + R[2:] for L, R in splits if len(R) > 1]
    replaces   = [L + c + R[1:]           for L, R in splits if R for c in letters]
    inserts    = [L + c + R               for L, R in splits for c in letters]
    return set(deletes + transposes + replaces + inserts)

def edits2(word):
    "All edits that are two edits away from `word`."
    return (e2 for e1 in edits1(word) for e2 in edits1(e1))


if __name__ == "__main__":
    print correction('aple')
    print correction('correcton')
    print correction('statament')
    print correction('tutpore')
```

그림 4.21 철자 교정의 구현

그림 4.22의 철자 교정 출력을 참조하자.

문자열 aple을 제공하면 성공적으로 apple로 변환된다.

```
apple
correction
statement
tutors
```

그림 4.22 철자 교정 출력

▌ 요약

4장에서는 NLP 시스템 또는 NLP 애플리케이션을 개발할 때 유용하게 사용할 수 있는 모든 종류의 전처리 기술을 살펴봤다. 또한 전처리 기술의 일부로 고려할 수 있는 철자 교정 시스템을 다뤘으므로 향후 개발하는 많은 NLP 애플리케이션에 유용할 것이다. 그렇긴 해도 https://github.com/jalajthanaki/NLPython/tree/master/ch4 링크를 클릭해 깃허브의 코드를 이용해도 된다. 5장에서는 모든 NLP 시스템에서 가장 중요한 부분인 피처 엔지니어링을 살펴볼 것이다. NLP 시스템의 성능은 주로 우리가 NLP 시스템에 제공하는 데이터의 종류에 따라 달라진다. 피처 엔지니어링은 5장 이후로 채택할 기교이자 기술이므로 믿고 따르면 된다. NLP 시스템을 개발하는 데 있어 가장 중요한 요소이기 때문에 읽고 구현해서 여러분의 기술을 풍부하게 만들어 보자.

05

피처 엔지니어링과
NLP 알고리즘

피처 엔지니어링은 NLP 애플리케이션을 개발할 때 가장 중요한 부분이다. 피처는 **머신 러닝(ML)** 알고리즘의 입력 매개 변수다. 이러한 ML 알고리즘은 입력 피처를 기반으로 출력을 생성한다. 피처 엔지니어링은 최상의 피처를 생성하기 때문에 일종의 기교이자 기술이다. NLP 애플리케이션을 개발하기 위한 최상의 알고리즘을 선택하려면 NLP와 ML 알고리즘은 물론 피처 엔지니어링에 대한 많은 노력과 이해가 필요하다. '2장 코퍼스와 데이터세트의 실제 이해'에서는 데이터가 수집되는 방식과 다양한 데이터 또는 코퍼스 형식이 무엇인지를 알아봤다. '3장 문장 구조의 이해'에서는 NLP와 언어학의 기본이긴 하지만 중요한 측면을 다뤘다. 5장에서는 이 개념을 사용해 피처를 유도할 것이다. '4장 전처리'에서는 전처리 기술을 살펴봤다. 이제 우리는 전처리한 코퍼스로 작업해 해당 코퍼스에서 피처를 생성하겠다.

그림 5.1은 지금까지 살펴본 모든 단계는 물론이고 5장의 모든 주요 사항을 이해하는 데 도움이 될 것이다.

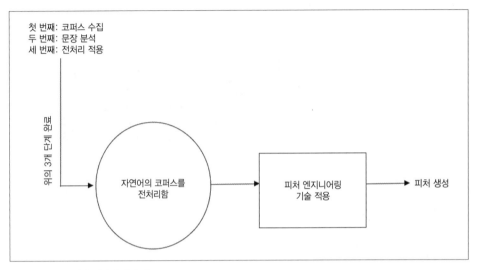

그림 5.1 피처 생성 과정에 대한 개요

1장의 그림 1.4를 참조해도 된다. 우리는 앞의 3개장에서 처음 4개 단계를 다뤘다.

5장에서는 주로 NLP 애플리케이션의 실제적인 측면에 중점을 둘 것이다. 다음과 같은 주제를 다룬다.

- 피처 엔지니어링이란 무엇인가?
- NLP의 기본 피처 이해
- NLP의 기본 통계 피처

이와 함께 피처를 생성하기 위해 다양한 도구나 라이브러리가 어떻게 개발되는지, 사용할 수 있는 다양한 라이브러리는 무엇인지, 필요한 경우 오픈 소스 라이브러리, 또는 오픈 소스 도구를 어떻게 조정할 수 있는지 등의 주제를 알아본다.

또한 각 개념의 문제점도 살펴본다. 여기서는 이 책의 범위에서 벗어나 도구를 처음부터 개발하지는 않겠지만, 도구를 개발하는 데 사용되는 절차와 알고리즘은 세부적으로 알아볼 것이다. 따라서 사용자 정의 도구를 만들려고 한다면 이 방법이 도움이 될 것이며, 그러한 종류의 문제 진술에 접근하는 방법을 알려줄 것이다.

▌ 피처 엔지니어링 이해

피처 생성 기술로 넘어가기 전에 피처 엔지니어링과 그 목적을 이해해야 한다.

피처 엔지니어링이란 무엇인가?

피처 엔지니어링feature engineering이란 원시 데이터, 또는 코퍼스로부터 NLP 애플리케이션을 개발하거나 NLP 관련 문제를 해결하는 데 도움이 되는 피처(어떤 현상의 개별 측정 가능한 특성 또는 속성)를 생성, 또는 유도하는 과정이다.

피처는 NLP 애플리케이션을 만들거나 NLP 애플리케이션의 출력을 예측할 때의 유용한 정보, 혹은 측정 가능한 속성으로 정의할 수 있다.

우리는 ML 기술을 사용해 자연어를 처리하고 최종 출력물을 제공하는 모델을 개발할 것이다. 이런 모델을 **머신 러닝 모델(ML 모델)**이라고 한다. 머신 러닝 알고리즘을 위한 피처를 입력으로 제공해 머신 러닝 모델을 생성한다. 그리고 나서 생성된 머신 러닝 모델을 사용해 NLP 애플리케이션에 적합한 출력을 생성한다.

어떤 정보가 피처가 될 수 있는지 궁금하다면 그 답은 어떠한 속성이라도 피처에 대한 후보가 될 수 있다. 다만 NLP 애플리케이션에 대한 출력을 정확하고 효율적으로 생성할 좋은 ML 모델을 만드는 데 그 속성이 유용해야 한다. 여기서 입력 피처는 데이터세트와 NLP 애플리케이션에 따라 완전히 달라진다.

피처는 NLP 애플리케이션에 대한 도메인 지식을 사용해 이끌어낸다. 이것이 우리가 자연어의 기본 언어학 측면을 탐구한 이유이므로 이런 개념을 피처 엔지니어링에서 사용할 수 있다.

피처 엔지니어링의 목적은 무엇인가?

이 절에서는 피처 엔지니어링을 이해하는 데 도움이 되는 다음과 같은 주요 피처를 살펴본다.

- 우리는 컴퓨터가 이해할 수 없는 자연어로 된 원시 데이터를 갖고 있지만 알고리즘은 원시 자연어를 받아들여서 NLP 애플리케이션에 대한 예상 출력을 생성할 능력이 없다. 피처는 머신 러닝 기술을 사용해 NLP 애플리케이션을 개발할 때 중요한 역할을 한다.
- 우리는 코퍼스를 대표하는 속성뿐만 아니라 머신 러닝 알고리즘이 이해할 수 있는 속성을 생성해야 한다. ML 알고리즘은 소통을 위한 피처의 언어만 이해할 수 있으므로 적절한 속성이나 피처를 찾는 것이 큰 문제다. 이것이 피처 엔지니어링의 전체 목적이다.
- 일단 피처를 생성하면 그것을 머신 러닝 알고리즘에 입력해 공급해야 하고, 이들 입력 피처를 처리한 후에 ML 모델을 얻게 된다. 이 ML 모델은 새 피처에 대한 출력을 예측하거나 생성하는 데 사용된다. ML 모델, 정확성, 효율성은 주로 피처에 따라 달라지므로, 이것이 피처 엔지니어링을 일종의 기교이자 기술이라고 말하는 이유다.

과제

다음은 피처 엔지니어링과 관련된 과제다.

- 좋은 피처를 갖추기가 어렵고 때로는 복잡하다.
- 피처를 생성한 후에는 어느 피처를 선택해야 하는지 결정해야 한다. 이러한 피처 선택도 머신 러닝 기술을 수행할 때 중요한 역할을 한다. 적절한 피처를 선택하는 과정을 피처 선택feature selection이라고 한다.
- 때로는 피처 선택 중에 덜 중요한 피처를 제거해야 하며 이런 피처 제거는 피처 엔지니어링에서 중요한 부분이기도 하다.
- 수동 피처 엔지니어링은 시간이 오래 걸린다.
- 피처 엔지니어링은 도메인 전문성domain expertise, 또는 도메인에 대한 기본 지식을 필요로 한다.

NLP의 기본 피처

이러한 문제 외에도 NLP 애플리케이션은 다양한 NLP 개념을 기반으로 수동으로 만들어진 피처에 크게 의존한다. 이제부터는 NLP 세계에서 사용할 수 있는 기본 피처를 알아보겠다.

파서와 파싱

문장을 파싱하면 거의 모든 NLP 애플리케이션에 도움이 될 수 있는 가장 중요한 피처를 유도해낼 수 있다.

파서와 파싱의 개념을 알아보자. 나중에 **문맥 자유 문법**CFG, context-free grammar과 **확률론적 문맥 자유 문법**PCFG, probabilistic context-free grammar을 알게 될 것이다. 우리는 통계 파서가 어떻게 개발되는지 살펴본다. 자신만의 파서를 만들 경우에는 그렇게 하는 절차를 설명하고, 기존 파서를 조정할 경우에는 따라야 할 단계를 알아본다. 또한 이용 가능한 파서 도구를 사용해 실제 작업도 수행할 것이다. 이 절의 후반부에서는 당면 과제를 살펴본다.

파서의 기본 이해

여기서 NLP 분야 측면에서 파서를 설명하려고 한다. 파서 개념은 다른 전산과학 분야에도 존재하지만, NLP 분야에 초점을 맞춰 파서를 이해하고 파서로 무엇을 할 수 있는지 알아보겠다.

NLP 분야에서 파서는 문장 형태나 토큰 시퀀스의 자연어를 사용하는 프로그램, 또는 더 구체적으로 말하면 도구다. 파서는 입력 스트림을 더 작은 청크로 나눈다. 이렇게 하면 스트림에 있는 각 요소의 구문론적 역할과 문장의 기본 구문 레벨의 의미를 이해하는 데 도움이 된다. NLP에서 파서는 실제로 문맥 자유 문법 또는 확률론적 문맥 자유 문법의 규칙을 사용해 문장을 분석한다. 우리는 3장에서 CFG를 알아봤다.

파서는 일반적으로 파서 트리, 또는 추상 구문 트리abstract syntax tree의 형태로 출력을 생성한다. 여기서 파서 트리 예제를 살펴보자. 파서가 단일 단어, 또는 어휘 항목을 사용해 파스 트리를 생성하기 위해 사용하는 특정 문법 규칙이 있다.

그림 5.2의 문법 규칙을 살펴보자.

문법 규칙

S → NP VP
NP → NAME
VP → V NP
NP → ART N

어휘 엔트리

NAME → John
V → is
ART → a
N → student

그림 5.2 파서용 문법 규칙

먼저 기호를 알아보자.

- S는 문장을 의미한다.
- NP는 명사구를 의미한다.
- VP는 동사구를 의미한다.
- V는 동사를 의미한다.
- N 명사를 의미한다.
- ART는 관사article인 a, an, the를 의미한다.

이 문법 규칙을 사용해 생성된 그림 5.3의 파스 트리를 참조하자.

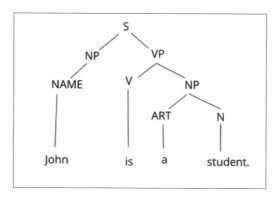

그림 5.3 그림 5.2에 정의된 문법 규칙을 따른 파스 트리

그림 5.3에서는 문장을 파스 트리 형식으로 변환했으며, 보다시피 문장의 각 단어는 그림 5.2에서 미리 정의한 문법 기호로 표현된다.

파서에는 2개의 주요 타입이 있다. 여기서는 각 파서 타입의 전문적 사항에 대해 설명하지 않을 텐데 그 이유는 컴파일러 설계와 관련되기 때문이다. 대신 여러 타입의 파서를 살펴볼 것이므로 NLP에서 일반적으로 어느 타입의 파서를 사용하는지 잘 알게 될 것이다. 그림 5.4를 참조하자.

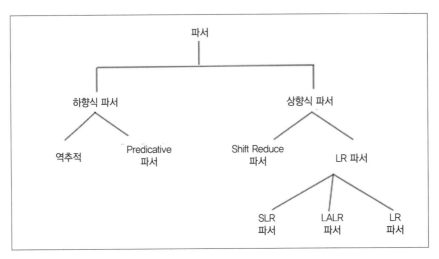

그림 5.4 파서 타입

다음 절에서는 하향식top-down 파서와 상향식bottom-up 파서의 차이점을 살펴보는데, 그 차이점은 진행 과정과 관련돼 있다. 그 다음으로 각 파서를 나열하며 차이점을 알아보겠다.

파싱의 개념으로 들어가보자.

파싱의 개념 이해

우선 파싱이 무엇인지 논의해보자. 파싱이라는 용어부터 정의하면, 파싱이란 문장이나 토큰 스트림을 사용하는 과정, 또는 형식 분석이며, 정의된 형식 문법 규칙의 도움으로 문장 구조와 의미를 이해할 수 있다. 따라서 파싱은 문장의 각 단어를 사용하며 성분 구조constituent structure를 이용해 그 구조를 결정한다. 그렇다면 성분 구조란 무엇일까? 성분 구조는 어떤 단어가 다른 단어와 결합해 의미 있는 문장 단위를 형성하는지 관찰하는 것을 바탕으로 한다. 그래서 영어에서는 주어가 주로 문장의 첫 부분에 온다. He is Tom 문장은 우리에게 의미가 있는 반면, is Tom he 문장은 말이 되지 않는다. 파싱을 통해 우리는 실제적으로 점검할 뿐만 아니라 올바른 성분 구조를 얻으려고 시도한다. 다음은 파서와 파싱이 하는 일을 알려준다.

- 파서 도구는 문법 규칙에 따라 파싱 과정을 수행하고 파스 트리를 생성한다. 이 파스 트리 구조는 문장의 구문 구조를 확인하는 데 사용된다. 문장의 파스 트리가 문법 규칙을 따르는 것은 물론이고 의미 있는 문장을 생성한다면, 해당 문법을 사용해 생성된 문장뿐만 아니라 문법도 유효하다고 말한다.
- 파싱이 끝나면 문장에서 모호성을 감지하는 데 도움이 되는 파스 트리가 출력으로 생성된다. 모호한 문장은 종종 여러 개의 파스 트리로 나온다.

하향식 파서와 상향식 파서의 차이점을 알아보자.

하향식 파싱	상향식 파싱
하향식 파싱은 가설 중심적이다.	상향식 파싱은 데이터 중심적이다.
파싱의 각 단계에서 파서는 구조를 가정하고, 문장에서 단어를 순차적으로 가져와 추출한 단어나 토큰이 가설을 충족하는지 테스트한다.	이런 타입의 파싱에서는 입력 문자열에서 첫 번째 단어를 가져오고 나서 파서가 유효한 문장 구조를 생성하기 위해 미리 정의된 카테고리가 있는지 검사한 다음, 마지막으로 문법의 허용 가능한 구조로 결합을 시도한다.
문장을 왼쪽에서 오른쪽으로 스캔한다. 문법 생성 규칙이 어휘 항목을 유도할 때, 파서는 보통 입력으로 올바른 문장의 파생 여부를 확인한다.	이런 종류의 파싱은 터미널의 입력 문자열로 시작한다. 이 파싱 타입은 작업 문자열 속의 특정 문자열을 검색하는데 그 이유는 문자열이나 특정 문자열이 문법의 오른쪽 생성 규칙과 일치하면 일치하는 오른쪽 규칙을 왼쪽 비터미널로 대체하기 때문이다
역추적 메커니즘이 포함돼 있다. 잘못된 규칙이 사용됐다고 판단되면 백업하고 다른 규칙을 시도한다.	보통은 역추적 메커니즘을 포함하지 않는다.

이런 파서가 어떻게 만들어졌는지 다음 절에서 알게 될 것이다.

처음부터 파서 개발하기

이 절에서는 가장 유명한 스탠포드 파서의 절차와 가장 성공적인 통계 파서를 개발하는 데 사용된 알고리즘을 알아본다.

최종 절차에 대한 아이디어를 얻으려면 먼저 몇 가지 구성요소와 개념을 이해해야 한다. 그리고 나서 모든 개념을 결합해 스탠포드 파서 같은 통계 파서를 작성하는 전반적인 절차를 알아본다.

문법 타입

이 절에서는 파서가 어떻게 작동하는지 해당 개념을 이해하기 위한 두 가지 타입의 문법을 살펴본다. 간단히 설명해서 이 주제에 너무 깊이 들어가지 않을 것이다. 가능한 한 단순하게 만들어 파서 개발 절차를 이해할 수 있는 기본 개념을 알아본다. 이제 출발하자!

문법에는 다음의 두 가지 타입이 있는데, 그림 5.5를 참조하자.

- 문맥 자유 문법
- 확률론적 문맥 자유 문법

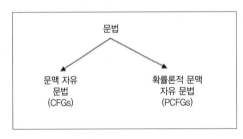

그림 5.5 문법 타입

문맥 자유 문법

우리는 3장에서 문맥 자유 문법의 기본 개념을 알아봤다. 이미 그것을 상기하기 위해 CFG에 대한 형식 정의도 살펴봤다. 이제 파서를 만들 때 문법 규칙이 얼마나 중요한지 알아보겠다.

CFG는 구문 구조 문법phrase structure grammar이라고도 한다. 따라서 CFG와 구문 구조 문법은 용어가 다를 뿐 한 개념을 말한다. 이제 이 타입의 문법과 관련된 몇 가지 예를 살펴보고 더 자연스러운 문법 규칙을 생성하기 위해 따라야 할 규칙에 대해 말해보자. 그림 5.6의 문법 규칙, 어휘, 문장을 참조하자.

```
S    → NP VP          N → People          Sentences: people fish tank
VP   → V NP           N → fish                       People fish tank with rods
VP   → V NP PP        N → tank
NP   → NP NP          N → rods
NP   → NP PP          V → people
NP   → N              V → fish
NP   → e              V → tanks
PP   → P NP           P → with
```

그림 5.6 CFG 규칙, 어휘, 문장

여기서 S는 문법의 출발점이다. NP는 명사구를 나타내며 VP는 동사구를 나타낸다. 이제 우리는 하향식 파싱을 적용해서 오른쪽 비터미널 S로 규칙을 시작하고 S를 NP와 VP로 대체해 주어진 문장을 생성하려고 한다. NP를 N으로, VP를 V와 NP로 대체하고 나서 N을 people로 대체한다. V를 fish로, NP를 N으로, N을 tank로 대체한다. 해당 과정을 그림으로 표현하면 그림 5.7과 같다.

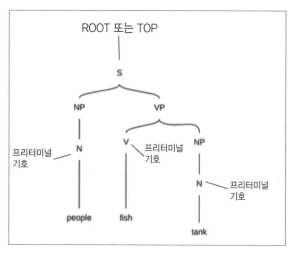

그림 5.7 주어진 문법에 의해 생성된 문장 중 하나의 파스 트리 표현

이제 자신의 두 번째 문장에 대한 파스 트리를 생성해보자. 이 문법 규칙으로 잠시 동안 해보면 곧 아주 모호한 규칙이라는 사실을 알게 될 것이다. 이뿐만 아니라 문장 구조를 도출하기 위해 언어 학자가 사용하는 CFG의 더 실질적인 측면에 대해서도 논의할 것이다. 이

것은 좀 더 자연스러운 형태의 CFG이며 CFG의 형식 정의와 매우 유사한데, 즉 이 문법에서 프리터미널 기호^{preterminal symbol}[1]를 정의한다. 그림 5.7을 참조하면 N, V 같은 기호를 **프리터미널 기호**라고 한다. 이제 그림 5.8에서 CFG의 자연 형태의 정의를 보자.

G = (T, C, N, S, L, R)
T는 어휘 기호다.
C는 프리터미널 기호다.
N은 비터미널 기호다.
S는 비터미널 N에 속하는 시작 기호다(S ∈ N).
L은 X → x 규칙을 따르는 항목 집합인 어휘 터미널이다. 여기서는 X → P와 x → T이다.
R은 X → y 규칙을 따르는 항목 세트인 문법이다. 여기서는 X ∈ N과 y ∈ (N ∪ C)*이다.

그림 5.8 CFG에 대해 더 자연스런 형태의 형식 표현

여기서 * 기호는 빈 시퀀스의 존재를 의미한다. 우리는 S 기호부터 시작하지만, 통계 파서에서는 TOP, 또는 ROOT인 단계를 하나 더 추가한다. 따라서 파스 트리를 생성할 때 메인 최상위 노드는 S로 표시된다. 자세한 내용은 그림 5.7을 참조하자. 이제는 ROOT, 또는 TOP 기호가 있는 여분의 노드를 S 앞에 놓는다.

그림 5.6에서 하나의 이상한 규칙을 발견했을 것이다. NP는 빈 문자열을 나타내는 e를 사용해 대체할 수 있으므로 그 빈 문자열 규칙의 용도가 무엇인지 알아보자. 먼저 빈 문자열 규칙뿐만 아니라 이런 타입의 문법에 대한 상세한 아이디어를 얻는 예제를 살펴본다. 프리터미널 개념이 여러분에게 생소하기 때문에 이 개념부터 시작해보겠다. 영어로 명사구(명사와 함께 a, an, the와 같은 관사가 들어간 구)를 고려하자. NP를 DT와 NN 기호로 대체할 때 여러분은 실제 어휘 터미널을 입력한다. 여기서 NP를 DT와 NN으로 대체하는데 이를 프리터미널 기호라고 한다. 이제 빈 문자열 규칙에 대해 애기해보자. 실생활에서는 문장에 누락된 부분이 있는 경우가 많기 때문에 이 규칙을 포함시켰다. 이런 종류의 경우를 처리하기 위해 이 빈 문자열 규칙을 문법에 넣는다. 이제 여러분에게 도움이 될 예제를 살펴보자.

---

1 종단 전 기호, 말단 전 기호라고도 한다. – 옮긴이

우리는 단어 시퀀스인 people fish tank를 본 적이 있다. 여기서 2개의 구를 추출할 수 있다. 하나는 fish tank, 다른 하나는 people fish이다. 두 예제 모두에는 누락된 명사가 있다. 이들 구를 e fish tank와 people fish e로 표현할 것이다. 여기서 e는 빈 문자열을 의미한다. 첫 번째 구에서는 구의 시작 부분에 누락된 명사가 있음을 알 수 있다. 더 기술적으로 말하면 누락된 주어가 있다. 두 번째 경우에는 구 끝에 명사가 누락된다. 더 기술적으로 말하면 누락된 목적어가 있다. 이들 종류의 상황은 실제 **자연어(NL)** 데이터를 다룰 때 아주 일반적이다.

설명할 마지막 사항이 하나 있는데 이는 **문법 변환**에 관한 주제에서 사용할 것이다. 규칙을 찾을 수 있는 그림 5.6을 참조하자. 책을 읽어 나아가면서 이 문법 규칙을 계속 참조하자. 오른쪽에 빈 문자열만 있는 규칙을 **빈 규칙**empty rule이라고 한다. 오른쪽은 물론이고 왼쪽에 하나의 기호만 있는 규칙이 있음을 알 수 있다. 하나의 카테고리를 다른 카테고리로 다시 쓸 수 있으므로(예를 들어 NP → N) 이를 **단항 규칙**unary rule이라고 한다. VP → V NP처럼 오른쪽에 두 개의 기호가 있는 다른 규칙도 있다. 이러한 종류의 규칙을 **이항 규칙**binary rule이라고 한다. 오른쪽에 3개의 기호가 있는 규칙도 있다. 우리는 특정 기술을 적용해 오른쪽에 3개 이상의 기호가 있는 이런 규칙을 제거한다. 이 규칙에 대해서는 곧 보게 될 것이다.

이제 CFG뿐만 아니라 CFG를 이해하는 데 필요한 개념을 살펴봤다. 다음 절에서 이런 점을 연관 지어 보면 확률론적 CFG에 대한 아이디어를 얻을 수 있다.

확률론적 문맥 자유 문법

확률론적 문법에서는 확률의 개념을 추가하는데 걱정하지 말자. 지금까지 보아온 CFG의 가장 간단한 확장 중 하나다. 이제 **확률론적 문맥 자유 문법**PCFG을 살펴본다.

PCFG를 정식으로 정의하고 나서 다른 측면을 알아보자. 그림 5.9를 참조하자.

```
G = (T, N, S, R, P)
T는 터미널 기호 집합이다.
N은 비터미널 기호 집합이다.
S는 시작 기호이다(S ∈ N).
R은 X → y의 규칙/산출 집합이다.
P는 다음과 같은 확률 함수다.
      P is | R → [0,1]

  ∀ X ∈ N, ΣP(X → y) = 1
           X → y∈R
```

그림 5.9 PCFGs 형식 정의

여기서 T, N, S, R은 CFG와 유사하다. 여기서 새로운 점은 확률 함수probability function뿐인데 이것에 대해 알아보자. 확률 함수는 각 문법 규칙을 가져와 각 규칙의 확률 값을 제공한다. 이 확률은 실수인 R에 대응된다. R의 범위는 [0,1]이다. 우리는 맹목적으로 어떤 확률 값도 갖고 있지 않다. 비터미널에 대한 확률의 합이 1이 돼야 한다고 정의한 한 가지 제약 조건이 있다. 이런 사항을 이해하기 위한 예제를 살펴보자. 그림 5.10에서 문법 규칙을 확률로 볼 수 있다.

```
S  → NP VP          1.0
VP → V NP           0.6
VP → V NP PP        0.4
NP → NP NP          0.1
NP → NP PP          0.2
NP → N              0.7
PP → P NP           1.0
```

그림 5.10 문법 규칙에 대한 확률

그림 5.11에서는 어휘 문법 규칙을 확률로 볼 수 있다.

N → *people*	0.5
N → *fish*	0.2
N → *tanks*	0.2
N → *rods*	0.1
V → *people*	0.1
V → *fish*	0.6
V → *tanks*	0.3
P → *with*	1.0

그림 5.11 어휘 규칙에 대한 확률

보다시피 그림 5.10에는 3개의 NP 규칙이 있으며 확률 분포를 보면 다음과 같은 점을 알 수 있다.

- 확률의 합은 1이다(0.1 + 0.2 + 0.7 = 1.0).
- 확률이 0.7일 때 NP가 명사로 다시 쓰일 가능성이 높다.

같은 방식으로 문장의 시작 부분에 있는 첫 번째 규칙은 처음 발생한 특정 사건으로 인해 1.0의 값을 가진다는 사실을 알 수 있다. 주의 깊게 살펴보면 빈 문자열 규칙이 제거돼 문법이 덜 모호해지는 점을 알 수 있다.

그러면 우리는 어떻게 이러한 확률 값을 사용할까? 이 질문은 트리와 문자열의 확률 계산에 대한 설명으로 이어질 것이다.

트리의 확률 계산

트리의 확률을 계산하려면 어휘집과 문법 규칙의 확률 값을 곱하면 되기 때문에 이것은 매우 쉽다. 이렇게 하면 트리의 확률을 얻게 된다.

이 계산을 이해하기 위한 사례를 들어보자. 여기에서는 2개의 트리와 트리를 생성하는 people fish tank with rods 문장을 예로 들어보겠다.

각 트리의 확률을 계산하기 전에 각 확률 값을 가진 트리 구조에 대해서는 그림 5.12와 그림 5.13을 참조하자.

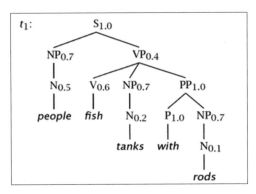

그림 5.12 파스 트리

그림 5.12에서 파스 트리에 대한 확률을 계산하려면, 확률을 얻는 단계는 다음과 같이 주어진다. 위에서부터 트리를 스캔하기 시작하므로 시작 포인트는 파스 트리의 최상위 노드인 S다. 여기에서 전치사는 다음과 같이 동사를 수정한다.

$$P(t1) = 1.0 * 0.7 * 0.4 * 0.5 * 0.6 * 0.7 * 1.0 * 0.2 * 1.0 * 0.7 * 0.1 = 0.0008232$$

값 0.0008232는 트리의 확률이다. 이제 그림 5.13에서 주어진 다른 파스 트리에 대해서도 같은 식을 계산할 수 있다. 이 파스 트리에서 전치사는 명사를 수식한다. 이 파스 트리의 트리 확률을 계산해보라.

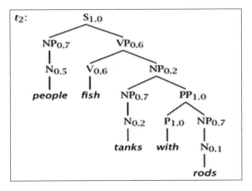

그림 5.13 두 번째 파스 트리

파스 트리 확률을 계산할 경우 값은 0.00024696이어야 한다.

이제 트리 확률 개념을 사용하는 문자열 확률 계산을 살펴보자.

문자열의 확률 계산

문자열의 확률 계산은 트리의 확률 계산에 비해 더 복잡하다. 여기서는 단어 문자열의 확률을 계산하려고 한다. 따라서 확률을 계산할 문자열을 생성하는 모든 가능한 트리 구조를 고려해야 한다. 먼저 문자열을 트리의 부분으로 간주하는 모든 트리를 고려하고 나서 최종 확률 값을 생성하기 위해 다른 확률을 더해서 최종 확률을 계산해야 한다.

트리 확률을 계산할 때 사용한 그림 5.12와 그림 5.13을 다시 살펴보자. 이제는 문자열의 확률을 계산하기 위해 트리와 트리 확률을 모두 고려하고 나서 이들을 더해야 한다. 다음과 같이 문자열의 확률을 계산한다.

$$P(S) = P(t1) + P(t2)$$
$$= 0.0008232 + 0.00024696$$
$$= 0.00107016$$

여기서 t1 트리가 높은 확률을 가지므로 NP가 첨부된 t2에 비해 VP가 첨부된 문장 구조가 생성될 가능성이 크다. 그 이유는 t1이 0.4의 VP 노드를 갖는 반면, t2는 0.6 확률의 VP와 0.2 확률의 NP라는 두 노드를 갖기 때문이다. 이 값을 곱하면 0.12가 되므로 0.4보다 작다. 따라서 t1 파스 트리가 가장 가능성 있는 구조다.

이제 다양한 타입의 문법을 이해해야 한다. 효율적인 파싱을 위해 문법 변형 개념을 알아볼 차례다.

문법 변형

문법 변형은 문법을 좀 더 제한적으로 만드는 데 사용되는 기술로, 파싱 과정을 좀더 효율적으로 만든다. 우리는 **촘스키 표준형**CNF, Chomsky Normal Form을 사용해 문법 규칙을 변형한다. 예제를 보기에 앞서 CNF를 알아본다. 모든 규칙은 다음 규칙을 따라야 한다고 명시돼 있다.

X->Y Z 또는 X->w , 여기서 X, Y, Z ∈ N 및 w ∈ T

규칙의 의미는 아주 간단하다. 문법 규칙의 오른쪽에 2개를 초과한 비터미널이 있어서는 안 된다. 즉 그 규칙의 오른쪽에 단일 터미널이 있는 규칙을 포함할 수 있다. 기존 문법을 CNF로 변환하려면 다음과 같은 기본 절차가 필요하다.

- 빈 규칙과 단항 규칙은 재귀 함수를 사용해 제거할 수 있다.
- N항 규칙은 문법 규칙에 새로운 비터미널을 도입해 분리한다. 이는 오른쪽에 2개를 초과한 비터미널이 있는 규칙에 적용된다. CNF를 사용하면 새로운 변형 규칙을 사용해 동일한 문자열을 얻을 수 있지만 파스 구조가 다를 수 있다. CNF 적용 후 새로 생성된 문법 또한 CFG다.

직관적인 예를 살펴보자. 앞서 그림 5.6에서 정의한 문법 규칙을 적용하고 CNF를 적용해 해당 문법 규칙을 변형한다. 다음 단계를 보자.

1. 먼저 빈 규칙을 제거한다. 오른쪽에 NP가 있으면 S -> NP VP 같은 두 가지 규칙을 가질 수 있으며 NP에 빈 값을 입력하면 S -> VP가 된다. 이 방법을 재귀적으로 적용하면 문법에서 빈 규칙을 제거할 수 있다.

2. 그리고 나서 단항 규칙 제거를 시도해야 한다. 따라서 이때 첫 번째 단항 규칙 S -> VP를 제거하려고 하면 왼쪽에 VP가 있는 모든 규칙을 고려해야 한다. 이렇게 하면 S가 즉시 VP로 바뀌므로 새 규칙을 도입해야 한다. 우리는 규칙

S -> V NP를 도입할 것이다. 단항 규칙을 제거할 때까지는 이 일을 계속해야 한다.

S -> V 같은 단항 규칙을 모두 제거하면 어휘 엔트리를 변경해야 한다.

CNF 과정에 대해서는 그림 5.14를 참조하자.

Step 1	Step 2	Step 3	(lexical)	Step 4	Step 5
S → NP VP	S → NP VP	S → NP VP	N → people	S → NP VP	S → NP VP
S → VP	VP → V NP	VP → V NP	N → fish	VP → V NP	VP → V NP
VP → V NP	S → V NP	S → V NP	N → tanks	S → V NP	S → V NP
VP → V	VP → V	VP → V	N → rods	VP → V NP PP	VP → V NP PP
VP → V NP PP	S → V	VP → V NP PP	V → people	S → V NP PP	S → V NP PP
VP → V PP	VP → V NP PP	S → V NP PP	S → people	VP → V PP	VP → V PP
NP → NP NP	S → V NP PP	VP → V PP	V → fish	S → V PP	S → V PP
NP → NP	VP → V PP	S → V PP	S → fish	NP → NP NP	NP → NP NP
NP → NP PP	S → V PP	NP → NP NP	V → tanks	NP → NP	NP → NP PP
NP → PP	NP → NP NP	NP → NP	S → tanks	NP → NP PP	NP → P NP
NP → N	NP → NP	NP → NP PP	P → with	NP → PP	PP → P NP
PP → P NP	NP → NP PP	NP → PP		NP → N	
PP → P	NP → PP	NP → N		PP → P NP	
	NP → N	PP → P NP		PP → P	
	PP → P NP	PP → P			
	PP → P				

그림 5.14 CNF 1~5 단계

그림 5.15에서는 CNF 과정의 최종 결과를 볼 수 있다.

S → NP VP	NP → people
VP → V NP	NP → fish
S → V NP	NP → tanks
VP → V @VP_V	NP → rods
@VP_V → NP PP	V → people
S → V @S_V	S → people
@S_V → NP PP	VP → people
VP → V PP	V → fish
S → V PP	S → fish
NP → NP NP	VP → fish
NP → NP PP	V → tanks
NP → P NP	S → tanks
PP → P NP	VP → tanks
	P → with
	PP → with

그림 5.15 단계 6 - CNF 적용 후의 최종 문법 규칙

실생활에서는 완전한 CNF를 적용할 필요가 없으며 그렇게 하는 편이 종종 힘들 수 있다. 그저 파싱을 더 효율적이게 하고 여러분의 문법 규칙을 더 명확히 해줄 뿐이다. 실제 애플리케이션에서는 단항 규칙을 문법 규칙으로 유지하는데, 그 이유는 단어가 동사, 또는 명사로 취급되는지 여부뿐만 아니라 비터미널 기호 정보(POS 태그의 정보가 있음)를 알려주기 때문이다.

지루한 개념적 설명은 이 정도면 충분하다. 이제 파서의 모든 기본 개념과 파싱을 결합해 파서를 개발하는 데 사용되는 알고리즘을 배울 차례다.

CKY 알고리즘으로 파서 개발하기

영어에 대해서는 사용할 수 있는 파서가 많이 있는데, 다른 언어의 파서를 만들려면 CNF에 대해 CKY^{Cocke-Kasami-Younger} 알고리즘을 사용할 수 있다. 여기에서는 파서를 만들 때 유용한 정보를 살펴보고, 또한 CKY 알고리즘의 주요 로직을 알아본다.

알고리즘을 시작하기 전에 고려할 가정을 알아야 한다. 우리의 기술적 가정은 파서 하위 트리 각각이 독립적이라는 점이다. 이 말은 트리 노드 NP가 있다면 그저 이 NP 노드에만 초점을 맞추고 파생된 노드에는 집중하지 않는다는 뜻이다. 즉 각 하위 트리는 독립적으로 작동한다. CKY 알고리즘을 사용하면 큐빅 타임^{cubic time2}으로 결과가 나올 수 있다.

이제 CKY 알고리즘의 로직을 살펴보자. 이 알고리즘은 문장에서 단어를 가져와서 상향식 파싱을 사용해 파스 트리를 생성한다. 여기서는 **파스 삼각형**^{parse triangle}, 또는 **차트**^{chart}라고 하는 데이터 구조를 정의한다. 그림 5.16을 참조하자.

---

2 시간 복잡도로서 실행 시간이 $O(n^3)$라는 것을 의미한다. – 옮긴이

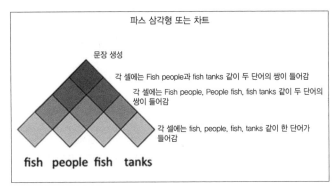

그림 5.16 CKY 알고리즘에 대한 파스 삼각형

맨 아래 셀은 fish, people, fish, tanks 같은 한 단어를 나타낸다. 중간 행의 셀은 Fish people, People fish, fish tanks처럼 중복된 단어 쌍을 나타낸다. 그 세 번째 행은 Fish people, fish tanks 같이 겹치지 않는 두 단어의 쌍을 나타낸다. 마지막 행은 문장의 맨 위 또는 루트를 나타낸다. 이 알고리즘을 이해하기 위해서는 먼저 규칙 확률의 문법 규칙이 필요하다. 알고리즘을 이해하려면 그림 5.17을 참조해야 한다.

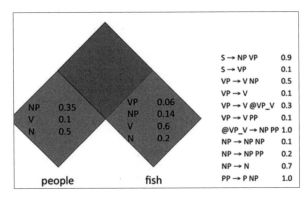

그림 5.17 CKY 알고리즘 이해하기

(이미지 출처: http://spark-public.s3.amazonaws.com/nlp/slides/Parsing-Probabilistic.pdf의 36페이지)

그림 5.17에 나타나 있듯이 알고리즘 로직을 설명하기 위해 맨 아래 셀에 기본 확률 값을 입력해 놓았다. 여기서 문법 규칙을 충족하는 모든 조합을 찾아야 한다. 다음 단계를 따른다.

1. 먼저 people 셀에서 NP와 fish 셀에서 VP를 얻는다. 문법 규칙에서 NP VP 시퀀스가 존재하는 문법 규칙이 있는지 점검하는데, 이 시퀀스는 문법 규칙의 오른쪽에서 찾아야 할 것이다. 여기서 0.9 확률의 S -> NP VP이라는 규칙을 구했다.

2. 이제 확률 값을 계산하는데, 이것을 구하려면 people 셀에 주어진 NP의 확률 값, fish 셀의 VP 확률 값, 문법 규칙 자체의 확률 값을 곱해야 한다. 현재 people 셀에 배치된 NP의 확률 값 = 0.35, fish 셀에 배치된 VP의 확률 값 = 0.06, 문법 규칙 S -> NP VP의 확률 = 0.9이다.

3. 그러면 0.35(people 셀에 NP가 배치될 확률) * 0.06 (fish 셀에서 VP의 확률) * 0.9 (문법 규칙 S -> NP VP의 확률)을 곱한다. 따라서 최종 곱셈 값 = 0.35 * 0.06 * 0.9 = 0.0189다. 이 값은 S를 NP VP 문법 규칙으로 확장할 때 문법 규칙의 최종 확률이 된다.

4. 같은 방법으로 people 셀의 NP와 fish 셀의 NP 같은 다른 조합을 계산할 수 있으며 오른쪽에서 문법 규칙, 즉 NP NP를 구할 수 있다. 여기에서는 NP -> NP NP 규칙이 존재한다. 그래서 확률 값 0.35 * 0.14 * 0.2 = 0.0098을 계산한다. 모든 조합에 대한 확률 값을 생성할 때까지 이 과정을 계속 수행하고 나서 어떤 조합에 대해 최대 확률을 생성했는지를 보게 될 것이다. 최대 확률을 구하는 과정을 **비터비 최대 점수**^{Viterbi max score}라고 한다.

5. S -> NP VP 조합의 경우, 해당 셀이 위쪽 셀에 왼쪽 비터미널을 생성할 때 최대 확률을 얻게 된다. 그래서 이 두 셀은 문장을 나타내는 S를 생성한다.

이것은 CKY 알고리즘의 핵심 로직이다. 이 개념에 대한 구체적인 예를 살펴보자. 페이지에 잘 나타내기 위해 파스 삼각형을 시계 방향으로 90도 회전시킨다. 그림 5.18을 참조하자.

	fish	1	people	2	fish	3	tanks	4
S → NP VP 0.9	0							
S → VP 0.1	N → fish 0.2							
VP → V NP 0.5	V → fish 0.6							
VP → V 0.1	NP → N 0.14							
VP → V @VP_V 0.3	VP → V 0.06							
VP → V PP 0.1	S → VP 0.006 1							
@VP_V → NP PP 1.0			N → people 0.5					
NP → NP NP 0.1			V → people 0.1					
NP → NP PP 0.2			NP → N 0.35					
NP → N 0.7	2		VP → V 0.01					
PP → P NP 1.0			S → VP 0.001					
					N → fish 0.2			
N → people 0.5					V → fish 0.6			
N → fish 0.2					NP → N 0.14			
N → tanks 0.2	3				VP → V 0.06			
N → rods 0.1					S → VP 0.006			
V → people 0.1							N → tanks 0.2	
V → fish 0.6							V → tanks 0.1	
V → tanks 0.3							NP → N 0.14	
P → with 1.0	4						VP → V 0.03	
							S → VP 0.003	

```
prob=score[begin][split][B]*score[split][end][C]*P(A->BC)
if (prob > score[begin][end][A])
    score[begin][end][A] = prob
    back[begin][end][A] = new Triple(split,B,C)
```

그림 5.18 CKY 알고리즘의 1단계(이미지 출처: http://spark-public.s3.amazonaws.com)

여기서 셀 (0,1)은 fish 용이고 어휘 규칙을 사용해 채운다. 문법 규칙에 정의돼 있기 때문에 N -> fish를 0.2 확률로 넣었다. V -> fish는 0.6 확률로 넣었다. 이제 오른쪽에 N 또는 V만 있는 단항 규칙에 초점을 맞춘다. 문법 규칙 확률과 어휘 확률을 고려해서 확률을 계산해야 하는 규칙이 있다. 그래서 규칙 NP -> N의 경우 확률은 0.7이고 N -> fish의 확률 값은 0.2이다. 이 값을 곱해서 NP -> N = 0.14의 문법 규칙 확률을 생성해야 한다. 같은 방식으로 규칙 VP -> V에 대한 확률을 생성하는데 그 값은 0.1 * 0.6 = 0.06이다. 이런 식으로 4개의 셀을 모두 채워야 한다.

그 다음 단계에서는 동일한 절차에 따라 문법 규칙에서 생성된 각 조합에 대한 확률을 구한다. 그림 5.19를 참조하자.

S → NP VP	0.9	
S → VP	0.1	
VP → V NP	0.5	
VP → V	0.1	
VP → V @VP_V	0.3	
VP → V PP	0.1	
@VP_V → NP PP	1.0	
NP → NP NP	0.1	
NP → NP PP	0.2	
NP → N	0.7	
PP → P NP	1.0	
N → people	0.5	
N → fish	0.2	
N → tanks	0.2	
N → rods	0.1	
V → people	0.1	
V → fish	0.6	
V → tanks	0.3	
P → with	1.0	

	fish	1 people	2 fish	3 tanks	4
0 / 1	N → fish 0.2 V → fish 0.6 NP → N 0.14 VP → V 0.06 S → VP 0.006	NP → NP NP 0.0049 VP → V NP 0.105 S → VP 0.0105			
2		N → people 0.5 V → people 0.1 NP → N 0.35 VP → V 0.01 S → VP 0.001	NP → NP NP 0.0049 VP → V NP 0.007 S → NP VP 0.0189		
3			N → fish 0.2 V → fish 0.6 NP → N 0.14 VP → V 0.06 S → VP 0.006	NP → NP NP 0.00196 VP → V NP 0.042 S → VP 0.0042	

4		for split = begin+1 to end-1
		  for A,B,C in nonterms
		    prob=score[begin][split][B]*score[split][end][C]*P(A->BC)
		    if prob > score[begin][end][A]
		      score[begin][end][A] = prob
		      back[begin][end][A] = new Triple(split,B,C)
				N → tanks 0.2
				V → tanks 0.1
				NP → N 0.14
				VP → V 0.03
				S → VP 0.003	

그림 5.19 CKY 알고리즘의 2단계(이미지 출처: http://spark-public.s3.amazonaws.com)

그림 5.20에서 최종 확률 값을 볼 수 있다. 이 값을 사용해 주어진 데이터에 가장 적합한 파스 트리를 결정할 수 있다.

		fish	1	people	2	fish	3	tanks	4

S → NP VP 0.9
S → VP 0.1
VP → V NP 0.5
VP → V 0.1
VP → V @VP_V 0.3
VP → V PP 0.1
@VP_V → NP PP 1.0
NP → NP NP 0.1
NP → NP PP 0.2
NP → N 0.7
PP → P NP 1.0

N → people 0.5
N → fish 0.2
N → tanks 0.2
N → rods 0.1
V → people 0.1
V → fish 0.6
V → tanks 0.3
P → with 1.0

0 fish 1 people 2 fish 3 tanks 4

Row 1:
- [0,1]: N → fish 0.2 / V → fish 0.6 / NP → N 0.14 / VP → V 0.06 / S → VP 0.006
- [0,2]: NP → NP NP 0.0049 / VP → V NP 0.105 / S → VP 0.0105
- [0,3]: NP → NP NP 0.0000686 / VP → V NP 0.00147 / S → VP 0.000882
- [0,4]: NP → NP NP 0.0000009604 / VP → V NP 0.00002058 / S → VP 0.00018522

Row 2:
- [1,2]: N → people 0.5 / V → people 0.1 / NP → N 0.35 / VP → V 0.01 / S → VP 0.001
- [1,3]: NP → NP NP 0.0049 / VP → V NP 0.007 / S → NP VP 0.0189
- [1,4]: NP → NP NP 0.0000686 / VP → V NP 0.000098 / S → NP VP 0.01323

Row 3:
- [2,3]: N → fish 0.2 / V → fish 0.6 / NP → N 0.14 / VP → V 0.06 / S → VP 0.006
- [2,4]: NP → NP NP 0.00196 / VP → V NP 0.042 / S → VP 0.0042

Row 4:
- [3,4]: N → tanks 0.2 / V → tanks 0.1 / NP → N 0.14 / VP → V 0.03 / S → VP 0.003

Call buildTree(score, back) to get the best parse

그림 5.20 CKY 알고리즘의 최종 단계(이미지 출처: http://spark-public.s3.amazonaws.com)

이제 파스 트리가 어떻게 생성되는지 알았으므로 스탠포드 파서에 관한 몇 가지 중요한 사실을 알아본다. 그 파서는 이 CKY 알고리즘을 기반으로 만들어졌다. 스탠포드 파서에 적용되는 몇 가지 기술적 가정과 즉석 작업이 있지만, 다음은 파서를 작성하는 데 사용되는 핵심 기술이다.

단계별로 파서 개발하기

여기에서는 CKY 알고리즘을 사용해 파서를 만드는 데 필요한 단계를 알아본다. 다음과 같이 요약해보자.

1. 인간의 주석이 달린 파스 트리가 있는 코퍼스에 태그를 지정해야 한다. Penn Treebank 주석 형식을 따른 태그가 지정돼 있으면 진행하기에 좋다.

2. 태그가 달린 파스 코퍼스를 사용해 문법 규칙을 추출하고 각 문법 규칙에 대한 확률을 생성할 수 있다.

3. 문법 변형에 CNF를 적용해야 한다.

4. 문법 규칙을 확률과 함께 사용해 큰 코퍼스에 적용한다. 가장 가능성 있는 파스 구조를 얻으려면 비터비 최대 점수와 함께 CKY 알고리즘을 사용하라. 많은 양의 데이터를 제공한다면 ML 학습 기술을 사용해서 이 문제를 다중 클래스 분류기multiclass classifier 문제로 처리할 수 있다. 마지막 단계에서는 확률 값에 따라 주어진 데이터에 대해 최상의 파스 트리를 얻는다.

이 이론으로 충분하다. 이제 기존의 유명한 파서 도구 중 일부를 실제로 사용해 파스 트리에서 어떤 종류의 피처를 생성할 수 있는지 확인해보자.

기존 파서 도구

이 절에서는 기존 파서를 살펴보고 ML 알고리즘이나 규칙 기반 시스템에 사용할 수 있는 멋진 피처를 생성하는 방법에 대해 살펴본다.

다음 2개의 파서를 알아보자.

- 스탠포드 파서
- spaCy 파서

스탠포드 파서

스탠포드 파서부터 시작하자. 이 파서는 https://stanfordnlp.github.io/CoreNLP/에서 다운로드할 수 있다. 다운로드한 후에 원하는 위치에 압축을 풀면 된다. 스탠포드 파서를 실행하기에 앞서 자바 실행 환경을 시스템에 설치해야 한다. 그후 스탠포드 파서 서비스를 시작하려면 다음 명령을 실행해야 한다.

```
$ cd stanford-corenlp-full-2016-10-31/
$ java -mx4g -cp "*" edu.stanford.nlp.pipeline.StanfordCoreNLPServer
```

여기서 메모리를 -mx4g에서 -mx3g로 변경해도 된다.

코딩 부분에 완전히 집중하기 전에 파서에 있는 종속성의 개념을 살펴보자.

이 파서의 종속 구조는 어떤 단어가 문장의 다른 단어에 종속하는지를 보여준다. 문장에서 어떤 단어는 다른 단어의 의미를 수식한다. 한편 어떤 것은 다른 단어에 대한 인자로 작용한다. 이러한 모든 종류의 관계는 종속성을 사용해 설명된다. 스탠포드 파서에는 몇 가지 종속성이 있다. 여기서는 그 중 일부를 다룬다. 예를 들어보고 진행해 가면서 설명할 것이다.

예제 문장은 다음과 같다.

The boy put the tortoise on the rug(그 소년은 거북이를 양탄자에 두었다.)

이 문장의 경우 문장의 **핵심**은 put이며 이것이 boy, tortoise, on the rug의 세 부분을 수식한다. 문장의 핵심 단어는 어떻게 찾을까? 다음 질문을 통해 알아보자.

- 누가 그것을 내려놓았는가? 답: boy
- 그러면 그는 무엇을 내려놓았는가? 답: tortoise
- 어디에 두었는가? 답: on the rug

그래서 **put**이라는 단어는 세 가지를 수식한다. 이제 **boy**라는 단어를 보고 그것에 대한 수식어의 존재 여부를 확인하자. 그렇다. the 수식어가 있다. 그 다음으로 tortoise에 대한 수식어가 있는지 확인하라. 역시 the 수식어가 있다. on the rug on 구에서 on은 rug를 보완하고 rug은 이 구에 대한 핵심 역할을 하며 수식어 the를 가진다. 그림 5.21를 참조하자.

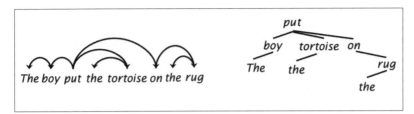

그림 5.21 문장의 종속성 구조

스탠포드 파서는 nsubjpass(수동 명사 주어, passive nominal subject), auxpass(수동 조어, passive auxiliary), prep(전치사 수식어, prepositional modifier), pobj(전치사의 목적어, object of preposition), conj(접속사, conjunct) 등과 같은 종속성을 갖는다. 여기서는 이 내용에 관해 더 자세히 다루지는 않겠지만 종속성 파싱은 또한 트리 구조를 따르고 **종속성**dependencies이 라는 이진 비대칭 관계binary asymmetric relation로 연결된다는 점을 언급할 만하다. 스탠포드 파서 문서 https://nlp.stanford.edu/software/dependencies_manual.pdf에 접근해 각 종속성에 대한 자세한 내용을 확인할 수 있다.

그림 5.22에서 기본 예제를 볼 수 있다.

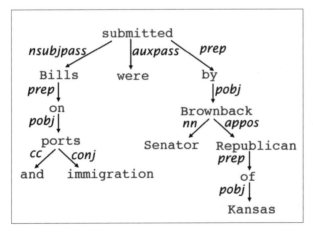

그림 5.22 문장의 종속성 파싱

174

이제 파이썬에서 스탠포드 파서를 사용하려면 pycorenlp라는 종속성을 사용해야 한다. 이것은 스탠포드 파서에서 출력을 생성하는 데 사용한다.

스탠포드 파서를 사용해 문장을 파싱한 샘플 코드를 볼 수 있다. 여러 문장을 파싱할 수도 있다. 깃허브 링크 https://github.com/jalajthanaki/NLPython/tree/master/ch5/parserexample에서 해당 코드를 찾을 수 있다.

그림 5.23에서 부분 코드를 볼 수 있다.

```python
nlp = StanfordCoreNLP('http://localhost:9000')
def stanfordparserdemo(sentnece):
    text = (sentnece)

    output = nlp.annotate(text, properties={
        'annotators': 'tokenize,ssplit,pos,depparse,parse',
        'outputFormat': 'json'
    })

    print "\n------------Stanford Parser Parseing Result------------"
    parsetree = output['sentences'][0]['parse']
    print "\n------parsing------\n"
    print parsetree
    print "\n------ Words inside NP ------\n"
    for i in Tree.fromstring(parsetree).subtrees():
        if i.label() == 'NP':
            print i.leaves(),i.label()
    print "\n------ Words inside NP with POS tags ------\n"
    for i in Tree.fromstring(parsetree).subtrees():
        if i.label() == 'NP':
            print i

def NLTKparserfordependancies(sentnece):

    path_to_jar = '/home/jalaj/stanford-corenlp-full-2016-10-31/stanford-corenlp-3.7.0.jar'
    path_to_models_jar = '/home/jalaj/stanford-corenlp-full-2016-10-31/stanford-corenlp-3.7.0-models.jar'
    dependency_parser = StanfordDependencyParser(path_to_jar=path_to_jar, path_to_models_jar=path_to_models_jar)
    result = dependency_parser.raw_parse(sentnece)
    dep = result.next()
    print "\n------Dependencies------\n"
    print list(dep.triples())

if __name__ == "__main__":
    stanfordparserdemo('The boy put tortoise on the rug.')
    NLTKparserfordependancies('The boy put tortoise on the rug.')
```

그림 5.23 스탠포드 파서 데모용 부분 코드

그림 5.24에서는 이 코드의 출력을 볼 수 있다.

```
------------Stanford Parser Parseing Result------------

------parsing------

(ROOT
  (S
    (NP (DT The) (NN boy))
    (VP (VBD put)
      (NP (NN tortoise))
      (PP (IN on)
        (NP (DT the) (NN rug))))
    (. .)))

------ Words inside NP ------

[u'The', u'boy'] NP
[u'tortoise'] NP
[u'the', u'rug'] NP

------ Words inside NP with POS tags ------

(NP (DT The) (NN boy))
(NP (NN tortoise))
(NP (DT the) (NN rug))

------Dependencies------

[((u'put', u'VBD), u'nsubj', (u'boy', u'NN')), ((u'boy', u'NN'),
u'det', (u'The', u'DT')), ((u'put', u'VBD'), u'dobj', (u'tortoise', u'NN')),
((u'put', u'VBD), u'nmod', (u'rug', u'NN')), ((u'rug', u'NN'), u'case', (u'on', u'IN')),
((u'rug', u'NN'), u'det', (u'the', u'DT'))]
```

그림 5.24 스탠포드 파서의 출력

spaCy 파서

이 파서는 문장에 대한 파싱을 생성하는 데 도움을 준다. 이것은 종속성 파서로, 깃허브 링크 https://github.com/jalajthanaki/NLPython/blob/master/ch5/parserexample/ scpacyparserdemo.py에서 해당 코드를 찾을 수 있다.

176

그림 5.25에서 이 파서의 부분 코드를 볼 수 있다.

```
import spacy
from spacy.en import English
parser = English()
nlp = spacy.load('en')

def spacyparserdemo():
        example = u"The boy with the spotted dog quickly ran after the firetruck."
        parsedEx = parser(example)
        # shown as: original token, dependency tag, head word, left dependents, right dependents
        print "\n-----------original token, dependency tag, head word, left dependents, right dependents-------\n"
        for token in parsedEx:
            print(
            token.orth_, token.dep_, token.head.orth_, [t.orth_ for t in token.lefts], [t.orth_ for t in token.rights])

if __name__ == "__main__":
    spacyparserdemo()
```

그림 5.25 spaCy 종속성 파서 코드

그림 5.26에서 spaCy 파서의 출력을 볼 수 있다.

```
-----------original token, dependency tag, head word, left dependents, right dependents-------

(u'The', u'det', u'boy', [], [])
(u'boy', u'nsubj', u'ran', [u'The'], [u'with'])
(u'with', u'prep', u'boy', [], [])
(u'the', u'det', u'dog', [], [])
(u'spotted', u'amod', u'dog', [], [])
(u'dog', u'nsubj', u'ran', [u'the', u'spotted'], [])
(u'quickly', u'advmod', u'ran', [], [])
(u'ran', u'ROOT', u'ran', [u'boy', u'dog', u'quickly'], [u'after', u'.'])
(u'after', u'prep', u'ran', [], [u'firetruck'])
(u'the', u'det', u'firetruck', [], [])
(u'firetruck', u'pobj', u'after', [u'the'], [])
(u'.', u'punct', u'ran', [], [])
```

그림 5.26 spaCy 파서 출력

사람들은 스탠포드 파서를 사용했는데 그 이유는 출력 정확도가 좋은 것은 물론이고, 출력 생성면에서 많은 유연성을 제공했기 때문이다. 스탠포드 파서를 사용하면 JSON 형식, XML 형식, 텍스트 형식으로 출력을 생성할 수 있다. 앞의 코드를 사용해 파스 트리를 얻은 것으로 생각할 수 있지만 파싱 결과로부터 유도할 수 있는 피처의 종류는 다음 절에서 설명한다.

피처 추출과 이해

일반적으로 파스 결과를 사용하면 명사구 내에서 명사구와 POS 태그를 생성하는 등의 많은 피처를 얻을 수 있다. 구에서 주요부를 도출할 수도 있고, 각 단어와 태그를 사용할 수 있다. 종속 관계를 피처로 사용할 수도 있다. 그림 5.27에서 해당 부분 코드를 볼 수 있다.

```
print  "\n------------Stanford Parser Parseing Result------------"
parsetree = output['sentences'][0]['parse']
print "\n------parsing------\n"
print parsetree
print  "\n------ Words inside NP ------\n"
for i in Tree.fromstring(parsetree).subtrees():
    if i.label() == 'NP':
        print i.leaves(),i.label()
print  "\n------ Words inside NP with POS tags ------\n"
for i in Tree.fromstring(parsetree).subtrees():
    if i.label() == 'NP':
        print i
```

그림 5.27 문장에서 NP를 얻는 코드

그 출력 부분은 그림 5.28에 나와 있다.

```
------ Words inside NP with POS tags ------

(NP (DT The) (NN boy))
(NP (NN tortoise))
(NP (DT the) (NN rug))
```

그림 5.28 문장으로부터 모든 NP 출력

3장에서 보았듯이 각 단어로부터 어간은 물론이고 표제어도 생성할 수 있다.

실생활에서 라이브러리를 사용해 쉽게 피처를 생성할 수 있지만 어느 피처를 사용해야 하는지는 중요하며 NLP 애플리케이션에 따라 달라진다. 문법 교정 시스템을 만들고 있다고 가정하자. 이 경우 문장의 모든 구뿐만 아니라 그 구에 존재하는 각 단어의 POS 태그도 고려해야 한다. 질의 응답 시스템을 개발하고 있다면 명사구와 동사구는 선택할 수 있는 중요한 피처가 된다.

피처 선택은 약간 까다롭다. 자신의 NLP 애플리케이션에 어느 피처가 좋은지 파악하려면 몇 번 반복해봐야 한다. .csv 파일에 피처를 덤프해 놓으면 나중에 처리할 때 해당 .csv 파일을 사용할 수 있다. .csv 파일에서 한 줄의 열이 각 피처가 될 수 있다. 예를 들어 한 열에 NP 단어가 저장돼 있고 다른 열에 NP의 모든 단어에 대한 표제어가 저장되는 식이다. 이제 100개를 넘어가는 열이 있다고 하자. 이 경우 중요한 열(피처)과 그렇지 않은 열을 찾아야 한다. 문제 진술과 피처를 기반으로 문제를 해결하는 데 가장 중요한 피처가 무엇인지 결정할 수 있다. '8장 NLP 문제에 대한 머신 러닝'에서 피처 선택을 자세히 살펴보겠다.

파서 도구 사용자 정의

실제 생활에서 데이터세트는 상당히 복잡하고 지저분하다. 이런 경우에서는 파서가 완벽하거나 정확한 결과를 낼 수 없다. 예를 들어보자.

연구 논문의 텍스트 내용이 들어간 데이터세트를 파싱하려고 하고, 이들 연구 논문은 화학 분야에 속한다고 가정하자. 이 데이터세트에 대한 파스 트리를 생성하기 위해 스탠포드 파서를 사용한다면 화학 기호와 방정식이 들어간 문장은 제대로 파싱되지 않을 수 있다. 그 이유는 스탠포드 파서가 Penn TreeBank 코퍼스로 훈련받았기 때문에 화학 기호와 방정식에 대한 파스 트리 생성에 대한 정확도는 낮다. 이럴 경우에는 두 가지 옵션이 있다. 기호와 방정식에 대한 파싱을 정확하게 생성할 수 있는 파서를 검색하거나, 태그가 붙은 코퍼스가 있다면 태그가 있는 데이터를 사용해 스탠포드 파서를 다시 훈련시키는 방법이다.

여러분의 데이터세트에 대해 Penn TreeBank 데이터에 제공된 것과 동일한 태깅 표기법을 따르고, 아래 명령을 사용해 데이터세트에서 스탠포드 파서를 재훈련하고, 훈련된 모델을 저장한 다음 나중에 사용하면 된다. 다음 명령을 사용해 스탠포드 파서를 재훈련시킬 수 있다.

```
$ java -mx1500m -cp "stanford-parser.jar" edu.stanford.nlp.parser.lexparser.
LexicalizedParser -sentences newline tokenized -tagSeparator / -outputFormat
```

```
"penn" englishPCFG.ser.gz /home/xyz/PROJECT/COMPARING_PARSER_NOTES/data/483_18.
taggedsents > /home/xyz/PROJECT/COMPARING_PARSER_NOTES/data/483_18.stanford.
parsed
```

과제

파서와 관련된 과제는 다음과 같다.

- 히브리어, 구자라트어Gujarati[3] 등의 언어를 위한 파서 생성은 어려운데 그 이유는 태그가 붙은 코퍼스가 없기 때문이다.
- 퓨전 언어용 파서를 개발하기는 어렵다. 퓨전 언어fusion language란 영어와 함께 다른 언어를 사용하며 둘 이상의 언어가 들어간 문장을 의미한다. 이런 종류의 문장을 처리하기는 어렵다.

파서의 피처를 알아봤으므로 다음 개념인 POS 태깅으로 넘어가보자. 이는 NLP의 핵심 개념 중 하나다.

POS 태깅과 POS 태거

이 절에서는 오랫동안 기다려온 POS 태그에 대해 논의한다.

POS 태깅과 POS 태거의 개념 이해

POS 태깅은 특정 언어 부분에 해당하는 코퍼스에 단어를 표시하는 과정으로 정의된다. 단어의 POS는 그 정의와 문맥에 따라 달라진다. 이는 **문법 태깅**grammatical tagging, 또는 **단어 카테고리 모호성 해소**word-category disambiguation라고도 부른다. 단어의 POS 태그는 주어진 구문, 문장, 단락에서 인접 단어 및 관련 단어와의 관계에 따라서도 달라진다.

---

3 인도 서부 구자라트 주 사람들이 쓰는 언어 – 옮긴이

POS 태거란 주어진 데이터에 POS 태그를 지정하는 데 사용되는 도구다. 단어의 POS 가 문장 구조와 의미에 따라 변경되기 때문에 POS 태그를 지정하기가 쉬운 일이 아니다. 예를 들어보자. dogs 단어를 보자. 일반적으로 dogs가 복수 명사임을 알고 있지만 어떤 문장에서는 개가 동사로 사용된다. **The sailor dogs the hatch** 문장을 보라. 여기서 dogs 에 대한 올바른 POS는 복수형이 아닌 동사다. 일반적으로 많은 POS 태거는 펜실베니 아 대학에서 생성한 POS 태그를 사용한다. https://www.ling.upenn.edu/courses/ Fall_2003/ling001/penn_treebank_pos.html 링크에서 단어 레벨의 POS 태그 및 정 의를 찾을 수 있다.

이제 일부 POS 태그를 접하게 될 것이다. Penn Treebank POS 리스트에는 36개의 POS 태그가 있다. **NN**은 명사를, **DT**는 한정사 단어를, **FW**는 외국어를 나타낸다. POS 태그에 있어서 생소한 단어는 일반적으로 **FW** 태그로 지정된다. POS 태거는 라틴어 이름과 기호 에도 종종 **FW** 태그를 붙인다. 따라서 람다 기호가 있으면 POS 태거는 **FW** POS 태그를 붙 일지도 모른다. 그림 5.29에서 단어 수준의 POS 태그를 볼 수 있다.

```
SYM - 기호
To - to
UH - 감탄사
VB - 동사, 기본형
VBD - 동사, 과거시제
VBG - 동사, 동명사 또는 현재분사
VBN - 동사, 과거분사
VBP - 동사, 비3인칭 단수 현재형
VBZ - 동사, 3인칭 단수 현재형
WDT - Wh 한정사
WP - Wh 대명사
WP$ - 소유격 wh 대명사(프롤로그 버전 WP-S)
WRB - Wh 부사
```

그림 5.29 단어 수준 POS 태그

구문 수준뿐만 아니라 절 수준에서 이용 가능한 POS 태그가 있다. 이 태그는 모두 깃 허브 링크 https://github.com/jalajthanaki/NLPython/blob/master/ch5/POStagdemo/ POS_tags.txt에서 찾을 수 있다.

파스 트리 결과를 평가해보면 아주 유용하기 때문에 우리가 지정한 파일의 각 태그를 보자. POS 태그와 그 정의는 매우 간단하므로 기본 영문법을 알고 있으면 쉽게 이해할 수 있다.

POS 태거를 작성하는 방법을 알고 싶다면 호기심이 있어야 한다. 여러분 자신의 POS 태거를 만드는 절차를 알아보자.

단계별로 POS 태거 개발하기

자신의 POS 태거를 만들려면 다음 단계를 수행해야 한다.

1. 태그가 붙은 코퍼스가 필요하다.
2. 피처를 선택한다.
3. 파이썬 라이브러리인 scikit-learn에서 사용 가능한 의사결정 트리 분류기를 사용해 훈련을 수행한다.
4. 정확도를 확인한다.
5. 자신의 훈련된 모델을 사용해 POS 태그를 예측한다.

이 절의 상당 부분에서 우리 자신의 POS 태거를 파이썬으로 코딩할 것이므로 여러분은 위의 각 단계가 실제로 어떻게 수행되는지를 알게 된다. 의사결정 트리 알고리즘이 무엇인지 알지 못한다면 걱정하지 말자. 이 주제는 8장에서 좀 더 자세히 설명할 것이다.

여기서는 POS 태거 개발 과정을 이해하는 데 도움이 되는 실용적인 예제를 살펴본다. 각 단계에 대한 부분 코드를 찾을 수 있는데 깃허브 링크 https://github.com/jalajthanaki/ NLPython/tree/master/ch5/CustomPOStagger에서 해당 코드에 접근할 수 있다.

Pann TreeBank 코퍼스를 얻는 부분 코드가 그림 5.30에 나와 있다.

```
tagged_sentences = nltk.corpus.treebank.tagged_sents()
print tagged_sentences[0]
```

그림 5.30 NLTK로부터 Penn TreeBank 데이터를 로드하기

그림 5.31에서 피처 선택 부분 코드를 볼 수 있다.

```python
def features(sentence, index):
    " sentence: [w1, w2, ...], index: the index of the word "
    return {
        'word': sentence[index],
        'is_first': index == 0,
        'is_last': index == len(sentence) - 1,
        'is_capitalized': sentence[index][0].upper() == sentence[index][0],
        'is_all_caps': sentence[index].upper() == sentence[index],
        'is_all_lower': sentence[index].lower() == sentence[index],
        'prefix-1': sentence[index][0],
        'prefix-2': sentence[index][:2],
        'prefix-3': sentence[index][:3],
        'suffix-1': sentence[index][-1],
        'suffix-2': sentence[index][-2:],
        'suffix-3': sentence[index][-3:],
        'prev_word': '' if index == 0 else sentence[index - 1],
        'next_word': '' if index == len(sentence) - 1 else sentence[index + 1],
        'has_hyphen': '-' in sentence[index],
        'is_numeric': sentence[index].isdigit(),
        'capitals_inside': sentence[index][1:].lower() != sentence[index][1:]
    }

pprint.pprint(features(['This', 'is', 'a', 'sentence'], 2))

def untag(tagged_sentence):
    return [w for w, t in tagged_sentence]

def transform_to_dataset(tagged_sentences):
    X, y = [], []
    for tagged in tagged_sentences:
        for index in range(len(tagged)):
            X.append(features(untag(tagged), index))
            y.append(tagged[index][1])
            #print "index:"+str(index)+"original_word:"+str(tagged)+"Word:"+str(untag(tagged))+"   Y:"+y[index]
    return X, y
```

그림 5.31 각 단어의 피처 추출하기

우리는 각 단어의 피처를 추출해야 한다. 데이터세트를 훈련과 테스트로 나누는 것 같은 기본적인 변형에 대한 부분 코드를 볼 수 있다. 그림 5.32를 참조하자.

```python
cutoff = int(.75 * len(tagged_sentences))
training_sentences = tagged_sentences[:cutoff]
test_sentences = tagged_sentences[cutoff:]
```

그림 5.32 데이터를 훈련과 테스트로 나누기

그림 5.33에서 의사결정 트리 알고리즘을 사용해 모델을 훈련시키는 코드를 참조하자.

```
X, y = transform_to_dataset(training_sentences)
clf = Pipeline([
    ('vectorizer', DictVectorizer(sparse=False)),
    ('classifier', DecisionTreeClassifier(criterion='entropy'))
])

clf.fit(X[:10000],
        y[:10000])   # 처음 10k 샘플을 여러 번 실행하는 경우에만 사용하라. 이것은 시간이 좀 걸린다.

print 'Training completed'

X_test, y_test = transform_to_dataset(test_sentences)

print "Accuracy:", clf.score(X_test, y_test)


def pos_tag(sentence):
    tagged_sentence = []
    tags = clf.predict([features(sentence, index) for index in range(len(sentence))])
    return zip(sentence, tags)


print pos_tag(word_tokenize('This is my friend, John.'))
```

그림 5.33 의사결정 트리 알고리즘을 사용한 실제 훈련

그림 5.34에서 제공 문장에 대한 POS 태그의 출력 예측을 보자.

```
[(u'Pierre', u'NNP'), (u'Vinken', u'NNP'), (u',', u','), (u'61', u'CD'),
(u'years', u'NNS'),(u'old', u'JJ'), (u',', u','), (u'will', u'MD'), (u'join', u'VB'),
(u'the', u'DT'),(u'board', u'NN'), (u'as', u'IN'), (u'a', u'DT'),
(u'nonexecutive', u'JJ'),(u'director', u'NN'), (u'Nov.', u'NNP'),
(u'29', u'CD'), (u'.', u'.')]

{'capitals_inside': False,
 'has_hyphen': False,
 'is_all_caps': False,
 'is_all_lower': True,
 'is_capitalized': False,
 'is_first': False,
 'is_last': False,
 'is_numeric': False,
 'next_word': 'sentence',
 'prefix-1': 'a',
 'prefix-2': 'a',
 'prefix-3': 'a',
 'prev_word': 'is',
 'suffix-1': 'a',
 'suffix-2': 'a',
 'suffix-3': 'a',
 'word': 'a'}
Training completed
Accuracy: 0.896271894585

[('This', u'DT'), ('is', u'VBZ'), ('my', u'NN'), ('friend', u'NN'), (',', u','), ('John', u'NNP'), ('.', u'.')]
```

그림 5.34 사용자 정의 POS 태거의 출력

여러분 자신의 POS 태그를 만드는 실제적인 측면을 이해해야 하지만, 멋진 POS 태그 태거도 여전히 사용할 수 있다.

184

기존 POS 태거로 플러그 앤 플레이하기

요즘에는 많은 POS 태거가 사용 가능하다. 여기서는 스탠포드 CoreNLP와 polyglot 라이브러리에서 사용 가능한 POS 태거를 사용한다. Tree 태거 같은 것이 있는데, NLTK에는 사용 가능한 POS 태거도 있다. 깃허브 링크 https://github.com/jalajthanaki/NLPython/blob/master/ch5/POStagdemo에서 해당 코드를 찾을 수 있다.

스탠포드 POS 태거 예제

그림 5.35에서 스탠포드 POS 태거에 대한 부분 코드를 볼 수 있다.

```python
from pycorenlp import StanfordCoreNLP
nlp = StanfordCoreNLP('http://localhost:9000')

def stnfordpostagdemofunction(text):
    output = nlp.annotate(text, properties={
        'annotators': 'pos',
        'outputFormat': 'json'
    })
    for s in output["sentences"]:
        for t in s["tokens"]:
            print str(t["word"])+ " --- postag --"+ str(t["pos"])


if __name__ == "__main__":
    stnfordpostagdemofunction("This is a car.")
```

그림 5.35 스탠포드 POS 태거 코드

스탠포드 POS 태거의 출력은 그림 5.36에 나와 있다.

```
This --- postag --DT
is --- postag --VBZ
a --- postag --DT
car --- postag --NN
. --- postag --.
```

그림 5.36 스탠포드 POS 태거가 생성한 POS 태그

polyglot을 사용해 POS 태깅 생성하기

그림 5.37에서 polyglot POS 태거에 대한 부분 코드를 볼 수 있다.

```
import polyglot
from polyglot.text import Text, Word
# 여러분 터미널에서 이 명령을 실행하라.
# polyglot download embeddings2.en pos2.en
text = Text("Bonjour, Mesdames.")
print("Language Detected: Code={}, Name={}\n".format(text.language.code, text.language.name))

zen = Text("Beautiful is better than ugly. "
           "Explicit is better than implicit. "
           "Simple is better than complex.")
print(zen.words)
text = Text("This is a car")

print("{:<16}{}".format("Word", "POS Tag")+"\n"+"-"*30)
for word, tag in text.pos_tags:
    print(u"{:<16}{:>2}".format(word, tag))
```

그림 5.37 polyglot POS 태거

polyglot POS 태거의 출력은 그림 5.38에서 확인할 수 있다.

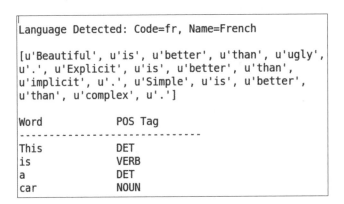

```
Language Detected: Code=fr, Name=French

[u'Beautiful', u'is', u'better', u'than', u'ugly',
u'.', u'Explicit', u'is', u'better', u'than',
u'implicit', u'.', u'Simple', u'is', u'better',
u'than', u'complex', u'.']

Word            POS Tag
------------------------------
This            DET
is              VERB
a               DET
car             NOUN
```

그림 5.38 polyglot POS 태거 출력

연습

TreeTagger 라이브러리를 사용해 POS 태깅을 생성해보자. http://www.cis.uni-muenchen.de/~schmid/tools/TreeTagger/ 링크에서 설치 세부 사항을 찾을 수 있다.

POS 태그를 피처로 사용하기

POS 태그를 사용해 텍스트 데이터용 POS 태그를 생성했는데 이것을 어디에서 사용할 수 있을까? 이제 이들 POS 태그를 피처로 사용할 수 있는 NLP 애플리케이션을 알아보자.

POS 태그는 머신 러닝 알고리즘으로 챗봇을 제작할 때 정말로 중요하다. POS 태그 시퀀스는 머신이 다양한 문장 구조를 이해해야 할 때 매우 유용하다. **다중 단어 표현**MWE, multiword express을 식별하는 시스템을 구축하는 경우에도 유용하다. MWE 구의 예로는 be able to, a little bit about, you know what 등이 있다.

He backed off from the tour plan of Paris(그는 파리 여행 계획에서 손을 뗐다.)라는 문장이 있다고 하자. 여기에서 backed off는 MWE이다. 문장에서 이들 종류의 MWE를 식별하기 위해 POS 태그와 POS 태그 시퀀스를 피처로 사용할 수 있다. 감정 분석에서 POS 태그를 사용할 수 있으며 다른 애플리케이션도 있다.

과제

다음은 POS 태그의 문제점이다.

- 모호한 구문 구조에서 특정 단어에 대해 올바른 POS 태그를 식별하기가 어렵고, 단어의 문맥에 따라 의미가 다르면 POS 태거가 잘못된 POS 태그를 생성할 수 있다.
- 인도어를 위한 POS 태거를 개발하기는 좀 어려운데, 그 이유는 일부 언어에 대해 태그가 붙은 데이터세트를 구할 수 없기 때문이다.

이제 다음 절로 넘어가는데, 거기서는 문장 속에서 각 엔티티를 찾는 법을 배우게 된다.

개체명 인식

이 절에서는 **개체명 인식**이라는 도구를 알아볼 텐데, 이 도구의 사용법은 다음과 같다. Bank of America announced its earning today(오늘 뱅크 오브 아메리카는 자사의 수익을 발표했다.) 같은 문장이 있을 때, 우리는 Bank of America가 금융 기관 이름이면서 하나의 기관을 말한다는 정도는 이해할 수 있다. 하지만 머신이 해당 엔티티를 처리해서 인식하기란 상당히 어렵다. 바로 이 점이 NER 도구가 필요한 이유다.

NER 도구를 사용하면 사람 이름, 조직 이름, 위치 등과 같은 엔티티를 찾을 수 있다. NER 도구에는 엔티티를 분류하는 특정 클래스가 있다. 여기서는 문장의 단어를 고려해 엔티티를 찾으며 해당 문장에 엔티티가 있는지 확인할 것이다. 사용 가능한 NER 도구 중 일부를 사용해 문장에서 찾을 수 있는 엔티티의 종류에 대해 자세히 알아보자.

NER 클래스

NER 도구는 일반적으로 엔티티를 미리 정의된 클래스로 분리한다. 각 NER 도구에는 여러 타입의 클래스가 있다. 스탠포드 NER 도구에는 NER 클래스를 기반으로 하는 다음의 세 가지 버전이 있다.

- 첫 번째 버전은 엔티티를 Location, Person, Organization로 식별할 수 있는 3개 클래스의 NER 도구다.
- 두 번째 버전은 Location, Person, Organization, Misc를 식별할 수 있는 4개 클래스의 NER 도구다. 여기서 Misc는 기타 엔티티 타입이라고 한다. 엔티티가 Location, Person, Organization에 속하지 않으면 이를 Misc로 태그를 붙이게 된다.

- 세 번째 버전은 Person, Location, Organization, Money, Percent, Date, Time을 식별할 수 있는 7개 클래스의 도구다.

spaCy 파서에도 다음 클래스가 들어간 NER 패키지가 있다.

- **PERSON** 클래스는 사람 이름을 식별한다.
- **NORP** 클래스는 Nationality, Religious, Political 그룹을 의미한다.
- **FACILITY** 클래스에는 건물, 공항, 고속도로 등이 들어간다.
- **ORG** 클래스는 조직, 기관 등을 위한 것이다.
- **GPE** 클래스는 도시, 국가 등을 위한 것이다.
- **LOC** 클래스는 산맥, 수역과 같은 비GPE 위치를 위한 것이다.
- **PRODUCT** 클래스에는 물건, 차량, 음식 등이 들어가지만 서비스는 포함되지 않는다.
- **EVENT** 클래스는 스포츠 이벤트, 전쟁, 허리케인 등을 위한 것이다.
- **WORK_OF_ART** 클래스는 책, 노래 등의 제목을 위한 것이다.
- **LANGUAGE**는 이름이 있는 언어에 태그를 붙인다.
- 이외에도 spaCy의 NER 패키지에는 날짜, 시간, 퍼센트, 돈, 수량, 서수ordinal[4], 기수cardinal[5] 같은 클래스가 있다.

이제 실전 작업을 할 차례다. 다음 절에서는 스탠포드 NER 도구와 spaCy NER을 사용한다.

---

4 첫째, 둘째 등과 같이 순서를 나타내는 수 – 옮긴이
5 1, 2, 3 등의 양을 나타내는 수 – 옮긴이

기존 NER 도구로 플러그 앤 플레이하기

이 절에서는 이들 NER 도구를 실제로 사용하는 방법에 대한 정보뿐만 아니라 코딩 부분도 살펴보는데, 스탠포드 NER 도구와 Spacy NER로 시작해 보겠다. 깃허브 링크 https://github.com/jalajthanaki/NLPython/tree/master/ch5/NERtooldemo에서 해당 코드를 찾을 수 있다.

스탠포드 NER 예제

다음과 같이 부분 코드와 출력을 찾을 수 있다. 스탠포드 NER 도구는 https://nlp.stanford.edu/software/CRF-NER.shtml#Download에서 다운로드한다.

그림 5.39에는 그 부분 코드가 나와 있다.

```python
from nltk.tag import StanfordNERTagger
from nltk.tokenize import word_tokenize

st = StanfordNERTagger('/home/jalaj/stanford-ner-2016-10-31/classifiers'
                       '/english.muc.7class.distsim.crf.ser.gz',
                       '/home/jalaj/stanford-ner-2016-10-31/stanford-ner-3.7.0.jar',
                       encoding='utf-8')

text = 'While in France, Christine Lagarde discussed short-term ' \
       'stimulus efforts in a recent interview at 5:00 P.M with the Wall Street Journal.'

tokenized_text = word_tokenize(text)
classified_text = st.tag(tokenized_text)
print(classified_text)
```

그림 5.39 스탠포드 NER 도구 코드

그림 5.40에서 부분 출력을 볼 수 있다.

```
[(u'While', u'O'), (u'in', u'O'), (u'France', u'LOCATION'),
(u',', u'O'), (u'Christine', u'PERSON'), (u'Lagarde', u'PERSON'),
(u'discussed', u'O'), (u'short-term', u'O'), (u'stimulus', u'O'),
(u'efforts', u'O'), (u'in', u'O'), (u'a', u'O'), (u'recent', u'O'),
(u'interview', u'O'), (u'at', u'O'), (u'5:00', u'O'), (u'P.M', u'O'),
(u'with', u'O'), (u'the', u'O'), (u'Wall', u'O'), (u'Street', u'O'),
(u'Journal', u'O'), (u'.', u'O')]
```

그림 5.40 스탠포드 NER의 출력

spaCy NER 예제

다음과 같이 부분 코드와 출력을 찾을 수 있다. 그림 5.41에서 그 부분 코드를 볼 수 있다.

```python
import spacy
nlp = spacy.load('en')
doc = nlp(u'London is a big city in the United Kingdom.')
print "\n-------Example 1 ------\n"
for ent in doc.ents:
    print(ent.label_, ent.text)
    # GPE London
    # GPE United Kingdom
doc1 = nlp(u'While in France, Christine Lagarde discussed short-term stimulus efforts in a '
           u'recent interview on 5:00 P.M. with the Wall Street Journal')
print "\n-------Example 2 ------\n"
for ent1 in doc1.ents:
    print(ent1.label_, ent1.text)
```

그림 5.41 spaCy NER 도구 부분 코드

그림 5.42에서 부분 출력을 볼 수 있다.

```
-------Example 1 ------

(u'GPE', u'London')
(u'GPE', u'the United Kingdom')

-------Example 2 ------

(u'GPE', u'France')
(u'PERSON', u'Christine Lagarde')
(u'TIME', u'5:00')
(u'ORG', u'Wall Street Journal')
```

그림 5.42 spaCy 도구의 출력

피처 추출과 이해

NER 태그는 아주 중요한데 그 이유는 여러분이 문장 구조를 이해할 수 있게 해주고 머신, 또는 NLP 시스템이 문장의 특정 단어의 의미를 이해하는 데 도움을 주기 때문이다.

예를 들어보자. 교정 도구proofreading tool를 만드는 경우에 이 NER 도구는 매우 유용하다. 왜냐하면 NER 도구는 교정 도구가 텍스트에 있는 예외적인 사례를 식별하는 데 도움이 되는 개인 이름, 조직 이름, 통화 관련 기호, 숫자 형식 등을 찾을 수 있기 때문이다. 그러므로

NER 태그에 따라 시스템은 필요한 변경을 제안할 수 있다. **Bank of America announced its earning today morning** 문장을 보자. 이 경우 NER 도구는 Bank of America에 대한 태그 구성을 제공해 우리 시스템이 문장의 의미와 문장의 구조를 더 잘 이해할 수 있게 해준다.

여러분이 질의 응답 시스템을 구축한다면 이 시스템에서 엔티티를 추출하는 작업이 매우 중요하기 때문에 NER 태그도 아주 중요하다. 일단 엔티티를 생성하면 구문 관계를 사용해 질문을 이해할 수 있다. 이 단계가 끝나면 질문을 처리해서 대답을 생성할 수 있다.

과제

NER 시스템에는 다음과 같은 문제점이 있다.

- NER 도구는 완료된 분야의 데이터세트를 훈련시킨다. 따라서 한 분야에 대해 개발된 NER 시스템은 대체로 다른 분야에서 잘 수행되지 않는다. 따라서 모든 분야에서 작동할 수 있는 보편적인 NER 도구가 필요하며, 훈련 후에는 처음 대하는 상황도 처리할 수 있을 정도로 일반화할 수 있어야 한다.
- 여러분은 때때로 위치 이름뿐만 아니라 사람의 이름인 단어도 발견할 것이다. NER 도구는 한 단어가 위치 이름, 사람 이름, 조직 이름으로 표현할 수 있는 경우를 처리할 수 없다. 이것은 모든 NER 도구에서 아주 어려운 경우다. TATA hospital이라는 단어가 있다고 하자. TATA 단어는 조직의 이름뿐만 아니라 사람의 이름도 될 수 있다. 이런 경우에 NER 도구는 TATA가 사람의 이름인지, 또는 조직의 이름인지를 결정할 수 없다.
- 마이크로블로깅microblogging[6] 웹 플랫폼 전용 NER 도구를 만드는 것도 어려운 작업이다.

n그램 알고리즘에 관한 다음 절에서 여러분은 아주 흥미로운 사실을 배울 수 있다.

---

6 모바일 등의 휴대용 매체를 통한 블로그 활동 – 옮긴이

n그램

n그램n-gram은 NLP 분야에서 아주 대중적이며 널리 사용되는 기술이다. 텍스트 데이터, 또는 음성 데이터를 다루는 경우에 이 개념을 사용할 수 있다.

n그램의 공식 정의를 살펴보자. n그램은 텍스트 데이터, 또는 음성 데이터의 주어진 시퀀스에 있는 n개 항목의 연속 시퀀스다. 여기서 항목은 해결하려는 애플리케이션에 따라 음소, 음절, 문자, 단어, 또는 기본 쌍일 수 있다.

매우 유용한 몇 가지 버전의 n그램이 있다. n=1이면, 그 특정 n그램은 유니그램unigram으로 불린다. n=2이면 바이그램bigram이라고 한다. n=3이면 그 특정 n그램을 트라이그램trigram이라고 부르며 n=4, 또는 n=5이면 이들 n그램 버전을 각각 포 그램four gram과 파이브 그램five gram이라고 한다. 이제 n그램에 대해 좀 더 자세한 그림을 얻기 위해 여러 분야의 예를 들어보자. 유니그램을 이해하기 위해 그림 5.43에 나온 NLP와 전산생물학computational biology의 예를 참조하자.

분야 이름	항목	데이터의 샘플 시퀀스	1그램 유니그램
Computational biology (DNA sequence)	base pair	...AGCTTCGA...	..., A,G,C,T,T,C,G,A ,...
Computational biology (Protine sequence)	Amino acid	...Cys-Gly-Leu-Ser-Trp ...	..., Cys, Gly, Leu, Ser, Trp, ...
NLP	character	...this_is_a_pen...	..., t,h,i,s,_,i,s,_,a,p,e,n ,...
NLP	words	...This is a pen...	..., this,is,a,pen ,...

그림 5.43 유니그램 예제 시퀀스

유니그램을 알아봤으므로 이제 바이그램을 살펴보자. 다음 예제에서 보다시피 바이그램을 사용해 중복된 쌍을 고려할 것이다. 바이그램을 이해하기 위해 동일한 NLP와 전산생물학 시퀀스를 사용했다. 그림 5.44를 보자.

분야 이름	항목	데이터의 샘플 시퀀스	2그램 바이그램
Computational biology (DNA sequence)	base pair	...AGCTTCGA...	..., AG,GC,CT,TC,CG,GA ,...
Computational biology (Protine sequence)	Amino acid	...Cys-Gly-Leu-Ser-Trp ...	..., Cys-Gly, Gly-Leu, Leu-Ser, Ser-Trp, ...
NLP	character	...this_is_a_pen...	..., th,hi,is,s_,_i,is,s_,_a,a_,_p,pe,en ,...
NLP	words	...This is a pen...	..., this is, is a, a pen ,...

그림 5.44 바이그램 예제 시퀀스

이 예제에서 바이그램 오버랩트 페어링^{bigram overlapped pairing} 개념을 이해했다면, 트라이그램은 더 쉽게 이해할 수 있다. 트라이그램은 바이그램의 확장일 뿐이지만, 여전히 잘 모르겠으면 비전문가 용어로 설명해보겠다. 그림 5.44의 처음 3개 행에서 문자 기반의 바이그램을 생성했고 4번째 행은 단어 기반의 바이그램을 생성했다. n=2를 고려하기 때문에 첫번째 문자부터 시작해 바로 다음 문자를 고려하고 단어에도 동일하게 적용할 수 있다. 첫번째 행을 보면 여기서 AG 같은 바이그램을 첫 번째 바이그램으로 간주한다. 이제 다음 반복에서 G를 다시 고려해 GC를 생성한다. 그 다음 반복에서는 C를 다시 고려한다. 트라이그램을 생성하기 위해 앞에서 살펴본 것과 동일한 예제를 보자. 그림 5.45를 참조한다.

분야 이름	항목	테이터의 샘플 시퀀스	3그램 트라이그램
Computational biology (DNA sequence)	base pair	...AGCTTCGA...	..., AGC,GCT,CTT,TTC,TCG,CGA ,...
Computational biology (Protine sequence)	Amino acid	...Cys-Gly-Leu-Ser-Trp ...	..., Cys-Gly-Leu, Gly-Leu-Ser, Leu-Ser-Trp ,...
NLP	character	...this_is_a_pen...	..., thi,his,is_,s_i,_is,is_,_s_a,_a_,a_p,_pe,pen ,...
NLP	words	...This is a pen...	..., this is a, is a pen ,...

그림 5.45 트라이그램 예제 시퀀스

위의 예제는 그냥 보면 저절로 알게 된다. n의 수에서 시퀀싱을 어떻게 올리는지 알아낼 수 있다. 여기서는 중첩된 시퀀스를 취하는데, 이 말은 트라이그램을 가져와서 this, is, a를 하나의 쌍으로 취하면 다음 번에는 is, a, pen을 고려할 거라는 점을 의미한다. 여기서 is 단어가 중첩되지만 이런 종류의 중첩된 시퀀스는 문맥을 저장하는 데 도움이 된다. 파이브그램, 또는 식스그램에 대해 큰 값을 사용하는 경우 큰 문맥을 저장할 수 있지만 데이터세트를 처리하는 데 여전히 더 많은 공간과 시간이 필요하다.

연습 예제로 n그램 이해하기

이제 nltk 라이브러리를 사용해 n그램을 구현해보겠다. 깃허브 링크 https://github.com/jalajthanaki/NLPython/tree/master/ch5/n_gram에서 관련 코드를 볼 수 있다.

그림 5.46에서 해당 부분 코드를 볼 수 있다.

```
from nltk import ngrams
sentence = 'this is a foo bar sentences and i want to ngramize it'
n = 4 # you can give 4, 5, 1 or any number less than sentences length
ngramsres = ngrams(sentence.split(), n)
for grams in ngramsres:
  print grams
```

그림 5.46 NLTK n그램 코드

그림 5.47에서 부분 코드에 대한 출력을 볼 수 있다.

```
('this', 'is', 'a', 'foo')
('is', 'a', 'foo', 'bar')
('a', 'foo', 'bar', 'sentences')
('foo', 'bar', 'sentences', 'and')
('bar', 'sentences', 'and', 'i')
('sentences', 'and', 'i', 'want')
('and', 'i', 'want', 'to')
('i', 'want', 'to', 'ngramize')
('want', 'to', 'ngramize', 'it')
```

그림 5.47 n그램 출력

애플리케이션

이 절에서는 다음과 같이 어떤 종류의 n그램이 사용됐는지 알 수 있다.

- 표절 도구를 만든다면 복사된 패턴을 추출하기 위해 n그램을 사용할 수 있는데, 그 이유는 다른 표절 도구가 기본 기능을 제공하기 때문이다.
- 전산생물학은 비정상적인 DNA 패턴을 인식하기 위해 n그램을 사용해 다양한 DNA 패턴을 식별해왔다. 이를 바탕으로 생물학자는 사람이 어떤 종류의 유전병을 지닐 수 있는지 알아낸다

이제 그 다음 개념으로 넘어가는데, 이것은 NLP 애플리케이션에 있어서 쉽지만 매우 유용한 개념인 단어 가방이다.

단어 가방

단어 가방^{BOW, Bag of words}은 NLP 분야에서 사용되는 기술이다.

BOW 이해하기

이 BOW 모델은 NLP에서 사용되는 표현을 단순화하기 때문에 일을 편하게 만든다. 이 모델에서 데이터는 텍스트의 형태로 돼 있고 단어 가방, 또는 단어 다중세트^{multiset}로 나타내며 문법과 단어 순서는 무시하고 단어만 간직한다. 여기서 텍스트는 문장, 또는 문서다. BOW에 대해 더 잘 이해할 수 있는 예를 들어보자.

다음 샘플 문서 세트를 보자.

텍스트 문서 1: John likes to watch cricket. Chris likes cricket too.

텍스트 문서 2: John also likes to watch movies.

이 두 텍스트 문서를 기반으로 다음 리스트를 생성할 수 있다.

```
List of words= ["John", "likes", "to", "watch", "cricket", "Chris", "too",
"also", "movies"]
```

이 리스트를 BOW라고 한다. 여기서는 문장의 문법을 고려하지 않는다. 단어의 순서에 대해서도 신경 쓰지 않는다. 이제 BOW의 실제 구현을 알아볼 차례다. BOW는 종종 피처를 생성하는 데 사용된다. BOW를 생성한 후에 문서에서 각 단어의 용어-빈도를 유도할 수 있는데, 이는 나중에 머신 러닝 알고리즘에 제공될 수 있다. 위의 문서의 경우, 다음 빈도 리스트를 생성하게 된다.

문서 1의 빈도수: [1, 2, 1, 1, 2, 1, 1, 0, 0]

문서 2의 빈도수: [1, 1, 1, 1, 0, 0, 0, 1, 1]

그렇다면 이 빈도수 리스트를 어떻게 생성했을까? 문서 1의 빈도수를 생성하려면 단어 리스트를 고려해 나열된 각 단어가 문서 1에 나타나는 횟수를 확인한다. 여기서는 먼저 문서 1에 나타나는 John이라는 단어를 한 번 사용하므로 문서 1의 빈도 수는 1이다. 즉 **문서 1의 빈도수**: [1]. 두 번째 항목의 경우 like라는 단어는 문서 1에 두 번 나타나므로 빈도 수가 2이다. 즉 **문서 1의 빈도수**: [1, 2]. 이제 우리의 리스트에서 세 번째 단어를 취하는데 그 단어는 to다. 이 단어는 문서 1에 한 번 나타나므로 빈도수에서 세 번째 항목을 1로 만든다. 즉 **문서 1의 빈도수**: [1, 2, 1]. 이런 식으로 문서 1과 문서 2의 빈도수를 생성했다. 5장의 이후 절에서는 빈도수에 대한 자세한 내용과 TF-IDF를 배운다.

실용적인 예제를 사용해 BOW 이해하기

이 절에서는 scikit-learn을 사용해 BOW의 실제 구현을 살펴본다. 깃허브 링크 https://github.com/jalajthanaki/NLPython/blob/master/ch5/bagofwordsdemo/ BOWdemo.py에서 관련 코드를 찾을 수 있다.

그림 5.48에서 해당 부분 코드를 참조하라.

```
from sklearn.feature_extraction.text import CountVectorizer
import numpy as np

ngram_vectorizer = CountVectorizer(analyzer='char_wb', ngram_range=(2, 2), min_df=1)
# List is noumber of document here there are two document and each has only one word
# we are considering n_gram = 2 on chapracter unit leve
counts = ngram_vectorizer.fit_transform(['words', 'wprds'])
# this check weather the given word character is present in the above teo word which are documents here.
ngram_vectorizer.get_feature_names() == ([' w', 'ds', 'or', 'pr', 'rd', 's ', 'wo', 'wp'])
print counts.toarray().astype(int)
```

그림 5.48 BOW 사이킷런 구현

출력의 첫 번째 행은 words 단어가 있는 첫 번째 문서에 속하며, 두 번째 행은 wprds 단어가 있는 문서에 속한다. 그림 5.49에서 출력 내용을 볼 수 있다.

```
[[1 1 1 0 1 1 1 0]
 [1 1 0 1 1 1 0 1]]
```

그림 5.49 BOW 벡터 표현

n그램과 BOW의 비교

우리는 n그램과 BOW의 개념을 살펴봤다. 이제는 n그램과 BOW가 어떻게 다른지, 또는 어떻게 서로 관련돼 있는지 살펴보자.

먼저 차이점에 대해 알아보자. 여기서 차이점은 NLP 애플리케이션에서의 사용량이다. n그램에서는 단어 순서가 중요하지만 BOW에서는 단어 순서를 두는 게 중요하지 않다. NLP 애플리케이션에서는 실제 순서로 단어를 고려하기 위해 n그램을 사용하므로 특정 단어의 문맥을 알 수 있다. 반면에 BOW는 텍스트 데이터세트에 대한 어휘 작성에 사용된다.

이제 n그램과 BOW 간의 의미 있는 관계를 살펴보고, n그램과 BOW가 서로 어떻게 관련돼 있는지에 대해 설명한다. 피처로써 n 그램을 고려 중이라면 BOW는 유니그램을 사용해 유도된 텍스트 표현이다. 따라서 이 경우에 n그램은 피처와 같고 BOW는 내부에 포함된 유니그램(1그램)을 사용한 텍스트 표현과 같다.

이제 BOW의 애플리케이션을 확인해보자.

애플리케이션

이 절에서는 NLP 분야에서 어떤 애플리케이션이 BOW를 피처로 사용하는지 살펴보자.

- 각 카테고리의 문서를 분류하는 NLP 애플리케이션을 만들려면 BOW를 사용하면 된다.
- BOW는 데이터세트에서 빈도수와 어휘를 생성하는 데에도 사용된다. 이들 파생된 속성은 감정 분석, word2vec 등과 같은 NLP 애플리케이션에서 사용된다.

이제 의미 기반 도구semantic tool을 살펴볼 차례인데, NLP 애플리케이션에 의미 수준 정보를 포함시키려고 한다면 이 도구를 사용할 수 있다.

의미 기반 도구와 자원

자연어의 정확한 의미를 얻으려는 시도는 NLP 분야에서 여전히 어려운 과제이지만, 우리에게는 최근 개발된 기술과 자연어로 의미를 파악하는 데 사용할 수 있는 자원이 있다. 이절에서는 이들 기술과 자원을 알아본다.

잠재적 의미 분석 알고리즘은 **용어 빈도 - 역 문서 빈도**tf-idf, term frequency - inverse document frequency와 코사인 유사성 및 유클리드 거리Euclidean distance 같은 선형 대수의 개념을 사용해 유사한 의미의 단어를 찾는다. 이들 기술은 분산 의미론distributional semantics의 일부다. 다른 것은 word2vec이다. 이것은 구글에서 개발한 최신 알고리즘이며 유사한 의미를 갖는 단어와 단어의 의미를 찾을 수 있게 도와준다. 6장에서 word2vec 및 기타 기술을 살펴볼 것이다.

word2vec 외에도 워드넷이 또 다른 강력한 자원이다. 워드넷은 우리가 사용할 수 있는 가장 큰 코퍼스이며 사람이 태그를 붙였다. 각 단어에 대한 센스 태그sense tag도 포함돼 있다. 이들 데이터베이스는 특정 단어의 의미를 찾는 데 정말로 도움이 된다.

 https://wordnet.princeton.edu/ 링크에서 워드넷을 볼 수 있다.
여기서는 의미 생성에 가장 유용한 자원과 도구를 나열했다. 이 분야에서는 개선의 여지가 많다.

대부분의 NLP 분야 관련 개념을 알아보고, 이들 개념과 이용 가능한 도구를 사용해 피처를 유도할 수 있는 방법을 살펴봤다. 이제 다음 절로 넘어가서 통계 피처에 대한 정보를 알아보기로 하자.

▌ NLP에 대한 기본 통계 피처

바로 앞 절에서는 피처를 유도하는 데 사용할 수 있는 대부분의 NLP 개념, 도구, 알고리즘을 살펴봤다. 이제 통계 피처에 대해 배울 차례로, 여기서는 통계적 측면을 살펴본다. 통계 개념이 우리가 가장 유용한 피처를 유도하는 데 어떻게 도움이 되는지 배울 것이다.

통계 피처에 뛰어들기 전에 전제 조건으로 기본 수학 개념, 선형 대수 개념, 확률 개념을 알아야 한다. 여기서는 이들 개념을 먼저 알아보고 통계 피처를 이해해보자.

기본 수학

선형 대수와 확률 기초부터 시작하자. 그 이유는 필요 개념을 상기하고 기억해서 5장은 물론이고 그 이후의 장에서 도움이 될 수 있게 하기 위해서다. 필요할 때마다 해당 수학 개념을 설명할 것이다.

NLP를 위한 선형 대수의 기본 개념

이 절에서는 모든 선형 대수 개념을 자세히 살펴 보지 않는다. 이 절의 목적은 기본 개념을 잘 이해하는 것이다. 주어진 개념 외에도 NLP 애플리케이션에서 사용할 수 있는 많은 다른 개념이 있다. 여기서는 필요한 만큼의 개념만을 다룬다. 이후의 장에서 알고리즘과 수학 측면에 대한 모든 필요한 세부 사항을 다룰 것이다. 기본부터 시작하자.

다음과 같이 NLP와 ML에서 자주 보게 되는 4개의 주요 용어가 있다.

- **스칼라**scalar: 그냥 하나의 실수일 뿐이다.
- **벡터**vector: 숫자의 1차원 배열이다.
- **매트릭스**matrix: 숫자의 2차원 배열이다.
- **텐서**tensor: 숫자의 n차원 배열이다.

그림 5.50은 이 용어를 그림으로 나타낸 것이다.

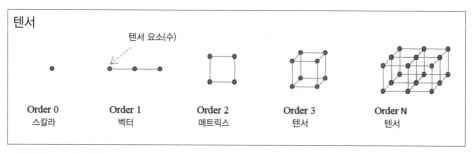

그림 5.50 스칼라, 벡터, 행렬, 텐서의 그림 표현 (이미지 출처: http://hpe-cct.github.io/programmingGuide/img/diagram1.png)

매트릭스 조작 연산은 NumPy 라이브러리에서 이용할 수 있다. SciPy와 scikit-learn 라이브러리를 사용해 벡터 관련 연산을 수행할 수 있다. 특정 라이브러리를 제안하는데, 왜냐하면 소스가 최적의 솔루션을 제공하고 높은 레벨의 API를 제공해 배후에서 진행되는 것을 신경 쓸 필요가 없기 때문이다. 하지만 사용자 정의된 애플리케이션을 개발하려면 각 조작의 수학 측면을 알아야 한다. 선형 회귀^{linear regression}, 경사 하강법^{gradient descent}, 선형 대수의 개념에 대해서도 알아본다. 머신 러닝 및 딥러닝과 관련된 수학을 실제로 살펴보려면 다음 학습 자료가 도움이 될 것이다.

이제 확률에 관한 다음 절로 넘어가자. 확률은 확률론의 핵심 개념 중 하나다.

NLP를 위한 확률론의 기본 개념

이 절에서는 확률론의 개념을 살펴본다. 어떻게 돌아가는지 알 수 있게 몇 가지 사례도 소개한다. 확률부터 시작해서 독립사건의 개념, 그 다음으로 조건부 확률을 알아본다. 마지막으로는 베이즈 규칙Bayes rule을 살펴보겠다.

확률

확률은 특정 이벤트가 발생할 가능성을 측정한 것이다. 확률은 숫자로 계량화되고 확률의 범위는 0과 1 사이다. 0은 해당 이벤트가 발생하지 않을 것임을 의미하고 1은 해당 이벤트가 반드시 발생한다는 것을 나타낸다. 머신 러닝 기술은 확률 개념을 널리 사용한다. 이 개념을 새롭게 해주는 예를 알아보자. 그림 5.51를 참조하자.

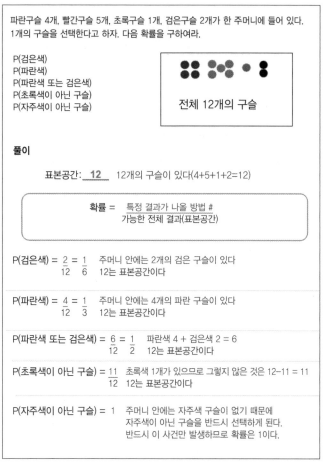

그림 5.51 확률의 예(이미지 출처: http://www.algebra-class.com/image-files/examples-of-probability-3.gif)

이제 종속사건과 독립사건이 무엇인지 알아보자.

독립사건과 종속사건

이 절에서는 종속사건dependent event과 독립사건independent event이 무엇인지 알아보자. 그 후에는 사건이 종속인지 아닌지를 결정하는 방법을 보게 될 것이다. 먼저 그 정의부터 시작하자.

어떤 사건의 확률이 다른 사건의 확률에 영향을 주지 않으면 이 사건을 독립사건이라고 한다. 따라서 기술적으로 A와 B의 두 가지 사건이 있고, A가 발생한다는 사실이 B가 발생할 확률에 영향을 미치지 않으면 독립사건이 된다. 동전 던지기는 이전 사건으로부터 영향을 받지 않기 때문에 독립사건이다.

때로는 일부 사건이 다른 사건에 영향을 미치기도 한다. 어떤 사건이 발생할 확률이 다른 사건 발생에 영향을 미칠 때 두 사건은 종속이라고 한다.

예를 들어 52장의 카드 한 벌에서 2장의 카드를 뽑을 때 첫 번째 뽑기에서 에이스를 가졌다면 에이스를 먼저 뽑은 탓에 두 번째 뽑기에서 또 다른 에이스를 가질 확률이 바뀐다. 어떻게 돌아가는지 알아보기 위해 한 번 확률을 계산해보자.

52장의 카드 한 벌에는 4개의 에이스가 있다. 그림 5.52를 보자.

$$P(\text{Ace}) = \frac{\text{카드 한 벌에서 에이스 수}}{\text{한 벌의 카드 수}}$$

그림 5.52 확률식

첫 번째 뽑기에서 에이스를 얻을 확률은 그림 5.53과 같다.

$$P(\text{Ace}) = \frac{4}{52} = \frac{1}{13}$$

그림 5.53 계산 단계(이미지 출처: https://dj1hlxw0wr920.cloudfront.net/userfiles/wyzfiles/02cec729-378c-4293-8a5c-3873e0b06942.gif)

이제 이 카드를 한 벌 속에 넣지 않으면 두 번째 라운드에서 에이스를 뽑을 확률이 다음 식으로 된다. 그림 5.54를 보자.

$$P(\text{Ace}) = \frac{\text{카드 한 벌 속에 남은 에이스 수}}{\text{한 벌 속에 남은 카드 수}}$$

그림 5.54 종속사건 확률식(이미지 출처: https://dj1hlxw0wr920.cloudfront.net/userfiles/wyzfiles/7a45b393-0275-47ac-93e1-9669f5c31caa.gif)

그림 5.55의 계산 단계를 보라.

$$P(\text{Ace}) = \frac{4-1}{52-1}$$

그림 5.55 계산 단계(이미지 출처: https://dj1hlxw0wr920.cloudfront.net/userfiles/wyzfiles/11221e29-96ea-44fb-b7b5-af614f1bec96.gif)

그림 5.56의 최종 답을 보라.

$$P(\text{Ace}) = \frac{3}{51}$$

그림 5.56 예제의 최종 답(이미지 출처: https://dj1hlxw0wr920.cloudfront.net/userfiles/wyzfiles/78fdf71e-fc1c-41d2-8fb8-bc2baeb25c25.gif)

보다시피 위의 두 확률 값이 서로 다르며 두 번째 사건이 첫 번째 사건에 따라 달라지기 때문에 두 사건은 종속이라고 말할 수 있다.

사건이 종속인지 독립인지를 확인하는 수학 조건은 다음과 같이 주어진다. 사건 A와 B는 다음 조건을 충족할 경우에만 독립사건이 된다.

$P(A \cap B) = P(A) * P(B)$

그렇지 않으면 A와 B를 종속사건이라고 한다.

이제 정의한 조건을 이해하기 위한 예제를 살펴보자.

예제: 설문 조사에 따르면 뭄바이 인구의 72%가 축구 팬이라고 한다. 그 인구에서 무작위로 두 사람을 선택하면 첫 번째 사람이 축구 팬이고 두 번째 사람도 마찬가지일 확률은 얼마인가? 첫 번째가 축구 팬, 두 번째가 축구 팬이 아닐 확률은?

풀이: 첫 번째 사람이 축구 팬이라고 해도 두 번째 무작위로 선택된 사람이 축구 팬인지 여부에는 영향을 주지 않는다. 따라서 이 사건은 독립이다.

이 확률은 주어진 사건의 각 확률을 곱해 계산할 수 있다. 첫 번째 사람과 두 번째 사람이 모두 축구 팬이라면 $P(A \cap B) = P(A)\,P(B) = .72 * .72 = .5184$이다.

두 번째 질문에 대해서는 첫 번째가 축구 팬, 두 번째가 그렇지 않으므로 다음과 같다.

$$P(A \cap B^c) = P(A)\,P(B^c) = .72 * (1 - 0.72) = 0.202.$$

이 계산 부분에서는 여사건 확률을 곱했다.

여기서 방정식 $P(A \cap B) = P(A)\,P(B)$가 성립하기 때문에 사건 A와 B는 독립이다.

이제 조건부 확률이라고 하는 다음 개념으로 넘어갈 차례다.

조건부 확률

이 절에서는 조건부 확률의 개념을 알아본다. 우리는 조건부 확률의 개념을 이해하기 위해 종속사건과 독립사건의 개념을 사용한다.

B 사건의 조건부 확률이란 A 사건이 발생한 후에 B 사건이 발생할 확률이다. 이 확률은 A에 대한 B의 확률이라는 표기법인 $P(B|A)$로 쓴다. 이제 사건이 독립일 때 이 조건부 확률이 어떻게 되는지 보자. A 사건과 B 사건이 독립인 경우, 주어진 B 사건의 조건부 확률은 그냥 B 사건의 확률, 즉 $P(B)$가 된다. A 사건과 B 사건이 독립이지 않다면 어떻게 될까? 그러면 A와 B의 교집합 확률은 두 사건 모두 발생할 확률이며 다음 식으로 정의한다

$$P(A \cap B) = P(A) * P(B|A)$$

이제 예제를 보자.

예제: 내가 좋아하는 음식 두 가지는 차와 피자다. A 사건은 내가 아침식사로 차를 마시는 사건이다. B는 점심식사로 피자를 먹는 사건이다. 무작위로 선택한 날의 아침식사로 차를 마실 확률 P(A)는 0.6이다. 점심식사로 피자를 먹을 확률 P(B)는 0.5이고, 점심식사로 피자를 먹는다면 아침식사로 차를 마시는 조건부 확률 P(A|B)는 0.7이다. 이를 바탕으로 P(B|A)의 조건부 확률을 계산하라. P(B|A)는 아침식사로 차를 마셨을 때 점심식사로 피자를 먹을 확률을 나타낸다. 비전문가 관점에서 아침식사로 차를 마셨을 때 점심식사로 피자를 먹을 확률을 구하여라.

풀이:

$$P(A) = 0.6 \ , \ P(B) = 0.5 \ , \ P(A|B) = 0.7$$

여기서 B의 확률이 A의 확률을 변하게 했기 때문에 두 사건은 종속이다. 이제 P(B|A)를 계산해 보자.

P(A ∩ B) = P(A) * P(B|A) 식을 보라. P(B|A)를 구하려면 먼저 다음과 같이 P(A ∩ B)를 계산해야 한다.

$$P(A \cap B) = P(B) * P(A|B) = P(A) * P(B|A)$$

여기서는 P(B) = 0.5이고 P(A|B) = 0.7이라고 알고 있으므로 다음과 같이 된다.

$$P(A \cap B) = 0.5 * 0.7 = 0.35$$
$$P(B|A) = P(A \cap B) \ / \ P(A) = 0.35 \ / \ 0.6 = 0.5833$$

이렇게 해서 종속사건에 대한 조건부 확률을 알게 됐다.

우리는 ML 알고리즘을 이해하기 위해 앞으로 나올 장에서 사용할 확률의 기본을 알아봤다. 책을 진행하면서 추가되는 개념을 정의할 것이다. scikitlearn, TensorFlow, SparkML, 그 외 라이브러리에서는 이미 주요 확률 계산을 구현하고 API를 제공하며, 애플리케이션에 따라 미리 정의된 매개변수를 변경하고 값을 설정할 수 있는 옵션을 제공한다. 이들 매개변수는 흔히 **하이퍼 매개변수**hyperparameter라고 한다. 각 매개변수에 가장 적합한 값을 제안하는 것을 **하이퍼 매개변수 튜닝**hyperparameter tuning이라고 부른다. 이 과정은 시스템을 최적화하는 데 도움이 된다. 하이퍼 매개변수 튜닝과 다른 주요 개념은 '8장 NLP 문제에 대한 머신 러닝'에서 살펴본다.

여기가 필수 사항 절의 끝이다. 이 절에서는 텍스트에서 피처를 추출하는 데 도움이 되는 몇 가지 통계 개념을 살펴봤다. 많은 NLP 애플리케이션에서도 이들 개념을 사용한다.

TF-IDF

TF-IDF 개념은 **용어 빈도-역 문서 빈도**를 나타낸다. 이것은 수치 통계 분야에 해당한다. 이 개념을 통해 현재 데이터세트나 코퍼스에서 단어가 해당 문서에 대해 얼마나 중요한지를 알 수 있다.

TF-IDF에 대한 이해

이것은 매우 간단하지만 유용한 개념이다. 실제로는 데이터세트에서 특정 단어가 얼마나 많이 나타나는지, 그리고 문서 또는 데이터세트를 이해하기 위해 단어의 중요성이 얼마나 되는지를 나타낸다. 예를 들어보자. 학생들이 My Car라는 주제로 에세이를 작성한 데이터세트가 있다고 하자. 이 데이터세트에서 a라는 단어는 여러 번 나타난다. 즉 이것은 데이터세트의 다른 단어에 비해 빈도가 높은 단어다. 이 데이터세트에는 car, shopping 등과 같이 자주 출현하지 않는 다른 단어도 포함돼 있는데, 그것은 빈도가 낮지만 단어 a에 비해 더 많은 정보를 전달한다. 이 점이 TF-IDF가 나온 배경이다.

이 개념을 자세히 알아보자. 수학 측면도 살펴보자. TF-IDF는 용어 빈도term frequency와 역 문서 빈도inverse document frequency라는 두 부분으로 나뉜다. 용어 빈도부터 시작해보자. 용어는 그 자체로 알만 하지만 그 개념을 자세히 알아보겠다. 용어 빈도란 문서나 데이터세트에 존재하는 각 단어의 빈도를 의미한다. 따라서 식은 다음과 같다.

TF(t) = (문서 안에서 용어 t가 나타나는 횟수) / (문서에 있는 용어의 총 수)

이제 두 번째 부분, 즉 역 문서 빈도를 살펴보자. IDF는 실제로 그 단어가 문서 안에서 얼마나 중요한지 알려준다. TF를 계산해 보면 단어 하나마다 모두 같은 정도의 중요성만 나타나기 때문에 IDF가 필요하다. 해당 단어가 데이터세트에 더 자주 등장하면 용어 빈도(TF) 값은 높지만 문서에서는 그렇게 중요하지 않을 수 있다. 즉 the 단어가 문서에 100번 나타나더라도 데이터세트에서 가끔 등장하는 단어에 비해 많은 정보를 전달하지 않는다. 그러므로 각 단어의 중요성을 결정하는 드문 용어의 중요도를 높이는 반면, 빈번한 용어의 중요도를 낮추도록 정의할 필요가 있다. 다음 식을 사용하면 이를 달성할 수 있다.

IDF(t) = log10(문서의 총 수 / 용어 t가 들어간 문서의 수).

이렇게 해서 다음과 같이 TF-IDF를 계산한다.

TF * IDF = [(어떤 문서에서 용어 t가 나타나는 횟수) / (그 문서의 총 용어 수)] * log10(문서의 총 수 / 용어 t가 들어간 문서의 수).

 TIP TF-IDF에서 —는 뺄셈 기호가 아니라 하이픈임에 유의하라. 실제로 TF-IDF는 TF * IDF처럼 TF와 IDF의 곱셈이다.

이제 TF-IDF의 개념을 이해하기 위해 예제로 다음의 두 문장을 들고 각 문장은 서로 다른 문서에 있다고 하자.

문서 1: This is a sample.

문서 2: This is another example.

TF-IDF를 계산하려면 다음 단계를 따른다.

1. 먼저 각 문서에 대한 각 단어의 빈도를 계산한다.

2. IDF를 계산한다.

3. TF와 IDF를 곱한다.

그림 5.57을 참조하자.

단계 1: TF를 계산한다.

   단계 1.1: 각 문서의 용어 수

문서 1

용어	용어 수
this	1
is	1
a	2
sample	1

문서 2

용어	용어 수
this	1
is	1
another	2
example	3

   단계 1.2: 각 문서의 전체 단어 수를 계산한다.

         문서 1: 전체 단어 수 = 5
         문서 2: 전체 단어 수 = 7

   단계 1.3: TF를 계산한다.

       TF(t) = (어떤 문서에서 용어 t가 나타나는 횟수) / (그 문서에 있는 용어의 총 수)

$$\mathbf{tf}(\mathbf{"this"}, d_1) = \frac{1}{5} = 0.2$$

$$\mathbf{tf}(\mathbf{"this"}, d_2) = \frac{1}{7} \approx 0.14$$

그림 5.57 TF-IDF 예제

이제 그림 5.58의 IDF와 TF * IDF 계산을 보자.

단계 2: IDF를 계산한다.

　단계 2.1: IDF 계산

　　IDF(t) = log(문서의 총 수 / 용어 t가 들어간 문서의 수)

　　여기서는 2개의 문서가 있으며 두 문서 모두에서 "this"가 나타난다
　　그러므로 IDF는 다음과 같다

$$idf("this", D) = \log\left(\frac{2}{2}\right) = 0$$

단계 3: TF x IDF 계산

$$tfidf("this", d_1) = 0.2 \times 0 = 0$$
$$tfidf("this", d_2) = 0.14 \times 0 = 0$$

0이란 그 단어가 아주 유익하지 않다는 의미다.
다른 단어에 대해서는 다음과 같다

$$tf("example", d_1) = \frac{0}{5} = 0$$
$$tf("example", d_2) = \frac{3}{7} \approx 0.429$$
$$idf("example", D) = \log\left(\frac{2}{1}\right) = 0.301$$

단계 4: TF x IDF 단어 예제

$$tfidf("example", d_1) = tf("example", d_1) \times idf("example", D) = 0 \times 0.301 = 0$$
$$tfidf("example", d_2) = tf("example", d_2) \times idf("example", D) = 0.429 \times 0.301 \approx 0.13$$

그림 5.58 TF-IDF 예제

실용적인 예제로 TF-IDF 이해하기

여기서는 textblob와 scikit-learn이라는 2개의 라이브러리를 사용해 TF-IDF를 계산한다. 깃허브 링크 https://github.com/jalajthanaki/NLPython/tree/master/ch5/TFIDFdemo에서 관련 코드를 볼 수 있다.

textblob 사용

그림 5.59에서 부분 코드를 볼 수 있다.

```python
from __future__ import division
from textblob import TextBlob
import math

def tf(word, blob):
        return blob.words.count(word) / len(blob.words)

def n_containing(word, bloblist):
    return 1 + sum(1 for blob in bloblist if word in blob)

def idf(word, bloblist):
    x = n_containing(word, bloblist)
    return math.log(len(bloblist) / (x if x else 1))

def tfidf(word, blob, bloblist):
    return tf(word, blob) * idf(word, bloblist)

text = 'tf idf, short form of term frequency, inverse document frequency'
text2 = 'is a numerical statistic that is intended to reflect how important'
text3 = 'a word is to a document in a collection or corpus'

blob = TextBlob(text)
blob2 = TextBlob(text2)
blob3 = TextBlob(text3)
bloblist = [blob, blob2, blob3]
tf_score = tf('short', blob)
idf_score = idf('short', bloblist)
tfidf_score = tfidf('short', blob, bloblist)
print "tf score for word short--- "+ str(tf_score)+"\n"
print "idf score for word short--- "+ str(idf_score)+"\n"
print "tf x idf score of word short--- "+str(tfidf_score)
```

그림 5.59 textblob를 사용한 TF-IDF

코드 출력은 그림 5.60에 나와 있다.

```
tf score for word short--- 0.1

idf score for word short--- 0.405465108108

tf x idf score of word short--- 0.0405465108108
```

그림 5.60 short 단어에 대한 TF-IDF 출력

scikit-learn 사용

우리는 소규모의 셰익스피어 데이터세트를 사용해 TF-IDF 모델 생성을 시도해 본다. TF-IDF 점수 모델이 있는 새 문서의 경우, 해당 문서의 상위 3개 키워드를 제안한다. 그림 5.61에서 부분 코드를 볼 수 있다.

```python
for subdir, dirs, files in os.walk(path):...

# this can take some time
tfidf = TfidfVectorizer(tokenizer=tokenize, stop_words='english')
tfs = tfidf.fit_transform(token_dict.values())

str = 'this sentence has unseen text such as computer but also king lord juliet'
response = tfidf.transform([str])
#print response


feature_names = tfidf.get_feature_names()
for col in response.nonzero()[1]:
    print feature_names[col], ' - ', response[0, col]


feature_array = np.array(tfidf.get_feature_names())
tfidf_sorting = np.argsort(response.toarray()).flatten()[::-1]
n = 3
top_n = feature_array[tfidf_sorting][:n]
print top_n

n = 4
top_n = feature_array[tfidf_sorting][:n]
print top_n
```

그림 5.61 TF-IDF 모델 생성에 scikit-learn 사용

그림 5.62에서 출력 내용을 볼 수 있다.

```
thi  -  0.346181611599
lord  -  0.663384613852
king  -  0.663384613852
[u'king' u'lord' u'thi']
[u'king' u'lord' u'thi' u'youth']
```

그림 5.62 TF-IDF 모델의 출력

이제 TF-IDF 개념을 어디에서 사용할 수 있는지 알아볼 차례이므로 애플리케이션을 살펴보자.

애플리케이션

이 절에서는 TF-IDF를 사용하는 멋진 애플리케이션을 살펴본다.

- 일반적으로 텍스트 데이터 분석은 TF-IDF로 쉽게 수행할 수 있다. 데이터세트에 가장 정확한 키워드에 대한 정보를 얻을 수 있다.
- 선택한 통계적 접근 방식을 사용하는 텍스트 요약 애플리케이션을 개발하는 경우, TF-IDF는 문서 요약을 생성하는 가장 중요한 피처다.
- 검색 엔진에서는 종종 TF-IDF 가중치 체계를 변형한 것을 사용하는데 이는 주어진 사용자 쿼리에 대한 문서의 관련성을 점수화해 순위를 매기기 위해서다.
- 문서 분류 애플리케이션은 BOW와 함께 이 기술을 사용한다.

이제 NLP 애플리케이션의 벡터화 개념을 살펴보자.

벡터화

벡터화vectorization는 NLP 분야에서 피처 추출의 중요한 측면이다. 텍스트를 벡터 형식으로 변형하는 것은 중요한 작업이다.

벡터화 기술은 가능한 모든 단어를 특정 정수로 매핑한다. 여러분의 작업을 쉽게 해주는 이용 가능한 API가 많이 있다. scikit-learn에는 텍스트를 원핫 인코딩one-hot encoding 형식으로 변환하는 DictVectorizer가 있다. 다른 API로는 텍스트 문서 모음을 토큰 카운트 행렬로 변환하는 CountVectorizer가 있다. 마지막으로 몇 가지 다른 API도 있다. word2vec을 사용해 텍스트 데이터를 벡터 형식으로 변환할 수도 있다. 자세한 내용은 http://scikit-learn.org/stable/modules/classes.html#module-sklearn.feature_extraction.text 링크의 From text 부분을 참조하자.

이제 NLP 애플리케이션에 대한 원핫 인코딩의 개념을 살펴보자. 이 원핫 인코딩은 벡터화의 일부로 간주된다.

인코더와 디코더

NLP에서 인코딩의 개념은 아주 오래됐을 뿐만 아니라 유용하다. 앞서 언급했듯이 데이터세트에 있는 카테고리형 데이터 속성을 처리하기는 쉽지 않다. 여기서는 원핫 인코딩이라는 인코딩 기술을 살펴볼 텐데, 이는 카테고리형 피처를 숫자 형식으로 변환하는 데 도움을 준다.

원핫 인코딩

NLP 애플리케이션에서는 항상 카테고리형 데이터를 얻는다. 카테고리형 데이터는 대부분 단어 형태로 돼 있다. 어휘를 형성하는 것은 단어다. 이런 어휘 속의 단어는 쉽게 벡터로 바꿀 수 없다.

N 크기의 어휘가 있다고 하자. 언어 상태를 근사화하는 방법은 단어를 원핫 인코딩 형식으로 표현하는 것이다. 이 기술을 사용해 단어를 길이가 n인 벡터에 매핑한다. 여기서 n 번째 숫자는 특정 단어의 존재를 나타내는 지표다. 단어를 원핫 인코딩 형식으로 변환하면 0000...001, 0000...100, 0000...010 등과 같은 벡터를 보게 된다. 어휘의 모든 단어는 이진 벡터의 조합으로 표현된다. 여기서 각 벡터의 n 번째 비트는 그 어휘에서 n 번째 단어의 존재를 나타낸다. 그렇다면 이러한 개별 벡터는 코퍼스에서 문장이나 다른 단어와 어떤 관련이 있을까? 이 개념을 이해하기 위한 예제를 알아보자.

예를 들어 "Jalaj likes NLP" 문장을 보자. 원핫 인코딩을 적용하면 이 문장은 00010 00001 10000이 된다. 이 벡터는 어휘 크기와 인코딩 스키마에 따라 만들어진다. 이 벡터 표현을 얻으면 수치 연산을 수행할 수 있다. 여기서는 단어를 벡터로, 문장을 행렬로 변환한다.

원핫 인코딩의 실제 사례 이해하기

이 절에서는 scikit-learn을 사용해 작은 데이터세트에 대해 원핫 인코딩을 생성한다. 깃허브 링크 https://github.com/jalajthanaki/NLPython/tree/master/ch5/onehotencodingdemo에서 해당 코드를 찾을 수 있다.

그림 5.63에서 부분 코드를 볼 수 있다.

```python
import pandas as pd
from sklearn.feature_extraction import DictVectorizer


df = pd.DataFrame([['rick','young'],['phil','old']],columns=['name','age-group'])
print df
print "\n----By using Panda ----\n"
print pd.get_dummies(df)

X = pd.DataFrame({'income': [100000,110000,90000,30000,14000,50000],
                 'country':['US', 'CAN', 'US', 'CAN', 'MEX', 'US'],
                 'race':['White', 'Black', 'Latino', 'White', 'White', 'Black']})



print "\n----By using Sikit-learn ----\n"
v = DictVectorizer()
qualitative_features = ['country']
X_qual = v.fit_transform(X[qualitative_features].to_dict('records'))
print v.vocabulary_
print X_qual.toarray()
```

그림 5.63 원핫 인코딩을 생성하기 위한 판다스와 사이킷런

그림 5.64에서 출력 결과를 볼 수 있다.

```
    name age-group
0   rick     young
1   phil       old

----By using Panda ----

   name_phil  name_rick  age-group_old  age-group_young
0          0          1              0                1
1          1          0              1                0

----By using Sikit-learn ----

{'country=US': 2, 'country=CAN': 0, 'country=MEX': 1}
[[ 0.  0.  1.]
 [ 1.  0.  0.]
 [ 0.  0.  1.]
 [ 1.  0.  0.]
 [ 0.  1.  0.]
 [ 0.  0.  1.]]
```

그림 5.64 원핫 인코딩의 출력

애플리케이션

이 기술은 아주 유용하다. 이 매핑 기술의 기본 애플리케이션 중 일부를 살펴보자.

- 많은 인공 신경망은 입력 데이터를 원핫 인코딩 형식으로 받아서 의미 표현을 전하는 출력 벡터를 생성한다.
- word2vec 알고리즘은 입력 데이터를 단어 형태로 받아들이는데, 이 단어는 원핫 인코딩으로 생성된 벡터 형태다.

이제 디코딩 개념을 알아볼 차례다. 디코딩 개념은 요즘 딥러닝에 주로 사용된다. 여기서는 딥러닝 관점에서 디코더를 정의하는데 그 이유는 '9장 NLU와 NLG 문제에 대한 딥러닝'에서 이 인코딩과 디코딩 아키텍처를 사용해 번역 시스템을 개발하기 때문이다.

인코더는 입력 데이터를 다른 피처 표현으로 매핑한다. 즉 우리는 NLP 분야를 위한 원핫 인코딩을 사용한다. 디코더는 피처 표현을 입력 데이터 공간으로 다시 매핑한다. 딥러닝에서 디코더는 어떤 벡터가 어떤 단어를 나타내는지를 알고 있으므로 주어진 입력 스키마에 따라 단어를 디코딩할 수 있다. 시퀀스 대 시퀀스sequence-to-sequence 모델을 다룰 때 인코더-디코더의 세부 개념을 보게 된다.

다음으로 **정규화** 개념을 살펴보자.

정규화

여기서는 통계뿐만 아니라 언어학의 관점에서 정규화를 설명한다. 비록 이들이 서로 다르더라도, 정규화normalization라는 단어는 많은 혼동을 야기할 수 있다. 이 혼동을 해결해보자.

정규화의 언어학 측면

정규화의 언어학 측면에는 개념 텍스트 정규화concept text normalization가 들어간다. 텍스트 정규화란 주어진 텍스트를 하나의 표준 형식으로 변환하는 과정이다. 텍스트 정규화를 올바르게 이해하는 사례를 들어보자. 여러분이 검색 애플리케이션을 만들었고 사용자가 John을 입력한다면 John이 검색 문자열이 되고 John이라는 단어가 들어간 모든 문자열이 튀어나와야 한다. 여러분이 검색할 데이터를 준비하고 있다면 사람들은 어간 추출 형식stemmed format을 선호한다는 점을 알아야 한다. Flying 또는 flew를 검색하더라도 궁극적으로 이 단어는 fly 단어에서 파생된 형태다. 따라서 검색 시스템은 어간 추출 형식을 사용하고 그 외 파생된 형식은 제거한다. 3장의 내용을 떠올려보면 표제어, 어간, 어근을 유도하는 방법을 이미 논의했다는 사실을 기억할 것이다.

정규화의 통계적 측면

정규화의 통계적 측면은 피처 규모를 조정하는 데 사용된다. 데이터 속성의 범위가 너무 들쭉날쭉하게 차이나는 데이터세트가 있다면 일반적으로 통계 기법을 적용해 모든 데이터 속성, 또는 피처를 하나의 공통 수치 범위로 묶어줘야 한다. 이 변형을 수행하는 방법은 여러 가지가 있지만 여기서는 **최소 최대 스케일링**min-max scaling이라는 가장 일반적인 방법을 설명한다. 이 개념을 이해하기 위해 방정식과 수학 예제를 살펴보자.

최소 최대 스케일링은 [0,1] 범위의 피처를 제공한다. 일반적인 공식은 그림 5.65에 나와 있다.

$$z = \frac{x - \min(x)}{\max(x) - \min(x)}$$

그림 5.65 최소 최대 정규화 방정식

[1, 8, 22, 25] 같은 피처 값이 있다고 하자. 이 식을 적용해서 각 요소의 값을 계산하면 범위가 [0,1] 인 피처를 얻게 된다. 첫 번째 요소의 경우 z = 1 − 1/ 25 −1 = 0이고, 두 번째 요소의 경우 z =8 −1 /25−1 = 0.2917 식으로 나간다. scikit−learn 라이브러리에는 데이터세트의 최소 최대 스케일링에 사용할 수 있는 API가 있다.

다음 절에서는 언어 모델에 대해 설명한다.

확률 모델

여러 애플리케이션에서 사용해 왔고, NLP에서 가장 유명한 확률 모델 중 하나인 언어 모델을 설명한다. 우리는 언어 모델의 기본 아이디어를 살펴본다. 이 분야를 깊이 알아보지는 않겠지만, 언어 모델이 어떻게 작동하는지, 그리고 어디서 사용할 수 있는지에 대한 직관적인 아이디어를 얻을 수 있다.

확률론적 언어 모델링에 대한 이해

언어 모델LM, language model에는 다음의 두 가지 기본 목표가 있다.

- LM의 목표는 문장이나 단어 시퀀스에 확률을 부여하는 것이다.
- LM은 앞으로 나올 단어의 확률에 대해서도 알려주는데, 이 말은 이전 단어 순서를 관찰해서 어느 것이 그 다음으로 가장 나올 만한 단어인지를 나타낸다는 뜻이다.

어느 모델이 위의 작업 중 하나를 계산할 수 있다면 이를 언어 모델이라고 부른다. LM은 조건부 확률 연쇄 법칙conditional probability chain rule을 사용한다. 조건부 확률의 연쇄 법칙은 단지 조건부 확률의 확장일 뿐이다. 우리는 이미 다음 방정식을 본 적이 있다.

$$P(A|B) = P(A \cap B) / P(B)$$
$$P(A \cap B) = P(A,B) = P(A|B)\,P(B)$$

여기서 $P(A,B)$는 **결합 확률**joint probability이라고 한다. 종속사건이 여러 개 있다고 하면 다음과 같이 결합 확률 계산식을 좀 더 일반화시킬 수 있다.

$$P(A,B,C,D) = P(A)\, P(B|A)P(C|A,B)P(D|A,B,C)$$

$$P(x_1,x_2,x_3,\ldots,x_n) = P(x_1)P(x_2|x_1)P(x_3|x_1,x_2)\ldots P(x_n|x_1,x_2,x_3,\ldots x_{n-1})$$

이 방정식은 조건부 확률에 대한 연쇄 법칙이라고 한다. LM은 향후 단어 확률을 예측하기 위해 이 방법을 사용한다. 특정 사건이 발생하는 횟수를 세고 가능한 조합의 총 수로 나눠 확률을 계산하지만 언어에는 이렇게 적용할 수 없는데, 그 이유는 특정 단어로도 수백만 개의 문장을 생성할 수 있기 때문이다. 따라서 우리는 확률식을 사용하지 않는다. 그 대신 확률을 계산하기 위해 **마코프 가정**Markov Assumption[7]을 사용할 것이다. 이것의 기술적인 정의를 보기에 앞서 해당 개념을 직관적으로 알아보자. 아주 긴 문장이 있고 문장 시퀀스 속에서 그 다음에 나올 단어가 무엇인지 예측하려면 실제로 문장 속에 있는 모든 단어를 고려해 곧 나올 단어의 확률을 계산해야 한다. 이 계산은 매우 지루한 작업이므로 마지막 한두세 개 단어만을 고려해 그 다음 단어에 대한 확률을 계산한다. 이것을 마코프 가정이라고 한다. 이 가정이란 마지막 두 단어를 보고 문장 시퀀스 속에 나오는 그 다음 단어의 확률을 계산할 수 있다는 의미다. 이것을 이해하기 위한 예를 들어보자. 해당 단어의 확률을 계산하려면 바로 앞 단어를 살펴야 한다. 그 방정식은 다음과 같다.

P(the | its water is so transparent that) = P(the | that) 또는 바로 앞 두 단어를 고려해서 P(the | its water is so transparent that) = P(the | transparent that)

간단한 LM은 유니그램을 사용한다. 즉 단어 자체만 고려해서 개별 단어의 확률을 계산한다. 단순히 개별 단어의 확률을 얻어 임의의 단어 시퀀스를 생성한다. 바이그램 모델을 사용하면 이전 단어 하나가 시퀀스에서 다음 단어를 결정한다고 간주한다. 그림 5.66에서 바이그램 모델의 결과를 볼 수 있다.

---

7 마르코프 가정이라고도 한다. – 옮긴이

$$P(w_i \mid w_1 w_2 \ldots w_{i-1}) \approx P(w_i \mid w_{i-1})$$

texaco, rose, one, in, this, issue, is, pursuing, growth, in,
a, boiler, house, said, mr., gurria, mexico, 's, motion,
control, proposal, without, permission, from, five, hundred,
fifty, five, yen

outside, new, car, parking, lot, of, the, agreement, reached

this, would, be, a, record, november

그림 5.66 바이그램 LM을 사용한 출력

LM의 핵심 부분인 n그램 확률은 어떻게 계산할 수 있을까? 바이그램 모델을 살펴보자. 그 식을 보고 나서 예제를 살펴본다. 그림 5.67의 식을 보자.

최대 가능도 추정

$$P(w_i \mid w_{i-1}) = \frac{count(w_{i-1}, w_i)}{count(w_{i-1})}$$

그림 5.67 시퀀스에서 그 다음으로 가장 가능성 있는 단어를 찾는 수식

이 방정식은 이해하기 쉽다. 단어 w_{i-1}과 w_i가 함께 발생하는 횟수를 계산해야 하며, 단어 w_{i-1}이 몇 번 발생했는지도 카운트해야 한다. 그림 5.68의 예를 보자.

$$P(w_i \mid w_{i-1}) = \frac{c(w_{i-1}, w_i)}{c(w_{i-1})}$$

<s> I am Sam </s>
<s> Sam I am </s>
<s> I do not like green eggs and ham </s>

$$P(\text{I} \mid \text{<s>}) = \frac{2}{3} = .67 \qquad P(\text{Sam} \mid \text{<s>}) = \frac{1}{3} = .33 \qquad P(\text{am} \mid \text{I}) = \frac{2}{3} = .67$$

$$P(\text{</s>} \mid \text{Sam}) = \frac{1}{2} = 0.5 \qquad P(\text{Sam} \mid \text{am}) = \frac{1}{2} = .5 \qquad P(\text{do} \mid \text{I}) = \frac{1}{3} = .33$$

그림 5.68 LM을 사용해 가장 가능성 있는 단어를 찾는 사례

보다시피 3개의 주어진 문장에서 ⟨s⟩ 다음에 I가 두 번 오므로 $P(I | ⟨s⟩) = 2/3$가 되며, 모든 단어에 대해 이렇게 확률을 계산하게 된다. LM을 사용하면 코퍼스에서 단어 쌍이 어떻게 기술되는지, 그리고 코퍼스에서 더 많이 발생하는 단어 쌍이 무엇인지를 알 수 있다. 우리가 4그램 또는 5그램 모델을 사용한다면, 일부 문장은 주어와 동사가 포함된 구문 구조에서 긴 종속 관계를 갖기 때문에 LM에 대해 좋은 결과를 얻을 수 있다. 따라서 4그램과 5그램 모델을 사용하면 정말 좋은 LM을 만들 수 있다.

LM 애플리케이션

LM은 NLP 분야에서 훌륭한 애플리케이션을 많이 보유하고 있다. 대부분의 NLP 애플리케이션은 어느 시점에서 LM을 사용한다. 그것을 알아보자.

- 기계 번역 시스템은 LM을 사용해 각 번역 문장에 대한 확률을 알아내어 주어진 입력 문장에 대해 어떤 번역 문장이 최상의 번역인지 결정한다.
- 올바른 적용을 위해 바이그램 LM을 사용해서 가장 가능성 있는 단어를 제안할 수 있다.
- 텍스트 요약을 위해 LM을 사용할 수 있다.
- 질의 응답 시스템에서 LM을 사용해 확률에 따라 답변의 순위를 매길 수 있다.

인덱싱

인덱싱indexing은 아주 유용한 기술이다. 이것은 카테고리형 데이터를 숫자 형식으로 변환하는 데 사용된다. NLP 애플리케이션에서 데이터 속성이 카테고리형이란 점을 발견하면 특정 숫자 값으로 변환하고 싶을 것이다. 이러한 경우 인덱싱 개념이 도움이 될 수 있다. 인덱스 생성을 위한 다양한 API가 들어간 SparkML 라이브러리를 사용할 수 있다. SparkML에는 카테고리형 데이터의 빈도를 사용해 빈도수에 따라 인덱스를 할당하는 StringIndexer라는 API가 있다. 가장 빈번한 카테고리는 인덱스 값이 0이 된다. 이것은 종종 인덱스 생성에 있어서 우직한 방법일 수 있지만 일부 분석 애플리케이션에서는 이 기법이 유용할 수 있다. https://spark.apache.org/docs/latest/ml-features.html#stringindexer 링크에서 그 예제를 볼 수 있다.

SparkML에는 숫자 값을 카테고리형 값으로 다시 변환해야 할 때 사용할 수 있는 API 인 IndexToString도 있다. https://spark.apache.org/docs/latest/ml-features.html#indextostring 링크에서 그 예제를 찾을 수 있다.

애플리케이션

다음은 피처 추출을 위해 인덱스를 사용하는 애플리케이션이다.

- 다중 클래스 분류기를 다루고 있고 대상 클래스가 텍스트 형식이며, 대상 클래스 레이블을 숫자 형식으로 변환하려면 StingIndexer을 사용할 수 있다.
- IndexToString API를 사용해 target 클래스의 텍스트를 생성할 수도 있다.

이제 랭킹이라는 개념에 대해 배울 차례다.

랭킹

많은 애플리케이션에서 랭킹이 중요한 역할을 한다. **랭킹**ranking 개념은 웹에서 검색할 때 사용된다. 기본적으로는 주어진 입력과 생성된 출력의 관련성을 찾기 위해 랭킹 알고리즘을 사용한다.

예를 들어보자. 웹을 검색하면 검색 엔진이 쿼리를 가지고 처리해서 결과를 생성한다. 랭킹 알고리즘을 사용해 쿼리에 따라 가장 관련성이 높은 링크를 찾아서 가장 관련성이 높은 링크, 또는 내용을 맨 위에 나타내고 관련성이 가장 낮은 것은 맨 아래에 나타낸다. 온라인 전자 상거래 웹사이트를 방문할 때도 마찬가지다. 제품을 검색하면 관련 제품 리스트가 나타난다. 고객 경험을 즐겁게 하기 위해 쿼리와 관련이 있으며 리뷰가 좋고 저렴한

가격의 제품을 보여준다. 가장 관련성 높은 제품을 생성하기 위해 검색어 모두는 랭킹 알고리즘에 매개변수로 쓰인다.

 랭킹 알고리즘의 구현은 이 책에서 다룰 내용이 아니다.
https://medium.com/towards-data-science/learning-to-rank-with-python-scikit-learn-327a5cfd81f 링크에서 유용한 추가 정보를 찾을 수 있다.

인덱싱과 랭킹은 NLP 분야에서 자주 사용되지 않지만 머신 러닝을 사용해 분석과 관련된 애플리케이션을 만들 때 아주 중요하다. 주로 사용자의 선호도를 학습하는 데 사용된다. 특정 뉴스 사건의 순위를 매겨야 하는 구글 뉴스 종류의 NLP 애플리케이션을 만들고 있다면, 랭킹과 인덱싱이 중요한 역할을 한다. 질의 응답 시스템에서는 답변의 순위를 매기는 것이 가장 중요한 작업이며 언어 모델과 함께 인덱싱 및 랭킹을 사용해 최상의 결과를 얻을 수 있다. 문법 교정, 편집 교정, 요약 시스템 등의 애플리케이션에서는 이 개념을 사용하지 않는다.

우리는 NLP 애플리케이션에서 사용할 수 있는 대부분의 기본 피처를 알아봤다. 8장에서 이 피처 대부분을 사용하며, 거기서 ML 알고리즘을 사용해 실제 NLP 애플리케이션을 만들어본다. 다음 절에서는 피처 엔지니어링의 이점과 문제점에 대해 설명하겠다.

피처 엔지니어링의 이점

ML 알고리즘을 적용해 NLP 문제를 해결하려고 할 때, 피처 엔지니어링은 NLP 분야에서 가장 중요한 요소다. 좋은 피처를 유도할 수 있다면 다음과 같은 많은 이점을 얻을 수 있다.

- 더 나은 피처는 많은 유연성을 제공한다. 덜 최적화된 ML 알고리즘을 선택하더라도 좋은 결과를 얻을 수 있다. 좋은 피처는 알고리즘 선택에 있어서 유연성을 제공한다. 덜 정교한 모델을 선택하더라도 좋은 정확성을 얻게 된다.
- 좋은 피처를 선택하면 간단한 ML 알고리즘이라도 효과적이다.
- 더 나은 피처를 통해 정확도가 향상된다. 데이터세트에 적합한 피처를 생성하려면 피처 엔지니어링에 더 많은 시간을 투자해야 한다. 가장 훌륭하고 적절한 피처를 유도해내면 대부분의 전투에서 승리하게 된다.

▌ 피처 엔지니어링의 과제

여기서는 NLP 애플리케이션을 위한 피처 엔지니어링의 문제점을 논의한다. 여러분은 도구와 알고리즘 측면에서 사용 가능한 옵션이 많이 있다고 생각할 텐데, 그렇다면 가장 어려운 부분은 무엇일까? 그것을 알아보자.

- NLP 분야에서는 카테고리형 피처, 또는 기본 NLP 피처를 쉽게 유도할 수 있다. 이러한 피처는 숫자 형식으로 변환해야 한다. 이것이 가장 어려운 부분이다.
- 텍스트 데이터를 숫자 형식으로 변환하는 효과적인 방법은 상당히 어렵다. 여기서는 시행착오trial and error 방법이 도움 될지도 모른다.
- TF-IDF, 원핫 인코딩, 랭킹, 동시 발생 행렬, 단어 삽입, word2Vec처럼 텍스트 데이터를 숫자 형식으로 변환하는 데 사용할 수 있는 기술이 있지만, 많은 방법이 없는 탓에 사람들은 이 부분을 어렵게 여긴다.

▌ 요약

5장에서는 NLP 분야에서 널리 사용되는 많은 개념과 도구를 알아봤다. 이 모든 개념은 피처 엔지니어링의 기본 구성 요소다. NLP 애플리케이션에 들어가는 피처를 생성하려고 할 때 이 기술을 사용할 수 있다. 우리는 파스, POS 태거, NER, n그램, 단어 가방이 자연어 관련 피처를 어떻게 생성하는지 살펴보았다. 또한 이것을 어떻게 만드는지, 그리고 NLP 애플리케이션을 개발하는 데 사용자 정의 피처가 필요한 경우에 기존의 도구를 조정하는 다른 방법은 무엇인지도 알아봤다. 더욱이 선형 대수, 통계, 확률에 대한 기본 개념을 살펴보고, 향후 ML 알고리즘에 사용될 확률의 기본 개념도 알아봤다. TF-IDF, 인덱싱, 랭킹 등은 물론이고 확률 모델의 일부로써 언어 모델 같은 멋진 개념을 살펴봤다.

6장에서는 word2vec, Doc2vec, Glove 등과 같은 고급 피처를 알아본다. 이들 알고리즘 모두는 단어 삽입 기술의 일부다. 이 기술은 텍스트 기능을 효율적으로 숫자 형식으로 변환하는 데 도움이 된다. 특히 우리가 의미론을 사용해야 할 때 그렇다. 6장에는 word2vec 알고리즘에 대해 좀 더 자세한 정보가 들어 있다. 우리는 word2vec 모델 배후에 있는 모든 기술을 다룰 것이다. 또한 **인공 신경망**ANN, artificial neural network을 사용해 단어 간의 의미 관계 생성 방법을 이해하고 나서 단어 수준, 문장 수준, 문서 수준 등에서 이 개념을 확장해 본다. word2vec에 대한 멋진 시각화가 들어간 애플리케이션도 만들어 보겠다.

벡터화의 중요성도 논의할 것이므로 계속해서 읽기를 바란다!

06

고급 피처 엔지니어링과
NLP 알고리즘

6장에서는 **word2vec**^{word to vector}라는 놀랍고 간단한 개념을 살펴본다. 이 개념은 구글의 토마스 미콜로프^{Tomas Mikolov}가 이끄는 팀이 개발했다. 우리 모두 알고 있듯이 구글은 훌륭한 제품과 개념을 많이 제공한다. word2vec이 그 중 하나다. NLP에서는 단어, 구, 문장 등의 의미를 다룰 수 있는 도구나 기술 개발이 상당히 중요하며 word2vec 모델은 단어, 구, 문장, 단락, 문서의 의미를 알아내는 훌륭한 작업을 수행한다. 우리는 이 벡터화 세계로 뛰어들어 잠시 동안 그 속에서 지내볼 것이다. 멋지지 않은가? 그 개념을 시작으로 해서 재미있는 실제 사례를 다뤄본다.

워드 임베딩에 대한 기억

5장에서 이미 단어 삽입에 대해 다뤘다. 우리는 NLP에서 어휘 속의 단어나 구phrase가 실수real number의 벡터로 매핑되는 언어 모델과 피처 엔지니어링 기술을 살펴봤다. 단어를 실수로 변환하는 데 사용되는 기술을 **워드 임베딩**word embedding이라고 한다. 우리는 벡터화는 물론이고 벡터화에 바탕을 둔 **용어 빈도 – 역 문서 빈도(tf–idf)**도 사용했다. 이제 word2vec을 알아보자.

word2vec의 기본 사항 이해

여기서는 word2vec를 사용해 단어 수준에서 의미 체계를 처리해본다. 그러고 나서 해당 개념을 단락과 문서 수준으로 확장한다. 그림 6.1을 보면 이 책에서 다룰 다양한 종류의 의미론을 볼 수 있다.

그림 6.1 다양한 종류의 의미

의미론semantics은 NLP 영역에서 의미를 다루는 분야다. 우리는 이미 3장에서 어휘 의미를 다룬 적이 있다. 여기서는 분포 의미distributional semantics에 대해 더 자세히 논의할 것이다. 형식적 의미 합성적 의미론formal semantics compositional semantics 같은 의미론에는 다른 기술이나 타입도 있다. 그러나 지금 이 책에서는 이들 타입이나 기술을 다루지 않는다.

분포 의미론

분포 의미란 큰 텍스트 데이터 샘플에서 분포 속성에 따라 언어 항목 간의 의미 유사성을 따지고 분류하는 기술, 또는 이론 개발에 초점을 맞춘 연구 영역이다.

여기서는 분포 의미가 무엇을 의미하는지를 알려주는 예제를 알아본다. 여행 블로그에 대한 텍스트 데이터가 있다고 하자. 파스타, 국수, 햄버거 등은 먹을 수 있는 음식 품목인 반면에 주스, 차, 커피 등은 마실 수 있는 품목이라는 사실을 알 것이다. 인간이라면 특정 상황과 관련해 먹을 거리와 마실 거리를 쉽게 분류할 수 있지만 머신은 이들 종류의 의미를 실제로 알 수 없다. 설명한 음식 항목은 데이터세트 속에서 특정 단어와 함께 있을 가능성이 크다. 따라서 코퍼스의 단어 분포에 초점을 맞춰 보면, 비슷한 분포의 단어나 언어 항목이 서로 유사한 의미를 지니게 된다. 이를 **분포 가설**distributional hypothesis이라고 한다.

또 다른 예로, 연구 논문 데이터세트가 있다고 하자. 데이터세트 속의 어떤 연구 논문은 공학 카테고리에 속하고 다른 연구 논문은 법 카테고리에 속한다. engineering, equation, methods 등의 단어가 들어간 문서는 공학과 관련이 있으므로 한 그룹에 포함돼야 하며, legal, lawyer, law institutes 등과 같은 단어는 법 문서 분야이므로 함께 그룹화해야 한다. word2vec 같은 분포 의미론 기술을 사용하고 벡터 값도 사용해 다른 분야의 단어를 분리할 수 있다. 유사한 의미를 가진 모든 단어는 코퍼스에서 비슷한 분포를 가지기 때문에 함께 그룹화된다. 그림 6.2는 유사한 문맥 단어context word[1]가 모여 있는, 주어진 분포 의미론 예제의 벡터 공간을 그림으로 표현한 것이다.

---

1 주변 단어라고도 한다. - 옮긴이

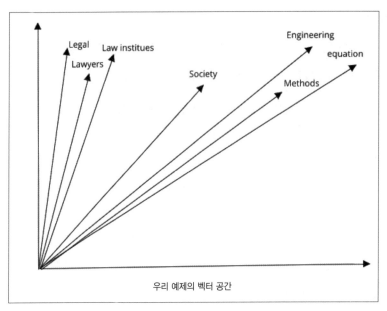

그림 6.2 분포 의미론 예제의 벡터 공간 표현

그림 6.3을 보면 word2vec 모델이 어느 분야에서 유도됐는지를 알 수 있다.

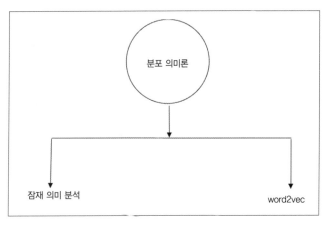

그림 6.3 분배 의미론에서 유도된 중요 모델

6장에서 주로 다루는 내용은 word2vec이라 부르는 분포 의미론 기술이다.

word2vec 정의

word2vec은 2계층 신경망two-layer neural network을 사용해 개발됐다. 많은 양의 텍스트 데이터, 또는 텍스트 코퍼스를 입력 받아 주어진 텍스트에서 벡터 집합을 생성한다.

다른 말로 하면 고차원의 벡터 공간을 생성한다고 말할 수 있다. 이 벡터 공간에는 수백 개의 차원이 있다.

 고차원이라고 해서 두려워하지 말라. 6장에서는 여러분을 위해 word2vec의 전체 개념을 단순하게 설명한다.

word2vec 모델이 텍스트로부터 벡터 집합 또는 벡터 공간을 생성한다고 말할 때, 여러분은 이 말의 의미를 알고 싶을 것이다. 여기서는 2계층 신경망을 사용하는데, 이 망은 일종의 로직을 수행하며 벡터 공간의 벡터를 생성하는 블랙박스다. 벡터 공간에서는 코퍼스 내의 각 고유 단어가 대응 벡터로 지정된다. 따라서 벡터 공간이란 큰 텍스트 코퍼스 내의 모든 단어에 대한 벡터 표현일 뿐이다.

이제 뭔가 감이 잡히는가? 우리가 배운 내용을 토대로 word2vec는 워드 임베딩을 생성하는 모델 중 하나라고 말할 수 있다. 5장에서 설명한 '벡터화' 내용을 기억해보자. 또한 여기서 주장하고 싶은 점은 word2vec가 강력하고 자율적인 워드 임베딩 기술이라는 점이다.

비지도된 분포 의미 모델의 필요성: word2vec

이 절에서는 word2vec이 해결하려는 수많은 과제에 대한 아이디어를 제공한다. 이들 과제를 해결하면 word2vec가 정말 필요해진다. 먼저 몇 가지 문제를 살펴본 후 word2vec 모델로 이들 문제를 해결하는 방법에 대해 살펴보자.

과제

여기에 나열한 두 가지 문제를 해결하기 위해 노력 중이다.

- NLP 애플리케이션을 개발할 때 근본적인 문제가 있다. 알다시피 머신이 텍스트를 이해할 수 없기 때문에 텍스트 데이터를 숫자 형식으로 변환해야 한다.

- 텍스트 데이터를 숫자 형식으로 변환하는 몇 가지 방법이 있지만, 우직한 기술을 적용하는데 그 중 하나가 원핫 인코딩이며 이 기술의 문제점은 다음과 같다.

  - "I like apple juice"라는 문장이 있다. 이제 이 문장의 각 단어에 원핫 인코딩을 적용한다고 하자. 여러분의 코퍼스에 수천 개의 문장이 있다면, 벡터 차원은 여러분의 코퍼스 전체 어휘와 동일하다. 그리고 이런 종류의 고차원 열 column이 NLP 애플리케이션을 개발하는 데 사용됐다면, 많은 시간이 소요되기 때문에 이들 고차원 열에 대해 높은 계산 능력과 행렬 연산이 필요하다.

  - 음성 인식 어휘의 경우에 크기는 평균 2만 단어다. 기계 번역 시스템을 개발한다면 아마도 50만 단어처럼 더 많은 어휘를 사용할 것이다. 이러한 종류의 거대한 벡터를 다루는 작업은 큰 도전이다.

  - 또 다른 문제는 문장의 특정 단어에 대해 원핫 인코딩을 적용하면 실제로 단어를 나타내는 엔트리를 제외한 전체 엔트리의 값은 0이고, 해당 값은 1이다. 단순하게 하기 위해 "I like apple juice" 문장을 생각해보자. 잠시 동안 우리의 코퍼스에는 이 단 하나의 문장만 있다고 생각하자. apple이라는 단어에 대해 원핫 인코딩을 적용하면 다음과 같이 apple의 원핫 표현은 다음과 같게 된다. 그림 6.4를 참조하자.

```
                문장: I like apple juice.


                        0                    0
                        0                    0
        Apple  =        1      juice  =      0
                        0                    1
```

그림 6.4 apple과 juice라는 단어의 원핫 인코딩 표현

- 원핫 인코딩은 단어 간의 문맥 유사성에 대한 사실을 밝히지 않는다. 이것을 이해하기 위해 예를 들어 여러분의 코퍼스에 cat와 cats 라는 단어가 있다면, 원핫 인코딩은 cat와 cats 단어가 매우 유사한 단어라는 사실을 밝히지 않는다.

- 원핫 인코딩된 벡터에 AND 연산을 적용하면 문맥상의 유사성을 나타내지 않는다. 예를 들어 **Apple**과 **juice**의 원핫 벡터에 대한 내적dot product을 의미하는 AND 연산을 적용하면 그 답은 **0**이다. 실제로 이 단어는 함께 나타나고 강한 맥락 관계를 가질 수 있지만, 원핫 인코딩은 단어 유사성에 관해 중요한 것을 표현하지 않는다.

- 정확한 단어 유사성을 찾으려면 워드넷이 충분히 도움이 되지 않는다. 워드넷은 전문가에 의해 만들어지며 워드넷에 포함된 것은 무엇이든지 주관적이 되는데, 그 이유는 인간 사용자가 만들었기 때문이다.

- 워드넷 사용은 많은 시간과 노력이 필요하다.

- Coding Ninja, Wizard 등과 같은 일부 새로운 단어는 워드넷에게 새 단어이므로 웹 사이트에 없을 수 있다. 이들 종류의 단어가 없기 때문에 워드넷에서 다른 의미론적 관계를 유도해낼 수 없다.

앞에서 언급한 각 도전 과제는 해결을 위한 기술 개발에 중요한 역할을 했다. 지난 20년 동안 단어에 대한 효율적이고 간결하며 관련된 숫자 표현을 개발하기 위한 많은 노력이 있었다. 마침내 2013년에 토마스 미콜로프와 그의 구글 연구팀이 word2vec 모델을 제안했으며, 이 모델은 이전의 많은 과제를 효율적으로 해결한다.

word2vec은 단어 유사성 발견은 물론이고 단어 간의 의미 관계 보존에 아주 좋은데, 이런 점들은 원핫 인코딩 같은 이전 기술이나 워드넷을 사용해서는 처리할 수 없었다.

word2vec에 대한 많은 배경 지식을 알게 됐으므로 word2vec 모델의 표현, 컴포넌트, 기타 매개변수를 이해해보자.

마법 여행을 시작하자!

word2vec 모델을 블랙박스에서 화이트박스로 변환하기

이 절 이후로는 word2vec 모델의 각 컴포넌트뿐만 아니라 모델의 작동 과정도 알아본다. 즉 간단히 말해서 word2vec의 블랙박스 부분을 화이트박스로 변환시킨다.

word2vec 모델을 이해하기 위해 다음 절차에 중점을 두겠다.

- 표현에 기반을 둔 분포 유사성
- word2vec 모델의 컴포넌트 이해
- word2vec 모델의 로직 이해
- word2vec 모델 배후의 알고리즘과 수학 이해
- word2vec 모델에 관한 몇 가지 사실
- word2vec 모델의 애플리케이션

이제 시작해보자!

표현에 기반을 둔 분포 유사성

이것은 NLP에서 꽤 오래되고 강력한 아이디어다. 분포 유사성의 개념은 특정 단어가 나타나는 문맥을 고려함으로써 단어 의미 표현 값을 많이 얻을 수 있다는 뜻이므로 이 개념은 해당 문맥과 아주 관련이 있다. 다음은 유명한 언어학자인 존 퍼스^{John Firth}가 했던 아주 유명한 말이다.

"주변 단어를 보면 그 단어를 알 수 있다."

예를 들어보자. banking 단어의 의미를 찾으려면 banking 단어가 들어간 수천 개의 문장을 수집하고 나서 banking 단어와 함께 하는 다른 단어를 찾아 banking 단어가 들어간 문맥을 알아보면 된다. 따라서 다음 예제를 보면서 분포 유사성을 이해해보자.

- 문장 1: The banking sector is regulated by the government(은행 부문은 정부의 규제를 받는다.)
- 문장 2: Banking institutions need some technology to change their traditional operations(은행 기관은 그들의 전통적인 운영 방식을 바꾸기 위해 몇 가지 기술이 필요하다.)

이 문장에서 banking 단어는 government, department, operations 등과 같은 단어에 더 자주 포함된다. 이 단어 모두는 banking 단어의 문맥과 의미를 이해하는 데 매우 유용하다.

이런 다른 단어는 banking 단어의 의미를 표현하는 데 정말로 도움이 된다. 또한 banking 단어를 사용해 문장 내에 banking 단어가 있을 때 가장 자주 발생하는 단어나 구를 예측할 수도 있다.

특정 단어의 의미를 어떻게 더 잘 표현할 수 있는지 뿐만 아니라 이 단어의 문맥에 나타날 다른 단어를 어떻게 예측하는지를 알려면 해당 단어의 분포 표현^{distributional representation}을 이해해야 한다.

단어의 분포 표현은 단어를 표현할 수 있는 벡터 형태^{vector form}다. 단어는 고밀도 벡터^{dense vector}의 형태로 표현되며, 이 단어의 문맥 속에 나타날 다른 단어를 예측하려면 고밀도 벡터를 선택해야 한다. 이제 우리가 예측하는 다른 단어도 각각 다른 단어와 연결돼 있으므로 벡터 내적 같은 유사성 측정법을 사용한다. 이것은 일종의 재귀적 접근법으로 각 단어는 같은 문맥에 나타날 수 있는 다른 단어를 예측하고, 예측된 단어는 또 다른 단어를 예측함으로써 물고 물리는 작업을 수행한다. 그래서 이런 재귀적 연산을 수행하는 영리한 알고리즘이 필요하다.

여기서 분포 유사성과 분포 표현의 용어 간에 혼동하지 말라. 분포 유사성 기반 표현은 의미론 이론의 일부로 실제로 사용되며, 이는 일상 생활 사용법으로 단어의 의미를 이해하는 데 도움이 된다. 반면 단어의 분포 표현은 벡터 형태의 단어 표현이다. 단어의 벡터 형태를 생성하려면 원핫 인코딩이나 그 외 기술을 사용할 수 있지만, 여기서 중요한 점은 유사성 측정의 중요성도 전달하는 단어의 벡터를 생성해 그 단어의 문맥상 의미를 이해할 수 있게 하는 것이다. 분포 유사성을 얘기할 때 word2vec가 중요해진다.

▌ word2vec 모델의 컴포넌트 이해하기

이 절에서는 다음과 같이 word2vec 모델의 세 가지 주요 구성 요소를 이해할 수 있다.

- word2vec의 입력
- word2vec의 출력
- word2vec 모델의 구조 컴포넌트

word2vec의 입력

우선 word2vec 모델을 개발하기 위한 입력을 알아야 하는데, 입력이야말로 word2vec 모델을 개발할 수 있는 근본적인 요소이기 때문이다.

따라서 word2vec 모델을 개발하기 위한 입력으로 원시 텍스트 코퍼스를 사용할 것이다.

실제 애플리케이션에서는 큰 코포라를 입력으로 사용한다. 간단히 하기 위해 6장에서는 아주 작은 코퍼스를 사용해 그 개념을 알아본다. 6장의 뒷부분에서는 word2vec 모델 개념을 사용해서 멋진 자료를 개발하기 위해 큰 코퍼스를 사용한다.

word2vec의 출력

이 절은 여러분이 이해하는 데 있어 매우 중요한데, 그 이유는 이 시점 이후에 여러분이 이해한 내용으로 여기서 설정한 결과물을 내야 하기 때문이다. 그래서 지금까지 우리는 단어의 의미를 전달하는 단어의 벡터 표현을 개발하는 것뿐만 아니라 분포 유사성 척도를 표현하려고 했다.

이제 우리의 목표와 결과를 정의하는 쪽으로 넘어가겠다. 우리는 중심 단어와 그 문맥에 나타나는 단어를 예측하는 것을 목표로 하는 모델을 정의하고자 한다. 그래서 해당 단어가 들어간 문맥의 확률을 예측해야 한다. 여기서는 간단한 예측 목표를 설정한다. 다음 그림을 참조하면 이 목표를 이해할 수 있다.

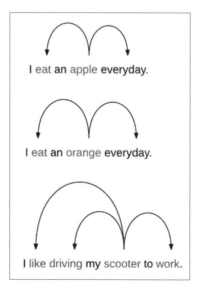

그림 6.5 우리의 목표를 이해하기 위한 그림

보다시피 위의 그림에는 간단한 예제 문장이 있다. 첫 번째 문장에서 apple 단어를 취해서 목표에 따라 apple 단어를 벡터 형식으로 변환하고, apple의 벡터 형태를 사용해 apple 단어의 문맥 속에 나타나는 eat 단어의 확률을 예측할 수 있다. 동일한 로직을 다른 문장에도 적용한다. 예를 들어 세 번째 문장에서는 scooter 단어의 벡터를 찾으려고 하는데, 이 벡터는 주어진 scooter 단어의 문맥에서 driving 및 work 같은 단어의 확률을 예측하는 데 도움이 된다.

따라서 일반적으로 우리의 직접적인 목표는 모든 단어를 벡터 형식으로 변환해 문맥에 나타나는 단어를 예측하는 데 좋게 해야 하는 것이므로, 문맥을 제공하기만 하면 그 문맥에 가장 적합한 단어의 확률을 예측할 수 있다.

word2vec 모델의 구조 컴포넌트

지금까지 우리의 입력과 출력을 알게 됐으므로, 이제 입력을 사용해 어떻게 목표를 달성할 수 있을지 생각할 수 있다. 앞서 언급했듯이 목표를 달성하는 데 도움이 되는 영리한 알고리즘이 필요하다. 연구자들은 연구를 수행해서 신경망neural network 기술을 사용하면 되겠다는 결론을 내렸다. 신경망을 사용하는 이유를 간단히 설명하겠지만 깊이 알아보고 싶다면 다음 논문을 읽어보길 바란다.

http://wwwold.ece.utep.edu/research/webfuzzy/docs/kk-thesis/kk-thesis-html/node12.html

http://s3.amazonaws.com/academia.edu.documents/44666285/jhbs.pdf?AWSAccessKeyId=AKIAIWOWYYGZ2Y53UL3A&Expires=1497377031&Signature=CtXl5qOa4OpzF%2BAcergNU%2F6dUAU%3D&response-content-disposition=inline%3B%20filename%3DPhysio_logical_circuits_The_intellectua.pdf

http://blogs.umass.edu/brain-wars/files/2016/03/rosenblatt-1957.pdf

신경망 기술을 사용하는 이유는 많은 양의 데이터로 학습하는 경우에 신경망이 좋은 알고리즘이기 때문이다. 단순하고 규모 확대가 가능하며, 훈련하기 쉬운 모델을 만들고 싶다면 신경망이 가장 좋은 방법 중 하나다. 다음에 나열한 최근 연구 논문을 읽어본다면 이와 같은 사실을 알 수 있다. 언급한 논문에 대한 링크는 다음과 같다.

> http://web2.cs.columbia.edu/~blei/seminar/2016_discrete_data/readings/MikolovSut skeverChenCorradoDean2013.pdf
>
> https://arxiv.org/abs/1301.3781

이런 종류의 신경망은 분포 유사성을 생성하는 측면에서 마술을 부린다. 구글은 위키피디아의 커다란 코퍼스를 사용해 word2vec 모델을 생성했다. 그림 6.6을 참조하는데, 이 그림은 입력에 대한 개요와 구글 word2vec 모델의 유명한 출력을 보여준다. 우리에게는 word2vec 모델이 여전히 멋진 결과를 생성하는 강력한 블랙박스다. 다음 그림에서 word2vec의 블랙박스 표현을 보자.

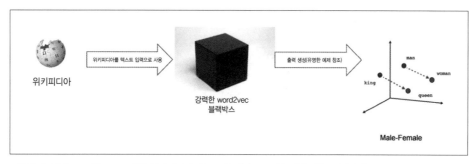

그림 6.6 구글 word2vec 모델은 위키피디아 텍스트를 입력으로 사용해 출력을 생성한다.

앞의 그림은 word2vec 모델에 텍스트 데이터를 입력한 것을 보여준다. word2vec 모델은 텍스트 데이터를 벡터 형식으로 변환해 이러한 벡터 표현에서 단어의 의미 전달에 수학 연산을 할 수 있게 한다. word2vec의 가장 유명한 예는 king, man, woman의 벡터 경우다. king 벡터에서 man 벡터 값을 빼고 woman 벡터 값을 더하는 수학 연산을 적용하면 queen 단어 같은 벡터 값이 나온다. 수학으로 표현하면 king − man + woman = queen이 된다.

이제 word2vec의 아키텍처 컴포넌트 개요에 초점을 맞춰보자.

아키텍처 컴포넌트

word2vec 모델 제작과 관련된 아키텍처 컴포넌트를 살펴보자.

word2vec 모델의 주요 아키텍처 컴포넌트는 신경망이다. word2vec 모델의 신경망에는 2개의 층만 있으므로 딥^{deep} 신경망이 아니다. 사실 word2vec는 벡터 형태의 단어를 생성하는 데 딥 신경망을 사용하지 않는다.

이 컴포넌트는 word2vec 모델의 중요하고도 메인 컴포넌트 중 하나인데, word2vec 작동 방식에 대한 잘 알려면 해당 기능을 풀어봐야 한다. 이제 word2vec 모델의 마법 로직을 풀어헤칠 차례다.

▌ word2vec 모델의 로직 이해하기

우리는 word2vec 모델을 분해해 해당 로직을 알아본다. word2vec는 소프트웨어의 일부이며 다수의 알고리즘을 사용한다. 그림 6.7을 참조하자.

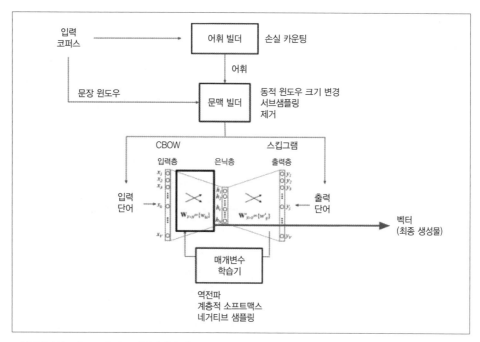

그림 6.7 Word2vec 구성요소(이미지 출처: Xin Rong)

그림 6.7에서 볼 수 있듯이 3개 주요 구성요소가 있다. 우리는 각각의 내용을 자세히 알아본다.

- 어휘 빌더
- 문맥 빌더
- 두 계층이 있는 신경망

어휘 빌더

어휘 빌더vocabulary builder는 word2vec 모델의 첫 번째 컴포넌트다. 이 빌더는 주로 문장의 형태로 있는 원시 텍스트 데이터를 얻는다. 어휘 빌더는 주어진 텍스트 코퍼스에서 어휘를 만드는 데 사용된다. 그것은 여러분의 코퍼스에서 모든 고유한 단어를 수집해서 어휘를 만든다.

파이썬에는 gensim이라는 라이브러리가 있다. gensim을 사용해 우리 코퍼스에 대해 word2vec를 생성한다. gensim에서 사용할 수 있는 몇 가지 매개변수가 있으므로 애플리케이션 요구 사항에 따라 우리 코퍼스에서 어휘를 만들 수 있다. 매개변수 리스트는 다음과 같다.

- min_count: 이 매개변수는 임계 값으로 사용된다. 이 값을 사용하면 총 빈도가 지정된 값보다 낮은 모든 단어를 무시할 수 있다. 따라서 예를 들어 min_count = 5로 설정하면 어휘 빌더의 출력에는 5 번 미만의 단어가 포함되지 않다. 따라서 어휘 빌더 출력에는 코퍼스에 5번 이상 나타난 단어만 포함된다.
- build_vocab(sentences, keep_raw_vocab=False, trim_rule=None, progress_per=10000, update=False): 이 구문은 문장 시퀀스(단 한 번의 생성기 스트림일 수 있음)로부터 어휘를 만드는 데 사용된다. 각 문장은 유니코드 문자열로 된 리스트이어야 한다.

 https://radimrehurek.com/gensim/models/word2vec.html 링크에서 그 외의 매개변수를 볼 수 있다.

어휘 속에 존재하는 각 단어는 인덱스와 횟수가 들어 있는 어휘 객체와 관련돼 있다. 그것이 어휘 빌더의 출력이다. 따라서 그림 6.8을 참조하면 어휘 빌더의 입력과 출력을 이해하는 데 도움이 된다.

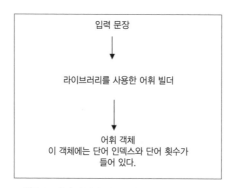

그림 6.8 어휘 빌더의 입력과 출력 흐름

문맥 빌더

문맥 빌더context builder는 문맥 윈도우의 일부인 단어뿐만 아니라 어휘 빌더의 출력을 입력으로 사용해 출력을 생성한다.

우선 문맥 윈도우의 개념을 이해해보자. 이 문맥 윈도우는 일종의 슬라이딩 윈도우sliding window다. word2vec를 사용할 NLP 애플리케이션에 따라 윈도우 크기를 정의할 수 있다. 일반적으로 NLP 애플리케이션은 5~10 단어의 문맥 윈도우 크기를 사용한다. 윈도우 크기를 5로 지정하기로 했다면 중심 단어에서 왼쪽으로 5개 단어, 오른쪽으로 5개 단어를 고려해야 한다. 이런 식으로 중심 단어에 대해 모든 주변 단어에 대한 정보를 수집한다.

여기서 예제로써 한 문장의 코퍼스를 두고 문맥 윈도우의 크기는 1로 한다. I like deep learning 문장에서 deep을 중심 단어로 하자. 그렇다면 윈도우 크기에 따라 주변 단어를 고려해야 한다. 여기서는 like와 learning 단어를 고려해야 한다. 그 다음 반복에서는 중심 단어가 learning, 주변 단어는 deep이 되고, 문장 마지막에 **마침표(.)**가 붙는다.

문맥 윈도우 개념을 여러분이 명확하게 이해하길 바란다. 이제 이 개념을 연결해서 문맥 빌더가 이 개념과 어휘 빌더의 출력을 어떻게 사용하는지 알아야 한다. 어휘 빌더 객체에는 단어 인덱스와 코퍼스의 단어 빈도가 들어 있다. 문맥 빌더는 단어의 인덱스를 사용해 우리가 어느 단어를 찾고 있는지를 알게 되며 문맥 윈도우 크기에 따라 다른 주변 단어를 고려한다. 이들 중심 단어와 그 외 주변 단어는 문맥 빌더에 입력된다.

이제 문맥 빌더에 대한 입력이 무엇인지 잘 알게 됐다. 문맥 빌더의 출력을 알아보자. 이 문맥 빌더는 단어 쌍word pairing을 생성한다. 단어 쌍에 대해 알려면 그림 6.9를 참조하자.

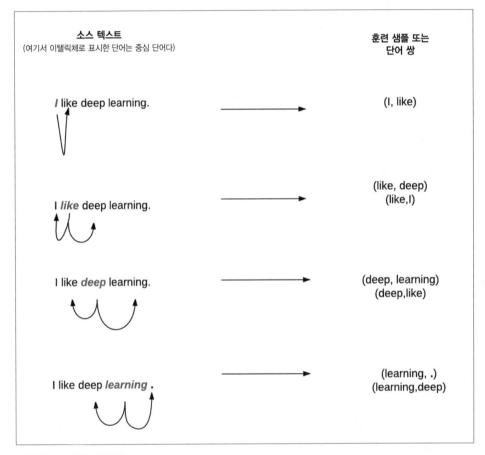

그림 6.9 단어 쌍 이해하기

이들 단어 쌍은 신경망에 제공된다. 이 망은 각 단어 쌍이 나타나는 횟수로 기본 통계를 학습한다. 예를 들어 신경망은 (deep, communication)보다는 (deep, learning)에 대해 더 많은 훈련 예제를 얻을 수 있다. 훈련이 끝났을 때 deep 단어를 입력 내용으로 넣으면 communication보다 learning, 또는 network에 대해 훨씬 더 높은 확률이 나온다.

따라서 이 단어 쌍은 문맥 빌더의 출력이며 두 계층 신경망인 그 다음 컴포넌트로 전달된다. 문맥 빌더의 흐름 요약을 보려면 그림 6.10을 참조하자.

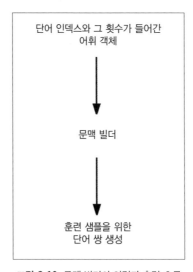

그림 6.10 문맥 빌더의 입력과 출력 흐름

지금까지 word2vec 구성요소 중 두 개의 주요 컴포넌트를 알아봤다. 다음으로는 신경망인 최종 컴포넌트에 초점을 두고 설명한다.

두 계층 신경망

이 절에서는 신경망의 입력과 출력을 살펴본다. 그 외에도 신경망의 구조 부분에 초점을 맞춰 단일 뉴런neuron의 모습, 몇 개의 뉴런이 있어야 하는지, 활성화 기능은 무엇인지 등을 알려준다. 이제 또 출발하자!

word2vec 신경망의 구조적 세부사항

word2vec는 훈련용 신경망을 사용한다. 따라서 우리에게는 신경망의 기본 구조를 이해하는 일이 중요하다. 신경망의 구조적 세부사항은 다음과 같다.

- 하나의 입력층이 있다.
- 두 번째 계층은 은닉층^{hidden layer}이다.
- 세 번째 계층이자 마지막 계층은 출력층이다.

Word2vec 신경망 계층의 세부사항

알다시피 단어 벡터를 생성하기 위해 신경망에는 두 개의 계층이 있다. 각 계층과 그 입출력을 세부적으로 알아본다. 이 절에서는 word2vec 모델 이면에 있는 수학을 다루지 않으며, 그것은 6장의 뒷부분에서 알아보고 이해할 만한 시점이 되면 알려주겠다.

각 계층의 일을 간단히 알아보자.

- **입력층**: 입력층에는 훈련용 어휘 속의 단어만큼 많은 뉴런이 있다.
- **은닉층**: 뉴런의 측면에서 은닉층 크기는 결과로 나올 단어 벡터의 차원이다
- **출력층**: 출력층은 입력층과 같은 수의 뉴런을 보유한다.

첫 번째 입력층에 대한 입력은 원핫 인코딩으로 된 단어다. 단어 벡터 학습을 위한 우리 어휘의 크기가 V라고 하자. 이 말은 코퍼스 속에 V 개의 다른 단어가 있다는 뜻이다. 이 경우 자신을 나타내는 단어의 위치는 1로 인코딩되고, 다른 모든 단어의 위치는 0으로 인코딩된다. 그림 6.4를 다시 한번 참조해서 원핫 인코딩의 개념을 상기하라. 이들 단어의 차원이 N이라고 하자. 그러면 은닉층 연결에 대한 입력은 V * N 크기의 입력 행렬 WI(입력 매트릭스 기호)의 각 행으로 표현될 수 있는데, 여기서 매트릭스 WI의 각 행은 어휘 단어를 나타낸다. 마찬가지로 은닉층에서 출력층으로의 연결을 고려하면 은닉층의 출력은 은닉층 출력 행렬 WO(은닉층 행렬 기호)로 나타낼 수 있다. WO 행렬의 크기는 N * V이다. 이 경우 WO

행렬의 각 열은 주어진 어휘의 단어를 나타낸다. 그림 6.11을 참조해서 입출력을 잘 이해해보자. 이것뿐만 아니라 개념을 이해하기 위한 간단한 예를 알아보자.

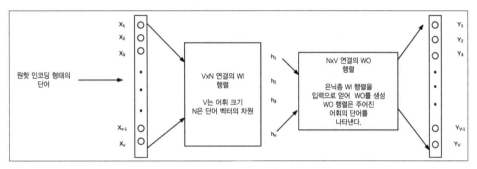

그림 6.11 두 계층 신경망 입력과 출력 구조 표현

이제 예를 들어 설명하는데, 아주 작은 코퍼스 집합을 사례로 들겠다. 다음과 같이 주어진 작은 코퍼스에 있는 문장을 보자.

- the dog saw a cat
- the dog chased a cat
- the cat climbed a tree

위의 세 문장에는 여덟(8) 개의 고유한 단어가 있다. 알파벳 순으로 정렬해야 하며, 이들 단어에 접근할 때는 각 단어의 인덱스를 참조한다. 다음 표를 보자.

단어	인덱스
a	1
cat	2
chased	3
climbed	4
dog	5
saw	6
the	7
tree	8

여기서 V 값은 8이다. 신경망에서는 8개의 입력 뉴런과 8개의 출력 뉴런이 필요하다. 이제 은닉층에는 3개의 뉴런이 있다고 하자. 따라서 이 경우에 WI와 WO 값은 다음과 같이 정의된다.

- WI = [V * N] = [8 * 3]
- WO = [N * V] = [3 * 8]

훈련이 시작되기 전에 이들 행렬인 WI와 WO는 무작위 값을 사용해 초기화되는데 이는 신경망 훈련에서 아주 일반적이다. 그냥 설명용으로 WI와 WO를 다음 값으로 초기화한다고 가정하자.

WI =

$$
\begin{array}{rrr}
-0.094491 & -0.443977 & 0.313917 \\
-0.490796 & -0.229903 & 0.065460 \\
0.072921 & 0.172246 & -0.357751 \\
0.104514 & -0.463000 & 0.079367 \\
-0.226080 & -0.154659 & -0.038422 \\
0.406115 & -0.192794 & -0.441992 \\
0.181755 & 0.088268 & 0.277574 \\
-0.055334 & 0.491792 & 0.263102
\end{array}
$$

WO =

$$
\begin{array}{rrrrrrrr}
0.023074 & 0.479901 & 0.432148 & 0.375480 & -0.364732 & -0.119840 & 0.266070 & -0.351000 \\
-0.368008 & 0.424778 & -0.257104 & -0.148817 & 0.033922 & 0.353874 & -0.144942 & 0.130904 \\
0.422434 & 0.364503 & 0.467865 & -0.020302 & -0.423890 & -0.438777 & 0.268529 & -0.446787
\end{array}
$$

이미지 출처: https://iksinc.wordpress.com

우리는 신경망이 cat과 climbed 단어 간의 관계를 배울 수 있도록 목표를 잡는다. 다른 말로 하면 cat 단어가 입력으로 신경망에 들어가면 신경망이 climbed 단어의 확률을 높일 거라는 뜻이다. 따라서 워드 임베딩에서 cat 단어는 문맥 단어context word라고 하고 climbed 단어는 대상 단어target word[2]라고 한다.

---

2 중심 단어, 목표 단어 또는 표적 단어라고도 한다. – 옮긴이

입력 벡터 X는 cat 단어를 나타내며 [0 1 0 0 0 0 0 0]t가 된다. 벡터의 두 번째 성분만 1이라는 점에 유의하자. 그 이유는 입력 단어 cat이 정렬된 코퍼스 리스트에서 두 번째 위치에 있기 때문이다. 같은 식으로 대상 단어가 climbed이므로 climbed에 대한 대상 벡터는 [0 0 0 1 0 0 0 0]t가 된다.

첫 번째 계층에 대한 입력은 [0 1 0 0 0 0 0 0]t이다.

은닉층 출력 Ht는 다음 공식으로 계산한다.

$$Ht = XtWI = [-0.490796 \ -0.229903 \ 0.065460]$$

이 계산에서는 숨겨진 뉴런의 출력이 원핫 인코딩 표현으로 인해 WI 행렬 두 번째 행의 가중치를 모방한다는 사실을 알 수 있다. 이제 은닉층과 출력층에 대해서도 이와 비슷하게 계산한다. 은닉층과 출력층의 계산은 다음과 같이 정의한다.

$$HtWO = [0.100934 \ -0.309331 \ -0.122361 \ -0.151399 \ 0.143463 \ -0.051262$$
$$-0.079686 \ 0.112928]$$

여기서 최종 목표는 출력층에 있는 단어에 대해 확률을 구하는 것이다. 출력층에서 우리는 입력 시 문맥 단어와 그 다음 단어 관계를 반영하는 확률을 알아낸다. 그래서 수학적 표현은 다음과 같다.

$$k에 \ 대한 \ 확률 \ P \ (word_k \ | \ word_{context}) = 1...V$$

여기서는 확률 관점에서 얘기하지만, 우리의 출력물은 벡터 집합의 형태로 돼 있으므로 그 출력을 확률로 변환해야 한다. 최종 출력층에서 나오는 뉴런 출력의 합이 1이 돼야 한다는 점에 유의해야 한다. word2vec에서는 softmax 함수를 사용해 출력층 뉴런의 활성화 값을 확률로 변환한다.

softmax 함수

이 절에서는 softmax 함수를 살펴보자. softmax 함수는 출력 벡터를 확률 형태로 변환하는 데 사용된다. 우리는 확률의 관점에서 최종 계층 출력을 변환하려고 하기 때문에 softmax 함수를 사용한다. softmax 함수는 벡터 값을 확률 값으로 쉽게 변환할 수 있다. 여기서 k 번째 뉴런의 출력은 다음 식으로 계산한다. 여기서 activation(n)은 n 번째 출력층 뉴런의 활성화 값을 나타낸다.

$$y_k = \Pr(word_k \mid word_{context}) = \frac{\exp(activation(k))}{\sum_{n=1}^{V} \exp(activation(n))}$$

이 방정식을 사용해 코퍼스에서 8개 단어에 대한 확률을 계산할 수 있으며 확률 값은 다음과 같이 나타난다.

[0.143073 0.094925 0.114441 0.111166 0.149289 0.122874 0.119431 0.144800]

이 확률 값을 어떻게 얻었는지 궁금할 것이다. 위의 softmax 확률식을 사용해 최종 확률 벡터를 생성했다. 다음 부분 코드에서 softmax 함수에 대한 파이썬 코드를 볼 수 있다.

```
import numpy as np def stablesoftmax(x):
"""Compute the softmax of vector x in a numerically stable way."""
shiftx = x - np.max(x) exps = np.exp(shiftx) return exps / np.sum(exps)
print stablesoftmax([0.100934,-0.309331,-0.122361,-0.151399, 0.143463,-0.051262,-
0.079686, 0.112928])
```

이 코드는 다음의 출력 벡터를 생성한다.

```
[ 0.143073    0.094925    0.114441    0.111166    0.149289    0.122874 0.119431
0.144800 ]
```

보다시피 확률 0.111166은 선택한 대상 단어에 대한 것이다. 알다시피 대상 벡터는 [0 0 0 1 0 0 0 0]t이므로 예측으로 에러를 계산할 수 있다. 예측 에러prediction error, 또는 에러 벡터error vector를 생성하려면 대상 벡터에서 확률 벡터를 빼야 한다. 일단 에러 벡터 또는 에러 값을 알면 그에 따라 가중치를 조정할 수 있다. 여기서 WI와 WO 행렬의 가중치를 조정해야 한다. 망에서 에러를 전파해서 WI와 WO의 가중치를 재조정하는 기술을 **역전파**backpropagation라고 한다.

따라서 코퍼스로부터 다른 문맥–대상 단어 쌍을 얻어서 훈련을 계속 할 수 있다. 이것이 word2vec가 단어 간의 관계를 학습해 코퍼스로부터 단어의 벡터 표현을 개발하는 방법이다.

메인 처리 알고리즘

word2vec에는 두 가지 버전이 있다. 이들 버전은 word2vec의 메인 알고리즘이다. 그림 6.12를 참조하자.

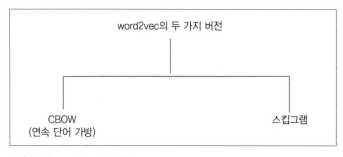

그림 6.12 word2vec의 버전

이 절에서는 2개의 메인 처리 알고리즘을 살펴보자. 이들 알고리즘 이름은 다음과 같다.

- 연속 단어 가방Continuous bag of words
- 스킵그램Skip-gram

연속 단어 가방

연속 단어 가방(CBOW) 알고리즘에서 문맥은 주어진 대상 단어에 대해 여러 단어로 표현된다. 앞 절에서 문맥 단어가 cat 이었고 대상 단어가 climbed 이었던 예를 떠올려보자. 예를 들어 cat뿐만 아니라 tree를 문맥 단어로 사용해 climbed 단어를 대상 단어로 예측할 수 있다. 이 경우 신경망의 아키텍처를 변경해야 하는데, 특히 입력층을 변경해야 한다. 이제 입력층은 단일 단어 원핫 인코드 벡터single-word one-hot encode vector를 나타내지 않을 수도 있어서 tree 단어를 나타내는 다른 입력층을 배치해야 한다.

문맥 단어를 늘리면 각 단어를 나타내는 입력층을 추가해야 하며, 이 모든 입력층은 은닉층에 연결된다. 그림 6.13을 참조하자.

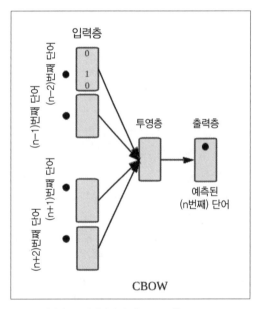

그림 6.13 CBOW 신경망 구조(이미지 출처: https://www.semanticscholar.org)

여기서 좋은 점은 계산 공식이 동일하다는 것이다. 다른 문맥 단어에 대해서도 Ht를 계산하면 된다.

스킵그램

스킵그램(SG) 모델은 대상 단어와 문맥 단어의 사용을 반대로 한다. 여기서 대상 단어는 입력층에 원핫 코드 벡터 형태의 입력으로 제공된다. 은닉층은 동일하게 유지된다. 신경망의 출력층은 여러 번 반복해서 선택된 수의 문맥 단어를 생성한다.

문맥 단어로 cat과 tree 단어, 대상 단어로 climbed 단어의 예를 들어보자. SG 모델의 입력 벡터는 climbed 단어 [0 0 0 1 0 0 0 0]t가 되고, 이번에 출력 벡터는 cat 단어와 tree 단어에 대한 벡터가 돼야 한다. 따라서 출력 벡터는 cat의 경우 [0 1 0 0 0 0 0 0]이고, tree의 경우 [0 0 0 0 0 0 0 1]이어야 한다. 그림 6.14의 스킵그램 알고리즘의 구조를 참조하자.

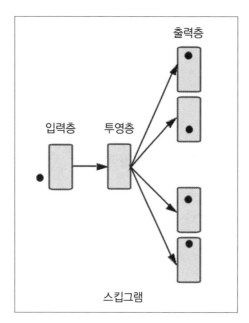

그림 6.14 스킵그램 신경망 아키텍처(이미지 출처: https://www.semanticscholar.org)

이번 출력은 하나의 확률 벡터가 아니라 2개의 다른 확률 벡터가 되는데, 그 이유는 두 단어가 문맥 단어이기 때문이다. 여기서 에러 벡터는 앞에서 정의한 것과 같은 방식으로 계산된다. 스킵그램의 작은 변화는 모든 출력층의 오류 벡터를 더해 역전파를 통해 가중치를 조정하는 것이다. 이 말은 각 출력층에 대한 행렬 WO의 가중치가 훈련을 통해 동일하게 유지되게 한다는 뜻이다.

word2vec과 다른 기술 이면에 있는 알고리즘 기술과 수학 중 일부는 다음 절에서 설명한다. 수학적인 멋진 기술을 다룰 준비를 하자!

▌ word2vec 모델의 알고리즘 기술과 수학 이해하기

이 절은 word2vec에서 사용된 핵심 알고리즘에 대해 논의하므로 아주 중요하다. 이 절을 마치면 word2vec의 개념 이해는 끝나게 된다. 따라서 이 절에서는 word2vec 블랙박스를 word2vec 화이트박스로 변환시킨다. 여기서는 수학 부분도 포함시켜 독자가 핵심 개념을 더 잘 이해할 수 있게 돕는다. 수학을 잘 모른다고 해서 걱정하지 말자. 정말로 유용하다고 생각할 만한 자원만을 알려주기 때문이다.

word2vec 알고리즘의 기본 수학 이해하기

우선 알고리즘을 더 잘 이해하기 위해서는 기본적인 수학 개념이 필요하다. 우리가 필요로 하는 수학 주제는 다음과 같다.

- **벡터**: 벡터는 크기와 방향이 있다. 따라서 벡터 공간에서 벡터를 그릴 때 크기뿐만 아니라 방향도 나타낸다. 벡터에서는 기본적인 수학 연산을 할 수 있다.
- **행렬**: 행렬은 단어 수나 빈도수에 대해 격자 모양으로 나타낸 것이다. 행과 열이 있다. 행렬에 포함된 행과 열의 수를 계산해 행렬의 크기를 정의한다. 행렬에 대한 자세한 내용은 이후의 링크를 참조하자.
- **편미분**: 둘 이상의 변수를 포함하는 함수가 있고 이 변수 중 하나로 미분을 수행하고, 다른 변수에 대해서는 상수처럼 처리하는 방식이다. 편미분은 벡터 미적분에 사용된다.

- **편미분의 연쇄 법칙**: 연쇄 법칙^{chain rule}은 두 개 이상의 함수로 구성된 미분을 계산하는 데 사용되는 수식으로 정의된다.

이제 기술에 대한 이해로 넘어가자. 이 책에서는 각 기술이 사용된 단계에 따라 모든 개념을 크게 세 부분으로 나눈다.

해당 개념에 대해 자세히 알아볼 수 있는 참조 링크를 소개한다.

https://www.khanacademy.org/math

벡터에 대해서는 다음 링크를 참조한다.

http://emweb.unl.edu/math/mathweb/vectors/vectors.html

https://www.mathsisfun.com/algebra/vectors.html

행렬에 대한 자세한 내용은 다음의 링크를 참조한다.

https://medium.com/towards-data-science/linear-algebra-cheat-sheet-for-deep-learning-cd67aba4526c

다음 링크를 따라가면 기본 예제를 볼 수 있다.

http://mathinsight.org/partial_derivative_examples

http://www.analyzemath.com/calculus/multivariable/partial_derivatives.html

편미분의 연쇄 법칙에 대해서는 다음 링크를 참조한다.

https://math.oregonstate.edu/home/programs/undergrad/CalculusQuestStudyGuides/vcalc/chain/chain.html

https://www.youtube.com/watch?v=HOYA0-pOHsg

https://www.youtube.com/watch?v=aZcw1kN6B8Y

이 리스트는 6장에서 알고리즘 이면에 있는 수학을 이해하기에 충분하다.

어휘 빌드 단계에서 사용된 기술

데이터세트에서 어휘를 생성하는 동안 최적화 기술을 사용할 수 있으며, 손실 계산은 word2vec 모델에 가장 많이 사용되는 기술이다.

손실 카운트

손실 카운트^{lossy count} 알고리즘은 빈도수가 사용자가 지정한 임계 값을 초과하는 데이터세트의 요소를 식별하는 데 사용된다. 이 알고리즘은 입력으로 데이터세트의 유한 집합 대신 데이터 스트림을 사용한다.

손실 카운트에서는 빈도 테이블에서 매우 낮은 요소를 정기적으로 제거한다. 어쨌든 가장 빈번하게 접근되는 단어는 카운트가 적게 나올 수 없으며, 그랬다면 오래 자리잡고 있을 가능성이 거의 없다.

여기서 빈도 임계 값은 일반적으로 사용자가 정의한다. `min_count = 4`의 매개변수를 지정하면 데이터세트에 4번 이하로 나타나는 단어가 삭제되므로 해당 단어를 고려하지 않게 된다.

어휘 빌드 단계에서 사용하기

손실 카운트는 아주 유용하다. 특히 큰 코퍼스가 있다면 아주 드물게 나타나는 단어를 고려하고 싶지 않을 때 그렇다.

이 시점에서 사용자가 최소 단어 빈도수를 임계 값으로 설정할 수 있기 때문에 손실 카운트가 매우 유용하다. 그래서 임계 빈도수 미만의 단어는 우리 어휘에 포함되지 않는다.

따라서 여러분에게 큰 코퍼스가 있고 훈련 속도를 최적화하고 싶다면, 이 알고리즘을 사용하면 된다.

다른 말로 하면 이 알고리즘을 사용해 어휘 폭을 좁히면 훈련 과정의 속도를 높일 수 있다는 뜻이다.

애플리케이션

word2vec 외에도 손실 카운트 알고리즘은 네트워크 트래픽 측정과 웹 서버 로그 분석에 사용된다.

문맥 빌드 단계에서 사용되는 기술

단어 문맥 쌍을 생성하는 동안 문맥 빌더는 다음 기술을 사용한다.

- 동적 윈도우 크기 조정 또는 동적 문맥 윈도우
- 서브샘플링
- 가지치기

동적 윈도우 크기 조정

보다시피 동적 윈도우 크기 조정dynamic window scaling은 문맥 빌더의 한 부분이다. 그것이 얼마나 유용한지, 그리고 그것을 사용할 때 어떤 종류의 영향을 주는지 알게 된다. 동적 윈도우 크기 조정은 **동적 문맥 윈도우**dynamic context window라고도 한다.

동적 문맥 윈도우 기술 이해하기

word2vec 구현에서 **동적 문맥 윈도우**는 좀 더 정확한 출력을 생성하기 위해 적용할 수 있는 선택적인 기술이다. 이들 기술은 하이퍼 매개변수hyperparameter로 간주할 수도 있다.

동적 문맥 윈도우 기술은 대상 단어 측면에서 문맥 단어에 대한 가중치 스키마를 사용한다.

따라서 여기서 바로 알 수 있는 점은 대상 단어 부근에 있는 단어가 대상 단어로부터 멀리 떨어진 다른 단어보다 더 중요하다는 것이다.

우리가 단어 쌍을 구축할 때 이것이 얼마나 유용할지 알아보자. 동적 문맥 윈도우는 주변 문맥 단어가 대상 단어를 예측하는 데 더 중요하다고 간주한다. 여기서는 1과 L 간의 실제 윈도우 크기에 대해 균일한 샘플링을 사용해 가중치 체계를 적용한다. 예를 들어 문맥 윈도우 크기가 5라고 하면 문맥 단어의 가중치가 균일하게 분포돼 있으므로 가장 가까운 단어는 5/5이고, 바로 다음 문맥 단어 가중치는 4/5 등으로 나간다. 따라서 문맥 단어의 최종 가중치는 5/5, 4/5, 3/5, 2/5, 1/5이 된다. 이렇게 가중치를 제공함으로써 최종 결과를 미세 조정할 수 있다.

서브샘플링

서브샘플링은 단어 쌍을 만들 때 사용하는 기술 중 하나이며, 알다시피 이들 단어 쌍은 샘플 훈련 데이터다.

서브샘플링은 가장 빈번한 단어를 제거하는 방법이다. 이 기술은 불용어를 제거하는 데 아주 유용하다.

이 기술은 또한 단어를 무작위로 제거하며 이러한 무작위로 선택된 단어는 코퍼스에서 더 자주 발생한다. 따라서 제거된 단어는 p의 확률을 갖는 임계 값 t보다 더 빈번한데, 여기서 f는 단어 코퍼스 빈도를 나타내고 우리의 실험에서는 t = 10−5를 사용한다. 그림 6.15에 나와 있는 방정식을 참조하자.

$$p = 1 - \sqrt{\frac{t}{f}}$$

그림 6.15 서브샘플링 확률식

이것은 유용한 하이퍼 매개변수의 하나로도 작용한다. 우리가 코퍼스 윈도우와 문맥 윈도우에서 가장 빈번하고 불필요한 단어를 제거할 것이기 때문에 이는 아주 유용하며, 이렇게 해서 훈련 샘플 세트의 품질을 향상시킨다.

가지치기

가지치기Pruning도 문맥 빌더를 사용해 훈련 목적으로 단어 쌍을 만들 때 사용된다. 대용량의 어휘를 다루는 데 자주 사용하지 않는 단어가 들어 있다면 그런 단어를 제거해야 한다. 파이썬 gensim 라이브러리에 있는 max_vocab_size 매개변수를 사용해 전체 어휘의 크기를 제한할 수도 있다.

word2vec을 생성하는 데 가지치기가 얼마나 유용한지 알아보자. 가지치기는 훈련 샘플 크기를 잘라내어 그 품질을 더 좋게 만드는 데 사용된다. 드물게 발생하는 단어를 데이터 세트에서 제거하지 않으면 모델 정확도가 떨어질 수 있다. 이는 정확성을 향상시키기 위한 일종의 기교다.

▎ 신경망이 사용하는 알고리즘

여기서는 개별 뉴런의 구조를 살펴보자. 두 알고리즘에 대한 자세한 내용도 살펴보고 word2vec가 단어로부터 벡터를 생성하는 방법을 알아볼 것이다.

뉴런의 구조

우리는 전반적인 신경망 구조를 봤지만 각 뉴런이 무엇인지, 그리고 뉴런의 구조가 무엇인지 아직 보지 못했다. 이 절에서는 각 단일 입력 뉴런의 구조를 살펴보며, 다음과 같은 내용을 설명한다.

- 기본 뉴런 구조
- 단일 뉴런 훈련
- 단일 뉴런 애플리케이션
- 다층 신경망
- 역전파
- word2vec 모델 이면의 수학

여기에는 수학 공식이 많이 들어갈 텐데 수학 지식이 없다고 해서 걱정하지 말자. 여러분에게 쉬운 말로 설명할 것이므로 각 절에서 어떻게 돌아가는지 이해할 수 있다.

기본 뉴런 구조

그림 6.16은 기본 뉴런 구조를 보여준다.

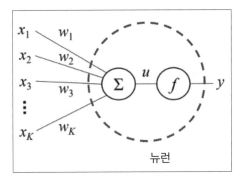

그림 6.16 기본 뉴런 구조(이미지 출처: Xin Rong)

그림 6.16은 기본 뉴런 구조를 보여주는데, 이 구조는 새로운 것이 아니다. 이 구조는 입력을 받고 입력에도 가중치가 있으며 그 가중치를 적용한 합을 계산한다. 여기서 x_1부터 x_k까지는 입력 값이고 w_1에서 w_k까지는 그것에 대응하는 가중치다. 따라서 가중치를 적용한 합은 그림 6.17에 나타난 식으로 표현된다.

$$u = \sum_{i=0}^{K} w_i x_i$$

그림 6.17 가중치를 적용한 합을 위한 식

이 식의 사용법을 이해하기 위한 예를 들어보자. x=[1 5 6]과 w=[0.5 0.2 0.1]을 입력하면 가중치를 적용한 합 u는 [1 * 0.5 + 5 * 0.2 + 6 * 0.1] 이 되므로 최종 답은 u = [0.5 + 1 + 0.6] = 2.1이 된다. 이것은 주어진 식이 실제로 계산되는 방식을 보여주는 간단한 예일 뿐이다. 여기에는 입력 밖에 없다. 이제 출력에 대해 얘기해보자.

출력을 생성하기 위해 우리의 기본 뉴런 구조에서 출력은 가중치를 적용한 합 u의 함수라고 말할 수 있다. 여기서 y는 출력이고 f(u)는 가중치 적용 합계 함수다. 그림 6.18에서 그 식을 볼 수 있다.

$$y = f(u)$$

그림 6.18 출력 y는 가중치 적용 합계 u에 대한 함수다.

신경망에서 서로 다른 이용 가능 함수를 사용할 수 있으며 이들 함수를 **활성화 함수**activation function[3]라고 부른다. 이들 함수에는 다음과 같은 종류가 있다.

- 스텝 함수
- 시그모이드Sigmoid 함수

몇몇 훌륭한 과학자들은 활성화 함수로 이 함수가 좋다고 설명했다. 6장에서는 활성화 함수에 대한 자세한 내용을 다루지는 않지만 9장에서 활성화 함수를 자세히 알아본다. 따라서 우리는 앞의 두 함수를 word2vec의 활성화 함수로 간주한다. word2vec를 개발하는

---

3 활성 함수라고도 한다. – 옮긴이

데는 스텝 함수와 시그모이드 함수 모두를 동시에 사용하지 않고 어느 하나만 사용한다. 그림 6.19에서 두 함수의 식을 참조하자.

$$f(u) = \begin{cases} 1 & \text{if } u > 0 \\ 0 & \text{otherwise} \end{cases}$$

$$f(u) = \frac{1}{1 + e^{-u}}$$

그림 6.19 활성화 함수. 첫 번째는 스텝 함수이고, 두 번째는 시그모이드 함수다.

여기서 한 f(u)는 스텝 함수이고, 또 다른 f(u)는 시그모이드 함수다.

그림 6.11에 그린 것과 비슷하게 뉴런을 나타내기 위해 원을 그린다면, 이 원에는 가중치 적용 합계와 활성화 함수가 들어가므로 그림 6.16에서 원을 점선으로 표시한 것이다.

다음 절에서는 이들 활성화 함수를 어떻게 사용하는지, 그리고 오차 함수error function를 사용해 예측된 출력에서 오차를 어떻게 계산하는지를 알아보자. 활성화 함수와 오차 함수의 사용법에 대해 자세히 살펴보겠다. 그럼 시작하자!

간단한 뉴런 훈련

이제 활성화 함수를 사용함으로써 훈련용으로 단일 뉴런을 어떻게 사용하는지 알아볼 차례로, 예측된 출력에서 오차를 계산하는 손실 함수loss function를 알아보자.

주요 개념은 오차 함수로 정의되는데, 이는 실제로 우리 예측의 오차 정도를 알려준다. 우리는 실제로 오차 값을 가능한 한 낮게 만들려고 노력한다. 다른 말로 하면 예측을 개선하려고 노력한다는 뜻이다. 훈련 중에는 입력을 사용하고 오차 함수를 이용해 오차를 계산하며 뉴런의 가중치를 업데이트하고 훈련 과정을 반복한다. 우리는 최대, 최상, 정확한 출력에 대해 최소 오차율을 얻을 때까지 이 과정을 계속할 것이다.

우리가 살펴볼 가장 중요한 두 가지 개념은 다음과 같다.

- 오차 함수(손실 함수) 정의
- word2vec의 경사 하강법에 대한 이해

오차 함수 정의

여기서 입력은 x_1에서 x_k까지의 어휘가 있는 벡터 X이고 출력 y는 출력 벡터다. 따라서 오차 E를 계산하려면 오차 함수 또는 손실 함수를 정의해야 하는데 우리는 L2 손실 함수를 사용한다. 먼저 L2 손실 함수의 기본 개념을 이해하고 나서 word2vec에서 이 함수가 어떻게 유용하게 사용되는지 알아본다.

머신 러닝(ML)과 **딥러닝(DL)**에서 주로 사용되는 두 가지 타입의 손실 함수가 있다. 그런데 우리는 이후의 장에서 ML과 DL을 살펴볼 텐데, 8장과 9장에서 다룬다. 손실 함수에는 두 가지 표준 타입이 있지만, 여기서는 **최소 제곱 오차(L2)**만 살펴보고 8장과 9장에서 다양한 오차 함수를 자세히 살펴보면서 이들 오차 함수를 비교해 보겠다. 손실 함수의 두 가지 표준 타입은 다음과 같다.

- 최소 절대 편차(L1)
- 최소 제곱 오차(L2)

최소 제곱 오차least square error는 **L2 손실 함수**라고도 한다. 일반적으로 손실 함수는 데이터 세트에서 학습하는 동안 최소화된 값을 얻으려고 하며, L2 손실 함수는 오차가 최소가 되는 값을 얻으려고 한다. 따라서 정확하게 말하면 L2 함수는 추정된 목표 값과 기존 목표 값의 차를 최소화하려고 한다.

훈련할 때의 단일 뉴런 구조는 그림 6.20에 나와 있다.

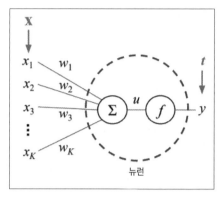

그림 6.20 훈련할 때의 단일 뉴런

따라서 단일 뉴런의 L2 손실 함수를 계산할 때 그림 6.21의 식을 사용한다.

$$E = \frac{1}{2}(t - y)^2$$

그림 6.21 L2 손실 함수식(최소 제곱 오차 함수)

여기서 t는 목표 벡터 값이고 y는 추정 벡터 값, 또는 예측 벡터 값이며, E는 오차 함수다. 이렇게 L2 오차 함수를 정의했다. 최소 오차 값을 얻기 위해 이 L2 오차 함수로 무엇을 할지 궁금할 텐데 이를 위해 경사 하강법 개념을 알아야 한다.

word2vec의 경사 하강법 이해하기

이제 L2 함수로 무엇을 할지, 그리고 정확한 출력을 얻는 데 얼마나 유용한지를 알아보자.

앞서 말했듯이 이 함수 값을 최소화해 목표 값을 정확하게 예측할 수 있으며, 이를 달성하기 위해 그림 6.21에 주어진 L2 함수식에 y에 대한 편미분을 취할 것이다. 미분을 구하고 나서 이 미분을 사용해 에러 값을 최소화하는 절차를 **경사 하강법**gradient descent이라고 한다.

여기서 그 결과는 그림 6.22와 같다.

$$\frac{\partial E}{\partial y} = y - t$$

그림 6.22 L2 손실 함수에 y에 대한 편미분을 한 결과

출력 y는 f(u)에 의존하고 f(u)는 입력 가중치 w_i에 의존한다는 것을 알 수 있다. 따라서 연쇄 법칙을 적용해서 오차 함수 값을 생성해야 한다. 편미분 연쇄 법칙을 사용하면 word2vec에서 유용할 다음 식을 얻게 된다. 그림 6.23은 편미분 연쇄 법칙의 결과를 보여준다.

$$\begin{aligned}
\frac{\partial E}{\partial u} &= \frac{\partial E}{\partial y} \cdot \frac{\partial y}{\partial u} \\
&= (y - t)y(1 - y)
\end{aligned}$$

$$\begin{aligned}
\frac{\partial E}{\partial w_i} &= \frac{\partial E}{\partial y} \cdot \frac{\partial y}{\partial u} \cdot \frac{\partial u}{\partial w_i} \\
&= (y - t) \cdot y(1 - y) \cdot x_i
\end{aligned}$$

그림 6.23 L2 오차 함수의 편미분 연쇄법칙 결과

에러 값에 따라 L2 손실 함수를 계산한 후 신경망 입력 가중치가 업데이트되고 최소 에러 값, 또는 에러율을 얻을 때까지 이런 종류의 반복을 계속한다.

지금까지 단일 뉴런에 대한 식을 유도했으므로 이 단일 뉴런으로 무엇을 할 수 있는지 아는 것이 중요하다. 그것이 다음으로 논의할 점이다.

단일 뉴런 애플리케이션

우리는 단일 뉴런에 대해 기술 및 수학적 지식을 많이 배웠으므로, word2vec 모델과 관련해 단일 뉴런에 대한 애플리케이션을 살펴보겠다. 그럼 시작하자!

음식 단어와 그렇지 않은 단어를 식별하는 모델을 작성하려면 단일 뉴런을 사용해 모델을 구축하면 된다. 식용 가능한 부류 또는 비식용 부류로 단어를 분리하는 이런 종류의 애플리케이션을 **이진 분류 작업**^{binary classification task}이라고 한다. 이런 종류의 작업을 위해 뉴런은 원핫 코딩 벡터를 입력으로 얻는 데 사용되며, 단일 뉴런은 어떤 단어가 식용 항목과 관련이 있고 없는지를 배운다. 그러면 그림 6.24에서 볼 수 있는 조사표가 생성된다.

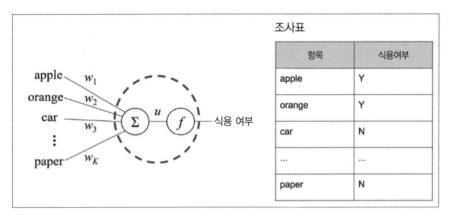

그림 6.24 단일 뉴런은 식용과 비식용 카테고리로 단어를 분류할 수 있다.

이런 종류의 애플리케이션을 쉽게 만들 수 있는 이유는 원핫 단어 벡터를 지속적으로 제공하고 시그모이드, 또는 스텝 함수를 활성화 함수로 사용하면 표준 분류 문제가 되므로, 수학을 사용해서 이런 문제를 쉽게 해결할 수 있기 때문이다. 앞 부분에서 이를 정의했으므로 식용과 비식용 항목에 대해 출력 벡터는 각각 같은 종류의 값을 갖게 되며, 결국 조사표를 만들 수 있다. 이런 종류의 표준 분류 문제는 로지스틱 회귀^{logistic regression}를 연상시키는데, 우리는 동일한 로지스틱 회귀 개념을 적용하지만 여기서는 단일 뉴런 구조를 사용한다.

단일 뉴런 구조에 대해서는 충분히 알아봤다. 이제 다층 신경망을 살펴볼 차례다. 다음 절에서는 다층 신경망에 대한 정보를 볼 수 있다.

다층 신경망

다층 신경망multi-layer neural network은 word2vec에 사용되는 구조다. 이 함수는 입력을 원핫 코딩 단어 벡터로 입력을 얻어서 이 벡터와 가중치 적용 합을 은닉층에 전달한다. 이 경우 시그모이드 함수인 활성화 함수를 사용하면 은닉층에서 출력이 생성되고 이 출력은 출력층인 다음 계층으로 전달된다. 6장에서 예제는 '두 계층 신경망' 절에서 이미 본 적이 있다. 그 절에서는 수학적인 측면을 살펴보지 않았으므로 여기서는 신경망의 수학적 측면을 알아보자.

이전 단락에서 말했던 설명을 수학식으로 나타내보자. 그림 6.25에서 다층 신경망 구조를 참조하자.

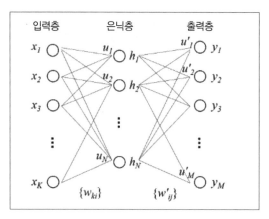

그림 6.25 다층 신경망

이제 주어진 신경망에 대한 수학식을 알아보자. 여기서 높은 수준의 직관력을 제공해 흐름을 이해하는 데 도움을 줄 것이며, 여러분은 입력과 출력 함수에 관해 알게 될 것이다. 그림 6.26을 참조하자.

$$u_i = \sum_{k=1}^{K} w_{ki} x_k$$

$$h_i = f(u_i)$$

$$u'_j = \sum_{i=1}^{N} w'_{ij} h_i$$

$$y_j = f(u'_j)$$

그림 6.26 다층 신경망을 위한 수학식

입력과 출력의 흐름은 다음과 같다.

- 그림 6.24의 첫 번째 방정식은 입력층의 가중치 적용 합이며 입력층의 결과는 은 닉층으로 전달된다. 즉, u_i는 입력층의 가중치 적용 합이다. 은닉층의 활성화 함 수는 두 번째 방정식에서 제공된다. 활성화 함수 h_i는 시그모이드 함수를 사용해 서 중간 출력을 생성한다.

- 은닉층의 가중치 적용 합은 출력층으로 전달되며 세 번째 식은 은닉층 가중치 적 용 합의 계산을 보여준다. 즉 u'_j는 은닉층의 가중치 적용 합이며 출력층으로 전 달된다. y_j는 은닉층의 가중치 적용 합인 u'_j를 사용하는데, 여기서도 활성화 함 수는 시그모이드다.

우리는 기본적인 수학 표현을 사용해 입력과 출력의 흐름을 알아봤다.

이제 주요 관심사는 이 구조가 word2vec 모델에 대한 훈련을 받는 데 어떻게 사용되느냐 인데, 이에 대한 답은 역전파를 사용해 모델을 훈련시키는 것이며 다음 절에서 살펴본다.

역전파

이미 L2 손실 함수를 사용해 오차를 어떻게 계산하는지 알아봤으며, L2 손실 함수는 추정된 값과 기존 목표 값의 차를 최소화한다. 우리는 다층 신경망에 동일한 개념을 적용하겠다. 따라서 손실 함수를 정의할 뿐만 아니라 함수의 기울기를 얻어 최소 오차 값을 생성하려면 신경망의 가중치를 업데이트해야 한다. 여기서 우리의 입력과 출력은 벡터다.

신경망 구조를 보려면 그림 6.27을 참조하자. 그림 6.28은 다층 신경망에서 오차 함수를 계산하기 위해 적용해야 하는 식을 보여준다.

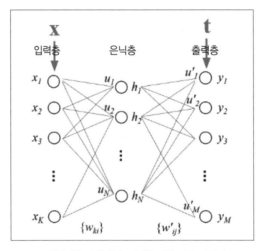

그림 6.27 오차 함수 계산을 위한 다층 신경망

이제 신경망이 수행하는 미분과 수학 계산을 알아보자.

다음과 같은 식을 볼 수 있는데 그림 6.28을 참조하자.

$$E = \frac{1}{2} \sum_{j=1}^{M} (y_j - t_j)^2$$

$$\frac{\partial E}{\partial y_j} = y_j - t_j$$

$$\frac{\partial E}{\partial u'_j} = \frac{\partial E}{\partial y_j} \cdot \frac{\partial y_j}{\partial u'_j}$$

$$\frac{\partial E}{\partial w'_{ij}} = \frac{\partial E}{\partial u'_j} \cdot \frac{\partial u'_j}{\partial w'_{ij}}$$

$$\frac{\partial E}{\partial h_i} = \sum_{j=1}^{M} \frac{\partial E}{\partial u'_j} \frac{\partial u'_j}{\partial h_i}$$

$$\frac{\partial E}{\partial u_i} = \frac{\partial E}{\partial h_i} \cdot \frac{\partial h_i}{\partial u_i}$$

$$\frac{\partial E}{\partial w_{ki}} = \frac{\partial E}{\partial u_i} \cdot \frac{\partial u_i}{\partial w_{ki}}$$

그림 6.28 다층 신경망에 대한 오차 함수 계산식

다층 신경망에 대한 오차 함수를 계산할 때 오차 함수 값을 계산하는 층은 물론이고 인덱스에 대해서도 아주 주의해야 한다. 그림 6.28에서 볼 수 있듯이 우리는 출력 인덱스부터 시작해 은닉층에 오차를 역전파하고 가중치를 업데이트할 것이다. 다섯 번째 식에서 출력층의 오차 함수를 계산해 오차를 역전파하고 입력층의 가중치를 업데이트해야 한다는 것을 알 수 있다. 인덱스를 다루는 작업은 다층 신경망에서 일종의 도전 과제다. 그러나 각 계층 경사를 계산하기 위해 for 루프를 작성하기만 하면 되므로 쉽게 코딩할 수 있다.

이제 word2vec의 모든 수학식과 개념을 결합해 word2vec 신경망의 최종 수학 부분을 알아보자.

word2vec 모델의 수학

이 절에서는 이전의 모든 식과 개념을 결합해 마지막 수학 부분을 알아보고 최종 식을 확률 형식으로 유도해본다. 이미 앞 절에서 개념, 기본적인 파악, 계산, 예제를 살펴봤다.

word2vec 신경망은 원핫으로 인코딩된 단어 벡터를 입력으로 사용한 다음 이 벡터 값을 은닉층인 다음 계층으로 전달하는데, 이 값은 은닉층에 입력으로 공급되는 가중치 적용 합계 값일 뿐이다. 마지막 출력층은 벡터 값을 생성하지만 출력에 맞게 벡터를 확률 형식으로 변환하며 출력 단어 벡터도 소프트맥스softmax 기술을 사용해 확률 형식으로 변환한다. 우리는 다음 절에서 출력 벡터로부터 확률을 생성하는 데 사용되는 다른 모든 기술을 볼 수 있다. 그때까지 소프트맥스만을 마법 함수로 사용한다.

word2vec 신경망 이면에 놓인 수학을 이해하려면 그림 6.29를 참조하자.

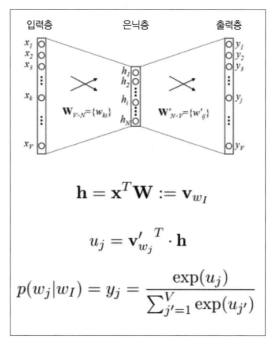

$$\mathbf{h} = \mathbf{x}^T \mathbf{W} := \mathbf{v}_{w_I}$$

$$u_j = \mathbf{v}'_{w_j}{}^T \cdot \mathbf{h}$$

$$p(w_j | w_I) = y_j = \frac{\exp(u_j)}{\sum_{j'=1}^{V} \exp(u_{j'})}$$

그림 6.29 word2vec 모델의 수학

첫 번째 그림에서 입력 단어 벡터와 가중치 적용의 합을 볼 수 있고 그 다음 식에서 h를 구할 수 있다. h와 은닉층 v'_{wj}의 단어 벡터의 가중치 적용 합을 곱한다. 여기서 가중치와 인덱스가 변경됐다. 이 곱셈은 u_j이고, 여기서 u_j는 활성화 함수다. 그리고 나서 u_j의 값을 사용해 확률을 생성한다. 마지막 식은 소프트맥스 함수다. 세 번째 식의 u_j를 입력과 출력 단어 벡터 형식으로 대체해 방정식을 단순화하자. 그러면 최종 방정식을 얻을 수 있다. 그림 6.30을 참조하자.

$$p(w_j|w_I) = \frac{\exp\left(\mathbf{v}'_{w_O}{}^T \mathbf{v}_{w_I}\right)}{\sum_{j'=1}^{V} \exp\left(\mathbf{v}'_{w_j'}{}^T \mathbf{v}_{w_I}\right)}$$

그림 6.30 word2vec 모델의 최종 확률식

이번에는 출력이 소프트맥스 함수이므로 역전파를 사용해 가중치를 업데이트하려면 손실 함수를 정의해야 한다. 여기서 소프트맥스 함수의 형태로 손실 함수를 정의하므로 소프트맥스 함수의 마이너스 로그 확률을 사용하고 나서 경사 하강법을 수행한다. 그림 6.31을 보자.

$$E = -\log \frac{\exp\left(\mathbf{v}'_{w_O}{}^T \mathbf{v}_{w_I}\right)}{\sum_{j'=1}^{V} \exp\left(\mathbf{v}'_{w_j'}{}^T \mathbf{v}_{w_I}\right)}$$

$$\frac{\partial E}{\partial u_j} = y_j - t_j := e_j$$

$$\frac{\partial E}{\partial w'_{ij}} = \frac{\partial E}{\partial u_j} \cdot \frac{u_j}{\partial w'_{ij}}$$

$$\frac{\partial E}{\partial h_i} = \sum_{j=1}^{V} \frac{\partial E}{\partial u_j} \cdot \frac{\partial u_j}{\partial h_i}$$

$$\frac{\partial E}{\partial w_{ki}} = \frac{\partial E}{\partial h_i} \cdot \frac{\partial h_i}{\partial w_{ki}}$$

그림 6.31 소프트맥스 함수의 마이너스 로그 확률 형태의 오차 함수 경사 하강법

여기서 출력 벡터 값이 어떻게 업데이트됐는지 보자. 그것은 출력층에 대한 업데이트 규칙에 따른 것이며, 해당 식은 다음과 같다. 그림 6.32를 참조하자.

$$\mathbf{v}'^{(\text{new})}_{w_j} = \mathbf{v}'^{(\text{old})}_{w_j} - \eta \cdot e_j \cdot \mathbf{h}$$

그림 6.32 출력 벡터 업데이트 규칙

이 식에서는 원래의 출력 벡터를 얻어서 출력 노드의 예측 오차 e_j가 들어간 항목 빼는데 여기서 h는 은닉층의 값이다. 그렇다면 이 식의 의미는 climbed 단어를 입력으로 넣고 cat 단어를 출력으로 예측하려면, cat 단어의 벡터와 비슷하게 되도록 climbed 단어의 벡터 값을 업데이트해야 한다. 간단히 말하면 climbed 벡터의 일부를 cat 단어의 벡터에 더하고 이외에도 다른 단어의 출력 벡터도 업데이트해야 하는데, 그 이유는 대상 단어가 아닌 그 외 모든 단어는 대상 단어와 덜 비슷하게 나오도록 출력 벡터를 업데이트해야 하기 때문이다.

입력 벡터를 업데이트하는 규칙도 유용하다. 입력 벡터를 업데이트하는 식은 다음과 같다. 그림 6.33을 참조하자.

$$\text{EH}_i := \frac{\partial E}{\partial h_i} = \sum_{j=1}^{V} e_j \cdot w'_{ij}$$
$$\mathbf{v}^{(\text{new})}_{w_I} = \mathbf{v}^{(\text{old})}_{w_I} - \eta \cdot \text{EH}$$

그림 6.33 입력 벡터 업데이트 규칙

이 식은 약간 복잡하다. 그래서 여기서 집중할 부분은 입력 벡터인데, 이 벡터에서 예측 오차에 가중치를 적용한 합을 뺀다. 이 식의 의미는 입력 벡터 cat을 업데이트할 것이라는 점이다. 우리는 climbed 단어의 벡터에 가까워지는 방식으로 cat 단어의 벡터 값을 업데이트할 것이다. 여기서 단어의 동시 발생이 중요한 역할을 한다.

이렇게 해서 word2vec 모델의 수학 부분은 거의 다 마쳤다. 우리는 word2vec 모델에서 사용되는 수학식을 많이 봤다. 이제 최종 벡터와 예측 확률을 생성하는 데 사용되는 기술에 대해 얘기해 보자.

최종 벡터와 확률 예측 단계를 생성하는 데 사용되는 기술

이 절에서는 최종 벡터를 어떻게 생성하는지를 알아보자. 또한 출력을 효율적으로 생성하기 위해 몇 가지 휴리스틱heuristics[4]도 사용하며, 그런 휴리스틱에 대해서도 언급한다.

이미 알다시피 단어 벡터를 생성하려면 입력 벡터는 물론이고 출력 벡터를 업데이트해야 한다. 우리의 어휘에 100만 단어가 있다고 가정하면, 입력과 출력 벡터를 업데이트하는 과정은 많은 시간이 걸리고 비효율적이 된다. 우리는 이러한 도전 과제를 해결해야 한다. 따라서 동일한 작업을 수행하는 데 최적화된 방법을 사용하며 그 기술에는 다음과 같은 기술이 있다.

- 계층적 소프트맥스
- 네거티브 샘플링

이제 이 기술에 대해 알아보자.

계층적 소프트맥스

계층적 소프트맥스에서는 각 출력 벡터를 해당 단어에 매핑하는 대신, 출력 벡터를 이진 트리 형태로 간주한다. 그림 6.34에서 계층적 소프트맥스의 구조를 참조하자.

---

4 판단을 내리기는 해야 하는 데 분명한 이론이나 실마리가 없을 때 사용하는 편의적 방법을 말한다. 경험적 지식이라고도 한다. – 옮긴이

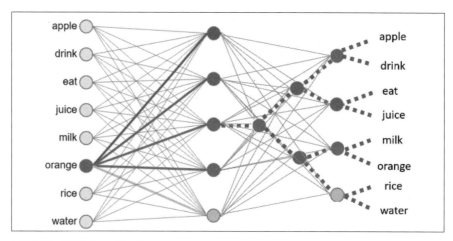

그림 6.34 계층적 소프트맥스 구조

여기서 출력 벡터는 단어의 가능성에 대해 예측하는 것이 아니라 이진 트리에서 어느 방향 으로 가려는지를 예측한다. 따라서 두 갈래 중 어느 한 갈래를 선택하게 된다. 그림 6.35 을 참조하자.

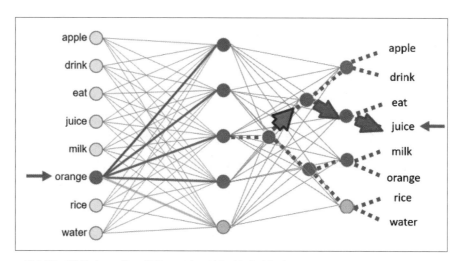

그림 6.35 계층적 소프트맥스 맨틀(mantle) 표현을 사용한 예측 경로

이런 경우 빨간색(여기서는 밝은 회색)으로 활성화된 점이 올라가고, 파란색(여기서는 어두운 회색)으로 활성화된 점은 아래쪽으로 내려간다. 그러면 높은 확률로 juice 단어를 예측할 수 있음을 알 수 있다.

여기서 이점은 오차를 역전파하려는 경우 출력 벡터를 하나만 업데이트하면 오차가 예측 시 활성화된 3개 노드에만 전파된다는 것이다. 허프만^{Huffman} 이진 트리 구조를 사용해 이진 트리를 생성한다.

네거티브 샘플링

네거티브 샘플링도 일종의 최적화 방법이다. 이 방법에서는 출력 단어의 벡터를 업데이트 하지만 다른 단어의 모든 벡터를 업데이트하지는 않는다. 그저 출력 벡터가 아닌 다른 단어로부터 샘플을 얻을 뿐이다. 그래서 우리는 단어의 네거티브 샘플 집합에서 샘플을 선택하는데, 이 기술의 이름이 네거티브 샘플링$^{negative\ sampling}$이다.

▌ word2vec에 관련된 사실

다음은 실제로 사용하는 word2vec 모델에 대한 몇 가지 사실이며 이 모델을 사용할 때 유의해야 한다.

- 지금까지 word2vec은 신경망을 사용하며 이 신경망이 딥 신경망이 아니라는 사실을 알게 됐다. 두 개의 계층만으로 돼 있지만 단어 유사성을 찾는 데 아주 잘 작동한다.
- word2vec 신경망은 비선형 함수$^{non-linear\ function}$를 사용하지 않는 단순 로지스틱 ^{logistic}[5] 활성화 함수를 사용한다.

---

5 기호를 사용해 논리를 따지는 것을 의미한다. – 옮긴이

- 은닉층의 활성화 함수는 입력의 가중치 적용 합을 다음 계층으로 직접 전달하기 때문에 단순한 선으로 연결한 형태다.

이제는 word2vec의 거의 모든 주요 측면을 살펴봤다. 다음 절에서는 word2vec의 애플리케이션을 알아보자.

word2vec 애플리케이션

word2vec이 사용된 실제 애플리케이션을 소개한다.

- 파싱할 때 종속성 파서는 word2vec을 사용해 단어 간의 종속 관계를 정확하고도 더 잘 생성한다.
- 개체명 인식은 word2vec도 사용할 수 있다. word2vec은 **개체명 인식(NER)**에서 유사성을 찾는 데 아주 좋다. 모든 유사한 엔티티가 함께 올 수 있으므로 더 나은 결과를 얻을 수 있다.
- 감정 분석은 의미론적 유사성^{semantic similarity}을 유지하기 위해 word2vec을 사용해서 더 나은 감정 결과를 생성한다. 의미론적 유사성은 사람들이 자신의 의견을 표현하기 위해 사용하는 문구나 단어의 종류를 파악하는 데 도움이 되며, 감정 분석에서 word2vec 개념을 사용하면 좋은 통찰력과 정확성을 얻을 수 있다.
- 작문 스타일을 사용해 사람의 이름을 예측하는 애플리케이션도 만들 수 있다.
- 정확성이 높으면서도 단순한 통계를 사용해 문서를 분류하려면 word2vec야말로 최선의 선택이다. 그 개념을 사용해서 인간의 레이블 없이 문서를 분류할 수 있다.
- 단어 클러스터링은 word2vec의 기본 성과물이다. 유사한 의미를 갖는 모든 단어는 함께 모여 있게 된다.
- 구글은 word2vec와 딥러닝을 사용해 기계 번역 제품을 향상시킨다.

word2vec 개념을 사용할 수 있는 사용 사례가 너무 많다. 여기서는 몇 가지 흥미로운 예제를 구현한다. 우리는 재미있는 애플리케이션을 만들 뿐만 아니라 거기에다가 시각화도 구현해 훨씬 더 나은 방식으로 개념을 이해할 수 있다.

▌ 간단한 예제 구현

이 절에서는 유명한 word2vec 예제를 구현하는데, 이 예제에서 woman과 king을 더하고 man을 빼고 나면 그 결과 벡터가 queen의 벡터 값을 보여준다.

> ℹ️ 우리는 데이터에 대해 word2vec 모델을 훈련시키지 않고 우리 자신의 word2vec 모델을 만드는데, 그 이유는 구글이 이미 word2vec 모델을 훈련시켜서 미리 훈련된 모델을 제공하기 때문이다. 이제 많은 양의 데이터에 대한 훈련 과정을 복제하고 싶으면 많은 계산 자원이 필요하므로 구글에서 미리 교육한 word2vec 모델을 사용한다. 미리 교육 받은 모델은 https://code.google.com/archive/p/word2vec/에서 다운로드할 수 있다.
>
> 이 링크를 클릭한 후에는 **pretrained word and phrase vectors** 영역으로 이동해 GoogleNews-vectors-negative300.bin.gz라는 모델을 다운로드해서 압축을 풀면 된다.

우리는 유명한 예제를 만들기 위해 genism 라이브러리를 사용한다.

유명한 예제(king - man + woman)

gensim 라이브러리를 사용해 이진 모델을 로드하고 예제를 복제한다. 여러분 자신의 컴퓨터에서 실행 중이라면 몇 분 정도 걸리므로 걱정하지 말고 스크립트를 계속 실행하라. 부분 코드는 그림 6.36을 참조하자.

```
from gensim import models
w = models.Word2Vec.load_word2vec_format('/home/jalaj/Downloads/GoogleNews-vectors-negative300.bin', binary=True)
print('King - man + woman:')
print('')
print w.wv.most_similar(positive=['woman', 'king'], negative=['man'])
print('Similarity between man and woman:')
print(w.similarity('woman', 'man'))
```

그림 6.36 King-man+woman=queen 예제에 대한 부분 코드

 깃허브 링크 https://github.com/jalajthanaki/NLPython/blob/master/ch6/ kingqueenexample.py에서 해당 코드를 볼 수 있다.

생성할 출력에 대해서는 그림 6.37을 참조하자.

King - man + woman:

[
(u'queen', 0.7118192315101624),
(u'monarch', 0.6189674139022827),
(u'princess', 0.5902431607246399),
(u'crown_prince', 0.5499460697174072),
(u'prince', 0.5377321243286133),
(u'kings', 0.5236844420433044),
(u'Queen_Consort', 0.5235946178436279),
(u'queens', 0.5181134343147278),
(u'sultan', 0.5098593235015869),
(u'monarchy', 0.5087411999702454)
]

Similarity between man and woman:
0.7664012231

그림 6.37 King-man+woman=queen 예제에 대한 출력

▌ word2vec의 이점

앞서 살펴본 바와 같이 word2vec는 분포 유사성을 생성하는 매우 좋은 기술이다. 다음과 같이 다른 이점도 있다.

- word2vec 개념은 이해하기 쉽다. 그렇게 복잡하지 않기 때문에 그 이면에서 무슨 일이 일어나고 있는지 신경 쓰지 않아도 된다.

- word2vec 사용은 간단하며 매우 강력한 아키텍처를 사용한다. 다른 기술에 비해 훈련이 빠르다.

- 인간이 데이터에 태그를 붙일 필요가 없기 때문에 훈련을 위한 인간의 노력은 실제로 최소한이다.

- 이 기술은 적은 양의 데이터세트와 많은 양의 데이터세트 모두에서 작동한다. 따라서 쉽게 규모를 변경할 수 있는 모델이다.

- 개념과 알고리즘을 이해하면 데이터세트의 전체 개념과 알고리즘을 복제할 수 있다.

- 의미론적 유사성을 포착하는 데 매우 효과적이다.

- 일종의 비지도 접근법unsupervised approach이기 때문에 인간의 노력은 매우 미미해서 시간을 절약하게 된다.

word2vec의 문제

word2vec 개념은 매우 효율적이지만 복잡한 점이나 도전적인 점을 발견할 수 있다. 여기서는 가장 공통적인 과제를 제안한다. 이들 요점은 다음과 같다.

- word2vec 모델은 쉽게 개발할 수 있지만 디버깅하기가 어렵기 때문에 데이터세트에 대한 word2vec 모델을 개발할 때 디버그 기능이 주요 과제 중 하나가 된다.
- 모호성을 처리하지 않는다. 따라서 단어가 여러 의미를 갖고 있고 현실에서 이런 종류의 단어를 많이 찾을 수 있다면 이 경우 임베딩embedding은 벡터 공간에서 평균 정도의 감각을 반영한다.

실제 애플리케이션에서 word2vec은 어떻게 사용되는가?

이 절에서는 word2vec를 사용하는 NLP 애플리케이션의 종류와 NLP 애플리케이션에서 이 개념을 사용하는 방법에 대해 설명한다. 그 외에도 실전에서 word2vec를 사용해볼 때 여러분이 명확한 통찰력을 갖기 위해 커뮤니티에서 가장 자주 묻는 질문에 대해서도 논의한다.

문서 분류, 감정 분석 등과 같은 NLP 응용에서는 word2vec 기술을 사용할 수 있다. 특히 문서 분류에서 word2vec 구현은 의미론적 유사성을 유지하므로 더 좋은 결과가 나온다.

감정 분석에 대해 word2vec를 적용할 수 있는데, word2vec는 데이터세트 전체에 단어가 어떻게 퍼져 있는지를 알 수 있게 하므로, 문맥 윈도우 크기, 서브샘플링 등과 같은 사용자 정의 매개변수를 사용할 수 있다. 먼저 **단어 가방(BOW)**을 생성하고 나서 그 BOW에 대해 word2vec를 훈련시켜 단어 벡터를 생성해야 한다. 이 벡터는 ML 알고리즘을 위한 입력 피처로 공급될 수 있으므로 감정 분석 출력을 생성한다.

이제 사람들이 일반적으로 자신의 데이터세트에서 word2vec 기술을 이해하고 사용하려고 할 때 묻는 질문에 대해 논의할 차례다.

자, 질문을 시작하자!

- **어떤 종류의 코퍼스가 필요한가?**: word2vec 기술은 텍스트 데이터세트에 적용될 수 있다. 따라서 사용할 수 없는 종류의 텍스트 데이터가 없다. 그러므로 내 생각으로는 모든 데이터세트에 word2vec를 적용할 수 있다.

- **불용어는 항상 제거해야 하는가?**: 구글의 오리지널 word2vec 모델에서는 word2vec에서 a를 제거한 것처럼 불용어를 제거했지만 the 단어는 삭제하지 않았다. 따라서 다음과 같이 그런 단어를 반드시 삭제해야 하는 것은 아니다.
  - 여러분의 NLP 애플리케이션에 전적으로 달려 있다. 감정 분석 애플리케이션을 개발한다면 모든 불용어를 제거할 수 있지만 기계 번역 애플리케이션을 개발한다면 불용어 중 일부만 제거해야지 모두 제거하면 안 된다. 언어의 문법을 이해하기 위해 단어 클러스터를 개발하는 데 word2vec를 사용한다면 아예 불용어를 제거해서는 안 된다.

- **모든 불용어를 제거해야 하는가?**: 이 질문은 위의 질문과 관련이 있다. 이 질문에 대한 직접적인 대답은 "아니오"다. 모든 NLP 애플리케이션에 있어서 모든 불용어를 맹목적으로 제거해야 하는 것은 아니다. 각 NLP 애플리케이션은 서로 다르므로 제작할 NLP 애플리케이션에 따라 결정해야 한다.
  - 오리지널 구글 word2vec 모델을 보면 모델에 a 단어를 나타내는 벡터가 없고 the 단어에 대한 벡터는 있다.

- 우리는 오리지널 구글 word2vec 모델을 로드하고 간단한 코드를 사용해 불용어와 관련된 몇 가지 사실을 살펴본다. 그림 6.38에서 그 부분 코드를 참조하자.

```
from gensim import models
w = models.Word2Vec.load_word2vec_format('/home/jalaj/Downloads/GoogleNews-vectors-negative300.bin', binary=True)
if 'the' in w.wv.vocab:
    print "Vector for word 'the' \n"
    print w.wv['the']
else:
    print "Vocabulary doesn't include word 'the'\n"
if 'a' in w.wv.vocab:
    print "Vector for word 'a' \n"
    print w.wv['a']
else:
    print "Vocabulary doesn't include word 'a'\n"
```

그림 6.38 불용어 사실을 보여주는 부분 코드

the의 벡터 값인 출력에 대해서는 그림 6.39를 참조하자.

```
Vector for word 'the'

[ 0.08007812  0.10498047  0.04980469  0.0534668  -0.06738281 -0.12060547
  0.03515625 -0.11865234  0.04394531  0.03015137 -0.05688477 -0.07617188
  0.01287842  0.04980469 -0.08496094 -0.06347656  0.00628662 -0.04321289
  0.02026367  0.01330566 -0.01953125  0.09277344 -0.171875   -0.00131989
  0.06542969  0.05834961 -0.08251953  0.0859375  -0.00318909  0.05859375
 -0.03491211 -0.0123291  -0.0480957  -0.00302124  0.05639648  0.01495361
 -0.07226562 -0.05224609  0.09667969  0.04296875 -0.03540039 -0.07324219
  0.03271484 -0.06176758  0.00787354  0.0035553  -0.00878906  0.0390625
  0.03833008  0.04443359  0.06982422  0.01263428 -0.00445557 -0.03320312
 -0.04272461  0.09765625 -0.02160645 -0.0378418   0.01190186 -0.01391602
 -0.11328125  0.09326172 -0.03930664 -0.11621094  0.02331543 -0.01599121
  0.02636719  0.10742188 -0.00466919  0.09619141  0.0279541  -0.05395508
  0.08544922 -0.03686523 -0.02026367 -0.08544922  0.125        0.14453125
  0.0267334   0.15039062  0.05273438 -0.18652344  0.08154297 -0.01062012
 -0.03735352 -0.07324219 -0.07519531  0.03613281 -0.13183594  0.00616455
  0.05078125  0.04516602  0.0100708  -0.15039062 -0.06005859  0.05761719
 -0.00692749  0.01586914 -0.0213623   0.10351562 -0.00029182 -0.046875
```

그림 6.39 the 단어에 대한 단어 벡터의 샘플 값

그림 6.40를 보면 word2vec이 어휘 속에 a를 포함시키지 않은 것을 볼 수 있다.

```
 0.11474609  0.03173828  0.02209473  0.07226562  0.03686523  0.02563477
 0.01367188 -0.02734375  0.00592041 -0.06738281  0.05053711 -0.02832031
-0.04516602 -0.01733398  0.02111816  0.03515625 -0.04296875  0.06640625
 0.12207031  0.12353516  0.0039978   0.04516602 -0.01855469  0.04833984
 0.04516602  0.08691406  0.02941895  0.03759766  0.03442383 -0.07373047
-0.0402832  -0.14648438 -0.02441406 -0.01953125  0.0065918  -0.0018158
-0.01092529  0.09326172  0.06542969  0.01843262 -0.09326172 -0.01574707
-0.07128906 -0.08935547 -0.07128906 -0.03015137 -0.01300049  0.01635742
-0.01831055  0.01483154  0.00500488  0.00366211  0.04760742 -0.06884766]
Vocabulary doesn't include word 'a'
```

그림 6.40 word2vec는 a라는 단어를 포함시키지 않는다.

- 여기서 각 단어에 대해 2개의 벡터를 생성했다고 생각하지 않는가?: 나는 각 단어에 대해 2개의 벡터가 생성됐다는 사실을 알리고 싶다. 그렇게 된 이유는 문장 속의 단어가 대상 단어뿐만 아니라 문맥 단어로도 등장하기 때문에, 단어가 대상 단어로 나타날 때 벡터를 생성하고 문맥 단어로 나타날 때도 벡터를 생성한다. 우리는 최종 출력에서 대상 단어 벡터를 고려하지만 두 벡터를 모두 사용할 수 있다. 어떻게 2개의 벡터를 사용하고 그 사용을 어떻게 이해하느냐는 일종의 백만 달러짜리 질문이다!

▌ word2vec는 언제 사용해야 하는가?

word2vec는 의미론적 유사성을 잡아낸다. 이것은 위의 질문에 대한 답을 처리할 때 명심해야 할 가장 중요한 사항이다.

분포 의미론을 사용할 NLP 애플리케이션이 있다면 word2vec이 아주 적절하다! 일부 NLP 애플리케이션에서는 이 개념을 사용해 word2vec 모델에서 피처와 출력 벡터를 생성하거나 이와 유사하게 벡터를 ML 알고리즘의 입력 피처로 사용한다.

어느 NLP 애플리케이션이 word2vec를 사용할 수 있는지 알고 있어야 한다. 애플리케이션 리스트를 알고 있으면 사용 여부를 쉽게 결정할 수 있다. 문서 분류를 위해 k 평균 클러스터링을 사용할 수 있다고 하자. 즉 문서 분류에서 의미론의 속성 중 일부를 수행하게 하려면 word2vec도 사용할 수 있다. 질의 응답 시스템을 만들고 싶다면 의미론적 수준에서 질문을 구별하는 기술이 필요하다. 의미론적 수준 정보가 필요하기 때문에 word2vec를 사용할 수 있다.

이제 우리는 개념과 이론에 대해 충분히 알았으므로 우리가 가장 좋아하는 부분인 코딩을 시작할 것이며, 이번에는 정말 재미있을 것이다.

흥미로운 모델 개발하기

여기서는 word2vec 모델을 훈련시킬 것이다. 여기서 사용할 데이터세트는 왕좌의 게임Game of Thrones의 텍스트 데이터다. 따라서 우리의 공식적인 목표는 A Song of Ice와 Fire (from the show Game of Thrones) 엔티티 사이의 의미론적 유사성을 알아보는 word2vec를 개발하는 것이다. 좋은 점은 컨셉에 대한 실제적인 이해를 돕기 위해 시각화 작업도 한다는 점이다. 원본 코드를 만든 이는 유리이 거츠Yuriy Guts다. 나는 잘 이해가 될 수 있게 코드 래퍼만 만들었다.

나는 IPython 노트를 사용했다. Game of Thrones의 텍스트 데이터에서 word2vec 모델을 학습시키기 위한 기본 종속성은 gensim, scikitlearn, nltk이다. 깃허브 링크 https://github.com/jalajthanaki/NLPython/blob/master/ch6/gameofthrones2vec/ gameofthrones2vec.ipynb에서 해당 코드를 찾을 수 있다.

코드에는 인라인 주석이 포함돼 있으며 부분 출력을 볼 수 있다. 우리는 단어 벡터의 크기를 줄이기 위해 t-SNE 기법을 사용했기 때문에 시각화를 위해 2차원 벡터를 사용할 수 있다. t-SNE 기술은 2~4GB 램의 일반 컴퓨터에서 실행할 경우 많은 시간이 필요하다. 따라서 마지막에 t-SNE 코드를 성공적으로 실행하려면 더 많은 램이 필요한데 메모리 제약이 있으면 시각화 부분을 건너뛰어도 된다. 시각화 이미지는 따로 보면 된다. 일단 모델을 디스크에 저장했으면 이를 사용해 쉽게 출력을 생성할 수 있다. 그림 6.41에서 그림 6.45까지가 샘플 출력이다.

다음 그림에서 **Stark** 단어에 대한 출력을 볼 수 있다.

```
thrones2vec.wv.most_similar("Stark")

2017-05-22 12:53:41,884 : INFO : precomputing L2-norms of word weight vectors

[(u'Eddard', 0.7480276226997375),
 (u'Winterfell', 0.6750659346580505),
 (u'direwolf', 0.6425904035568237),
 (u'Hornwood', 0.6366876363754272),
 (u'Lyanna', 0.6365906000137329),
 (u'beheaded', 0.6254189014434814),
 (u'Karstark', 0.6238248348236084),
 (u'executed', 0.6236813068389893),
 (u'Brandon', 0.6221044659614563),
 (u'Robb', 0.620850682258606)]
```

그림 6.41 Stark 단어의 유사성 출력

다음은 가장 가까운 단어에 대한 출력이다.

```
def nearest_similarity_cosmul(start1, end1, end2):
    similarities = thrones2vec.most_similar_cosmul(
        positive=[end2, start1],
        negative=[end1]
    )
    start2 = similarities[0][0]
    print("{start1} is related to {end1}, as {start2} is related to {end2}".format(**locals()))
    return start2
```

```
nearest_similarity_cosmul("Stark", "Winterfell", "Riverrun")
nearest_similarity_cosmul("Jaime", "sword", "wine")
nearest_similarity_cosmul("Arya", "Nymeria", "dragons")
```

```
Stark is related to Winterfell, as Tully is related to Riverrun
Jaime is related to sword, as drank is related to wine
Arya is related to Nymeria, as Dany is related to dragons
```

```
u'Dany'
```

그림 6.42 가장 가까운 단어에 대한 출력

이제 시각화 출력에 대해 다음과 같은 그림을 볼 수 있다.

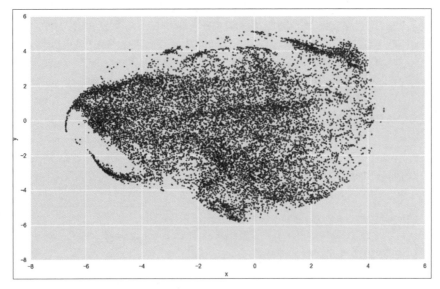

그림 6.43 t-SNE 사용 후 2-D 공간에서 벡터를 시각화할 수 있다.

이제 확대해서 어떤 단어가 나오는지 확인해 보자.

다음 그림은 결과로 나온 킹스가드Kingsguard와 관련된 사람들을 보여준다.

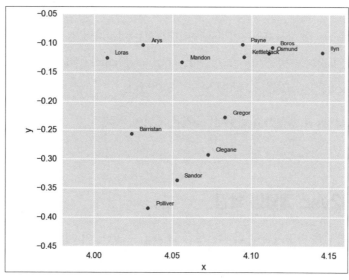

그림 6.44 함께 그룹화된 사람들 이름

다음 그림은 함께 그룹화된 식품을 보여준다.

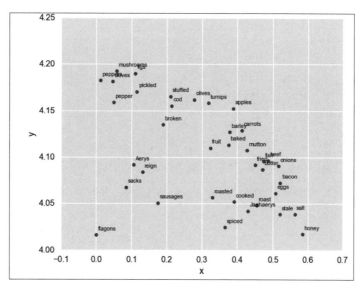

그림 6.45 함께 그룹화된 식품 품목의 이름

나는 해리 포터의 광팬이다. 따라서 여기 연습에서는 해리 포터 책의 텍스트 데이터에서 word2vec를 생성해 보자. 이 데이터세트에 대해서는 걱정하지 말라. 나는 이미 여러분을 위해 준비해서 깃허브 링크 https://github.com/jalajthanaki/NLPython/tree/master/ch6/Harrypotter2vec/HPdataset에 코드를 넣어뒀다.

HarryPotter2Vec를 생성하길 바란다! 즐거운 코딩이 되길!

word2vec 개념의 확장

word2vec 개념은 다양한 수준의 텍스트로 확장될 수 있다. 이 개념은 단락 수준이나 문서 수준에 적용할 수 있으며, 이와 별도로 GloVe라는 글로벌 벡터를 생성할 수도 있다. 우리는 그것을 이해하기 위해 노력할 것이다. 여기서는 각 개념의 개요를 살펴보자.

다음은 word2vec 개념을 사용해 만든 확장 개념이다.

- Para2vec
- Doc2vec
- GloVe

Para2vec

Para2vec는 단락 벡터를 나타낸다. 단락 벡터는 고정 길이의 피처 표현을 사용하는 비지도 알고리즘unsupervised algorithm이다. 문장, 단락, 문서 같은 가변 길이의 텍스트 조각으로부터 이 피처 표현을 유도한다.

Para2vec는 신경망을 사용해 유도할 수 있다. 대부분 측면은 word2vec과 동일하다. 일반적으로 3개의 문맥 단어가 고려돼 신경망에 입력된다. 그런 다음 신경망은 네 번째 문맥 단어를 예측하려고 한다. 여기서는 로그 확률을 최대화하려고 하며 예측 작업은 일반적으로 다중 클래스 분류기를 통해 수행된다. 우리가 사용하는 함수는 소프트맥스다.

여기에서 문맥은 고정 길이이며 단락 위에 슬라이딩 윈도우를 사용해 문맥 단어를 생성한다. 단락 벡터는 단락 전체가 아닌 동일한 단락에서 생성된 모든 문맥과 공유된다.

Para2vec의 이점은 레이블이 붙지 않은 데이터에서 단어를 예측을 학습하므로 레이블이 붙은 데이터세트가 충분히 없을 때 이 기술을 사용할 수 있다.

Doc2vec

Doc2vec(문서 벡터)는 word2vec의 확장이다. 이것은 단어를 다른 단어와 연관시키는 것이 아니라 문서 레이블과 단어를 서로 연관시키는 것을 학습한다. 여기서는 문서 태그가 필요하다. 여러분은 고정 길이 벡터를 사용해 전체 문장을 나타낼 수 있다. 이것은 word2vec 개념도 사용하고 있다. 신경망에 레이블이 붙은 문장을 입력하면 주어진 데이터세트에 대해 분류를 수행한다. 간단히 말하면 텍스트에 태그를 붙이고 나서 이 태그가 지정된 데이터세트를 입력으로 사용해 주어진 데이터세트에 Doc2vec 기술을 적용한다. 이 알고리즘은 주어진 텍스트에 대한 태그 벡터를 생성한다. 깃허브 링크 https://github.com/jalajthanaki/NLPython/blob/master/ch6/doc2vecexample.py에서 관련 코드를 찾을 수 있다.

 아주 작은 데이터세트를 사용해 Doc2vec를 어떻게 개발하는지에 대한 직관력을 얻었으므로 개발된 모델의 정확성 요소는 무시한다. 다음 링크에 있는 코드를 참조하면 된다.
https://github.com/jhlau/doc2vec

그림 6.46의 직관적인 코드와 그림 6.47의 부분 출력을 보자.

```
vector_size = 300
window_size = 15
min_count = 1
sampling_threshold = 1e-5
negative_size = 5
train_epoch = 100
dm = 0    # 0 = dbow; 1 = dmpv
worker_count = 1  # number of parallel processes

# pretrained word embeddings
pretrained_emb = "/home/jalaj/PycharmProjects/NLPython/NLPython/ch6/doc2vecdata/pretrained_word_embeddings.txt"

# None if use without pretrained embeddings

# input corpus
train_corpus = "/home/jalaj/PycharmProjects/NLPython/NLPython/ch6/doc2vecdata/train_docs.txt"

# output model
saved_path = "/home/jalaj/PycharmProjects/NLPython/NLPython/ch6/doc2vecdata/model.bin"

# enable logging
logging.basicConfig(format='%(asctime)s : %(levelname)s : %(message)s', level=logging.INFO)

# train doc2vec model
docs = g.doc2vec.TaggedLineDocument(train_corpus)
model = g.Doc2Vec(docs, size=vector_size, window=window_size, min_count=min_count, sample=sampling_threshold,
                  workers=worker_count, hs=0, dm=dm, negative=negative_size, dbow_words=1, dm_concat=1,
                  iter=train_epoch)
```

그림 6.46 Doc2vec의 부분 코드

다음과 같은 결과가 나타날 수 있다.

```
[(u'plum', 0.7604337930679321)
,(u'bag', 0.7604188919067383)
,(u'tow', 0.7603976726531982)
,(u'clingstone', 0.7594519853591919)
,(u'peach', 0.7581210136413574)
,(u'andirons', 0.7574816942214966)
,(u'harmonica', 0.7570903301239014)
,(u'dragonfly', 0.7570433616638184)
,(u'burlap', 0.7561445236206055)
,(u'harp', 0.7559112906455994)
]
```

그림 6.47 샘플 출력

Doc2vec의 애플리케이션

Doc2vec를 사용할 수 있는 애플리케이션을 살펴보자.

- Doc2vec를 사용해 문서 클러스터링을 쉽게 구현할 수 있다.
- 큰 청크의 텍스트 데이터에 대해 감정 분석을 수행할 수 있으므로, 아주 큰 청크에 대한 감정 출력을 생성할 수도 있다.
- 제품 추천에도 사용된다.

GloVe

GloVe는 글로벌 벡터를 의미한다. GloVe는 비지도 학습[6] 알고리즘이다. 이 알고리즘은 단어에 대한 벡터 표현을 생성한다. 여기서 훈련은 집계된 글로벌 단어-단어 동시 발생 행렬과 코퍼스의 다른 통계를 사용해 수행되며, 결과로 나오는 표현은 단어 벡터 공간에 대해 흥미로운 선형 하부 구조를 보여준다. 따라서 동시 발생 행렬은 GloVe의 입력이 된다.

GloVe는 비슷한 단어를 파악하기 위해 코사인 유사성cosine similarity, 또는 유클리드 거리Euclidean distance를 사용한다. GloVe는 신선한 측면을 제공하는데 가장 가까운 이웃을 택하면 빈도 측면에서 아주 드문 종류의 단어를 볼 수 있다. GloVe는 여전히 유사한 클러스터에 있는 드문 단어를 잡아낼 수 있다. 유명한 예를 알아보자.

예를 들어 다음은 frog를 대상 단어로 사용할 때 가장 가까운 단어다.

- Frog
- Frogs
- Toad
- Litoria

---

6 비감독 학습 또는 자율 학습이라고도 한다. - 옮긴이

- Leptodactylidae

- Rana

- Lizard

- Eleutherodactylus

또 다른 예는 함께 결합된 비교 최상위 형태와 관련된 단어다. 시각화 도구를 사용하면 다음 출력을 볼 수 있다. 그림 6.48를 보자.

그림 6.48 GloVe의 유명한 예제에 대한 결과

 여러분에게 GloVe의 직관적이고도 실용적인 예를 제공하기 위해 GloVe 파이썬 라이브러리를 사용한다. 깃허브 링크 https://github.com/jalajthanaki/NLPython/blob/master/ch6/gloveexample.py에 있는 코드를 보자.

시작하기에 앞서 데이터세트를 다운로드해야 하므로 다음 명령을 실행한다.

```
wget http://mattmahoney.net/dc/text8.zip -P /tmp
unzip text8.zip
cd /tmp
sudo chmod 777 ./text8
sudo chown yoursystemusername:yoursystemusername ./text8
```

그림 6.49에서 부분 코드, 그리고 그림 6.50에서 그 출력을 볼 수 있다.

```
import itertools
from gensim.models.word2vec import Text8Corpus
from glove import Corpus, Glove

sentences = list(itertools.islice(Text8Corpus('/tmp/text8'), None))
corpus = Corpus()
corpus.fit(sentences, window=10)
glove = Glove(no_components=100, learning_rate=0.05)
glove.fit(corpus.matrix, epochs=30, no_threads=4, verbose=True)
glove.add_dictionary(corpus.dictionary)

print glove.most_similar('frog', number=10)
print glove.most_similar('girl', number=10)
print glove.most_similar('car', number=10)
```

그림 6.49 GloVe의 부분 코드

다음은 부분 코드에 대한 출력이다.

```
[
(u'stampede', 0.68898890286508008),
(u'dome', 0.6877015439616696),
(u'dodo', 0.66880217191693259)
,(u'coffin', 0.66225539108457376)
,(u'cerebral', 0.66159020499848764)
,(u'mysterious', 0.65478733848138226)
,(u'giant', 0.65038313074580578)
,(u'triangle', 0.64855186344301308)
,(u'vicious', 0.64641885680231859)
]


[
(u'man', 0.75136637433681674)
,(u'young', 0.7469214969113348)
,(u'baby', 0.73720725663573894)
,(u'woman', 0.72547071513284545)
,(u'wise', 0.68475484060033442)
,(u'girls', 0.67454497245994827)
,(u'boys', 0.67019967099320665)
,(u'teenage', 0.66537740499008224)
,(u'sick', 0.65327444225489562)
]
```

그림 6.50 GloVe의 샘플 출력

연습

이 연습은 여러분에게 읽기 연습에 가깝다. 그러므로 여러분은 Para2vec, Doc2vec, GloVe에 대한 연구 논문을 읽어야 한다. 이 외에도 DNA 패턴 같이 연속 문자열에 대한 벡터 표현을 찾을 수 있는 방법이 있는지를 확인할 수도 있다. 이 연습의 주 목적은 연구 작업이 어떻게 수행됐는지 파악하는 것이다. 또한 벡터 표현의 다른 측면을 생각해서 문제 해결을 시도할 수 있다.

▌ 딥러닝에서 벡터화의 중요성

여기는 끝으로 여러분과 논의하는 부분이지만 그렇다고 중요도가 떨어지는 내용은 아니다. 알다시피 컴퓨터는 NL을 직접 이해할 수 없으므로 NL 출력을 숫자 형식으로 변환해야 한다. 우리는 다양한 워드 임베딩 기술뿐만 아니라 인덱싱, tf-idf, 원핫 인코딩 등과 같은 기본적인 통계 기술을 갖고 있다. 이 모든 기술, 또는 이 기술 중 일부를 사용해 텍스트 입력을 숫자 형식으로 변환할 수 있다. 어느 기술을 선택할지는 NLP 애플리케이션에 따라 다르다. 그래서 NL 입력을 숫자 형식으로 변환하는 두 가지 주요 이유가 있다. 기본적으로 컴퓨터는 숫자 데이터만 이해할 수 있으므로 텍스트 데이터를 숫자 데이터로 변환해야 하며, 컴퓨터는 주어진 숫자 데이터로 계산을 수행하기에 아주 좋다. 이것이 텍스트 데이터를 변환할 때 내 머릿속에 떠오른 2개의 주요 요점이다.

딥러닝이 무엇인지 알아보자. 여기에 대해서는 간단히 설명하려고 한다. 걱정하지 말라. 9장에서 더 자세히 알아볼 것이다. 신경망이 많은 계층의 깊이로 이뤄져 있으면 **딥 신경망**deep neural network이라고 한다. 많은 계층의 딥 신경망을 이용하고 많은 양의 데이터와 많은 연산 능력을 사용해 NLP 애플리케이션을 개발할 때 이를 **딥러닝**이라고 한다.

이제 벡터화에 대해 얘기해 보자. 벡터화는 확실한 수학 개념이며 이해하고 다루기가 쉽다. 요즘 파이썬에는 고차원 벡터 형태의 데이터를 처리하려고 할 때 작업을 편하게 해주는 많은 훌륭한 라이브러리가 있다. 딥러닝 패러다임은 벡터화와 행렬 개념에 크게 의존하므로 딥러닝을 올바로 알려면 벡터와 행렬에 대한 지식이 있어야 한다. 비디오, 또는 오디오 같은 입력 데이터를 처리하는 딥러닝 애플리케이션은 벡터를 사용한다. 비디오와 이미지는 고밀도 벡터$^{dense\ vector}$ 형식으로 변환되며, 텍스트 입력에 대해 얘기할 때 word2vec는 단어에서 벡터를 생성하는 기본 컴포넌트다. 구글의 텐서플로는 word2vec를 기본 컴포넌트로 사용하며 이러한 개념을 사용해 구글 기계 번역, 구글 음성 인식, 구글 비전 애플리케이션의 결과를 즉석에서 처리한다. 따라서 벡터와 행렬을 사용하면 그런 처리와 그 이해 측면에서 편하다.

이 외에도 여러분에게 말할 게 있다. 여러분은 우리가 텍스트를 다루는 방법을 어떻게 즉시 알아내는지에 집중해야 한다. word2vec가 단어를 벡터 형식으로 변환하는 가장 간단하고 효율적인 방법이라는 것은 틀림 없는 사실이다. 그러나 나는 연구 활동에 관심이 있는 독자에게 모국어로 이 개념을 확장하거나 독창적이면서 아주 혁신적인 기술을 구축할 것을 적극적으로 권하는데, NLP 커뮤니티가 단어 모호성과 같은 문제를 극복하는 데 도움을 줄 것이다. 이것이 여러분에게 전하는 내 조언이다!

▍요약

6장에서는 word2vec을 사용해 의미를 찾는 방법을 살펴봤다. 간단한 벡터화 기술은 우리에게 많은 도움을 준다. 우리는 그 중 일부 애플리케이션을 알아봤으며, word2vec 모델의 전문성도 다뤘다. 여러분에게 이 모델을 좀 더 이해시키기 위해 새로운 수학적, 통계적 용어를 많이 소개했다. 우리는 word2vec 블랙박스를 word2vec 화이트박스로 변환했다. 더 잘 이해하기 위해 기본 예제뿐만 아니라 확장 예제도 구현했다. word2vec 모델을 개발하는 데 많은 라이브러리와 API를 사용했다. 딥러닝에서 벡터화의 이점도 알아본 후 word2vec 이해를 넓혀서 para2vec, doc2vec, GloVe의 개념으로 넘어갔다.

7장에서는 기본적으로 NLP 애플리케이션 개발을 위한 규칙 기반 기술 사용법과 다양한 NLP 애플리케이션이 아주 간단하지만 아주 효과적인 기술을 어떻게 사용하는지에 대해 자세히 알아볼 텐데, 특히 후자의 기술은 NLP애플리케이션을 위한 기본적이면서도 효과적인 프로토타입 개발을 위한 규칙, 또는 로직이라고 부른다. 구글은 기계 번역 프로젝트를 위해 규칙 기반 기술을 사용하고 애플도 이 기술을 사용하는데, 구글은 규칙 기반 시스템을 사용해 자율주행차self-driving car의 초기 프로토타입을 만들었다. 규칙 기반 시스템과 아키텍처에 대해서 살펴보고, 규칙 기반 NLP 애플리케이션의 아키텍처가 무엇인지도 알아본다. 사고의 과정thought process을 제공하고 그 사고의 과정을 사용해 NLP 애플리케이션에 대한 규칙을 만들 수도 있다. 기본 문법 규칙과 패턴 기반 규칙을 구현해 보겠다. 또한 기본 템플릿 기반의 챗봇도 처음부터 개발해 보기로 하자.

07

NLP를 위한
규칙 기반 시스템

5장과 6장에서는 언어학 및 통계학 개념을 사용해 다양한 피처를 유도하는 방법을 배웠다. NLP 애플리케이션을 개발할 때 이들 피처가 알고리즘에 반영될 것이다. 이들 알고리즘은 피처를 입력으로 사용한다. 알다시피 알고리즘은 일종의 마법을 수행하고 적절한 출력을 나타내므로 블랙박스라고 부른다. 그림 7.1을 보면 지금까지의 여정을 볼 수 있다.

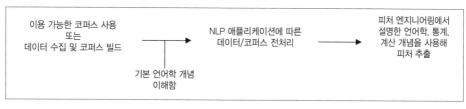

그림 7.1 지금까지 배운 단계

축하한다. NLP와 NLU에 대해 많은 지식을 배웠다.

이제는 NLP 애플리케이션을 개발하는 데 사용하는 알고리즘을 알아볼 차례다. 우리는 이들 알고리즘, 기술, 접근법을 우리의 블랙박스라고 부르는데 이것들의 로직은 우리를 위해 마법처럼 작동한다. 이제 블랙박스에 깊이 들어가서 그 마법을 이해해보자.

NLP 애플리케이션을 위한 알고리즘(구현 기술 또는 접근법)은 두 부분으로 나눌 수 있다. 그림 7.2을 참조하자.

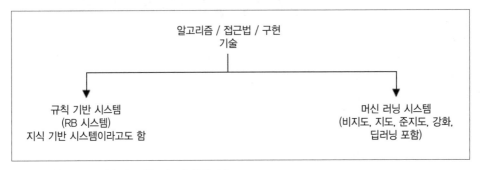

그림 7.2 블랙박스를 위한 알고리즘, 접근법, 구현 기술

7장에서는 **규칙 기반(RB)** 시스템을 알아보고 머신 러닝 접근법은 8장과 9장에서 알아본다.

7장에서는 규칙 기반 시스템에 초점을 맞춰 다음과 같은 주제를 다룬다.

- RB 시스템에 대한 이해
- RB 시스템의 목적
- RB 시스템의 아키텍처
- RB 시스템 개발 라이프 사이클 이해
- 애플리케이션
- RB 시스템을 사용해 NLP 애플리케이션 개발

- RB 접근법과 다른 접근법 비교
- 장점
- 단점
- 과제
- RB 시스템의 최근 동향

그럼 시작하자!

규칙 기반 시스템에 대한 이해

RB 시스템은 **지식 기반 시스템**knowledge-based system으로도 알려져 있다. 그러나 우선 RB 시스템이란 무엇이며 무슨 일을 하는지를 알아보겠다. 이 접근법을 사용하면 어떤 종류의 NLP 애플리케이션을 구현할 수 있는지에 대해서도 알게 된다. 이해를 돕기 위해 애플리케이션을 예로 들어 개념을 설명한다.

RB 시스템은 무엇을 의미하는가?

규칙 기반 시스템은 사용 가능한 지식이나 규칙을 사용해 정의되므로 우리는 해당 규칙을 사용하는 시스템을 개발하고, 코퍼스에서 사용 가능한 시스템 규칙을 적용해서 결과를 생성하거나 추측하려고 시도한다. 그림 7.3을 보면 RB 시스템을 알아볼 수 있다.

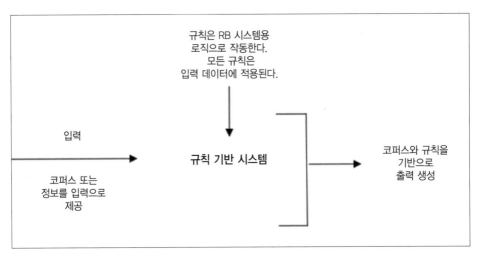

그림 7.3 규칙 기반 시스템의 입출력 흐름

 간단히 말하면 RB 시스템은 실제 규칙이나 경험을 사용 가능한 코퍼스에 적용하고, 규칙에 따라 정보를 조작하며, 특정 결정이나 결과를 유도한다. 여기에서 규칙은 사람이 생성시키거나 직접 만든다.

RB 시스템은 유용한 방식으로 이용 가능한 코퍼스(정보)를 해석하는 데 사용된다. 여기서 규칙은 RB 시스템의 핵심 로직 역할을 한다. 코퍼스는 규칙이나 지식에 따라 해석되므로 우리의 최종 결과는 이 두 요소에 달려 있다. 첫 번째는 규칙이고, 두 번째는 코퍼스다.

이제 RB 시스템의 핵심 요소를 얻기 위해 AI^Artificial Intelligence, 인공지능 애플리케이션 중 하나를 설명한다.

인간으로서 우리 모두는 매일 아주 복잡한 작업을 수행해 업무를 해낸다. 작업을 수행하기 위해서는 이전 경험을 사용하거나 작업을 성공적으로 완료하기 위한 규칙을 따른다.

예를 들어보자. 여러분이 자동차를 운전한다면 해당 규칙을 따라야 한다. 여러분은 이 규칙에 대해 미리 지식을 익힌다. 이제 자율주행차에 대해 생각해 보면 이전에 인간이 했던 모든 작업에 대해 차는 반응하거나 수행해야 한다. 그러나 일반 자동차는 운전자가 없으면 자동으로 운전하는 방법을 알지 못한다. 운전자가 운전에 덜 신경 쓰게 하려면 자동차는 아주 복잡할 뿐만 아니라 해결해야 할 문제가 많이 생긴다.

어쨌든 여러분은 자율주행차를 만들고 싶다고 하자. 여러분은 그 자동차가 수행하기 위해 학습해야 할 규칙이 많다는 사실을 안다. 여기에는 다음과 같이 몇 가지 중요한 문제가 있다.

- 이것은 복잡한 애플리케이션의 일종이다.
- 자동차는 많은 규칙과 상황을 학습해야 한다.
- 자율주행차의 정확성을 아주 높여 소비자 시장에 출시할 수 있어야 한다.

그렇다면 문제를 해결하기 위해 다음과 같은 다양한 단계를 따른다.

1. 우선 문제 진술을 작은 부분으로 나누는데 이런 작은 부분은 원래 문제 진술의 부분집합이 된다.
2. 먼저 작은 부분의 문제를 해결하려고 시도한다.
3. 그 작은 문제를 해결하기 위해 문제 해결뿐만 아니라 최종 목표 달성에 도움이 되는 일반화된 규칙을 찾기 위해 노력할 것이다.

운전자가 덜 운전하게 만드는 (자율주행) 차량의 경우, 우리는 소프트웨어 관점에서 생각해야 한다. 그렇다면 차가 학습해야 할 첫 번째 단계는 무엇일까? 생각해보라!

자동차는 도로상의 물체를 보고 식별하는 법을 배워야 한다. 이것이 우리 차의 첫 걸음인데 일반 규칙을 정의해서 자동차가 도로에 어떤 물체가 있는지 배우고 결정하는 데 사용하게 한다. 자동차가 도로 상태를 볼 때 속력은 어떻게 될까? 그 외에도 많이 있다(규칙 기반 시스템을 사용해 지금 당장 생각해보자. 이 단계를 해결하는 데 있어서 딥러닝 측면에 대해서는 생각하지 말자).

우리 일의 작은 부분 모두에 대해 규칙을 정의하고 해당 규칙 논리를 RB 시스템에 제공한다. 그리고 나서 주어진 입력 데이터에서 규칙이 제대로 작동하는지 확인한다. 출력을 얻은 후에는 시스템의 성능도 측정한다.

여러분은 이 책이 NLP에 대한 책이라고 생각할 텐데, 그렇다면 왜 내가 일반화된 AI 애플리케이션의 예제를 제공할까? 그 이유는 자율주행차의 예가 모든 사람과 관련이 있고 이해하기 쉽기 때문이다. 나는 규칙 기반 시스템을 갖는 목적을 이해하는 데 도움이 되는 몇 가지 요점을 강조하고자 한다.

다음과 같이 하나의 일반적인 예를 들고 그 목적을 이해해보자.

- 이 자율주행차의 예는 인간이 수행하기에 아주 쉬운 작업도 때로는 기계가 스스로 하기에는 훨씬 더 복잡하다는 사실을 확인하는 데 도움이 된다.
- 이러한 종류의 복잡한 작업에는 높은 정확도가 필요하다! 아주 높은 정확도 말이다!
- 우리 시스템이 모든 상황을 커버해서 학습하리라는 상황을 기대하지 않지만, 그래도 어떤 규칙을 시스템에 주입하든지 해당 시스템은 최선의 방법으로 그러한 상황을 학습해야 한다.
- RB 시스템에서 다양한 시나리오의 적용 범위는 적지만 시스템의 정확성은 높아야 한다. 그것이 우리가 필요로 하는 것이다.
- 우리의 규칙은 실제 인간의 경험이나 인간에 대한 지식을 통해 유도된다.
- 규칙의 개발과 구현은 사람이 수행한다.

이러한 모든 사항은 규칙 기반 시스템을 언제 어디에 사용할지 결정하는 데 도움이 된다. 위 사항을 통해 우리 목적을 정의해 규칙 기반 시스템을 갖출 수 있다. 이제 다음 절로 건너가서 NLP, 또는 AI 관련 애플리케이션용 규칙 기반 방식을 사용하기 위한 규칙을 정의해보자.

규칙 기반 시스템 장착의 목적

일반적으로 규칙 기반 시스템은 NLP 애플리케이션과 일반화된 AI 애플리케이션을 개발하는 데 사용된다. 규칙 기반 시스템에 대한 명확한 그림을 만들기 위해 우리가 대답해야 할 질문이 많다.

왜 규칙 기반 시스템이 필요한가?

규칙 기반 시스템은 NLP 애플리케이션에 대해 인간의 전문적인 지식을 모방하려고 한다. 여기서는 RB 시스템의 목적을 이해하는 데 도움이 되는 다음과 같은 요소를 다룬다.

- 사용 가능한 코퍼스 크기가 작다.
- 출력이 아주 주관적이다.
- 특정 분야의 사람이 특정 규칙을 쉽게 작성할 수 있다.
- 소량의 데이터를 관찰하기만 해서 머신이 특수 규칙을 생성하기 어렵다.
- 시스템 출력은 아주 정확해야 한다.

RB 시스템을 사용해 NLP 애플리케이션을 개발하려고 한다면, 위의 모든 요소가 아주 중요하다. 앞의 요소는 여러분이 RB 방식을 선택해야 하는지 여부를 결정하는 데 얼마나 도움이 될까?

다음 질문이 있을 수 있다.

- 대량의 데이터 또는 소량의 데이터를 보유하고 있는가?
  - 데이터 양이 적으면 다음 질문으로 넘어가고 데이터 양이 많으면 다른 옵션이 많이 생긴다.
- 개발하려는 NLP 애플리케이션과 관련해 출력은 주관적인가? 아니면 일반화된 것인가?
  - 소량의 데이터가 있고 개발하려는 애플리케이션의 출력이 너무 주관적이라

면, 적은 양의 데이터로 머신이 패턴을 일반화할 수 없으므로 RB 시스템을 선택한다.

- 개발하려는 NLP 애플리케이션의 정확도는 아주 높아야 한다.
  - 개발하려는 애플리케이션이 작은 데이터세트를 사용해 인간과 거의 동일한 높은 정확성을 유지해야 한다면 RB 시스템을 선택한다.
  - 여기서도 인간 전문가가 시스템에 대한 규칙을 만든다는 점을 명심해야 한다. 이 시스템에 따라 출력을 생성하므로 RB 시스템은 아주 정확하지만 모든 상황을 다루지는 않는다

이 질문은 우리가 RB 시스템을 사용할 수 있는 이유와 종류를 정의한다. 위의 질문을 요약하면 다음과 같이 설명할 수 있다. 소량의 데이터가 있고 전문가가 규칙을 작성하기 위한 다양한 시나리오와 출력을 쉽게 식별할 수 있는 매우 정확한 시스템이 필요하다면 머신이 일반화된 규칙을 정확하게 식별하기란 아주 어렵다. 그렇다면 RB 시스템이 안성맞춤이다! RB 시스템의 결과물은 전문가의 경험을 모방해야 한다. 이것은 RB 시스템을 선택하기 위한 경험 법칙[thumb rule][1]이다.

9장에서 많은 양의 데이터가 있을 때 더 나은 방법이 있음을 알게 될 것이다. 7장에서는 아주 정확한 NLP 애플리케이션을 생성하는 데 RB 접근법이 도움이 된다.

어떤 종류의 애플리케이션이 다른 접근법보다 RB 접근법을 사용할 수 있는가?

일찍이 정의했듯이 RB 시스템은 인간 분야 전문가의 도움을 받아 개발된다. 이 절에서는 다음과 같이 예를 들어보는데 이는 경험 법칙을 증명하는 데 도움이 될 수 있다.

- 이를 테면 우리는 영어에서 이용 가능한 인도어 코포라의 컴퓨터 번역 시스템을 만들고 싶은데 이 코포라는 너무 작다. 그 번역 시스템은 개발하기에 충분히 정

---

1 실제의 경험에 따른 것이라 대충한다는 의미도 있다. rule of thumb으로 쓰기도 한다. – 옮긴이

확해야 한다. 우리에게는 구자라트어뿐만 아니라 영어를 알고 있는 인간 전문가가 필요하다. 한 번에 모든 다른 번역 수준을 다루기를 원하지 않기 때문에 문제의 작은 덩어리를 먼저 다뤄야 하고, 개발된 프로토타입^{prototype} 위에 작은 문제를 쌓아 올린다. 따라서 여기에도 RB 시스템을 선택하고 싶다. 여러분은 어떻게 생각하는가?

- 영어 문법 교정 시스템을 개발한다고 하자. 소량의 병렬 코포라(문법 오류가 있는 문서와 문법 오류가 없는 동일한 문서)가 있다고 하면, 사용 가능한 코퍼스를 사용해 문법 실수를 확인하고 교정하는 정확한 문법 수정 애플리케이션을 만들어야 한다. 그렇다면 이런 종류의 애플리케이션에서 어떤 접근법을 취할까? 잠시 생각하고 나서 대답해보라! 여기서 나는 우리의 경험 법칙에 따라 RB 시스템을 받아들이고 싶다.

연습

- 기본 챗봇 시스템을 개발하고 싶다면 어떤 접근법을 취할까?
  - RB 접근법
  - ML 접근법
- 주어진 문장의 감정을 예측하고 싶다면 어떤 접근법을 취할까?
  - RB 접근법
  - ML 접근법
  - 하이브리드 방식
  - 해당 사항 없음

규칙 기반 시스템을 개발하려면 어떤 종류의 자원이 필요할까?

이제 RB 시스템을 사용하는 이유와 사용하는 애플리케이션의 종류에 대해 이해하게 됐다. 세 번째 중요한 측면은 NLP, 또는 AI 애플리케이션용 RB 시스템을 개발할 경우 무엇이 필요한가이다.

이 시점에서 고려해야 할 3가지 주요 자원이 있다. 그림 7.4를 참조하자.

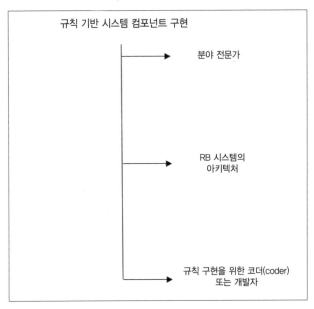

그림 7.4 RB 시스템을 구현하기 위한 자원

RB 시스템 컴포넌트를 정의하는 데 도움이 되는 각 자원의 세부사항을 살펴보자.

- 분야 전문가(인간 전문가/지식 전문가): RB 시스템을 사용해 애플리케이션을 개발하려면 먼저 그 분야에 대해 거의 모든 지식을 아는 분야 전문가가 필요하다. 기계 번역 시스템을 만들고 싶다면 분야 전문가는 소스와 대상 언어에 대한 언어학에 대해 깊은 지식을 가진 사람이 될 수 있다. 그는 자신의 전문 기술과 경험을 사용해 규칙을 제시할 수 있다.

- RB 시스템의 시스템 설계자(시스템 엔지니어): RB 시스템의 아키텍처를 정의하려면 다음 전문 지식을 갖춘 팀, 또는 사람이 필요하다.
  - 그 분야의 기본 지식
  - 시스템 아키텍처 설계에 대한 깊은 지식, 또는 높은 경험

> ⓘ 아키텍처는 RB 시스템의 가장 중요한 부분인데, 아키텍처가 전체 시스템의 효율성을 결정하는 컴포넌트 중 하나이기 때문이다. RB 시스템에 대해 아키텍처 설계를 멋지게 해내면 좋은 사용자 경험과 정확하고 효율적인 출력을 얻을 수 있다. 그 외에도 코더뿐만 아니라 지원 팀, 또는 테스트 팀과 같은 다른 기술 팀이 해당 시스템에서 쉽게 작업할 수 있게 해준다. 시스템 아키텍처는 시스템 엔지니어나 시스템 설계자 담당이다.

- 규칙을 구현하는 코더(개발자 또는 지식 엔지니어): 분야 전문가가 규칙을 개발하고 시스템 아키텍처가 올바르게 설계되면 코더, 또는 개발자가 등장한다. 코더는 우리의 진짜 마술사다! 그들은 프로그래밍 언어를 사용해 규칙을 구현하고 애플리케이션을 완성하는 데 도움을 준다. 코딩 기술은 RB 시스템에서 많이 필요하다. 프로그래밍은 C, C++, 자바, 파이썬, 펄, 셸 스크립트 등과 같은 프로그래밍 언어, 또는 스크립트 언어를 사용해 수행할 수 있다. 아키텍처에 따라 이 중 어떤 것도 사용할 수 있지만 잘 짜인 아키텍처 없이는 단일 시스템에서 아무 프로그램이나 사용할 수 있는 것은 아니다.

7장의 뒷부분에서 아키텍처 부분에 대해 좀 더 기술적인 부분을 살펴보기로 하자.

▌ RB 시스템의 아키텍처

RB 시스템의 아키텍처를 다음의 네 부분으로 나눠 설명한다.

- 전문가 시스템으로서 RB 시스템의 일반적인 아키텍처

- NLP 애플리케이션용 RB 시스템의 실용적인 아키텍처

- 사용자 정의 아키텍처 – NLP 애플리케이션용 RB 시스템

- 아파치 **UIMA**Unstructured Information Management Architecture(비정형 정보관리 아키텍처) – NLP 애플리케이션용 RB 시스템

전문가 시스템으로서 규칙 기반 시스템의 일반적인 아키텍처

규칙 기반 시스템을 전문가 시스템으로 설명하면 규칙 기반 시스템의 아키텍처는 그림 7.5와 같다.

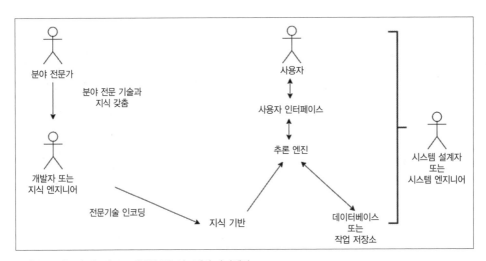

그림 7.5 전문가 시스템으로 간주한 RB 시스템의 아키텍처

아키텍처의 각 컴포넌트를 자세히 살펴보자.

- **분야 전문가:**
  - 앞 절에서 보았듯이 분야 전문가는 특정 분야에 대한 전문 지식을 갖추고 있으며, 문제를 해결하기 위한 규칙을 생성하는 데 도움을 줄 수 있다.

308

- **개발자 또는 지식 엔지니어:**
  - 개발자는 코딩 기술을 사용해 분야 전문가가 만든 규칙을 머신이 이해할 수 있는 형식으로 변환한다.
  - 개발자는 전문가가 만든 규칙을 인코딩한다.
  - 거의 이런 인코딩은 의사 코드pseudo code 형태로 된다.
- **지식 기반:**
  - 지식 기반은 전문가가 모든 규칙을 적용할 수 있는 곳이다.
  - 분야 전문가가 규칙을 추가, 업데이트, 삭제할 수 있다.
- **데이터베이스 또는 작업 저장소:**
  - 모든 메타 정보 관련 규칙을 작업 저장소에 저장할 수 있다.
  - 여기에는 규칙뿐만 아니라 특수 시나리오, 사용 가능한 경우의 일부 리스트, 예제 등을 저장할 수 있다.
  - 규칙을 적용할 데이터도 저장한다.
- **추론 엔진:**
  - 추론 엔진은 시스템의 핵심 부분이다.
  - 여기에 규칙에 대한 실제 코드를 넣는다.
  - 미리 정의된 규칙과 조건이 사용자 쿼리, 또는 입력으로 넣은 데이터세트에서 충족될 때 규칙이 시행된다.
- **사용자 추론:**
  - 최종 사용자는 결과를 좁히기 위한 조건을 제공하기도 하므로, 시스템에서 출력을 생성할 때 이러한 모든 사용자 추측도 고려될 것이다.
- **사용자 인터페이스:**
  - 사용자 인터페이스는 사용자가 입력 내용을 제출하는 데 도움이 되며, 이어서 사용자는 결과를 얻을 수 있다.
  - 이것은 최종 사용자를 위한 대화형 환경을 제공한다.

- **시스템 설계자:**
  - 시스템 설계자는 시스템의 전체 아키텍처를 관리한다.
  - 시스템 설계자도 RB 시스템에서 가장 효율적인 아키텍처가 무엇인지 결정한다.

RB 시스템의 전통적인 아키텍처를 알아봤다. 이제 NLP 애플리케이션용 RB 시스템의 현실적이면서 실용적인 아키텍처가 무엇인지 살펴볼 차례다.

NLP 애플리케이션용 규칙 기반 시스템의 실용적인 아키텍처

이미 일반적인 아키텍처에 대해 설명했으므로 NLP 애플리케이션용 RB 시스템의 실용적인 아키텍처를 살펴보자. 그림 7.6을 참조하자.

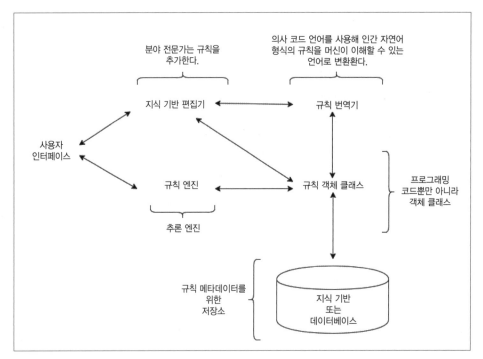

그림 7.6 NLP 애플리케이션용 RB 시스템의 실전 아키텍처

아키텍처의 각 컴포넌트를 자세히 살펴보자.

분야 전문가, 사용자 인터페이스, 시스템 엔지니어 같은 어떤 부분은 앞 절에서 살펴봤다. 여기에서는 새로운 컴포넌트에 초점을 맞춘다.

- **지식 기반 편집기:**
  - 분야 전문가는 어떻게 코딩하는지 모를 수도 있다.
  - 따라서 인간 언어를 사용해 규칙을 작성하거나 만들 수 있는 지식 기반 편집기를 제공한다.
  - 영어에 대한 문법 교정 시스템을 개발 중일 때 규칙 작성법은 아는데 이를 어떻게 코딩할지 모르는 언어학자가 있다고 하자.
  - 이런 경우 그 학자는 지식 기반 편집기를 사용해 규칙을 추가, 업데이트, 삭제할 수 있다
  - 모든 생성된 규칙은 일반적인 인간 언어의 형태로 지정된다.
- **규칙 번역기:**
  - 알다시피 모든 규칙은 인간 언어의 형태이므로 기계가 이해할 수 있는 형태로 번역하거나 변환해야 한다.
  - 규칙 변환기는 규칙에 대한 의사 논리가 예제로 정의된 영역이다.
  - 문법 교정 시스템의 예를 생각해보자. 여기서 우리의 전문가는 문장에 단수 주어와 복수 동사가 있는 경우 규칙을 정의하고 나서 그 동사를 단수 동사 형식으로 변경한다
  - 규칙 변환기에서는 POS 태그 PRP$를 가진 단수 주어와 동사의 POS 태그 VBP를 가진 NP가 있는 문장 S가 존재하는 것처럼 정의된 규칙을 변환하고 나서 그 동사를 VBZ 형식으로 변경한다. 규칙을 이해하기 위해 몇 가지 예가 나와 있다.

- **규칙 객체 클래스:**
  - 이 규칙 객체 클래스는 라이브러리를 지원하기위해 컨테이너처럼 동작한다.
  - 여기에는 다양한 필수 라이브러리가 포함돼 있다.
  - 때때로 전체 시스템을 최적화하기 위해 라이브러리에 대한 선택적 객체 클래스도 들어 있다.
  - 문법 교정 시스템의 경우, 규칙 엔진이 사용할 컨테이너에 파서, POS 태거, **개체명 인식(NER)** 등의 도구를 넣을 수 있다.
- **데이터베이스 또는 지식 기반:** 데이터베이스에는 다음과 같은 규칙에 대한 메타 데이터가 들어 있다.
  - 규칙 객체 클래스에서 어느 지원 라이브러리가 사용됐는가?
  - 규칙의 카테고리는 무엇인가?
  - 규칙의 우선 순위는 무엇인가?
- **규칙 엔진:**
  - 이것은 RB 시스템의 두뇌인 핵심 부분이다.
  - 규칙 변환기, 규칙 객체 클래스, 지식 기반을 사용함으로써 사용자 쿼리나 입력 데이터세트에서 실제로 실행되는 핵심 코드를 개발하고 출력을 생성해야 한다.
  - 애플리케이션 및 해당 아키텍처에 가장 적합한 프로그래밍 언어를 사용해 코딩할 수 있다.
  - 문법 교정 시스템의 경우 이 단계에서 규칙을 코딩하고 최종 코드는 규칙 엔진 저장소에 저장된다.

이것은 NLP용 RB 시스템을 개발할 때 유용한 모든 컴포넌트다. 이제 여러분이 질문할 차례다. 우리의 필요에 따라 시스템의 아키텍처를 변경할 수 있는가? 그렇게 해도 괜찮을까? 이 질문에 대한 답을 얻으려면 다음 절로 가야 한다.

사용자 정의 아키텍처 – NLP 애플리케이션용 RB 시스템

다른 NLP 애플리케이션의 요구에 따라 아키텍처, 또는 컴포넌트를 변경할 수 있다. 이 경우에 사용자 정의가 가능하다. 사용자 정의 RB 시스템 아키텍처를 설계한다면 몇 가지 사항을 고려해야 한다. 다음 질문을 해보자.

- 문제와 기존 아키텍처를 분석하고 연구했는가?
  - 사용자 정의 작업을 수행하기 전에 애플리케이션을 분석해야 한다. 기존의 시스템이 있다면, 그 아키텍처를 연구해서 좋고 나쁜 것을 가려내라.
  - 분석에 충분한 시간을 가져라.
- 사용자 정의 아키텍처가 정말로 필요한가?
  - 연구 후에 애플리케이션 아키텍처를 사용자 정의해야 한다고 느낀다면, 정말로 필요한 이유를 적어 두라.
  - 일련의 질문을 함으로써 여러분이 열거한 이유를 언급하면 여러분의 시스템이 더 나아질 수 있게 도움이 될 수 있다. 그렇다고 하면 올바른 길을 가고 있는 것이다.
- 개발 과정을 간소화하는 데 도움이 되는가?
  - 새로운 아키텍처가 실제로 개발 과정을 개선하는 데 도움이 되는가? 그렇다고 하면 해당 아키텍처를 고려할 수 있다.
  - RB 시스템 개발을 위해 간소화한 과정을 정의하기가 대부분 어렵지만 새로운 사용자 정의 아키텍처가 도움이 된다면 정말 좋은 일이다
  - 이 간소화한 과정이 실제로 RB 시스템을 안정적으로 만들까?
- 유지보수 가능한가?
  - 사용자 정의 아키텍처는 시스템을 쉽게 할 뿐 아니라 효율적으로 유지관리하는 데 도움을 줄 수 있다.
  - 사용자 정의 아키텍처에 이 기능을 추가할 수 있다면 그렇게 하라!

- 모듈형인가?
  - RB 시스템을 모듈식으로 하면 특정 모듈을 쉽게 추가, 제거, 업데이트할 수 있으므로 유용하다.
- 규모 변경이 가능한가?
  - 새로운 아키텍처 덕분에 시스템 규모를 변경할 수 있다. 여러분은 이런 점도 고려해야 한다.
- 마이그레이션이 쉬운가?
  - 정의된 아키텍처로 돼 있으면, 팀이 한 플랫폼에서 다른 플랫폼으로 시스템을 쉽게 마이그레이션할 수 있어야 한다.
  - 한 시스템에서 다른 시스템으로 모듈을 마이그레이션하려는 경우, 기술 팀뿐만 아니라 인프라 팀도 쉽게 수행해야 한다.
- 안전한가?
  - 시스템 보안은 주요 관심사다. 필요한 경우, 새 아키텍처에는 보안과 사용자 개인 정보 보호 기능이 있어야 한다.
- 배포가 용이한가?
  - 향후 변경 사항을 배포하려는 경우 배포가 쉬워야 한다.
  - 최종 제품을 판매하려면 배포 프로세스가 충분히 쉬워야 하는데, 그러면 노력과 시간이 줄어든다.
- 개발 시간 면에서 시간을 절약할 수 있는가?
  - 구현과 마찬가지로 아키텍처를 사용해 RB 시스템의 개발 시간을 절약해야 한다.
  - 아키텍처 자체는 구현하는 데 너무 많은 시간을 소비해서는 안 된다.
- 사용자가 사용하기에 쉬운가?
  - 아키텍처는 복잡할 수 있지만 최종 사용자에게는 친숙하면서도 사용하기 쉬워야 한다.

앞의 모든 점이나 대부분을 취할 수 있다면 시스템에 가장 적합하다고 생각하는 아키텍처를 사용해 작은 문제 세트를 구현하고 나서, 마지막으로 위의 모든 질문을 다시 해보고 그 결과를 평가해보라.

그렇게 해서도 긍정적인 답을 얻으면 여러분은 잘하고 있는 것이다! 여기서 설계는 옳고 그름이 없다. 그저 여러분의 NLP 애플리케이션에 최선으로 맞출 뿐이다.

질의 응답(Q/A) 시스템은 그림 7.7 같은 아키텍처를 사용할 수 있다.

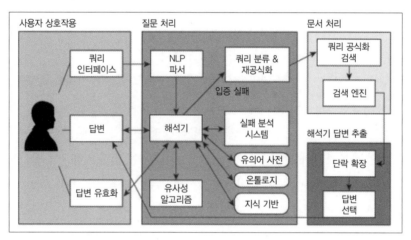

그림 7.7 질의 응답 RB 시스템용 아키텍처

여러분은 매우 다른 종류의 아키텍처를 볼 수 있다. Q/A 시스템의 접근법은 온톨로지ontology[2] 기반 RB 시스템이다. 질문 처리와 문서 처리가 우리에게 주요 규칙 엔진이다. 여기서는 고급 질문 응답 시스템을 생각하지 않는다. 우리는 이야기를 질문할 수 있는 어린아이용 Q/A 시스템을 개발하려고 하며, 시스템은 규칙과 사용 가능한 스토리 데이터에 따라 답변을 해준다.

---

2 단어 자체의 의미는 존재론이다. 기술 의미로는 세상에 존재하는 것에 대해 사람이 인식한 바를 컴퓨터에서 다룰 수 있는 형태로 표현한 모델이다. – 옮긴이

각 컴포넌트를 자세히 알아보자.

- 사용자가 질문을 제출하면 파서가 질문을 분석한다.
- 파싱 결과와 일치하는 질문을 해석기를 사용해 지식 기반, 온톨로지, 키워드 유의어 사전으로 파싱하라.
- 여기서는 추론과 사실도 적용한다.
- 질문에서 몇 가지 사실을 유도해 내고 쿼리 분류와 재공식화를 사용해 사용자 질문을 카테고리화한다.
- 이후에 이미 생성된 사실과 카테고리화된 쿼리는 문서 처리 파트로 전송되는데 이 부분에서 팩트fact가 검색 엔진에 전달된다.
- 답변 추출은 Q/A 시스템의 핵심 RB 엔진인데, 그 이유는 이것이 팩트를 사용해서 가능한 모든 대답을 추출하기 위해 순방향 추론forward chaining, 또는 역방향 추론backward chaining 같은 추론 기술을 적용하기 때문이다. 이제는 역방향 추론과 순방향 추론에 대해 궁금할 것이다. 그래서 여기서는 간단한 개요를 제공한다. 순방향 추론에서는 가능한 데이터로 시작해서 추론 규칙을 사용해 목표가 달성될 때까지 데이터에서 더 많은 팩트를 추출한다. 이 기술은 전문가 시스템에서 그 다음에 발생할 수 있는 것을 알아내는 데 사용된다. 역방향 추론에서는 목표 리스트를 시작으로 거꾸로 작업해 현재 결과에 대해 과거에 어떤 상황이 발생할 수 있었는지 확인한다. 이 기술은 왜 이것이 일어났는지 이해하는 데 도움이 된다.
- 가능한 모든 대답이 생성되면 사용자에게 다시 전송된다.

이제 여러분에게 질문 하나를 하겠다.

Q/A 시스템을 개발할 때 어떤 종류의 데이터베이스를 선택하고 싶은가? 진행하기에 앞서 생각해보자!

나는 SQL DB보다는 NoSQL 데이터베이스를 선택하는데 거기에는 몇 가지 이유가 있다.

시스템은 사용자에게 24\7³로 제공돼야 한다. 여기서는 사용자를 신경 써야 한다. 사용자는 언제든지 시스템에 접근할 수 있으므로 가용성은 중요한 부분이다. 그래서 NoSQL 데이터베이스를 선택하려고 한다. 미래에 사용자의 질문과 답변에 대한 분석을 수행하려면 사용자 질문과 시스템 답변을 데이터베이스에 저장해야 한다. 자세한 내용은 다음을 참조하자.

 데이터 웨어하우스, 또는 NoSQL DB를 선택할 수 있다. 여러분에게 NoSQL이 처음이라면 https://en.wikipedia.org/wiki/NoSQL 링크를 사용해 NoSQL을 알아보면 되고, 데이터 웨어하우스 단어를 처음 봤다면 https://en.wikipedia.org/wiki/Data_warehouse 링크를 참조하자.

이것은 사용자를 분류하는 데 도움을 주며 사용자에게 실제로 중요한 몇 가지 사항을 변경할 수 있다. 각 사용자에게 맞춤형 피드(feed)나 제안도 제공할 수 있다.

연습

문법 교정 시스템을 개발한다고 가정하면 어떤 종류의 시스템 아키텍처를 설계할까? 종이에 설계해 자신의 생각을 나타내 보자.

아파치 UIMA - NLP 애플리케이션용 RB 시스템

이 절에서는 NLP 애플리케이션용 RB 시스템의 유명한 프레임워크 중 하나를 살펴본다.

아파치 UIMA는 기본적으로 구조화되지 않은 데이터를 처리하기 위해 IBM에서 개발했다. 자세한 내용은 https://uima.apache.org/index.html에서 볼 수 있다.

---

3 24시간, 7일을 표현한 것이며 연중무휴를 의미한다. – 옮긴이

여기서는 이 프레임워크에서 RB 접근법을 사용해 NLP 애플리케이션을 만드는 데 도움이 되는 사항을 강조한다.

다음은 UIMA의 특징이다.

- UIMA는 인프라, 컴포넌트, 프레임워크를 제공한다.
- UMIA는 텍스트 데이터의 전처리를 수행하기 위해 내장된 RB 엔진과 GATE 라이브러리를 갖고 있다.
- 다음 도구는 컴포넌트의 일부로 사용할 수 있다. 그 중 몇 가지를 소개한다.
  - 언어 식별 도구
  - 문장 분할 도구
  - NER 도구
- 자바, 루타Ruta, C++로 코딩할 수 있다.
- 유연하고 모듈식이며 사용하기 쉬운 프레임워크다.
- C/C++ 애너테이터는 파이썬과 펄도 지원한다.

UIMA의 응용과 사용에는 다음이 포함된다.

- IBM 왓슨은 UIMA를 사용해 구조화되지 않은 데이터를 분석한다.
- **임상 텍스트 분석과 지식 추출 시스템(아파치 cTAKES)**은 의료 기록에서 정보 추출을 위해 UIMA 기반 시스템을 사용한다.

UIMA 사용의 문제점은 다음과 같다.

- 자바, 루타, C++로 규칙을 코딩해야 한다. 그렇지만 최적화를 위해 많은 RB 시스템이 C++을 사용한다. 따라서 루타를 위한 최고의 인적 자원 확보는 어려운 과제다.
- UIMA를 처음 접한다면 그것에 익숙해질 시간이 필요하다.

RB 시스템 개발 라이프 사이클에 대한 이해

이 절에서는 RB 시스템의 개발 라이프 사이클을 살펴보는데, 이 시스템을 개발하려면 향후 도움이 될 수 있다. 그림 7.8은 RB 시스템의 개발 라이프 사이클을 설명한다. 이 그림은 금방 알 수 있는 내용이므로 추가 설명을 하지 않는다.

RB 개발 라이프 사이클의 단계를 따르면 편리하다.

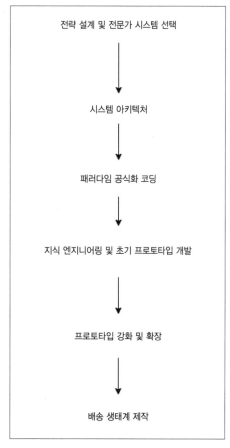

그림 7.8 RB 시스템 개발 라이프 사이클

▌ 애플리케이션

이 절에서는 애플리케이션을 두 영역으로 나눴다. 하나는 NLP 애플리케이션이고 다른 하나는 일반화된 AI 애플리케이션이다.

규칙 기반 시스템을 사용하는 NLP 애플리케이션

여기서는 RB 시스템을 사용하는 NLP 애플리케이션 중 일부에 대해 설명한다.

- 문장 경계 감지:
  - 문장 경계 감지는 일반 영어 글쓰기에는 쉽지만 연구 논문이나 기타 과학적 문서를 다루는 경우에는 복잡해진다.
  - 수작업 후처리post-processing 규칙은 문장 경계를 정확하게 식별하는 데 도움이 된다.
  - 이 접근법은 Grammarly Inc.의 문법 교정 시스템에 사용됐다.
- 기계 번역:
  - 기계 번역 시스템을 떠올려보면, **구글 신경 기계 번역**GNMT, Google Neural Machine Translation 시스템이 생각난다.
  - 많은 인도어에서 구글은 통계 예측 시스템과 함께 복잡한 규칙 기반 시스템을 사용한 하이브리드 시스템을 갖췄다.
  - 2016년 구글은 신경망 기반 MT 시스템을 출시했다.
  - 많은 연구 프로젝트가 여전히 MT용 RB 시스템을 사용하며, 그 중 대다수는 미개발된 언어 개발을 시도한다.
- 템플릿 기반 챗봇:
  - 요즘 챗봇은 시장에서 새로운 트렌드이자 열풍을 일으키고 있다.
  - 기본 버전은 템플릿 기반 접근법으로 정의된 일련의 질문, 또는 키워드를 갖고 있으며 각 키워드에 대한 답변을 매핑했다.

- 이 시스템의 좋은 부분은 키워드와 일치하는 것이다. 따라서 다른 언어를 사용하지만 정의한 키워드가 채팅 메시지에 포함돼 있으면 시스템에서 응답으로 적절한 메시지를 보낼 수 있다
- 나쁜 부분은 맞춤법 실수를 하면 시스템이 적절한 방식으로 응답할 수 없다는 점이다.
- 우리는 이 애플리케이션을 처음부터 개발한다. 다음 절에서 코딩 부분을 설명할 테니, 책을 손에서 놓치 말고 컴퓨터를 켠다!
- 문법 교정 시스템:
  - 문법 교정 시스템은 규칙을 사용해 구현된다.
  - 이 애플리케이션에서는 매우 복잡한 규칙에 대해서도 간단한 규칙을 정의할 수 있다.
  - 다음 절에서는 파이썬을 사용해 구현할 기본 문법 교정 규칙을 알아본다.
- 질의 응답 시스템:
  - 질의 응답 시스템도 RB 시스템을 사용하지만, 여기에는 다른 점이 하나 있다.
  - Q/A 시스템은 의미론을 사용해 제출된 질문의 답을 얻는다.
  - 그림에 의미를 부여하기 위해 우리는 온톨로지 기반 RB 접근법을 사용한다.

규칙 기반 시스템을 사용하는 일반화된 AI 애플리케이션

RB 접근법을 사용하는 NLP 애플리케이션을 살펴봤다. 이제 RB 접근법을 다른 기술과 함께 사용하는 일반화된 AI 애플리케이션으로 건너가보자.

- 자율주행차 또는 무인자동차driver less car:
  - 7장의 시작 부분에서 나는 RB 시스템을 갖는 목적을 강조하기 위해 자율주행차의 예를 들었다.

- 자율주행차는 하이브리드 방식을 사용한다. 구글에서 테슬라에 이르기까지 많은 대기업이 자율주행차를 만들려고 노력 중이며, 실험을 통해 가장 신뢰할 수 있는 자율주행차를 개발하고 있다.
- 이 애플리케이션은 초기 RB 시스템을 사용해 개발됐다.
- 그리고 나서 해당 실험은 ML 기법의 방향으로 바뀌었다.
- 요즘 기업은 시스템을 개선하기 위해 딥러닝 기술을 구현하고 있다.
- 로봇 애플리케이션:
  - 인간의 기술을 보완하는 로봇 개발이 AI 커뮤니티의 장기 목표였다.
  - 인간 작업에 도움이 되는 로봇 개발이 우리의 목표인데 기본적으로 시간이 많이 걸리는 작업이다.
  - 가정 생활에 도움이 되는 로봇이 있다고 하자. 이러한 종류의 작업은 가능한 모든 상황에 대해 정의된 규칙을 사용해서 로봇이 수행할 수 있다
- NASA의 전문가 시스템:
  - NASA는 범용 프로그래밍 언어인 **CLIPS(C 언어 통합 생산 시스템)**C Language Integrated Production System를 사용해 전문가 시스템을 만들었다.

이제 이론은 충분하다고 생각한다. 이제 RB 애플리케이션의 일부를 처음부터 개발하겠다. 코딩할 준비를 하라. 다음 절에서 코딩 과정을 시작한다.

▌ RB 시스템을 사용해 NLP 애플리케이션 개발

이 절에서는 RB 시스템을 사용해 NLP 애플리케이션을 개발하는 방법을 알아본다. 우리는 처음부터 애플리케이션을 개발할 것이다. 먼저 다음과 같은 종속성이 필요하다.

다음 명령을 실행해 모든 종속성을 설치하면 된다.

```
pip install -r pip-requirements.txt
```

종속성 리스트는 https://github.com/jalajthanaki/NLPython/blob/master/pip-requirements.txt 링크를 클릭해서 찾을 수 있다.

규칙을 만들기 위한 사고 과정

우리는 규칙에 대해 많은 이야기를 하지만, 실제로 이러한 규칙을 유도해낼 수 있을까? 언어학자가 NLP 애플리케이션에 대한 규칙을 유도할 때 사고 과정^{thinking process}은 어떨까? 그렇다면 이 사고 과정부터 시작해보자.

여러분은 한동안 언어학자처럼 생각해야 한다. 지금까지 이 책에서 배운 모든 개념을 기억하면서 언어학자가 돼 보자.

문법 교정 시스템, 특히 영어에 대한 규칙을 개발한다고 하자. 따라서 나는 언어학자의 사고 과정을 설명한다. 이런 사고 과정은 규칙을 개발할 때 도움이 된다.

- 알아야 할 사항은 무엇인가?
  - 규칙을 만들 언어의 문법 규칙에 대해 알아야 하는데, 여기서 언어는 영어다.
  - 구조, 단어 순서, 기타 언어 관련 개념을 알아야 한다.
  - 앞의 두 가지 사항은 전제 조건이다.
- 어디서부터 시작해야 할까?
  - 모든 언어 관련 사실을 알고 있다면 잘못된 문장을 관찰하고 연구해야 한다.
  - 이제 잘못된 문장을 공부할 때 문장에 어떤 실수가 있는지 알아야 한다.
  - 그 후에 실수의 카테고리에 관해 생각할 필요가 있다. 실수가 구문과 관련이 있는지, 의미론적 모호성 때문인지 생각해야 한다.
  - 이 모든 작업을 마친 후에는 언어 관련 지식을 문장 내의 실수에 대입해보면 된다.

- 규칙은 어떻게 유도해낼 수 있는가?
  - 일단 문장에서 실수를 발견하면, 그 순간 여러분의 사고 과정에 집중하라. 실수를 포착할 때 여러분의 두뇌는 어떻게 생각할까?
  - 여러분의 두뇌가 자신이 확인한 각 실수에 어떻게 반응하는지 생각해보라.
  - 여러분이 언어, 또는 다른 언어 관련 기술 자료(문장 구문 구조, 의미 지식 등)의 문법적 사실을 알고 있기 때문에 실수를 포착할 수 있다. 여러분의 두뇌가 실제로 여러분을 돕는 것이다.
  - 두뇌는 주어진 언어를 사용해 주어진 텍스트를 해석할 수 있는 올바른 방법을 알고 있다.
  - 그것이 실수를 포착할 수 있는 이유다. 동시에 여러분에게는 확실한 이유가 있다. 이를 바탕으로 실수를 식별한다.
  - 일단 실수를 알아내면 실수의 다른 카테고리에 따라 특정 논리 규칙을 사용해 문장의 일부분을 변경함으로써 실수를 고칠 수 있다.
  - 단어 순서를 변경하거나 주어 동사 일치를 변경하거나 일부 구, 또는 모두를 함께 변경할 수 있다.
  - 빙고! 이 시점에서 여러분은 자신의 규칙을 얻게 된다. 실수가 무엇인지 알면 잘못된 문장을 올바른 문장으로 변환하기 위한 단계가 무엇인지 알 수 있다.
  - 규칙 로직은 잘못된 문장을 올바른 문장으로 변환하는 단계에 불과하다.
- 신경 써야 할 요소는 무엇인가?
  - 첫째, 실수나 틀린 문장을 교정하는 아주 간단한 방법에 대해 생각할 필요가 있다.
  - 패턴 기반 규칙을 만들어보자.
  - 패턴 기반 규칙을 유도해낼 수 없으면 파싱 그리고/또는 형태소 분석기 결과를 사용할 수 있는지 확인한 다음 다른 도구와 라이브러리를 확인하자.
  - 어쨌든 여기에는 하나 알아야 할 게 있다. 규칙을 정의할 때 구현을 위한 규칙 로직이 얼마나 실현 가능한지 고려해야 한다.

- 도구는 사용 가능한가? 도구를 사용할 수 있으면 여러분은 자신의 규칙을 코딩하거나 개발자가 그 규칙을 코딩할 수 있다.
- 도구를 사용할 수 없으면 그 규칙은 버려야 한다.
- 규칙을 정의할 때 연구를 하고 나서 정의된 규칙 로직을 코딩하는데 코더가 사용할 수 있는 도구가 있는지 확인한다.
- 선택한 도구는 규칙을 벗어난 시나리오도 코딩할 수 있어야 한다.
- 팀에 언어 전문가가 있으면 규칙을 정의하고 도구를 연구하는 것은 기본 작업이 돼 버린다. 언어 전문가가 없으면 여러분은 코더로서 규칙 로직을 코딩하는 데 사용할 수 있는 도구를 찾아야 한다.

이제 바로 코딩에 들어갈 시간이다.

간단한 규칙으로 시작

이 책에서는 Programming language 위키피디아 페이지를 긁어오는 스크립트를 작성했다.

https://en.wikipedia.org/wiki/Programming_language를 클릭해서 해당 페이지를 열어보자.

해당 페이지의 텍스트에서 프로그래밍 언어의 이름을 추출하는 것이 우리의 목표다. 예를 들면 이 페이지에는 C, C++, Java, JavaScript 등의 프로그래밍 언어가 있는데, 그것을 추출하려고 한다. 이들 단어는 문장의 일부가 될 수도 있고, 텍스트 데이터 내용 속에서 단독형으로 있을 수도 있다.

이제 간단한 규칙을 정의해 이 문제를 해결할 수 있는 방법을 살펴보자. 이 스크립트는 깃허브 링크 https://github.com/jalajthanaki/NLPython/blob/master/ch7/7_1_simplerule.py에서 확인할 수 있다.

깃허브의 데이터 파일 링크는 https://github.com/jalajthanaki/NLPython/blob/master/data/simpleruledata.txt에서 볼 수 있다.

여기서 우리의 임무는 다음의 세 부분으로 나눌 수 있다.

- 텍스트 데이터 긁어오기
- 목표에 대한 규칙 정의
- 규칙을 코딩하고 프로토타입과 결과 생성

텍스트 데이터 긁어오기

이 단계에서는 programming language 위키 페이지에서 텍스트를 긁어내어 내용을 텍스트 파일로 내보낸다. 그림 7.9에서 부분 코드를 볼 수 있다.

```python
from bs4 import BeautifulSoup
import requests

def savedatainfile(filecontent):
    file = open("/home/jalaj/PycharmProjects/NLPython/NLPython/data/simpleruledata.txt","a+")
    file.write(filecontent+"\n")
    file.close()

def scrapdata():
    url = 'https://en.wikipedia.org/wiki/Programming_language'
    content = requests.get(url).content
    soup = BeautifulSoup(content,'lxml')
    tag = soup.find('div', {'class' : 'mw-content-ltr'})
    paragraphs = tag.findAll('p')
    for para in paragraphs:
        paraexport = para.text.encode('utf-8')
        print paraexport
        savedatainfile(paraexport)


if __name__=="__main__":
    scrapdata()
```

그림 7.9 텍스트 데이터를 긁어오기 위한 부분 코드

긁어온 데이터의 출력은 그림 7.10에 나와 있다.

326

A programming language is a formal language that specifies a set of instructions that can be used to produce various kinds of output. Programming languages generally consist of instructions for a computer. Programming languages can be used to create programs that implement specific algorithms.

The earliest known programmable machine preceded the invention of the digital computer and is the automatic flute player described in the 9th century by the brothers Musa in Baghdad, "during the Islamic Golden Age".[1] From the early 1800s, "programs" were used to direct the behavior of machines such as Jacquard looms and player pianos. [2] Thousands of different programming languages have been created, mainly in the computer field, and many more still are being created every year. Many programming languages require computation to be specified in an imperative form (i.e., as a sequence of operations to perform) while other languages use other forms of program specification such as the declarative form (i.e. the desired result is specified, not how to achieve it).

The description of a programming language is usually split into the two components of syntax (form) and semantics (meaning). Some languages are defined by a specification document (for example, the C programming language is specified by an ISO Standard) while other languages (such as Perl) have a dominant implementation that is treated as a reference. Some languages have both, with the basic language defined by a standard and extensions taken from the dominant implementation being common.

그림 7.10 긁어오기 스크립트의 출력

목표를 위한 규칙 정의

이제 긁어온 데이터를 보면 문장을 찾을 수 있다. 이 텍스트를 분석한 후 Java, JavaScript, MATLAB 등과 같은 프로그래밍 언어 이름만 추출하기 위한 규칙을 정의해야 한다. 그러고 나서 목표를 달성하기 위해 어떤 종류의 간단한 규칙이나 로직이 도움이 되는지 잠시 생각해보자. 열심히 생각하면서 시간을 보내라! 사고 과정에 집중하고 패턴을 찾아라.

나는 규칙을 정의하고 싶으면 내게 주어진 데이터와 관련해 문제를 일반화한다. 분석 중에 programming language 키워드의 대다수가 language라는 단어를 사용한다는 사실을 알았다. 나는 language 단어가 문장 속에 나타날 때 실제 프로그래밍 언어 이름도 해당 문장 속에 나타날 가능성이 높다는 점을 알았다. 예를 들어 C 프로그래밍 언어는 ISO 표준에 의해 지정된다. 주어진 예에서는 문장 속에 C 프로그래밍 언어가 나타나면 language 단어도 나타난다. 그래서 다음과 같은 과정을 수행한다.

먼저 language가 단어로 들어간 문장을 추출해야 한다. 이제 두 번째 단계로 추출된 문장의 처리를 시작해서 문장 속에 대문자로 된 단어, 또는 낙타 대문자camel case4 단어를 확인한다. 그런 다음 대문자로 된 단어나 낙타 대문자 단어를 찾으면 추출해서 리스트에 넣는데, 그 이유는 대부분의 프로그래밍 언어가 대문자로 표시되거나 낙타 대문자 단어 형식으로 표시되기 때문이다. 예를 들면 C, C++, Java, JavaScript 등이다. 한 문장 속에 둘이상의 프로그래밍 언어 이름이 들어가는 경우도 있다.

위의 과정이 우리 규칙이고 이 규칙의 로직 형태는 다음과 같다.

- language가 단어로 들어간 문장을 추출한다.
- 그리고 나서 낙타 대문자나 그냥 대문자로 된 문장의 단어를 찾는다.
- 이 모든 단어를 리스트에 넣는다.
- 해당 리스트를 출력한다.

규칙을 코딩하고 프로토타입과 결과를 생성

이 예제를 보면 규칙 작성 과정의 실체를 알 수 있다. 이것은 우리의 첫 번째 단계이므로 정확성에 초점을 맞추지 않았다. 나는 이것이 주어진 문제를 해결하는 유일한 방법은 아니며 가장 효율적인 방법이 아니라는 사실을 안다. 동일한 문제를 구현하는 다른 효율적인 방법도 있지만 이 솔루션을 사용하는 것이 가장 간단한 방법이며 이해하기가 쉽기 때문에 이 방법을 사용한다.

이 예제는 여러분이 규칙을 코딩하는 방법을 이해하고, 첫 번째 프로토타입의 결과를 얻은후에 출력을 향상시키기 위한 다음 단계를 이해하는데 도움이 될 수 있다.

그림 7.11의 부분 코드를 보자.

---

4 띄어쓰기를 하지 않고 대문자로 구분하는 방식이다. 예를 들면 futureWorld, KingArthur 등이다. – 옮긴이

```python
from bs4 import BeautifulSoup
import requests

def savedatainfile(filecontent):
    file = open("/home/jalaj/PycharmProjects/NLPython/NLPython/data/simpleruledata.txt", "a+")
    file.write(filecontent + "\n")
    file.close()

def rulelogic(filecontent):
    programminglanguagelist = []
    with open(filecontent)as file:
        for line in file:
            if 'languages' in line or 'language' in line:
                # print line
                words = line.split()
                for word in words:
                    if word[0].isupper():
                        programminglanguagelist.append(word)
                        # print programminglanguagelist
        print programminglanguagelist

def scrapdata():
    url = 'https://en.wikipedia.org/wiki/Programming_language'
    content = requests.get(url).content
    soup = BeautifulSoup(content, 'lxml')
    tag = soup.find('div', {'class': 'mw-content-ltr'})
    paragraphs = tag.findAll('p')
    for para in paragraphs:
        paraexport = para.text.encode('utf-8')
        savedatainfile(paraexport)
    rulelogic("/home/jalaj/PycharmProjects/NLPython/NLPython/data/simpleruledata.txt")


if __name__ == "__main__":
    scrapdata()
```

그림 7.11 프로그래밍 언어를 추출하기 위한 규칙 로직 구현용 코드

이 부분 코드에 대한 출력은 다음과 같다.

['A', 'Programming', 'The', 'Musa', 'Baghdad,', 'Islamic', 'Golden', 'Age".
[1]', 'From', 'Jacquard', 'Thousands', 'Many', 'The', 'Some', 'C', 'ISO',
'Standard)', 'Perl)', 'Some', 'A', 'Some,', 'Traits', 'Markup', 'XML,', 'HTML,',
'Programming', 'XSLT,', 'Turing', 'XML', 'Moreover,', 'LaTeX,', 'Turing', 'The',
'However,', 'One', 'In', 'For', 'Another', 'John', 'C.', 'Reynolds', 'He',
'Turing-complete,', 'The', 'The', 'Absolute', 'The', 'These', 'The', 'An',
'Plankalk\xc3\xbcl,', 'German', 'Z3', 'Konrad', 'Zuse', 'However,', 'John',
"Mauchly's", 'Short', 'Code,', 'Unlike', 'Short', 'Code', 'However,', 'At',
'University', 'Manchester,', 'Alick', 'Glennie', 'Autocode', 'A', 'The', 'Mark',
'University', 'Manchester', 'The', 'Mark', 'R.', 'A.', 'Brooker', 'Autocode".',
'Brooker', 'Ferranti', 'Mercury', 'University', 'Manchester.', 'The', 'EDSAC',

'D.', 'F.', 'Hartley', 'University', 'Cambridge', 'Mathematical', 'Laboratory',
'Known', 'EDSAC', 'Autocode,', 'Mercury', 'Autocode', 'A', 'Atlas', 'Autocode',
'University', 'Manchester', 'Atlas', 'In', 'FORTRAN', 'IBM', 'John', 'Backus.',
'It', 'It', 'Another', 'Grace', 'Hopper', 'US,', 'FLOW-MATIC.', 'It', 'UNIVAC',
'I', 'Remington', 'Rand', 'Hopper', 'English', 'The', 'FLOW-MATIC', 'Flow-
Matic', 'COBOL,', 'AIMACO', 'The', 'These', 'The', 'Each', 'The', 'Edsger',
'Dijkstra,', 'Communications', 'ACM,', 'GOTO', 'The', 'C++', 'The', 'United',
'States', 'Ada,', 'Pascal', 'In', 'Japan', 'The', 'ML', 'Lisp.', 'Rather', 'One',
'Modula-2,', 'Ada,', 'ML', 'The', 'Internet', 'Perl,', 'Unix', 'Java', 'Pascal',
'These', 'C', 'Programming', 'Current', "Microsoft's", 'LINQ.', 'Fourth-
generation', 'Fifth', 'All', 'These', 'A', 'Most', 'On', 'The', 'The', 'Since',
'Programming', 'Backus\xe2\x80\x93Naur', 'Below', 'Lisp:', 'Not', 'Many',
'In', 'Even', 'Using', 'The', 'C', 'The', 'Chomsky', 'The', 'Type-2', 'Some',
'Perl', 'Lisp,', 'Languages', 'In', "Lisp's", "Perl's", 'BEGIN', 'C', 'The',
'The', 'For', 'Examples', 'Many', 'Other', 'Newer', 'Java', 'C#', 'Once', 'For',
'The', 'There', 'Natural', 'A', 'Results', 'A', 'The', 'Any', 'In', 'In', 'The',
'A', 'For', 'The', 'Many', 'A', 'These', 'REXX', 'SGML,', 'In', 'High-level',
'BCPL,', 'Tcl,', 'Forth.', 'In', 'Many', 'Statically', 'In', 'In', 'Most',
'C++,', 'C#', 'Java,', 'Complete', 'Haskell', 'ML.', 'However,', 'Java', 'C#',
'Additionally,', 'Dynamic', 'As', 'Among', 'However,', 'Lisp,', 'Smalltalk,',
'Perl,', 'Python,', 'JavaScript,', 'Ruby', 'Strong', 'An', 'Strongly', 'An',
'Perl', 'JavaScript,', 'In', 'JavaScript,', 'Array,', 'Such', 'Strong', 'Some',
'Thus', 'C', 'Most', 'Core', 'The', 'In', 'However,', 'Indeed,', 'For', 'Java,',
'Smalltalk,', 'BlockContext', 'Conversely,', 'Scheme', 'Programming', 'But',
'A', 'By', 'While', 'Many', 'Many', 'Although', 'The', 'One', 'The', 'As',
'Because', 'This', 'Natural', 'However,', 'Edsger', 'W.', 'Dijkstra', 'Alan',
'Perlis', 'Hybrid', 'Structured', 'English', 'SQL.', 'A', 'The', 'The', 'A',
'An', 'There', 'It', 'Although', 'Proprietary', 'Some', 'Oracle', 'Corporation',
'Java', "Microsoft's", 'C#', 'Common', 'Language', 'Runtime', 'Many', 'MATLAB',
'VBScript.', 'Some', 'Erlang', "Ericsson's", 'Thousands', 'Software',
'Programming', 'When', 'However,', 'The', 'On', 'A', 'A', 'These', 'Programming',
'Programs', 'In', 'When', 'Unix', 'It', 'One', 'CPU', 'Some', 'For', 'COBOL',
'Fortran', 'Ada', 'C', 'Other', 'Various', 'Combining', 'C,', 'Java,', 'PHP,',
'JavaScript,', 'C++,', 'Python,', 'Shell,', 'Ruby,', 'Objective-C', 'C#.
[70]', 'There', 'A', 'Languages', 'Ideas', 'The', 'For', 'Java', 'Python',
'In', 'Traditionally,', 'These', 'A', 'More', 'An', 'By', 'Some', 'A', 'For',
'English', 'Other']

지금 보듯이 우리의 기본 규칙은 프로그래밍 언어를 추출했지만 쓸모 없는 정크 데이터도 추출했다. 이제 규칙을 어떻게 제한할 수 있는지, 또는 몇 가지 제약 조건을 어떻게 적용하면 정확한 결과를 얻을 수 있는지 생각해보자. 그것이 여러분의 임무다.

연습

몇 가지 제약 조건을 넣어 앞의 결과물을 즉석에서 얻어보자(힌트: 일부 전처리를 적용할 수 있으며 정규식도 도움된다).

교정 애플리케이션용 패턴 매칭 규칙을 위한 파이썬

이제 여러분이 교정 도구를 만들려 한다고 하자. 그렇다면 나는 어떤 업무 메일이나 편지에서 쉽게 찾을 수 있는 아주 간단한 실수 하나를 여러분에게 보여준 후 해당 오류를 높은 정확도로 수정하겠다.

실수는 메일 속에서 모임 시간을 지정할 때 시간을 2pm, 또는 2PM, 또는 2P.M. 식으로 지정할 수 있는데 올바른 형식은 2 p.m. 또는 9 a.m. 식이다.

이 실수는 패턴 기반 규칙으로 해결할 수 있다. 다음은 규칙 로직이다.

두 자리 숫자가 1에서 12까지 가능하다고 가정하자. 이 숫자 뒤에 am 과 pm이 공백 없이, 또는 마침표 없이 발생하면 공백과 적절한 마침표를 추가하자.

정규식을 사용해 구현하며, 소스 패턴은 다음과 같다.

```
\b([1-9]|0[1-9]|1[0-2]{1,2})(am)\b
\b([1-9]|0[1-9]|1[0-2]{1,2})(pm)\b
```

목표 패턴^{target pattern}은 다음과 같다.

```
r'\b([1-9]|0[1-9]|1[0-2]{1,2})(am)\b', r'\1 a.m.'
r'\b([1-9]|0[1-9]|1[0-2]{1,2})(pm)\b', r'\1 p.m.'
```

해당 코드는 깃허브 URL https://github.com/jalajthanaki/NLPython/blob/master/ch7/7_2_basicpythonrule.py에서 찾을 수 있다.

부분 코드는 그림 7.12에 나와 있다.

```python
import re

inputstring = "Our meeting will be at 5pm tomorrow."
# inputstring = "Our meeting will be schedule at 11am tomorrow."

findpattern_am = re.search(r'\b([1-9]|0[1-9]|1[0-2]{1,2})(am)\b',
                           inputstring, re.M | re.I)
findpattern_pm = re.search(r'\b([1-9]|0[1-9]|1[0-2]{1,2})(pm)\b',
                           inputstring, re.M | re.I)

if findpattern_am:
    print findpattern_am.group()
    print re.sub(r'\b([1-9]|0[1-9]|1[0-2]{1,2})(am)\b', r'\1 a.m.', inputstring)
elif findpattern_pm:
    print findpattern_pm.group()
    print re.sub(r'\b([1-9]|0[1-9]|1[0-2]{1,2})(pm)\b', r'\1 p.m.', inputstring)
else:
    print "Not matched...!"
```

그림 7.12 패턴 기반 규칙을 위한 부분 코드

앞 부분 코드의 출력은 다음과 같다.

```
Our meeting will be at 5 p.m. tomorrow.
```

그림 7.13 패턴 기반 규칙의 출력

주어진 예제는 기본 예제이지만 교정이 어떻게 수행되는지 생각하는 데 도움이 된다. 많은 간단한 규칙 세트를 데이터에 적용할 수 있으며 패턴에 따라 교정된 결과를 얻게 될 것이다.

연습

11:30am 또는 5:45pm를 11:30 a.m. 또는 5:45 p.m.으로 시간 패턴을 수정하기 위한 비슷한 종류의 규칙을 작성하라.

문법 교정

간단한 현재 시제의 주어 동사 일치 법칙에 대한 간단한 규칙을 만들어보자.

우리는 단순 현재 시제에서 3인칭 단수형 주어가 항상 접미사로 s/es가 붙은 단수형 동사를 가진다는 것을 알고 있다.

다음은 잘못된 문장의 사례다.

- He drink tomato soup in the morning
- She know cooking
- We plays game online

우리는 이런 종류의 틀린 문장에 대해 패턴 기반 교정을 수행할 수 없다. 여기에서는 규칙을 만들기 위해 각 문장을 파싱하고 파스 결과parse result를 사용해 확인한다. 여기서 어떤 규칙을 만들 수 있는가? 파스 결과를 생성하기 위해 문장을 파싱했으므로 그림 7.14의 파스 트리를 볼 수 있다. 이 결과는 스탠포드 파서를 사용해 생성됐다.

```
(ROOT
  (S
    (NP (PRP He))
    (VP (VBP drink)
      (NP
        (NP (NN tomato) (NN soup))
        (PP (IN in)
          (NP (DT the) (NN morning)))))
    (. .)))

(ROOT
  (S
    (NP (PRP She))
    (VP (VBP know)
      (NP (NN cooking)))
    (. .)))

(ROOT
  (S
    (NP (PRP we))
    (VP (VBZ plays)
      (NP (NN game))
      (PP (NN online)))
    (. .)))
```

그림 7.14 예제 문장의 파싱 결과

대명사 PRP/NNP 또는 NN을 취하는 NP를 먼저 추출해야 한다. 이 규칙은 PRP로만 제한할 수 있다. 문장에서 PRP 태그를 추출하면 된다. 그 후에 VP를 추출해야 한다. 대명사와 VP 유형을 사용해 사용자에게 변경 사항을 제안할 수 있다. 나는 여러분이 NP, PRP, NNP 등을 기억한다고 생각한다. 앞서 살펴본 바와 같이 이것은 5장에서 알아본 모든 종류의 POS 태그다.

규칙 로직은 다음과 같다.

- PRP 태그가 들어간 NP를 추출한다.
- VP를 추출한다.
- PRP에 따라 VP에서 교정을 수행한다.

이것을 코딩해보자.

 나는 Stanford-corenlp 및 pycornlp 라이브러리를 설치했다. 여러분은 5장에서 스탠포드 파서를 설치하는 단계를 이미 배웠다. 이것을 코드화한다. 따라서 이는 완전한 코드 도전이다. 나는 여러분을 위해 **PRP**와 **VBZ/VBP**에 대한 패턴을 추출한 코드를 만들어 놓았다. 여러분의 작업은 **PRP**와 **VBP/VBZ**의 조합이 옳은지 여부를 확인하는 일이다. 그것이 틀린다면 경고를 울려라. https://github.com/jalajthanaki/NLPython/blob/master/ch7/7_3_SVArule.py 링크에서 관련 코드를 찾을 수 있다.

그림 7.15와 그림 7.16에서 부분 코드를 볼 수 있다.

```
 13:30:40 as jalaj on jalaj in ~
→ cd stanford-corenlp-full-2016-10-31

 13:30:44 as jalaj on jalaj in ~/stanford-corenlp-full-2016-10-31
→ java -mx2g -cp "*" edu.stanford.nlp.pipeline.StanfordCoreNLPServer
[main] INFO CoreNLP - --- StanfordCoreNLPServer#main() called ---
[main] INFO CoreNLP - setting default constituency parser
[main] INFO CoreNLP - warning: cannot find edu/stanford/nlp/models/srparser/engl
ishSR.ser.gz
[main] INFO CoreNLP - using: edu/stanford/nlp/models/lexparser/englishPCFG.ser.g
z instead
[main] INFO CoreNLP - to use shift reduce parser download English models jar fro
m:
[main] INFO CoreNLP - http://stanfordnlp.github.io/CoreNLP/download.html
[main] INFO CoreNLP -      Threads: 4
[main] INFO CoreNLP - Starting server...
[main] INFO CoreNLP - StanfordCoreNLPServer listening at /0:0:0:0:0:0:0:0:9000
```

그림 7.15 언급한 스탠포드 corenlp 서버

나는 다음과 같이 여러분에게 코드를 제시했지만 여러분은 그것을 완성해야 한다.

```
from pycorenlp import StanfordCoreNLP
from nltk.tree import Tree

nlp = StanfordCoreNLP('http://localhost:9000')


def rulelogic(sentnece):
    leaves_list = []
    text = (sentnece)

    output = nlp.annotate(text, properties={
        'annotators': 'tokenize,ssplit,pos,depparse,parse',
        'outputFormat': 'json'
    })
    parsetree = output['sentences'][0]['parse']
    print parsetree
    for i in Tree.fromstring(parsetree).subtrees():
        if i.label() == 'PRP':
            print i.leaves(), i.label()
        if i.label() == 'VBP' or i.label() == 'VBZ':
            print i.leaves(), i.label()


if __name__ == "__main__":
    rulelogic('We plays game online.')
    # 'He drink tomato soup in the morning.'
    # 'We plays game online.  '
```

그림 7.16 여러분은 내가 제공한 코드를 완성해야 한다.

그림 7.17에서 불완전한 코드의 출력을 볼 수 있다.

```
(ROOT
  (S
    (NP (PRP We))
    (VP (VBZ plays)
      (NP (NN game))
      (PP (NN online)))
    (. .)))
[u'We'] PRP
[u'plays'] VBZ
```

그림 7.17 불완전한 코드의 출력

템플릿 기반 챗봇 애플리케이션

여기서는 대출 신청자가 신청할 수 있게 도와주는 챗봇 애플리케이션용 핵심 엔진을 어떻게 구축할지 알아본다. JSON 형식으로 출력을 생성하므로 모든 프런트엔드 개발자는 이 출력을 웹 사이트에 게재할 수 있다.

여기서는 플라스크 웹 프레임워크를 사용하고 챗봇으로 묻는 각 질문에 대해 웹 서비스를 만들 것이다.

사용자 데이터를 저장하려면 MongoDB를 설치해야 한다. MongoDB의 설치 단계는 https://docs.mongodb.com/manual/tutorial/install-mongodb-on-ubuntu/ 링크에 있다.

나는 conversationengine.py 파일에 함수를 정의했다. 깃허브에 있는 이 파일의 경로는 https://github.com/jalajthanaki/NLPython/blob/master/ch7/chatbot/customscripts/conversationengine.py에서 볼 수 있다.

flaskengin.py 파일에서 플라스크 웹 엔진 코드를 볼 수 있다. 이 파일의 깃허브 링크는 https://github.com/jalajthanaki/NLPython/blob/master/ch7/chatbot/customscripts/conversationengine.py이다.

전체 폴더와 패키지 파일 경로는 https://github.com/jalajthanaki/NLPython/tree/master/ch7/chatbot에서 확인 가능하다.

코드 흐름

나는 conversationengine.py에다가 질문에 따라 JSON 응답을 생성하는 함수를 작성해 놓았으므로, 프론트엔드 개발자 팀에서는 챗봇 UI에 메시지를 표시하는 데 이 JSON 응답을 사용하면 된다.

그런 다음 나는 JSON 자체에서 지정된 웹 URL에서 JSON 응답을 볼 수 있도록 플라스크를 사용해 웹 서비스를 작성했다.

conversationengine.py는 수작업 규칙과 코드가 들어 있는 핵심 규칙 엔진이다. 그림 7.18의 부분 코드를 보자.

```python
def start_converation_action(humanmessage):
    START_CONV_KEYWORDS = ("hello", "hi", "Hi", "Hello")
    START_CONV_RESPONSES = [
        "Please provide me borrower's full name"]
    text = humanmessage
    start_res = ""
    if text.lower() in START_CONV_KEYWORDS:
        # start_res = random.choice(START_CONV_RESPONSES)
        start_conv_json_obj = json.dumps(
            {'message_human': text, 'message_bot': START_CONV_RESPONSES,
             'suggestion_message': ["Please provide me borrower's full name"],
             'current_form_action': "/hi_chat?msg=",
             'next_form_action': "/asking_borowers_full_name?msg=", 'previous_form_action': "/welcomemsg_chat",
             'next_field_type': "text",
             'previous_field_type': "button", "placeholder_text": "Enter borrower's full name",
             "max_length": "255"},
            sort_keys=True, indent=4,
            separators=(',', ': '), default=json_util.default)
    elif text.lower() == "" or text.lower() is None or len(text) == 0:
        start_conv_json_obj = json.dumps({'message_human': text,
                                          'message_bot': defualt_missing_data_error,
                                          'suggestion_message': ["Hi"], 'current_form_action': "/hi_chat?msg",
                                          'next_form_action': "", 'previous_form_action': "/welcomemsg_chat",
                                          'next_field_type': "", 'previous_field_type': "button",
                                          "placeholder_text": "Hi"},
                                         sort_keys=True, indent=4,
                                         separators=(',', ': '), default=json_util.default)
    else:
```

그림 7.18 conversationengine.py의 부분 코드

여기서는 키워드 리스트와 응답 리스트를 사용해 챗봇을 구현했다. 나는 대화를 내보내는 데 필요한 사용자 정의된 JSON 스키마도 만들어 놓았으므로, 여러분은 웹 개발 배경에서 JSON을 GUI의 프론트엔드에 표시하기 위한 자바스크립트를 작성하면 된다.

이제 그림 7.19의 웹 서비스 부분을 살펴보자.

```python
@app.route('/')
def hello_world():
    return 'Hello from chat bot Flask...!'


@app.route("/welcomemsg_chat")
def welcomemsg_chat():
    welcome_msg = cs.loan_assistant_welcome_msg()
    conversation_list_history.append(welcome_msg)
    # db_handler = mongo.db.chathistory
    # db_handler.insert({"request_user_id": request_user_id, "conversation": conversation_list_history,
    #                    "time": now_india.strftime(fmt)})
    # db_handler.update({"request_user_id": request_user_id}, {
    #     '$set': {"request_user_id": request_user_id, "conversation": conversation_list_history, "time": now_india.strftime(fmt)},
    #     "$currentDate": {"lastModified": True}}, upsert=True)
    resp = Response(welcome_msg, status=200, mimetype='application/json')
    return resp
```

그림 7.19 flaskengin.py에 정의된 플라스크 웹 서비스 URL

338

이제 스크립트를 실행해서 출력을 보려면 다음 단계를 수행하자.

1. 먼저 flaskengin.py를 실행한다.
2. http://0.0.0.0:5002/로 이동하라. 여기서 Hello from chatbot Flask!를 볼 수 있다.
3. 다음 URL을 사용하면 챗봇 JSON 응답을 볼 수 있다.

   http://0.0.0.0:5002/welcomemsg_chat
4. 그림 7.20에서 JSON 응답을 볼 수 있다.

```
{
    "current_form_action": "/welcomemsg_chat",
    "message_bot": [
        "Hi, I'm personal loan application assistant.",
        "You can apply for loan with help of mine.",
        "To keep going say Hi to me."
    ],
    "message_human": "",
    "next_field_type": "button",
    "next_form_action": "/hi_chat?msg=",
    "placeholder_text": "Hi",
    "previous_field_type": "",
    "previous_form_action": "",
    "suggestion_message": [
        "Hi"
    ]
}
```

그림 7.20 챗봇의 JSON 응답

5. 이제 인간 사용자에게 제안을 제공하는데 이 제안은 예상되는 입력 내용을 분석하는 데 도움을 준다. 여기서 여러분은 JSON 속성인 suggestion_message: ["Hi"]를 볼 수 있다. 따라서 사용자에게는 Hi 레이블의 버튼이 보인다.
6. 다음 페이지나 다음 질문으로 리디렉션하려면 next_form_action URL을 사용하고, msg = USER ARGUMENT 뒤에 user 인자를 넣는다.
7. 예를 들어 http://0.0.0.0:5002/welcomemsg_chat 페이지에 위치해 있다고 하자. 이제 message_bot을 읽을 수 있다. 이는 여러분에게 Hi to bot이라고 말하는 것이다.

8. 다음과 같이 Hi 응답을 보낼 수 있다.

   http://0.0.0.0:5002/hi_chat?msg=Hi

9. http://0.0.0.0:5002/hi_chat?msg=Hi 위치에 있다면 챗봇이 여러분의 이름을 묻는 것을 볼 수 있다.

10. 이름을 입력하고 그 다음 질문으로 리디렉션되게 하려면 next_form_action 속성에 대한 URL의 값이 무엇인지 다시 점검해야 한다

11. 여기서 값은 /asking_borowers_email_id?msg=이다.

12. URL이 다음과 같이 되도록 = 기호 뒤에 이름을 넣어야 한다.

    /asking_borowers_email_id?msg=Jalaj Thanaki

13. http://0.0.0.0:5002/asking_borowers_full_name?msg=Jalaj%20Thanaki 를 사용하면 챗봇의 다음 질문을 볼 수 있다.

14. 먼저 다음 스크립트를 실행해야 한다.

    https://github.com/jalajthanaki/NLPython/blob/master/ch7/chatbot/flaskengin.py

    그러고 나서 다음 URL을 점검하면 된다.

    ○ http://0.0.0.0:5002/welcomemsg_chat

    ○ http://0.0.0.0:5002/hi_chat?msg=Hi

    ○ http://0.0.0.0:5002/asking_borowers_full_name?msg=Jalaj%20Thanaki

    ○ http://0.0.0.0:5002/asking_borowers_email_id?msg=jalaj@gmail.com

    ○ http://0.0.0.0:5002/mobilenumber_asking?msg=9425897412

    ○ http://0.0.0.0:5002/loan_chat?msg=100000

    ○ http://0.0.0.0:5002/end_chat?msg=Bye

MongoDB 데이터베이스에 사용자 데이터를 삽입하고 싶다면 이 작업이 가능하며 코드에 포함되긴 하지만 주석 처리된다.

템플릿 기반 챗봇의 장점

- 구현하기 쉽다.
- 시간과 비용이 효율적이다.
- 개발에 앞서 쓰임새를 알게 되므로 사용자 경험도 좋다.
- 이것은 패턴 일치 접근 방식이므로 사용자가 대화에서 영어와 다른 언어를 섞어 쓴다면 영어로 제공하는 키워드를 챗봇이 식별하므로 사용자가 답변을 받을 가능성이 크고, 영어 키워드가 챗봇 어휘와 일치하면 챗봇은 답변을 제공할 수 있다.

템플릿 기반 챗봇의 단점

- 예측이 안되는 쓰임새에 대해서는 작동할 수 없다.
- 사용자는 엄격한 대화 흐름을 지켜야 한다.
- 사용자가 철자 오류를 범하면 챗봇에 문제를 일으킨다. 이런 경우 우리는 딥러닝을 사용한다.

연습

호텔 객실 예약 고객 지원 서비스를 위한 템플릿 기반 챗봇 애플리케이션을 개발하라. 몇 가지 질문과 답변을 개발한 후 애플리케이션을 개발하라.

▌ 규칙 기반 접근법과 다른 접근법 비교

규칙 기반 접근법은 애플리케이션에 높은 정확성을 제공하는 매우 신뢰할 수 있는 엔진이다. RB 접근법을 ML 접근법, 또는 딥러닝 접근법과 비교할 때 다음과 같은 점을 발견할 수 있다.

- RB 접근법의 경우 분야 전문가가 필요하지만, ML 접근법이나 딥러닝 접근법의 경우에는 분야 전문가가 필요 없다.
- RB 시스템은 많은 양의 데이터를 필요로 하지 않지만, ML과 딥러닝은 아주 많은 양의 데이터를 필요로 한다.
- RB 시스템의 경우 수동으로 패턴을 찾아야 하지만, ML과 딥러닝 기술은 데이터와 입력 피처에 따라 사용자를 대신해 패턴을 찾는다.
- RB 시스템은 최초 시제품을 개발하기 위한 좋은 접근법이며, 실제로 여전히 실용적이다.

▌ 규칙 기반 시스템의 장점

RB 시스템을 사용하는 데에는 매우 좋은 장점이 있다. 그 장점은 다음과 같다.

- 가용성: 사용자를 위한 시스템의 가용성에는 문제가 없다.
- 비용 효율적: 이 시스템은 비용 효율적이며 최종 결과로 봐도 정확하다.
- 속도: 시스템의 모든 부분을 알고 있으므로 시스템을 최적화할 수 있다. 그래서 몇 초 들이지 않고도 출력을 제공하는 것이 큰 문제는 아니다.
- 정확성과 오류율 감소: 다양한 시나리오에 대해 적용 범위가 적지만 RB 시스템에서 다루는 시나리오가 무엇이든 간에 높은 정확도를 제공한다. 이러한 미리 정의된 규칙으로 인해 오류율도 낮아진다.

- 위험 감소: 우리는 시스템 정확성 측면에서 위험의 양을 줄이고 있다.
- 착실한 응답: 시스템이 생성한 출력은 규칙을 따르므로 출력 응답이 안정적인데, 이 말은 애매하지 않다는 뜻이다.
- 인간과 같은 인지 과정: 이 시스템은 인간과 동일한 결과를 제공하는데 그 이유는 인간이 손수 만들었기 때문이다.
- 모듈성: RB 시스템의 모듈성과 아키텍처가 우수하므로 기술팀이 쉽게 유지 관리할 수 있다. 이 점은 인간의 노력과 시간을 감소시킨다.
- 균일성: RB 시스템은 구현과 출력면에서 아주 균일하다. 이 점은 사람이 시스템의 출력을 쉽게 이해할 수 있기 때문에 최종 사용자를 편하게 만든다.
- 구현하기 쉬움: 이 접근법은 인간의 사고 과정을 모방하므로 규칙 구현은 개발자에게 있어서 비교적 쉽다.

▌ 규칙 기반 시스템의 단점

RB 시스템의 단점은 다음과 같다.

- 많은 수작업: RB 시스템은 많은 수작업뿐만 아니라 분야에 대한 깊은 지식을 필요로 한다.
- 시간 소모: 복잡한 시스템에 대한 규칙을 생성하는 것은 상당히 어려우며 시간이 많이 소요된다.
- 적은 학습 용량: 시스템은 규칙에 따라 결과를 생성하므로 시스템 자체의 학습 용량은 훨씬 적다.
- 복잡한 분야: 만들 애플리케이션이 너무 복잡하면 RB 시스템을 구축하는 데 많은 시간과 분석이 필요할 수 있다. RB 접근법에서 복잡한 패턴 식별은 까다로운 작업이다.

규칙 기반 시스템에 대한 과제

RB 접근법의 몇 가지 문제점을 살펴보자.

- 인간의 행동을 모방하기가 쉽지 않다.
- 아키텍처를 선택하거나 설계하는 것이 RB 시스템의 핵심 부분이다.
- RB 시스템을 개발하기 위해서는 우리에게 규칙을 만들어 줄 특정 분야의 전문가가 있어야 한다. NLP의 경우 언어 분석 방법을 알고 있는 언어학자가 필요하다.
- 자연어는 그 자체가 도전적인 영역인데, 그 이유는 예외적인 경우가 너무 많고 규칙을 사용한 예외 처리가 어려운 작업이기 때문이다. 특히 많은 양의 규칙이 있는 경우에는 더욱 그렇다.
- 아랍어, 구자라트어, 힌디어, 우르두어는 RB 시스템에서 구현하기가 어려운데 그 이유는 이들 언어에 대한 분야 전문가를 찾기가 어렵기 때문이다. 또한 규칙을 구현하기 위해 이런 언어에 사용할 수 있는 도구도 적다.
- 인간 노력에 시간이 너무 많이 투여된다.

단어 의미의 모호성 기본에 대한 이해

단어 의미의 모호성WSD, Word-sense disambiguation은 NLP의 잘 알려진 문제다. 우선 WSD가 무엇인지 알아보자. 단어가 여러 의미를 가질 때 그 단어의 의미가 문장 속에서 어떤 의미인지 식별하는 데 WSD를 사용한다. 한 단어가 여러 의미를 가지면, 그 머신에게 있어서 올바른 의미를 확인하기가 어려우므로 이런 도전 문제를 해결하기 위해 규칙 기반 시스템이나 머신 러닝 기술을 사용할 수 있다.

7장에서 중점 부분은 RB 시스템이다. 그래서 WSD가 어떻게 해결되는지 그 흐름을 알게 된다. RB 시스템을 사용해 이 복잡한 문제를 해결하려면 다음 단계를 따르면 된다.

- 어느 언어에 대해서 WSD를 해결하려면, 문장마다 의미가 다른 다양한 단어의 예가 들어간 많은 데이터가 필요하다.

- 이러한 종류의 데이터세트를 사용할 수 있게 되면 인간 전문가가 등장할 차례다.

- 한 단어나 여러 단어의 의미에 태그를 붙이는 데 인간 전문가를 사용하며 대개 태그에는 미리 정의된 ID가 있다. "I went to river bank, and I went to bank to deposit my money"라는 문장을 예로 들어보자.

- 이 문장에서 bank 단어는 여러 의미를 가지며 전체 문장에 따라 의미가 변한다. 그래서 이러한 종류의 단어에 태그를 붙이는 데 인간 전문가를 사용한다. 여기서 우리가 눈 여겨볼 단어는 bank다.

- 인간 전문가는 미리 정의된 ID를 사용해 bank 단어에 강둑 의미로 태그를 붙인다. ID가 100이라고 하자.

- 두 번째 문장에서는 미리 정의된 ID를 사용해 bank 단어에 금융 기관으로 태그를 붙인다. 이때 ID는 101이라고 하자.

- 일단 이 태그를 붙이면 다음 단계가 시작되는데, 이번 단계에서는 규칙 기반 엔진, 또는 지도 머신 러닝supervised machine learning 기술을 선택한다

- 규칙 기반 시스템을 사용하기로 결정하면 인간 전문가는 단어의 의미를 명확하게 하는 데 도움이 되는 특정 패턴이나 규칙을 제시해야 한다. 경우에 따라 어떤 단어에 대해 전문가가 파싱 결과나 POS 태그를 사용해 규칙을 찾을 수 있지만 대부분의 경우 그렇게 할 수 없다.

- 요즘에는 태깅이 완료되면 태그가 붙은 데이터를 입력으로 사용해 지도 머신 러닝 모델을 개발하는데 이 모델을 통해서 인간이 단어의 의미를 식별하게 된다.

- 때때로 머신 러닝 접근법만으로 도움이 안 되는 것과 같은 식으로 규칙 기반 시스템만으로 작업할 수 없다. 내 경험에 의하면 그런 경우가 있다. 하이브리드 방식을 사용하면 더 나은 결과를 얻을 수 있다고 생각한다.

- 데이터에 태그를 추가한 후 알려진 상황을 잘 처리하는 RB 시스템을 구축해야 하는데 규칙을 정의할 수 없는 상황도 있다. 이러한 상황을 해결하려면 머신 러닝 모델을 구축해야 한다.

- 벡터화 개념과 딥러닝 모델을 사용해 WSD 문제를 해결할 수도 있다. 여러분이 딥러닝을 사용해 WSD에서 해결을 모색하는 것도 연구 주제가 될 수 있다.

▌ 규칙 기반 시스템의 최근 동향에 대한 논의

이 절에서는 현재 시장에서 RB 시스템을 어떻게 사용하는지에 대해 논의한다. 많은 사람이 여러 포럼에서 많은 질문을 하며, 그들은 RB 시스템의 미래에 대해 알고 싶어하므로 나는 NLP 시장과 RB 시스템의 향후 추세를 파악하는 데 도움이 될 중요한 질문에 대해 논의하려고 한다. 우리가 살펴볼 몇 가지 질문이 있다.

RB 시스템이 NLP 분야에서 구식인가? 나는 '아니오'로 답하고 싶다. RB 시스템은 모든 NLP 애플리케이션, 문법 교정, 음성 인식, 기계 번역 등에 주로 사용돼 왔다. 이 접근법은 새 NLP 애플리케이션을 만들 때의 첫 번째 단계다. 여러분이 자신의 아이디어를 실험하고 싶다면 RB 접근법의 도움을 받아 프로토타입을 쉽게 개발할 수 있다. 프로토타입을 만들려면 분야 지식과 기본 코딩 기술이 필요하다. 높은 수준의 수학이나 ML 기법을 알 필요는 없다. 기본 프로토타입 제작을 위해서는 RB 시스템을 사용해야 한다.

RB 기반 시스템을 딥러닝과 ML 기반 접근법으로 대체할 수 있을까? 이 질문은 끝이 없는 질문이다. 이 시점에서 여러분의 질문을 이끌어낼 만한 몇 가지 사실을 제시하고자 한다. 요즘에는 데이터가 넘치고 큰 비용을 들이지 않고도 높은 계산 능력을 사용할 수 있다. AI 업계와 AI 기반 프로젝트는 많은 관심을 불러일으키고 있다. RB 시스템은 딥러닝 및 ML 접근법이 NLP과 그 외 AI 애플리케이션에 대해 정확한 결과를 유도해내는 데 도움이 된다. 이들 접근법은 RB 시스템에 비해 인간의 노력이 덜 들 뿐이다. 이 점은 RB 시스템이 딥러닝과 ML 기반 시스템으로 대체되지 않을 거라고 많은 사람이 생각하는 이유다. 나는 RB 시스템이 완전히 대체되지 않고 이들 접근법을 보완할 거라고 본다. 그러면 여러분은 질문할 것이다. 어떻게 그렇게 되겠는가? 그 대답은 훨씬 더 유익한 하이브리드 접근법을 사용하면 된다는 것이다. ML 시스템의 도움을 받아 패턴이나 예측을 찾고 나서 RB 시스템에 예측을 제공하면, RB 시스템이 예측을 검증해서 사용자에게 가장 적합한 방법을 선택해줄 수 있다. 이 점은 실제로 인간 노력과 시간을 줄이는 RB 시스템의 한 가지 중요한 당면 과제를 극복하는 데 도움이 될 것이다.

앞의 질문에 대해서는 옳고 그른 답변이 없다. 그저 질문과 NLP 분야를 어떻게 바라보느냐의 문제일 뿐이다. 나는 여러분에게 생각할 여지를 남겨놓고 싶다. 혼자 생각해보고 자신의 답을 구해보자.

▌요약

7장에서는 규칙 기반 시스템과 관련된 모든 세부사항을 알아봤고, 규칙 기반 접근법이 어떻게 복잡한 문제에 대한 프로토타입을 신속하고도 높은 정확도로 개발하는 데 도움이 되는지를 배웠다. 우리는 규칙 기반 시스템의 아키텍처를 살펴보고, 규칙 기반 시스템의 장점, 단점, 문제점에 대해 학습했다. 이 시스템이 문법 교정 시스템, 챗봇 등과 같은 NLP 애플리케이션을 개발하는 데 어떻게 도움이 되는지 살펴봤다. 또 규칙 기반 시스템의 최근 경향도 논의했다.

8장에서는 NLP 애플리케이션을 해결하기 위해 머신 러닝이라는 다른 주요 접근법을 배운다. 8장에서는 NLP 애플리케이션 개발에 사용할 머신 러닝 알고리즘에 대한 모든 세부사항을 알려준다. 지도 ML, 준지도 ML, 비지도 ML 기술을 볼 수 있다. 또한 애플리케이션 중 일부를 처음부터 개발할 것이므로 계속 읽기를 바란다!

08

NLP 문제에 대한 머신 러닝

우리는 피처 엔지니어링의 기본과 고급 레벨을 알아본 적이 있다. 규칙 기반 시스템을 사용해 NLP 애플리케이션을 개발하는 방법도 살펴봤다. 8장에서는 NLP 애플리케이션을 개발하며, 그 애플리케이션을 개발하는 데에는 **머신 러닝(ML)** 알고리즘을 사용한다. 우리는 ML의 기초부터 시작해보자. 그런 다음 ML을 사용하는 NLP 애플리케이션의 기본 개발 단계를 살펴보겠다. 대부분 NLP 분야에서 ML 알고리즘을 사용하는 방법을 보게 될 것이다. 그러고 나서 피처 선택 영역으로 이동한다. 하이브리드 모델과 후처리 기술에 대해서도 살펴본다.

8장에서는 다음의 내용을 다룬다.

- 머신 러닝의 기본에 대한 이해
- NLP 애플리케이션 개발 단계
- ML 알고리즘 및 기타 개념 이해
- NLP 애플리케이션을 위한 하이브리드 접근법

그럼 ML 세계를 탐험해보자!

▍ 머신 러닝의 기본에 대한 이해

우선 머신 러닝이 무엇인지 알아보자. 전통적으로 프로그래밍은 미리 정해 놓은 결과에 도달하기 위해 모든 단계를 정의하는 것이 전부다. 이 프로그래밍 과정 동안 우리는 결과를 달성하는 데 도움이 되는 프로그래밍 언어를 사용해 각각의 미세 단계를 정의한다. 기본적인 이해를 돕기 위해 일반적인 예를 들어보자. 얼굴을 그리기 위한 프로그램을 작성한다고 하자. 먼저 왼쪽 눈을 그리는 코드를 작성한 다음 오른쪽 눈을 그리고 나서 코를 그리는 코드를 작성할 수 있다. 여기서는 각 얼굴 속성에 대한 코드를 작성하지만 ML은 이 방법을 사용하지 않는다. ML에서는 결과를 정해 놓고 프로그램은 정의된 결과를 달성하기 위한 단계를 학습한다. 따라서 각 얼굴 속성에 대한 코드를 작성하는 대신 우리는 수백 개의 인간 얼굴 표본을 시스템에 제공한다. 머신이 새로운 인간의 얼굴을 그릴 수 있도록 인간 얼굴을 그리는 데 필요한 단계를 배우기를 우리는 기대한다. 이 외에도 우리가 새 인간 얼굴과 동물 얼굴을 제공할 때 머신은 어느 얼굴이 인간 얼굴처럼 보이는지 알아차려야 한다.

일반적인 예를 들어보자. 특정 주에서 유효 번호판을 인식하려면 기존 프로그래밍으로는 번호판의 모양, 색상, 글꼴 등을 코드로 작성해야 한다. 번호판의 각 속성을 수동으로 코딩하려는 경우 이들 코딩 단계가 너무 길어진다. ML을 사용하면 머신에 몇 가지 예제 번호판을 제공하고 머신은 새 유효 번호판을 인식할 수 있도록 단계를 학습한다.

슈퍼 마리오 게임을 하면서 이기는 프로그램을 만들고 싶다고 하자. 그러면 각 게임 규칙을 정의하기가 너무 어렵다. 우리는 일반적으로 죽지 않고 마지막 레벨에 도달해야 하는 등의 목표만 정의하고 머신은 최종 단계에 도달하기 위한 모든 단계를 학습한다.

때로는 문제가 너무 복잡하기 때문에 이러한 문제를 해결하기 위해 어떤 단계를 건드려야 할지 모른다. 예를 들어 은행에서 근무한다고 할 때 사기 행각이 의심되지만 이를 어떻게 감지하거나 찾아내야 할지 모른다. 그래서 우리는 모든 사용자 활동에 대한 기록을 뒤져서 대다수 사용자처럼 행동하지 않는 사용자를 찾아낼 수 있다. 머신은 이런 이상을 스스로 감지하는 단계를 학습한다.

ML은 인터넷 어디에나 존재한다. 모든 대형 기술 회사가 어떤 방식으로든 그것을 사용하고 있다. 여러분이 유튜브 동영상을 보면 그 옆에 다른 동영상 추천이 뜬다. 휴대폰도 ML을 사용해 아이폰의 시리, 구글 어시스턴트 등과 같은 기능을 제공한다. ML 분야는 현재 매우 빠르게 발전하고 있다. 연구원들은 오래된 개념을 사용하거나, 일부 개념을 변경하거나, 다른 연구원들을 이용해 ML을 더욱 효과적이고 유용하게 만든다.

ML의 전통적인 기본 정의를 살펴보자. 1959년 아서 사무엘Arthur Samuel이라는 연구원이 컴퓨터에 프로그래밍하지 않고 학습하는 기능을 넣었다. 그는 인공지능에서의 패턴 인식과 계산 학습 이론 연구에서 ML의 개념을 발전시켰다. 1997년 톰 미첼Tom Mitchell은 기본 수학을 이해할 수 있는 사람들에게 유용하고도 정확한 정의를 내려주었다. 톰 미첼이 내린 ML 정의는 다음과 같다. 성능 측정 P에 의해 측정된 어떤 작업 T에서의 성능이 경험 E로 향상된다면 컴퓨터 프로그램은 T와 P에 대해 경험 E로부터 학습한 것이라고 말한다.

위의 정의를 이전 예제와 연결해보자. 번호판을 식별하는 것을 작업 T라고 부른다. 경험 E라는 번호판 예제를 사용해 ML 프로그램을 실행하고, 성공적으로 학습하면 성능 측정 P라는, 본 적 없는 다음 번호판을 예측할 수 있다. 이제 다양한 타입의 ML을 알아보고 그것이 AI와 어떻게 관련되는지 살펴볼 차례다.

ML 타입

이 절에서는 다양한 타입의 ML과 몇 가지 흥미로운 하위 분야 및 상위 분야 관계를 살펴본다.

ML 자체는 인공지능이라는 분야에서 파생됐다. ML에는 요즘 많은 붐을 일으키는 딥러닝이라는 분야도 있지만, 인공지능과 딥러닝은 9장에서 자세하게 알아본다.

학습 기술은 여러 타입으로 나눌 수 있는데 8장에서는 ML에 초점을 맞춰 설명한다. 그림 8.1을 참조하자.

그림 8.1 다른 분야와 ML의 하위 집합과 상위 집합 관계(이미지 출처: https://portfortune.files.wordpress.com/2016/10/ai-vs-ml.jpg)

ML 기술은 그림 8.2에서 보다시피 세 가지 타입으로 나눌 수 있다.

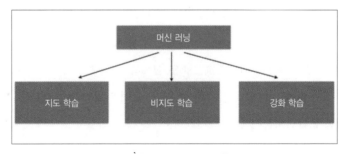

그림 8.2 3가지 타입의 ML(이미지 출처: https://cdn-images-1.medium.com/max/1018/1*Yf8rcXiwvqEAinDTWTnCPA.jpeg)

각 타입의 ML을 자세히 살펴보자.

지도 학습

이 타입의 ML에서는 레이블이 붙은 데이터세트를 ML 알고리즘의 입력으로 제공하고, ML 알고리즘은 옳은 것과 그른 것을 알고 있다. 여기서 ML 알고리즘은 레이블과 데이터 간의 매핑을 학습한다. ML 모델을 생성하고 나서 생성된 ML 모델을 사용해 주어진 일을 해결할 수 있다.

스팸 이메일과 비스팸 이메일 같은 레이블이 붙은 텍스트 데이터가 있다고 하자.

데이터세트의 각 텍스트 스트림에는 이 두 레이블 중 하나가 있다. 지도 ML 알고리즘을 적용하면 레이블이 있는 데이터를 사용해서 본 적 없는 텍스트 스트림에 대해 스팸, 또는 비스팸으로 레이블을 예측하는 ML 모델을 생성한다. 이것은 지도 학습의 한 사례다.

비지도 학습

이 타입의 ML에서는 레이블이 없는 데이터세트를 ML 알고리즘의 입력으로 제공한다. 그래서 우리의 알고리즘은 정확하거나 옳은 것에 대한 어떠한 피드백도 얻지 못한다. 주어진 작업을 해결하기 위해서는 데이터 구조 자체를 학습해야 한다. 레이블이 없는 데이터세트를 사용하기가 더 어렵지만 모든 사람이 완벽하게 레이블이 붙은 데이터세트를 갖는 것은 아니므로 학습시키기가 더 편리하다. 대부분의 데이터는 레이블이 붙어있지 않고 섞여 있으므로 복잡하다.

요약 애플리케이션을 개발한다고 하자. 우리는 실제 문서에 대응되는 문서를 요약하지 않았을 것이다. 그러면 우리는 원시 문서와 실제 텍스트 문서를 사용해 주어진 문서에 대한 요약을 만든다. 여기서 머신은 ML 알고리즘에 의해 생성된 요약이 옳은지, 또는 틀린지에 대해 어떠한 피드백도 얻지 못한다. 또한 컴퓨터 비전 애플리케이션의 예도 알아보자. 이미지 인식을 위해 레이블이 지정되지 않은 일부 만화 캐릭터의 이미지 데이터세트를 머신에 제공하고, 머신이 각 캐릭터를 분류하는 방법을 배우기를 기대한다. 본 적 없는 만화 캐릭터 이미지를 제공할 때 머신은 캐릭터를 인식해서 그 이미지를 머신 자체가 생성한 적절한 클래스에 넣어야 한다.

강화 학습

ML의 세 번째 타입은 강화 학습reinforcement learning이다. 여기서 ML 알고리즘은 매번 예측 후에 바로 피드백을 제공하지는 않지만 ML 모델이 목표를 달성하면 피드백을 생성한다. 이 타입의 학습은 주로 로봇 분야에서 사용되며 지능형 봇intelligent bot을 개발해 게임을 하는 데에도 사용된다. 강화 학습은 시행 착오 방법을 사용해 환경과 상호작용한다는 아이디어와 관련이 있다. 그림 8.3을 참조하자.

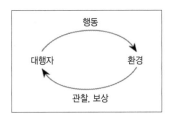

그림 8.3. 환경과 상호작용하는 강화 학습(이미지 출처: https://devblogs.nvidia. com/parallelforall/wp-content/uploads/2016/04/aeloop-300x183.png)

기본을 배우기 위해 예를 들어보자. 체스에서 인간보다 뛰어난 봇을 만들고 싶다고 하자. 이 타입의 봇은 게임에서 이긴 경우에만 피드백을 받는다. 최근 구글의 알파고가 세계 최고의 바둑 기사를 물리쳤다. 자세한 내용은 다음 링크를 참조하자.

https://techcrunch.com/2017/05/24/alphago-beats-planets-best-human-go-player-ke-jie/

이 책에서는 이런 타입의 ML에 대해 자세하게 설명하지 않는다. 주된 관심사는 NLP이며, 로봇 공학 또는 게임 봇을 개발하는 것이 아니기 때문이다.

강화 학습(RL)을 자세히 배우고 싶다면 https://in.udacity.com/course/reinforcement-learning--ud600/ 링크에서 이 과정을 밟으면 된다.

여러분은 ML의 각 타입 간의 차이점을 알고 싶을 것이다. 그러므로 주의를 기울려 다음 단락을 읽기 바란다.

지도 학습의 경우 우리는 단계마다, 또는 예측 후에 피드백을 받게 된다. 강화 학습에서는 모델이 목표를 달성하는 경우에만 피드백을 받는다. 비지도 학습에서는 목표를 달성하거나 예측이 옳다고 하더라도 결코 피드백을 얻지 못한다. 강화 학습에서는 기존 환경과 상호작용하고 시행 착오 방법을 사용하지만, 다른 두 가지 타입은 시행 착오를 적용하지 않는다. 지도 학습에서는 레이블이 있는 데이터를 사용하지만 비지도 학습에서는 레이블이 없는 데이터를 사용하고 강화 학습에서는 많은 목표와 의사결정 과정이 필요하다. 그림 8.4를 살펴보자.

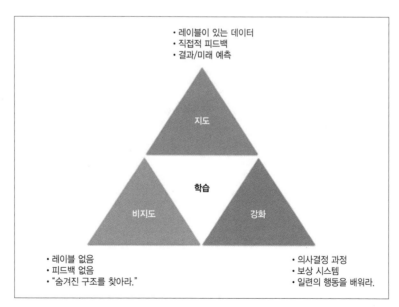

그림 8.4 지도, 비지도 학습, 강화 학습의 비교(이미지 출처: http://www.techjini.com/wp-content/uploads/2017/02/mc-learning.jpg)

이 절 이후로는 새로 배울 내용이 많다. 처음에 용어를 이해하지 못한다고 해도 걱정하지 말고, 그저 묵묵히 나를 따라 오라. 8장에서는 실제로 각 개념을 설명한다. 그럼 ML을 사용하는 NLP 애플리케이션 개발 단계를 이해해보자.

▌ NLP 애플리케이션 개발 단계

이 절에서는 ML 알고리즘을 사용해 NLP 애플리케이션을 개발하는 단계에 대해 설명한다. 이 단계는 분야마다 다르다. NLP 애플리케이션의 경우 데이터 시각화는 그다지 중요한 역할을 하지 않지만, 분석 애플리케이션의 데이터 시각화는 많은 통찰력을 제공한다. 따라서 애플리케이션마다, 그리고 분야마다 변경될 것이다. 여기서 내가 중점을 둘 부분은 NLP 분야와 NLP 애플리케이션이므로, 우리가 코드를 살펴볼 때 나는 여러분이 어떤 결론을 도출할 수 있게 설명하는 단계를 확실히 상기시킬 것이다.

나는 개발 단계를 2개의 버전으로 나눴다. 첫 번째 버전은 NLP 애플리케이션 개발을 위한 첫 번째 반복이라는 점을 고려한다. 두 번째 버전은 NLP 애플리케이션 개발의 첫 번째 반복 후에 고려할 수 있는 가능한 단계를 설명한다. 그림 8.5을 참조하라.

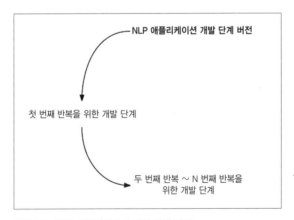

그림 8.5 NLP 애플리케이션 개발 단계 버전

첫 번째 반복을 위한 개발 단계

먼저 ML을 사용해 NLP 애플리케이션의 첫 번째 버전을 개발할 때 일반적으로 사용할 수 있는 단계를 살펴본다. 여러분이 잘 이해할 수 있게 설명하는 동안 그림 8.6을 참조하자.

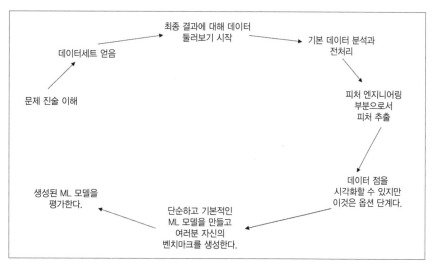

그림 8.6 ML 알고리즘을 사용해 애플리케이션을 개발하는 첫 번째 버전과 반복

각 단계에 대한 설명은 다음과 같다.

1. 이 버전의 첫 번째 단계는 문제 진술, 애플리케이션 요구 사항, 해결할 목표를 이해하는 것이다.

2. 두 번째 단계는 목표를 해결하는 데 필요한 데이터를 얻거나 데이터세트가 있을 경우, 데이터세트에 포함된 내용과 NLP 애플리케이션을 만들기 위해 필요한 내용을 파악한다. 다른 데이터가 필요하면 먼저 자신에게 물어보라. 즉 사용 가능한 데이터세트의 도움으로 하위 데이터 속성을 유도해낼 수 있을까? 그렇다면 다른 데이터세트를 얻을 필요가 없지만, 그렇지 않다면 NLP 애플리케이션을 개발하는 데 도움이 될 데이터세트를 얻으려고 노력하라.

3. 세 번째 단계는 원하는 최종 결과에 대해 생각하고 그에 따라 데이터세트를 둘러 보는 것이다. 기본적인 분석을 하라.

4. 네 번째 단계에서는 데이터에 대해 일반적인 분석을 한 후 전처리 기술을 적용 할 수 있다.

5. 다섯 번째 단계는 피처 엔지니어링의 일부로서 전처리된 데이터에서 피처를 추 출하는 것이다.

6. 여섯 번째는 통계 기법을 사용해 피처 값을 시각화할 수 있다. 이는 NLP 애플리 케이션에 있어서 옵션 단계다.

7. 일곱 번째 단계는 자신의 벤치마크를 위해 간단하고 기본적인 모델을 만드는 것 이다.

8. 마지막으로는 기본 모델을 평가하는 것이고, 최고점을 받으면 좋다. 그렇지 않다 면 더 많은 반복이 필요하며 다음 절에서 설명할 다른 버전을 따라야 한다.

두 번째 ~ n 번째 반복을 위한 개발 단계

우리는 첫 번째 반복에서 취할 수 있는 단계를 보았다. 이제 모델 정확도와 효율성을 즉석 에서 계산할 수 있게 두 번째 반복을 실행할 수 있는 방법을 살펴본다. 여기서도 우리 모 델을 가능한 한 간단하게 만들려고 노력하며, 이 모든 목표는 이 개발 버전의 일부가 될 것이다.

이제 첫 번째 반복 이후에 수행할 수 있는 단계를 볼 수 있다. 기본적인 이해를 위해 그림 8.7을 참조하자.

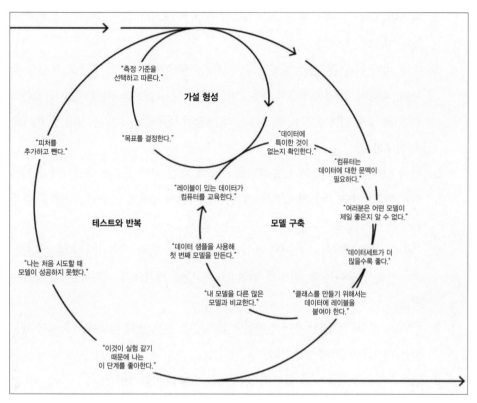

그림 8.7 ML 빌드 사이클

두 번째 반복을 위한 기본 단계 중 일부는 다음과 같다.

1. 첫 번째 반복 후에는 모델이 만들어졌으므로 이제 모델을 개선해야 한다. 다른
   ML 알고리즘을 사용해 동일한 NLP 애플리케이션을 해결하고 정확도를 비교하
   는 것이 좋다. 정확도를 기반으로 제일 좋은 3개의 ML 알고리즘을 선택하라. 이
   것이 첫 번째 단계다.

2. 두 번째 단계로는 일반적으로 더 나은 정확도를 달성하기 위해 선택한 ML 알고
   리즘 각각에 대해 하이퍼 매개변수 튜닝을 적용할 수 있다.

3. 매개변수 최적화가 도움이 되지 않는다면 피처 엔지니어링 부분에 집중해야 하는데 이것이 3단계가 된다.

4. 이제 피처 엔지니어링은 피처 추출과 피처 선택이라는 두 가지 주요 부분을 갖는다. 따라서 첫 번째 반복에서는 이미 피처를 추출했지만 ML 모델을 최적화하기 위해 피처 선택에 공을 들여야 한다. 8장의 뒷부분에서 모든 피처 선택 기술을 살펴본다.

5. 피처 선택에서는 기본적으로 결과를 유도해 내기 위해 정말로 중요하거나 기여하는 피처, 변수, 데이터 속성을 선택한다. 따라서 중요한 기능만 고려하고 다른 기능은 제거한다.

6. 특이한 것은 제거하고 데이터 정규화를 수행하며 입력 데이터에 교차 검증cross validation을 적용하는데, 이렇게 하면 ML 모델을 즉석에서 처리하는 데 도움이 된다.

7. 이 모든 트릭을 수행한 후에 정확한 결과를 얻지 못하면 새 피처를 유도해서 사용하는 데 시간을 할애해야 한다.

8. 만족스러운 결과를 얻을 때까지 앞의 모든 단계를 반복하면 된다.

이것이 NLP 애플리케이션 개발에 접근하는 방법이다. 결과를 관찰하고 다음 반복에서 합당하고 필요한 단계를 수행해야 한다. 분석에 지혜를 발휘하고 모든 문제를 생각하고 나서 해당 문제를 해결하기 위해 반복하자. 결과를 철저히 분석하지 않으면 반복해봐도 도움이 되지 않는다. 그러므로 침착하고 지혜롭게 생각하고 반복하라. 그렇다고 걱정하지 말라. 왜냐하면 우리는 ML 알고리즘을 사용해 NLP 애플리케이션을 개발할 때 이전 과정을 살펴볼 것이다. 여러분이 연구 분야에서 일한다면 ML 알고리즘에 들어간 수학을 알아두라고 강력히 권하지만, 초보자이고 수학에 능통하지 않다면 ML 라이브러리의 설명서를 읽으면 된다. 이 두 영역 사이에 있는 사람들은 수학 이해에 노력을 하고 나서 구현하라.

이제 ML 세계에 깊이 들어가서 정말 멋진 알고리즘을 배울 차례다.

ML 알고리즘과 기타 개념 이해

여기서는 NLP 분야에서 가장 널리 사용되는 ML 알고리즘을 살펴본다. 우리는 ML의 타입에 따른 알고리즘을 알아보겠다. 먼저 지도 ML 알고리즘으로 시작해서 비지도 ML 알고리즘, 마지막으로 준지도 ML 알고리즘을 설명한다. 여기서는 해당 알고리즘뿐만 아니라 그 이면의 수학을 알아본다. 나는 강력한 수학적 배경을 갖추지 않은 사람들이 알고리즘 이면의 직관적인 개념을 이해할 수 있게 쉽게 내용을 풀어가겠다. 그러고 나서 실제로 NLP 애플리케이션을 개발하는 데 이들 알고리즘을 어떻게 사용할 수 있는지를 살펴본다. 우리는 헷갈리지 않고 알고리즘을 이해하는 데 도움이 되는 멋진 NLP 애플리케이션을 개발할 것이다.

이제 시작해보자!

지도 ML

8장의 앞부분에서 우리는 지도 머신 러닝에 대해 소개했다. 우리가 알아보고 사용하는 기술과 데이터세트에는 그것의 출력, 결과, 데이터세트에서 이미 제공된 레이블이 들어있다. 이 말은 레이블이 있는 데이터세트를 갖고 있기만 하면 지도 ML 알고리즘을 사용할 수 있다는 뜻이다.

알고리즘으로 시작하기 전에 나는 지도 ML 알고리즘에 대한 두 가지 주요 개념에 대해 소개할 텐데, 이런 소개는 다음과 같이 NLP, 또는 기타 데이터 과학 관련 문제를 해결하기 위해 선택할 알고리즘을 결정하는 데에도 도움이 된다.

- 회귀
- 분류

회귀

회귀regression는 변수 간의 관계를 평가하는 통계 프로세스다. 변수가 여러 개 있고 변수 간의 관계를 찾고 싶다고 하자. 먼저 종속 변수인지 독립 변수인지 알아내야 한다. 회귀를 통해 독립 변수의 주어진 값에 대한 동작, 또는 값을 종속 변수가 어떻게 변경하는지 알 수 있다. 여기서 종속 변수는 독립 변수의 값에 의존하는 반면 독립 변수는 다른 변수에 종속되지 않는 값을 사용한다.

명확하게 이해하기 위해 예를 들어보자. 인간의 신장이 있고 높이를 기준으로 체중을 결정해야 하는 데이터세트가 있다면, 이것은 지도 ML이며 이미 데이터세트에 나이도 들어 있다. 따라서 우리는 2개의 속성을 갖는데, 이들 속성은 height와 weight라고도 부른다. 이제 주어진 높이 당 무게를 예측해야 한다. 몇 초 동안 생각해 보고 어떤 데이터 속성이나 변수가 종속이고 어떤 것이 독립적인지 말해보자. 생각을 좀 해보길 바란다. 이제 알려주겠다. 여기서 weight는 변수 height에 종속되는 종속 데이터 속성 또는 변수다. height는 독립 변수다. 독립 변수는 **예측자**predictor(s)라고도 한다. 따라서 종속 변수와 독립 변수 간의 특정 매핑 또는 관계가 있으면 주어진 높이에 대한 체중도 예측할 수 있다.

출력 또는 종속 변수가 연속 값을 가질 때 회귀 메서드를 사용한다는 점에 유의하자. 이 예에서 체중은 20 kg, 20.5 kg, 20.6 kg, 60 kg 등과 같이 어떤 값이라도 될 수 있다. 다른 데이터세트 또는 애플리케이션의 경우 종속 변수의 값은 실수일 수 있다. 그림 8.8을 참조하자.

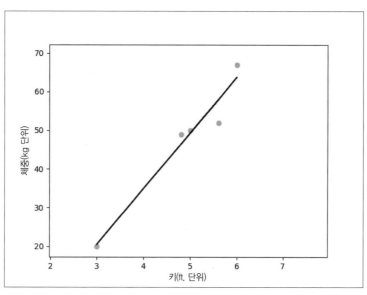

그림 8.8 선형 회귀 예제

분류

이 절에서는 **분류 기법**classification technique이라는 지도 ML의 다른 주요 개념에 대해 살펴본다. 이것은 **통계적 분류**statistical classification라고도 한다.

통계적 분류는 주어진 새 관찰에 대한 카테고리를 식별하는 데 사용된다. 그래서 새로운 관찰을 할 수 있는 많은 카테고리가 있다. 하지만 아무렇게 카테고리를 선택할 것이 아니라 먼저 주어진 데이터세트를 사용할 것이다. 이 데이터 세트에 기초해 새로운 관찰에 가장 적합한 카테고리를 찾아내어 관찰한 것을 그 카테고리 또는 클래스로 분류하겠다.

NLP 분야 자체의 예를 들어보자. 많은 이메일을 포함하는 데이터세트가 있으며 이메일에 이미 스팸이거나 비스팸인 클래스 레이블이 있다. 따라서 데이터세트는 스팸과 비스팸 두 가지 클래스로 분류된다. 이제 새 이메일을 받으면 그 특정 이메일을 스팸, 또는 비스팸 클래스로 분류할 수 있을까? 대답은 '그렇다'이다. 새 이메일을 분류하기 위해 데이터세트와

ML 알고리즘을 사용해서 새 메일에 가장 적합한 클래스를 제공한다. 분류를 구현하는 알고리즘을 **분류기**classifier라고 부른다. 때로는 분류기라는 용어는 분류기 알고리즘이 구현하는 수학 함수를 의미하기도 하는데, 이 알고리즘은 입력 데이터를 카테고리에 매핑한다.

이 점은 회귀와 분류의 차이점을 파악하는 데 도움이 된다. 분류에서 출력 변수는 기본적으로 이산 값discrete value 또는 카테고리 값인 클래스 레이블을 사용한다. 회귀에서 우리의 산출 변수는 연속 값을 가진다. 그림 8.9를 보자.

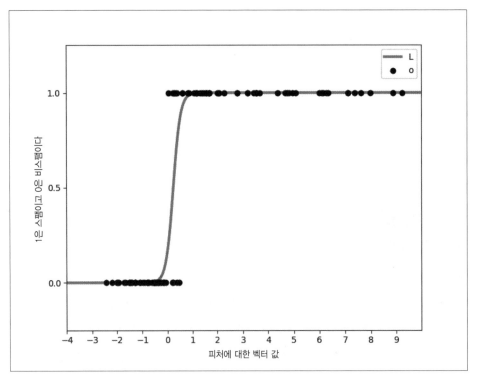

그림 8.9 직관적인 목적을 위한 분류 시각화

회귀와 분류에 대해 알게 됐으므로 특별히 분류를 위해 ML 알고리즘을 설명하면서 계속 사용할 기본 용어를 알아보자.

- **인스턴스**: 이것은 입력이라고도 하며, 일반적으로 벡터 형태다. 이것은 속성의 벡터다. POS 태거 예제에서 각 단어로부터 유도해낸 피처를 사용해 사이킷런 API DictVectorizer를 사용해 벡터로 변환했다. 벡터 값이 ML 알고리즘에 입력돼 이들 입력 벡터는 인스턴스가 된다.

- **콘셉트**^{concept}: 콘셉트는 입력을 출력으로 매핑하는 함수라고도 한다. 따라서 이메일 콘텐츠가 있고 해당 이메일 콘텐츠가 스팸인지 비스팸인지 확인하려면 인스턴스, 또는 입력의 특정 매개변수에 중점을 두고 결과를 생성해야 한다. 특정 입력에서 특정 출력을 식별하는 프로세스를 **콘셉트**라고 한다. 예를 들어 여러분은 인간의 키에 대한 데이터를 피트 단위로 안다. 데이터를 본 후, 그 사람이 키가 큰지 작은지를 결정할 수 있다. 여기서 콘셉트 또는 함수는 주어진 입력이나 인스턴스에 대한 출력을 찾는 데 도움이 된다. 그래서 이를 수학 형식으로 표현하면 콘셉트는 세상의 한 객체와 집합 속의 한 멤버 간의 매핑이다.

- **타깃 콘셉트**^{target concept}: 타깃 콘셉트란 실제 답변이나 특정 피처 또는 우리가 찾으려는 특정 아이디어를 의미한다. 인간으로서 우리는 이메일을 읽음으로써 스팸 또는 비스팸이라고 판단할 수 있고, 그 판단이 사실이라면 실제 답변을 얻을 수 있듯이 많은 개념을 머리 속에서 이해했다. 여러분은 **스팸** 메일이라는 사실과 그렇지 않은 것을 알지만, 실제로 어딘가에 적어 두지 않으면 그것이 옳은지 아닌지를 알 수 없다. 데이터세트의 각 원시 데이터에 대해 이러한 실제 답변을 기록해두면 어떤 이메일을 스팸 이메일로 간주해야 하는지 식별하기가 훨씬 쉬울 것이다. 이런 식으로 새 인스턴스에 대한 실제 답변을 찾을 수 있다.

- **가설**^{hypothesis} **클래스**: 인스턴스를 분류하는 데 도움이 되는 모든 가능한 함수의 클래스다. 방금 특정 함수를 찾으려는 타깃 콘셉트를 보았으나 여기서는 분류 문제에 대한 타깃 콘셉트를 파악하는 데 도움이 되는 모든 가능한 함수의 부분 집합을 생각할 수 있다. 여기서는 분류 작업에 이 용어를 사용하므로 x^2 함수를 고려하지 않을 텐데, 그 이유는 이 함수가 선형 함수이고 회귀가 아닌 분류를 수행하기 때문이다.

- **훈련 데이터세트**: 분류에서는 타깃 콘셉트나 실제 답변을 찾으려고 한다. 그렇다면 어떻게 이 최종 답변을 실제로 얻을 수 있을까? ML 기술을 사용해 최종 답변을 얻으려면 실제 답변을 찾는 데 도움이 되는 샘플 세트, 훈련 세트, 훈련 데이터세트를 사용할 것이다. 훈련 세트가 무엇인지 알아보자. 훈련 세트에는 레이블과 쌍을 이루는 모든 입력이 들어 있다. 지도 분류supervised classification 문제에는 실제 응답 또는 실제 출력이라고 붙인 훈련 데이터세트가 필요하다. 따라서 우리는 스팸 또는 비스팸이 무엇인지에 대한 지식만을 시스템에 전달하는 것이 아니다. "이것은 스팸 메일이고, 저것은 비스팸 메일이다." 등과 같은 많은 예제도 시스템에 제공한다. 따라서 머신에 있어서 타깃 콘셉트를 이해하기란 쉬울 수 있다.

- **ML 모델**: 훈련 데이터세트를 사용하고, 이 데이터를 ML 알고리즘에 제공한다. 그런 후 ML 알고리즘은 많은 훈련 예제를 사용해 콘셉트를 학습하고 출력 모델을 생성한다. 이 출력 모델은 나중에 새 메일이 스팸인지 아닌지를 예측하거나 결정하는 데 사용될 수 있다. 생성된 이 출력을 **ML 모델**이라고 한다. 우리는 생성된 ML 모델을 사용해서 새 메일을 입력으로 제공하면 이 ML 모델은 주어진 메일이 스팸 카테고리, 또는 비스팸 카테고리에 속하는지에 대한 답을 생성한다.

- **후보자**: 후보자candidate란 우리의 ML 모델이 우리에게 새로운 예를 알려주는 잠재적인 타깃 콘셉트다. 따라서 후보자가 머신에 의한 예측된 타깃 콘셉트라고 말할 수 있지만 여기서 그 후보자가 되는 예측된 출력, 또는 생성된 출력이 실제로 정답인지는 알 수 없다. 예를 들어보자. 머신에 이메일 예제를 많이 제공했다고 하자. 머신은 스팸과 비스팸 메일의 콘셉트를 일반화할 수 있다. 우리는 새로운 이메일을 제공하고 ML 모델은 스팸이 아닌 것으로 말하겠지만 ML 모델의 대답이 옳은지 그른지를 확인할 필요가 있다. 이 답변을 후보자라고 한다. ML 모델이 생성한 답이 타깃 콘셉트와 일치하는지 여부를 어떻게 확인할 수 있을까? 여러분의 질문에 답하기 위해 나는 다음 용어를 소개할 텐데, 바로 테스팅 세트다.

- **테스팅 세트:** 테스팅 세트는 훈련 데이터세트와 비슷하다. 우리의 훈련 데이터세트에는 스팸이나 비스팸 같은 레이블이 붙은 이메일이 있다. 따라서 나는 후보자로 간주되는 답변을 택해서 테스팅 세트에서 스팸이 아닌지 스팸인지 점검한다. 우리는 우리의 답을 테스팅 세트의 답과 비교해서 후보자가 옳은 대답인지 틀린 대답인지 알아본다. 비스팸이 정답이라고 가정해보자. 이제 여러분은 다른 이메일을 택할 것이고 ML 모델은 비스팸 답을 또 다시 생성할 것이다. 우리는 테스팅 세트로 이것을 다시 점검하고 이번에 ML 모델은 잘못된 대답을 생성한다. 즉 그 메일은 진짜 스팸인데 ML 모델은 비스팸 카테고리로 잘못 분류한 것이다. 따라서 테스팅 세트는 우리가 ML 모델을 검증하는 데 도움이 된다. 훈련 데이터세트와 테스팅 세트는 같아서는 안 된다는 점에 유의하라. 그 이유는 여러분의 머신이 훈련 데이터세트를 사용해 콘셉트를 학습하고 그 훈련 데이터세트에서 ML 모델을 테스트한다면 ML 모델을 공정하게 평가하지 않기 때문이다. 이것은 ML에서 부정 행위로 간주된다. 따라서 훈련 데이터세트와 테스팅 세트는 항상 달라야 한다. 테스팅 세트는 여러분의 시스템이 살펴본 적이 없는 데이터세트다. 우리는 주어진 문제가 얼마나 일반화될 수 있는지에 대한 머신 능력을 점검할 필요가 있기 때문에 이것을 수행하는 것이다. 여기서 일반화란 ML 모델이 알려지지 않고 본 적이 없는 예제에 어떻게 반응할지를 의미한다. 아직도 잘 모르겠다면 또 다른 예를 들어보자. 여러분은 학생이며 교사는 여러분에게 몇 가지 사실을 가르치고 약간의 예를 들었다. 여러분은 처음에 그 사실을 그냥 암기했다. 그래서 교사는 여러분이 올바른 개념을 갖고 있는지 확인하기 위해 시험을 치르는데 여기서 여러분의 학습을 적용할 만한 새롭고 참신한 예제를 제시한다. 여러분이 이 테스트의 새 예제에 자신의 학습을 완벽하게 적용할 수 있다면 여러분은 그 개념을 이해하고 있는 것이다. 이것으로 교사가 가르쳤던 개념을 일반화할 수 있음을 증명한다. 우리는 머신에게도 똑같은 일을 행할 것이다.

이제 ML 알고리즘을 알아보자.

ML 알고리즘

ML의 핵심 개념에 대해 충분히 알아봤으므로 이제 ML 알고리즘을 살펴본다. 먼저 NLP 분야에서 주로 사용되는 지도 ML 알고리즘을 알아보겠다. 여기서는 모든 지도 ML 알고리즘을 다루지는 않고 NLP 분야에서 가장 널리 사용되는 알고리즘을 설명한다.

NLP 애플리케이션에서는 주로 다양한 ML 기술을 적용한 분류 작업을 수행한다. 여기서 우리의 초점은 주로 알고리즘의 분류 타입에 있다. 분석론analytics 같은 다른 분야는 다양한 타입의 선형 회귀linear regression 알고리즘과 분석 애플리케이션을 사용하지만 이 책은 NLP 분야에 관한 내용이기 때문에 이러한 알고리즘을 알아보지는 않는다. 선형 회귀의 일부 개념은 딥러닝 기술을 이해하는 데 도움이 되므로 선형 회귀와 경사 하강법은 9장에서 예제와 함께 자세히 살펴보겠다.

알고리즘이 어떻게 작용하는지, 그리고 ML 알고리즘을 사용해 어떻게 NLP 애플리케이션을 개발하는지 알 수 있게 다양한 알고리즘을 사용해서 NLP 애플리케이션을 개발한다. 우리는 스팸 필터링 같은 애플리케이션을 살펴본다.

그림 8.10을 참조하자.

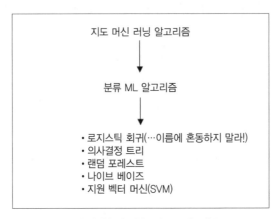

그림 8.10 우리가 알아볼 지도 분류의 ML 알고리즘

이제 핵심 ML 부분부터 시작해보자.

로지스틱 회귀

분류 카테고리에 왜 로지스틱 회귀를 넣었는지 여러분이 잘 모를 거라는 사실을 나는 알고 있다. 그것은 이 알고리즘에 주어진 이름일 뿐, 이산 출력discrete output을 예측하는 데 사용되므로 이 알고리즘은 분류 카테고리에 속한다는 점을 여러분에게 알려주는 바이다.

이 분류 알고리즘의 경우 로지스틱 회귀 알고리즘이 어떻게 작동하는지 생각해보고 그에 관련된 기본 수학을 알아본다. 그리고 나서 스팸 필터링 애플리케이션을 살펴본다.

먼저 스팸이나 비스팸, 좋거나 나쁨, 이기거나 짐, 0 또는 1 같은 이진 클래스binary class를 고려해 알고리즘과 그 애플리케이션을 이해할 것이다. 이메일을 스팸과 비스팸 카테고리로 분류한다고 하자. 스팸과 비스팸은 이산 출력 레이블 또는 타깃 콘셉트다. 우리의 목표는 새로운 이메일이 스팸인지 아닌지를 예측하는 것이다. 비스팸은 햄ham이라고도 한다. 이 NLP 애플리케이션을 만들기 위해 우리는 로지스틱 회귀를 사용한다.

먼저 알고리즘의 전문성을 알아보자.

여기서는 수학과 이 알고리즘과 관련된 사실을 아주 간단하게 언급한다. 이 알고리즘을 이해하기 위한 일반적인 접근법은 다음과 같다. 여러분이 ML의 일부분을 알고 있다면 단편적 부분으로부터 어떤 결론을 얻을 수 있으며, ML에 초보자라고 해도 다음과 같이 모든 부분을 알게 되기 때문에 걱정할 필요가 없다.

- 우리는 대상 출력 또는 타깃 콘셉트를 생성하는 데 도움이 되는 가설 함수를 정의한다.
- 우리는 비용 함수 또는 오차 함수를 정의하고, 오차 함수의 편미분을 유도할 수 있는 방식으로 오차 함수를 선택해 경사 하강법을 쉽게 계산할 수 있다
- 우리는 좀 더 정확한 레이블을 생성하고 데이터를 정확하게 분류할 수 있게 오차를 최소화한다.

통계에서는 로지스틱 회귀를 **로짓 회귀**^{logit regression} 또는 **로짓 모델**^{logit model}이라고도 한다. 이 알고리즘은 대부분 이진 클래스 분류기로 사용되며, 이는 데이터를 분류하는 데 2개의 다른 클래스가 있어야 함을 의미한다. 이진 로지스틱 모델은 이진 응답의 확률을 추정하는 데 사용되며 하나 이상의 예측 변수, 또는 독립 변수나 피처를 기반으로 응답을 생성한다. 이것은 딥러닝에서도 기본 수학 개념을 사용하는 ML 알고리즘이다.

먼저 이 알고리즘을 로지스틱 회귀라고 부르는 이유는 해당 알고리즘이 로지스틱 함수나 시그모이드 함수를 사용하기 때문이다. **로지스틱 함수**와 시그모이드 함수는 동의어다.

우리는 시그모이드 함수를 가설 함수로 사용한다. 가설 함수란 무엇을 의미할까? 앞서 보았듯이 머신은 새로운 데이터의 레이블을 예측할 수 있는 방식으로 데이터 속성과 주어진 레이블 간의 매핑을 학습해야 한다. 머신이 수학 함수를 통해 이 매핑을 학습한다면 이런 예측을 달성할 수 있다. 수학 함수는 머신이 데이터를 분류해서 레이블, 또는 타깃 콘셉트를 예측하는 데 사용할 가설 함수다. 우리는 이진 분류기 제작을 원하므로 우리의 레이블은 스팸이거나 햄이다. 따라서 수학적으로 말하면 햄 또는 비스팸에 0을, 스팸에는 1을 할당하거나 그 반대로 할당할 수 있다. 이렇게 수학적으로 할당된 레이블은 우리의 종속 변수다. 이제 우리 출력 레이블이 0 또는 1이어야 한다. 수학적으로 레이블은 y이며 $y \in \{0, 1\}$이다. 따라서 출력 값을 0 또는 1로 변환할 가설 함수를 선택해야 한다. 로지스틱 함수 또는 시그모이드 함수가 그 일을 정확히 수행하는데, 이것이 로지스틱 회귀가 시그모이드 함수를 가설 함수로 사용하는 주된 이유다.

로지스틱 또는 시그모이드 함수

로지스틱 또는 시그모이드 함수의 수학식은 다음과 같다.

$$g(z) = \frac{1}{1 + e^{-z}}$$

그림 8.11 로지스틱 또는 시그모이드 함수

여러분은 g(z)를 나타내는 그래프를 알아볼 수 있다. 여기서 g(z) = Ø(z)이다. 그림 8.12를 참조하자.

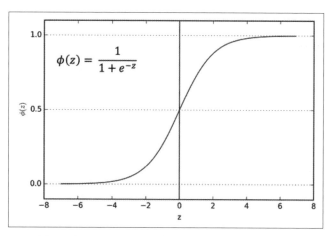

그림 8.12 시그모이드 또는 로지스틱 함수 그래프

이 그래프에서 다음 사실을 알 수 있다.

- z 값이 0 이상이면 로지스틱 함수의 출력 값은 1이 된다.
- z 값이 0 이하이면 로지스틱 함수의 출력 값은 0이 된다.

다음과 같이 로지스틱 함수에 대한 수학 조건을 볼 수 있다.

$$g(z) = \begin{cases} 1 & \text{if } z \geq 0 \\ 0 & \text{if } z < 0 \end{cases}$$

그림 8.13 로지스틱 함수의 수학 특성

이 함수를 사용해 이진 분류를 수행할 수 있다.

이제 이런 시그모이드 함수를 어떻게 가설 함수로 나타낼지 보여줄 차례다.

$$h_\theta(x) = g(\theta^T x)$$

그림 8.14 로지스틱 회귀에 대한 가설 함수

그림 8.11의 방정식에서 z의 값을 θ^Tx로 대체하면 그림 8.15의 식으로 바뀐다.

$$h_\theta(x) = g(\theta^T x) = \frac{1}{1 + e^{-\theta^T x}}$$

그림 8.15 수학 조작 후의 실제 가설 함수

여기서 $h_\theta(x)$는 가설 함수이고, θ^T는 피처 또는 독립 변수의 행렬이며 그 가설 함수의 전치 표현transpose representation인데, 여기서 x는 모든 독립 변수 또는 모든 가능한 피처 세트다. 가설식을 생성하기 위해 로지스틱 함수의 z 값을 θ^Tx로 대체한다.

머신은 가설식을 사용해 실제로 입력 변수 또는 입력 피처와 출력 레이블 간의 매핑을 학습하려고 한다. 이 가설 함수의 해석에 대해 조금 얘기해보자. 클래스 레이블을 예측하는 가장 좋은 방법을 생각해볼 수 있을까? 내가 생각하기에는 확률 개념을 사용해 대상 클래스 레이블을 예측할 수 있다. 우리는 두 클래스에 대한 확률을 생성할 필요가 있으며 어떤 클래스가 높은 확률을 갖든지 피처의 특정 인스턴스에 할당될 것이다. 이진 분류에서 y 또는 대상 클래스의 값은 0 또는 1이다. 확률에 익숙하다면 주어진 확률 방정식을 그림 8.16으로 나타낼 수 있다.

$$\begin{aligned} P(y = 1 \mid x; \theta) &= h_\theta(x) \\ P(y = 0 \mid x; \theta) &= 1 - h_\theta(x) \end{aligned}$$

그림 8.16 확률론적 표현을 이용한 가설 함수의 해석

따라서 확률 P($y = 1 \mid x$; θ)에 잘 모르는 사람은 $y = 1$, 주어진 x, 매개변수 θ에 대한 확률로 읽을 수 있다. 간단히 말하면 이 가설 함수는 대상 출력 1에 대한 확률 값을 생성한다고 말할 수 있는데, 여기서 피처 행렬 x와 매개변수 θ를 제공한 것이다. 우리는 나중에 확률을 생성해야 하는 이유와 각 클래스에 대한 확률 값을 생성할 수 있는 방법에 대해 알아보겠다.

여기서는 로지스틱 회귀를 이해하기 위해 일반적인 접근법의 첫 번째 단계를 완료했다.

로지스틱 회귀에 대한 비용 또는 오차 함수

먼저 비용 함수cost function 또는 오차 함수error function를 알아보자. 비용 함수, 손실 함수 또는 오차 함수는 ML에서 아주 중요한 개념이므로 비용 함수의 정의를 알아야 한다.

비용 함수는 ML 분류기가 얼마나 정확하게 수행하는지 확인하는 데 사용된다. 훈련 데이터세트에는 데이터와 레이블이 있다. 가설 함수를 사용하고 출력을 생성할 때 실제 예측과 얼마나 가까운지를 점검해야 한다. 실제 출력 레이블을 예측하면 가설 함수 출력과 실제 레이블 간의 차이는 0 또는 최소이며, 가설 함수 출력과 실제 레이블이 같지 않으면 둘 간에는 큰 차이가 있다. 이메일의 실제 레이블이 스팸, 즉 1이고 가설 함수도 결과 1을 생성한다면 실제 대상 값과 예측된 출력 값의 차이는 0이므로 예측 오차도 0이다. 예측된 출력이 1이고 실제 출력이 0이면 실제 타깃 콘셉트와 예측 간에 최대 오차가 생긴다. 따라서 우리 예측에는 최소한의 오차가 있는 것이 중요하다. 이것이 오차 함수의 가장 기본적인 개념이다. 우리는 언젠가 수학을 사용할 것이다. 이용 가능한 오차 함수에는 r2 오차, 오차 제곱의 합SSE, sum of squared error 등 여러 가지 타입이 있다. ML 알고리즘과 가설 함수에 따라 오차 함수도 변경된다.

로지스틱 회귀에 대한 오차 함수는 무엇일까? θ란 무엇이며 θ의 값을 선택해야 한다면 어떻게 접근할 수 있을까? 이 질문에 대해 나는 모두 답할 것이다.

여러분에게 선형 회귀에 대한 배경을 알려주겠다. 일반적으로 선형 회귀에서 비용 함수로 오차 또는 잔차residual error[1]에 대한 제곱의 합을 사용한다. 선형 회귀 분석에서는 데이터세트에 가장 잘 맞는 선을 생성하려고 한다. 앞의 예제에서 주어진 키에 대해 체중을 예측해 보자. 먼저 선을 그리고 각 데이터 점에서 선까지의 거리를 측정한다. 이 거리를 제곱하고 더해서 오차 함수를 최소화하려고 한다. 그림 8.17을 참조하자.

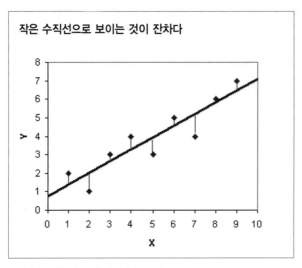

그림 8.17 참고용 오차 제곱의 합 표현

작은 수직선을 사용해 직선에서 각 데이터 점까지의 거리가 나타난 그림을 볼 수 있다. 우리는 이 거리를 제곱한 후 더해 오차 함수를 사용한다. 우리는 직선의 기울기 m과 절편 b에 대해 편미분을 했다. 그림 8.17에서 b는 약 0.9이고 m은 약 2/3이다. 매번 오차를 계산하고 m과 b의 값을 업데이트해 최적의 선을 생성할 수 있다. m과 b를 업데이트하는 과정을 **경사 하강법**이라고 한다. 경사 하강법을 사용해 오차 함수가 최소 오차 값을 갖는 식으로 m과 b를 업데이트해서 가장 잘 맞는 선을 생성할 수 있다. 경사 하강법은 선을 그려야 하는 방향을 알려준다. 9장에서 자세한 예제를 볼 수 있다. 따라서 오차 함수를 정의

---

1 모집단에서 오차가 발생하듯이 표본에서도 오차가 발생한다. 모집단에서의 오차와 구분하기 위해 표본에서의 오차를 '잔여 오차'라고 하며 줄여서 '잔차'라고 한다. - 옮긴이

하고 편미분을 함으로써 오차 또는 비용 함수를 최소화하기 위한 경사 하강법 알고리즘을 적용할 수 있다.

이제 주요 질문으로 되돌아 가보자. 즉 로지스틱 회귀에 오차 함수를 사용할 수 있을까? 함수와 미적분을 잘 알고 있다면 아마도 대답은 '아니오'일 것이다. 그것이 정답이다. 함수와 미적분에 익숙하지 않은 사람들을 위해 이 부분을 설명하겠다.

선형 회귀에서 가설 함수는 선형이기 때문에 오차 제곱의 합을 계산하기는 매우 쉽지만 여기서는 비선형 함수인 시그모이드 함수를 사용한다. 선형 회귀에서 사용한 함수를 적용하면 잘 맞지 않는데, 그 이유는 시그모이드 함수를 가져다가 오차 제곱의 합 함수에 넣고 나서 가능한 모든 값을 시각화하려면 비볼록 곡선non-convex curve이 나온다. 그림 8.18을 보자.

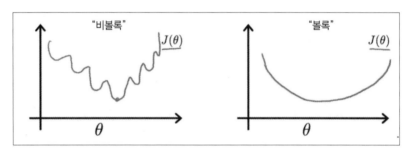

그림 8.18 비볼록과 볼록 곡선(이미지 출처: http://www.yuthon.com/images/non-convex_and_convex_function.png)

ML에서는 대부분 볼록 곡선을 제공할 수 있는 함수를 사용하는데 그 이유는 경사 하강법 알고리즘을 사용해서 오차 함수를 최소화하고 전역 최소점global minimum을 얻을 수 있기 때문이다. 그림 8.18에서 볼 수 있듯이 비볼록 커브에는 부분적으로 여러 개의 최소점이 있으므로, 전역 최소점을 얻으려면 2차 또는 n차 최적화를 적용해야 하기 때문에 전역 최소점을 얻기란 아주 어렵고 시간이 많이 소모된다. 그에 반해 볼록한 곡선을 그리면 확실하고도 빠르게 전역 최소점을 얻을 수 있다.

따라서 시그모이드 함수를 오차 제곱의 합에 끼워 넣으면 비볼록 함수를 얻게 되므로, 선형 회귀에서 사용한 것과 동일한 오차 함수를 정의하지 않겠다.

우리는 경사 하강법 알고리즘을 적용해서 전역 최소점을 생성할 수 있게 볼록한 다른 비용 함수를 정의해야 한다. 여기서는 **우도**likelihood라는 통계 개념을 사용한다. 우도 함수likelihood function를 유도하기 위해 그림 8.16에 주어진 확률 식을 사용하고, 훈련 데이터세트의 모든 데이터 점을 고려한다. 그래서 우도 함수라는 다음 식을 생성할 수 있다. 그림 8.19을 참조하자.

$$
\begin{aligned}
L(\theta) &= p(\vec{y} \mid X; \theta) \\
&= \prod_{i=1}^{m} p(y^{(i)} \mid x^{(i)}; \theta) \\
&= \prod_{i=1}^{m} \left(h_\theta(x^{(i)})\right)^{y^{(i)}} \left(1 - h_\theta(x^{(i)})\right)^{1-y^{(i)}}
\end{aligned}
$$

그림 8.19 로지스틱 회귀에 대한 우도 함수(이미지 출처: http://cs229.stanford.edu/notes/cs229-notes1.pdf)

이제 유도 과정을 단순화하기 위해 우도 함수를 단조 증가 함수로 변환해야 한다. 이 일은 우도 함수에 자연 로그를 취하면 되는데 이를 **로그 우도**log likelihood라고 한다. 이 로그 우도는 로지스틱 회귀에 대한 비용 함수다. 그림 8.20의 식을 보자.

$$
\text{Cost}(h_\theta(x), y) = \begin{cases} -\log(h_\theta(x)) & \text{if } y = 1 \\ -\log(1 - h_\theta(x)) & \text{if } y = 0 \end{cases}
$$

그림 8.20 로지스틱 회귀에 대한 비용 함수

우리는 비용 함수를 그래프로 나타내 우리에게 제공하는 이점을 알아볼 것이다. x축에는 가설 함수를 둔다. 가설 함수 범위는 0에서 1까지이므로 이 두 점을 x축에 놓는다. 첫 번째 경우인 y-1부디 시작히지. 그림 8.21의 왼쪽 위에 생성된 곡선을 볼 수 있다.

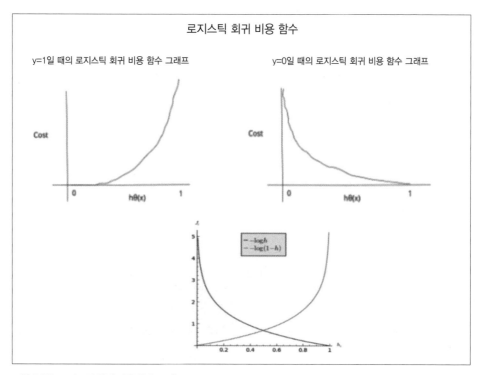

그림 8.21 로지스틱 회귀 비용 함수 그래프

어느 로그 함수 그래프를 보면, y=0의 오차 함수에 대한 그래프처럼 보일 것이다. 여기서 마이너스 부호를 붙여 그 곡선을 뒤집고 나서 y=1 값에 대한 곡선을 얻는다. 그림 8.21에서는 로그 그래프, 그림 8.22에서는 뒤집힌 그래프도 볼 수 있다.

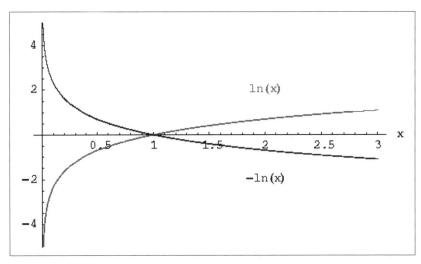

그림 8.22 비용 함수를 더 잘 이해하기 위한 log(x) 및 -log(x) 그래프의 비교(이미지 출처: http://www.sosmath.com/algebra/logs/log4/log42/log422/gl30.gif)

여기서는 0과 1의 값에 관심이 있기 때문에 그림 8.21에 묘사된 그래프의 일부분만을 고려한다. 이 비용 함수에는 흥미롭고 유용한 특성이 있다. 예측된 레이블 또는 후보 레이블이 실제 대상 레이블과 같으면 비용은 0이 된다. 이것을 y=1로 놓고 가설 함수가 $H_\theta(x)$ =1로 예측하면 cost=0이 된다. $H_\theta(x)$가 0으로 가면, 즉 0에 가까울수록 비용 함수는 ∞로 증가한다.

y=0의 경우 그림 8.21의 오른쪽 위에 있는 그래프를 볼 수 있다. 이 경우의 조건은 이전에 본 것과 같은 이점과 특성을 갖는다. 실제 값이 0이고 가설 함수가 1을 예측하면 ∞로 올라간다. 가설 함수가 0을 예측하고 실제 대상도 0이면 cost=0이 된다.

이제 이 비용 함수를 왜 선택하는지 알게 될 것이다. 그 이유는 이 함수를 사용하면 최적화를 손쉽게 해주기 때문인데, 경사 하강법을 실행하는 데 도움이 되는 볼록 곡선을 생성하므로 우리는 최대 로그 우도를 사용한다.

경사 하강법을 적용하려면 θ에 대해 편미분을 하고 그림 8.23에 나온 식을 만들어야 한다.

수렴할 때까지 반복

$$\{$$

$$\theta_j := \theta_j - \alpha \frac{1}{m} \sum_{i=1}^{m} (h_\theta(x^{(i)}) - y^{(i)}) x_j^{(i)}$$

$$\}$$

그림 8.23 경사 하강법을 수행하는 편미분(이미지 출처: http://2.bp.blogspot.com/-ZxJ87cWjPJ8/TtLtwqv0hCI/AAAAAAAAAV0/9FYqcxJ6dNY/s1600/gradient+descent+algorithm+OLS.png)

이 식은 θ의 매개변수 값을 업데이트하는 데 사용된다. 여기서 α는 학습 비율을 정의한다. 알고리즘이 얼마나 빨리 또는 얼마나 느려지는지 설정하는 데 사용할 수 있는 매개변수다. 학습 비율을 너무 높게 설정하면 알고리즘이 학습할 수 없으며, 너무 낮게 설정하면 학습에 많은 시간이 걸린다. 따라서 학습 비율을 현명하게 선택해야 한다.

이것이 우리의 두 번째 요점의 끝이며 이제 세 번째 부분으로 넘어갈 텐데, 그 부분은 구현 부분에 가깝다. 깃허브 링크 https://github.com/jalajthanaki/NLPython/blob/master/ch8/Own_Logistic_Regression/logistic.py에서 확인할 수 있다.

여기에는 로지스틱 회귀가 구현돼 있으므로 scikit-learn 라이브러리에서 주어진 구현과 비교할 수 있다. 여기의 코드 작성자는 해럴드 보겐[Harald Borgen]이다.

우리는 이 알고리즘을 스팸 필터링에 사용한다. 스팸 필터링은 기본 NLP 애플리케이션 중 하나다. 이 알고리즘을 사용해 주어진 메일을 스팸 또는 햄 카테고리로 분류하는 ML 모델을 만들려고 한다. 따라서 스팸 필터링 애플리케이션을 만들어보자. 전체 코드는 깃허브 링크 https://github.com/jalajthanaki/NLPython/blob/master/ch8/Spamflteringapplication/Spam_filtering_logistic_regression.ipynb에 있다.

스팸 필터링에서는 scikit-learn의 CountVectorizer API를 사용해 피처를 생성하고 나서 LogisticRegression을 사용해 훈련시킨다. 그림 8.24에서 부분 코드를 볼 수 있다.

```
# import and instantiate CountVectorizer (with the default parameters)
from sklearn.feature_extraction.text import CountVectorizer
# instantiate the vectorizer
vect = CountVectorizer()
# learn training data vocabulary, then use it to create a document-term matrix
vect.fit(X_train)
X_train_dtm = vect.transform(X_train)
```

```
# equivalently: combine fit and transform into a single step
X_train_dtm = vect.fit_transform(X_train)
```

```
# examine the document-term matrix
X_train_dtm
```

```
<4179x7456 sparse matrix of type '<type 'numpy.int64'>'
        with 55209 stored elements in Compressed Sparse Row format>
```

```
# transform testing data (using fitted vocabulary) into a document-term matrix
X_test_dtm = vect.transform(X_test)
X_test_dtm
```

```
<1393x7456 sparse matrix of type '<type 'numpy.int64'>'
        with 17604 stored elements in Compressed Sparse Row format>
```

```
from sklearn import linear_model
clf = linear_model.LogisticRegression(C=1e5)
```

```
# train the model using X_train_dtm (timing it with an IPython "magic command")
%time clf.fit(X_train_dtm, y_train)
```

```
CPU times: user 32 ms, sys: 0 ns, total: 32 ms
Wall time: 32.2 ms
```

```
LogisticRegression(C=100000.0, class_weight=None, dual=False,
        fit_intercept=True, intercept_scaling=1, max_iter=100,
        multi_class='ovr', n_jobs=1, penalty='l2', random_state=None,
        solver='liblinear', tol=0.0001, verbose=0, warm_start=False)
```

```
# make class predictions for X_test_dtm
y_pred_class = clf.predict(X_test_dtm)
```

그림 8.24 로지스틱 회귀를 이용한 스팸 필터링

먼저 데이터를 이해하는 데 도움이 되는 기본 텍스트 분석을 수행한다. 여기서는 scikit-learn API인 Count Vectorizer( )를 사용해 텍스트 데이터를 벡터 형식으로 변환했다. 이 API는 **용어 빈도-역문서 빈도(tf-idf)**를 바탕으로 사용한다. 우리는 데이터세트를 훈련 데이터세트와 테스팅 세트로 나눴으므로 우리의 분류기 모델이 테스트 데이터세트에서 어떻게 수행되는지를 점검할 수 있다. 그림 8.25에서 그 출력을 볼 수 있다.

```
# calculate accuracy of class predictions
from sklearn import metrics
metrics.accuracy_score(y_test, y_pred_class)
```

```
0.98851399856424982
```

```
# print the confusion matrix
metrics.confusion_matrix(y_test, y_pred_class)
```

```
array([[1205,    3],
       [  13,  172]])
```

```
# print message text for the false positives (ham incorrectly classified as spam)
X_test[y_test < y_pred_class]
```

```
2340    Cheers for the message Zogtorius. I[]ve been st...
4009    Forgot you were working today! Wanna chat, but...
1497    I'm always on yahoo messenger now. Just send t...
Name: message, dtype: object
```

```
# print message text for the false negatives (spam incorrectly classified as ham)
X_test[y_test > y_pred_class]
```

```
1777               Call FREEPHONE 0800 542 0578 now!
763     Urgent Ur £500 guaranteed award is still uncla...
3132    LookAtMe!: Thanks for your purchase of a video...
1875    Would you like to see my XXX pics they are so ...
1893    CALL 09090900040 & LISTEN TO EXTREME DIRTY LIV...
4298    thesmszone.com lets you send free anonymous an...
4394    RECPT 1/3. You have ordered a Ringtone. Your o...
4949    Hi this is Amy, we will be sending you a free ...
761     Romantic Paris. 2 nights, 2 flights from £79 B...
19      England v Macedonia - dont miss the goals/team...
2821    INTERFLORA - []It's not too late to order Inter...
2247    Hi ya babe x u 4goten bout me?' scammers getti...
4514    Money i have won wining number 946 wot do i do...
Name: message, dtype: object
```

그림 8.25 로지스틱 회귀를 이용한 스팸 필터링 출력

로지스틱 회귀의 장점

로지스틱 회귀의 장점은 다음과 같다.

- 비선형 효과를 처리할 수 있다.
- 각 클래스의 확률 점수를 생성할 수 있는데, 이는 해석을 쉽게 해준다.

로지스틱 회귀의 단점

로지스틱 회귀의 단점은 다음과 같다.

- 분류 기법은 이진 분류에만 사용된다. 데이터를 3개 이상의 카테고리로 분류할 경우에는 다른 알고리즘을 사용해야 한다. 데이터를 3개 이상의 카테고리로 분류하려면 랜덤 포레스트 및 의사결정 트리 같은 알고리즘을 사용할 수 있다.

- 많은 피처를 이 알고리즘의 입력으로 제공하면 피처 공간이 늘어나서 이 알고리즘은 제대로 수행되지 않는다.
- 과적합overfitting 가능성이 높은데, 이 말은 분류기가 훈련 데이터세트에서 잘 수행되지만 본 적 없는 데이터에 대해서는 충분히 일반화할 수 없어 올바른 대상 레이블을 예측할 수 없다는 뜻이다.

이제 다음 알고리즘을 알아볼 차례인데, 그것은 의사결정 트리다.

의사결정 트리

의사결정 트리DT, Decision tree는 가장 오래된 ML 알고리즘이다. 이 알고리즘은 매우 간단하면서도 강력하다. 이 알고리즘은 어떤 결정을 내릴 수 있는 트리 구조를 제공한다. 로지스틱 회귀는 이진 분류에 사용되지만, 3개 이상의 클래스가 있으면 의사결정 트리를 사용할 수 있다.

예를 통해서 의사결정 트리를 이해해보자. 크리스는 윈드서핑을 좋아하지만 선호하는 날이 따로 있다. 보통 날씨가 좋고 바람이 부는 날을 좋아하며 비오는 날이나 흐린 날, 또는 바람이 덜 부는 날에는 서핑을 하지 않는다. 그림 8.26을 참조하자.

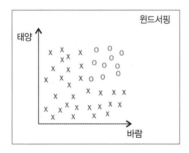

그림 8.26 개념을 이해하기 위한 소형 데이터세트(이미지 출처: https://classroom.udacity.com)

보다시피 크리스가 윈드서핑을 좋아할 때인 O(동그라미)는 행복한 기상 조건이고, 크리스가 서핑을 좋아하지 않을 때인 X(십자표시)는 나쁜 기상 조건이다.

내가 그린 그림은 선형으로 분리할 수 없는데, 이 말은 빨간색 십자표와 파란색 동그라미를 하나의 선을 사용해 분류하거나 구분할 수 없다는 뜻이다. 파란색 동그라미와 빨간색 십자표를 분리하는 것이 목표라면 2개의 선을 사용하면 된다고 생각할 수도 있다. 하지만 한 선으로 파란색 동그라미와 빨간색 십자표를 구분할 수 있을까? 대답은 "아니오"이며, 이것이 이 데이터세트가 선형으로 분리되지 않는다고 말한 이유다. 따라서 이런 종류의 시나리오에서는 의사결정 트리를 사용한다.

의사결정 트리가 실제로 여러분을 위해 무슨 일을 할까? 쉽게 말하면, 의사결정 트리 학습은 실제로 여러 선형 질문linear question과 관련이 있다. 선형 질문이 무슨 뜻인지 알아보자.

"바람이 부는가?"라는 질문이 있다고 하자. 여러분에게는 "예", 또는 "아니오"라는 두 가지 대답이 있다. 바람과 관련된 질문이므로 그림 8.26의 x축에 초점을 맞춰야 한다. 우리의 대답이 "예", 즉 바람이 분다면 빨간색 십자표뿐만 아니라 파란색 동그라미도 있는 오른쪽 영역을 고려해야 한다. 우리의 대답이 "아니오", 즉 바람이 불지 않으면 모두 빨간색 십자표로 돼 있는 왼쪽 영역을 고려해야 한다. 더 잘 이해하기 위해 그림 8.27을 참조하자.

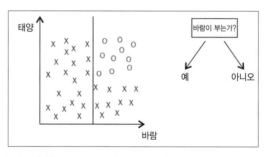

그림 8.27 질문의 표현: 바람이 부는가? (이미지 출처: https://classroom.udacity.com/courses/ud120)

그림 8.27에서 볼 수 있듯이 x축에 중간점을 통과하는 선 하나를 넣었다. 중간점은 대충 정했으며 특별한 이유는 없다. 그냥 검은 선을 하나 그은 것이다. 선의 왼쪽에 있는 빨간색 십자표는 "아니오", 즉 "바람이 없다."를 나타내며 선의 오른쪽에 있는 빨간색 십자표는 "예", 즉 "바람이 분다."를 나타낸다. 선의 왼쪽에는 빨간색 십자표만 있고 파란색 동그라

미는 하나도 없다. "아니오"란 대답을 선택하면 실제로는 "아니오"라고 레이블을 붙인 가지로 이동한 셈이 된다. 왼쪽 영역에는 빨간색 십자표만 있으므로 동일한 클래스에 속한 모든 데이터 점이 빨간색 십자표로 표시되는데, 트리의 그 가지에 대해서는 더 이상 질문이 없다. 이제 "예"라는 대답을 선택하면 오른쪽에 있는 데이터 점에 집중해야 한다. 그 데이터 점에는 파란색 동그라미와 빨간색 십자표라는 두 가지 타입이 있음을 알 수 있다. 따라서 이들을 분류하려면 선으로 형성한 영역에 한 타입만의 데이터 점이 들어가도록 선형 경계를 만들어야 한다. "맑은가?"라는 또 다른 질문으로 이렇게 할 수 있다. 이번에도 "예", 또는 "아니오"라는 두 가지 대답을 할 수 있다. 첫 번째 질문에 대한 대답으로 "예"라는 형태의 가지로 갈라져 나갔다는 점을 기억하라. 따라서 데이터 점 중에서 오른쪽에 초점을 맞추는데, 그 이유는 데이터 점이 빨간색 십자표뿐만 아니라 파란색 동그라미로도 표시되기 때문이다. y축을 태양으로 묘사했으므로 그 축을 보아야 하며, y축의 중간점을 통과하는 선을 그린다면 그 선 위쪽 영역은 "예"라는 대답, 즉 화창한 날을 나타낸다.

선 아래의 모든 데이터 점은 "아니오"라는 대답, 즉 화창한 날이 아닌 것을 나타낸다. 그렇게 선을 그리다가 첫 번째 선과 만날 때 중지하면 오른쪽에 있는 데이터 점을 성공적으로 분리하게 된다. 따라서 선 위의 영역에는 파란색 동그라미만 있고 선 아래 영역에는 빨간색 십자표만 있다. 그림 8.28에서 그 수평선을 볼 수 있다.

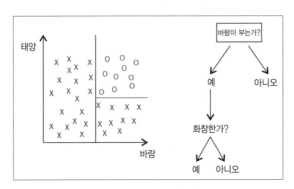

그림 8.28 첫 번째 질문에 바탕을 두고 만든 분류용 회색 선

이어지는 질문이나 선형 질문을 통해 크리스가 서핑하지 않을 때 나타나는 빨간색 십자표와 크리스가 서핑할 때 나타나는 파란색 동그라미를 분류해 낸다는 점을 관찰할 수 있다.

이것은 분류 문제에 대해 의사결정 트리가 어떻게 작동하는지 이해하는 데 도움이 되는 아주 기본적인 사례다. 여기서는 일련의 질문을 하고 여러 선형 경계를 만들어 데이터 점을 분류해서 트리를 만들었다. 숫자가 들어간 예를 하나 들어서 좀 더 명확하게 알아보자. 그림 8.29를 참조하자.

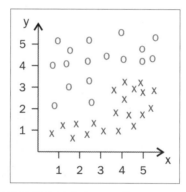

그림 8.29 2D 그래프의 데이터 점 보기(이미지 출처: https://classroom.udacity.com/courses/ud120)

주어진 데이터 점을 볼 수 있다. 먼저 x축부터 시작하자. 이들 데이터 점에 대해 최상의 분할을 얻으려면 x축에서 어느 임계 값을 선택하겠는가? 잠깐 생각해보라! 나는 위치 3에서 x축을 가르는 선을 선택하고 싶다. 그렇게 두 영역이 생겼다. 수학적으로 말하면 주어진 데이터 점, 즉 x<=3과 x>3에 대해 최상의 분할을 선택했다. 그림 8.30을 참조하자.

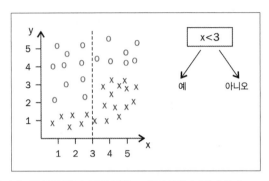

그림 8.30 첫 번째 선형 질문 및 의사결정 경계 그래프 보기(이미지 출처: https://classroom.udacity.com/courses/ud120)

먼저 왼쪽 부분에 초점을 맞춰보자. y축의 어느 값을 선택해 선을 그린다면 한 영역에 하나의 데이터 타입만 들어가겠는가? 하나의 영역에는 한 타입의 데이터세트가 들어가고, 다른 영역에는 다른 타입의 데이터세트가 들어가게 선택할 y축의 임계 값은 무엇인가? 나는 y축에서 위치 2를 지나는 선을 선택할 것이다. 그러면 선 위의 데이터 점은 하나의 클래스에 속하며 선 아래의 데이터 점은 다른 클래스에 속하게 된다. 수학적으로 말하면 y<=2는 하나의 클래스에 들어가고 y>2는 다른 클래스에 들어간다. 그림 8.31을 보자.

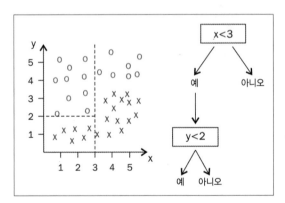

그림 8.31 두 번째 선형 질문 및 의사결정 경계 그래프 보기(이미지 출처: https://classroom.udacity.com/courses/ud120)

이제 오른쪽 부분에 초점을 맞추자. 그 부분에 대해서도 y축과 관련된 임계 값을 선택해야 한다. 여기에서 분리 경계에 대한 최상의 임계 값은 y=4이므로 y<4 영역에는 빨간색 십자표만 있고 y>=4 영역에는 파란색 동그라미만 있다. 마지막으로 일련의 선형 질문을 통해 데이터 점을 분류할 수 있다. 그림 8.32를 참조하자.

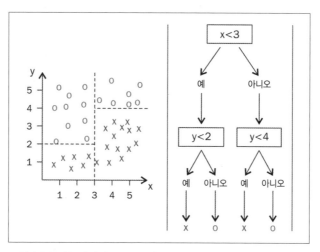

그림 8.32 최종 선형 질문과 의사결정 경계 그래프(이미지 출처: https://classroom.udacity.com/courses/ud120)

이제 알고리즘에 대해 알았겠지만 여러분의 마음 속에 몇 가지 질문이 있을 수 있다. 우리는 선을 그어 시각화했지만 의사결정 트리 알고리즘은 주어진 피처를 사용해 어떻게 데이터 점을 분할하고, 의사결정 경계를 생성하기 위한 최상의 방법을 선택할까? 3개 이상의 피처, 즉 10개의 피처가 있다고 하자. 그러면 의사결정 트리는 처음에 세 번째 피처가 아닌 두 번째 피처를 사용해야 한다는 사실을 어떻게 알 수 있을까? 그래서 나는 의사결정 트리 이면에 있는 수학을 설명함으로써 이 모든 질문에 답할 수 있다. 우리는 NLP 관련 예제를 살펴볼 것이므로 NLP 애플리케이션에서 의사결정 트리가 어떻게 사용되는지를 알 수 있다.

의사결정 트리와 관련된 몇 가지 질문을 하나씩 답하겠다. 시각화를 사용해 선형 경계를 얻었지만 의사결정 트리는 어느 피처, 그리고 어떤 피처 값을 사용해 데이터를 분할해야 하는지를 어떻게 인식할까? 엔트로피entropy라는 수학 용어를 보자. 의사결정 트리에서는 엔트로피 개념을 사용해 데이터를 분할할 위치를 결정한다. 그렇다면 엔트로피를 알아보자. 엔트로피는 트리 가지에 있는 불순물impurity의 측정 값이다. 따라서 트리 가지의 모든 데이터 점이 동일한 클래스에 속하면 엔트로피 E=0이다. 그렇지 않으면 엔트로피 E>0, 그리고 E<=1이다. 엔트로피 E=1인 경우는 트리 가지가 가장 불순하거나 데이터 점이 사용 가능한 모든 클래스 간에 균등하게 나뉘어 있음을 나타낸다. 엔트로피와 불순물의 개념을 이해할 수 있도록 예제를 살펴보자.

우리는 스팸 필터링 애플리케이션을 만들고 있으며 단어와 구 타입이라는 하나의 피처만 있다. 이제 데이터세트에서 또 다른 피처, 즉 나타나는 구의 최소 임계 수를 도입한다. 그림 8.33을 참조하자.

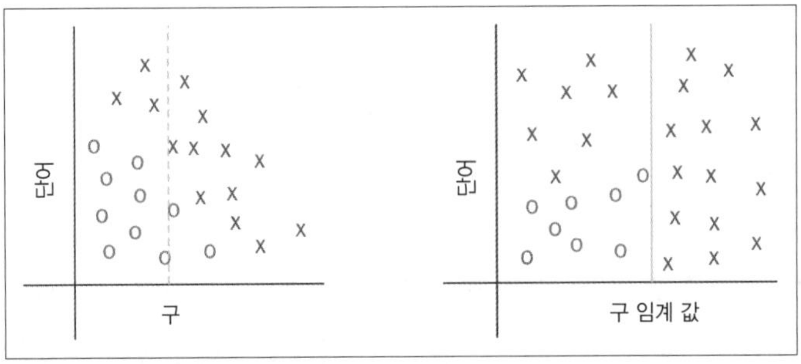

그림 8.33 엔트로피 논의 그래프

이제 오른쪽 그래프에 초점을 맞추자. 이 그래프에서 오른쪽 영역에는 빨간색 십자표로 표시된 한 종류의 데이터 점만 있다. 기술적으로 말하면 모든 데이터 점들은 동일한 클래스에 속하므로 균일homogenous하다. 따라서 불순물이 없고 엔트로피 값은 거의 제로다. 이제 왼쪽 그래프에 초점을 맞추고 그 오른쪽 영역을 보면 다른 클래스 레이블에 속한 데이터 점을 볼 수 있다. 이 영역에는 불순물이 있으므로 엔트로피가 높다. 따라서 의사결정 트리를 구현하는 동안 변수와 함께 분리점을 정의하는 데 사용할 수 있는 변수를 찾아야 한다. 명심해야 할 또 다른 사항은 데이터의 불순물을 최소화해야 한다는 사실이다. 그래서 그에 따라 데이터를 분할해보자. 잠시 후 분할을 하기 위해 변수를 어떻게 선택하는지를 보게 된다.

먼저 엔트로피의 수학식을 보자. 그림 8.34를 참조하자.

$$\text{엔트로피} \;=\; \sum_{i=1}^{T} -p_i \log_2(p_i)$$

그림 8.34 엔트로피 수학식(이미지 출처: http://dni-institute.in/ blogs/wp-content/uploads/2015/08/Entrop.png)

p_i가 무엇인지 보자. 그것은 주어진 클래스의 비율 값이다. i를 클래스라고 하자. T는 사용 가능한 클래스의 총 개수다. 4개의 데이터 점이 있을 때 두 점이 클래스 A에 속하고 다른 두 점이 클래스 B에 속하면 T=2이다. 비율 값으로 로그 값을 생성한 후 합계를 수행한다. 이제 엔트로피에 대한 수학 계산을 수행할 차례이며, 그런 다음 엔트로피를 사용해 변수 또는 피처를 분할하는 방법을 알아본다. 엔트로피를 계산하는 예를 알아보자. 이 예제의 데이터는 그림 8.35에 나와 있다.

단어	구 임계 카운트	구 타입	필터링
긍정적 의미의 단어	3	색다름	Spam
긍정적 의미의 단어	4	색다름	Spam
부정적 의미의 단어	3	보통	Ham
긍정적 의미의 단어	4	보통	Ham

그림 8.35 스팸 필터링 계산을 위한 데이터세트 값

필터링 열을 보면 Spam 값으로 된 2개의 레이블과 Ham 값으로 된 2개의 레이블, 즉 SSHH 가 있다. 이제 다음 질문에 답해보자.

- 총 데이터 행은 몇 개인가? 답은 4개다.
- **필터링** 열에서 데이터 레이블 S가 몇 번 나오는가? 답은 두 번이다.
- **필터링** 열에서 데이터 레이블 H는 몇 번 나오는가? 답은 두 번이다.
- 클래스 레이블 S에 대한 비율 값을 구하려면 다음 식으로 계산해야 한다.
  - p_S = S 발생 수 / 데이터 행의 총 수 = 2 / 4 = 0.5
- 이제 H에 대해서 p를 계산해야 한다.
  - p_H = H 발생 수 / 데이터 행의 총 수 = 2 / 4 = 0.5
- 엔트로피를 구하는 데 필요한 모든 값을 얻었다. 그림 8.34의 식을 참조하자.
  - 엔트로피 = $-p_S * \log_2(p_S) -p_H * \log_2(p_H)$ = $-0.5 * \log_2(0.5)$ $-0.5 * \log_2(0.5)$ = 1.0
- 파이썬의 `math` 모듈을 사용해서 이 계산을 할 수 있다.

보다시피 우리는 엔트로피 E=1을 얻는다. 이것은 가장 불순한 상태다. 여기서 데이터는 사용 가능한 클래스 간에 균등하게 분포된다. 따라서 엔트로피는 데이터 상태에 관해 클래스가 불순한 상태에 있는지를 알려준다.

이제 가장 기다려온 질문을 살펴보겠다. 즉 분할을 수행하는 데 필요한 변수, 또는 사용 중인 피처를 어떻게 알 수 있을까? 이를 알려면 정보 획득information gain을 알아야 한다. 이것은 의사결정 트리 알고리즘의 핵심 개념 중 하나다. 나는 **정보 획득(IG)**에 대한 공식을 다음과 같이 소개한다.

정보 획득(IG) = 엔트로피(부모 노드) − [가중치 평균] 엔트로피(자식)

이제 이 식을 살펴보자. 부모 노드의 엔트로피를 계산하고는 자식의 가중치 엔트로피를 뺀다. 부모 노드에서 분할을 수행하면 의사결정 트리는 정보 이득을 최대화하려고 한다. 의사결정 트리는 IG를 사용해 분할을 수행하는 데 필요한 피처를 선택한다. 이 계산은 사용 가능한 모든 피처에 대해 수행되므로 의사결정 트리는 분할할 위치를 정확히 알게 된다. 그림 8.35를 보자.

우리는 부모 노드에 대한 엔트로피, 즉 E(부모 노드)=1을 계산했다. 이제 단어에 중점을 두고 IG를 계산한다. IG와 함께 단어를 사용해 분할을 수행해야 하는지 점검해보자. 여기서는 단어 열에 초점을 맞춘다. IG의 계산을 이해할 수 있게 나는 다음과 같이 질문에 답한다.

- 긍정적 의미의 단어는 총 얼마나 있는가? 답은 3개다.
- 부정적 의미의 단어는 총 얼마나 있는가? 답은 1개다.
- 따라서 이 가지에서는 엔트로피 E=0이다. 우리는 자식 노드에 대한 가중치 평균 엔트로피를 계산할 때 이 계산을 사용한다

여기서 우리의 의사결정 트리는 그림 8.36에 나타나 있다.

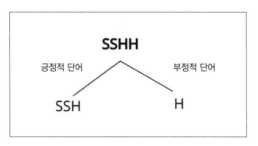

그림 8.36 의사결정 트리의 첫 번째 반복

오른쪽 노드의 경우 엔트로피가 0이어서 해당 가지에 불순물이 없으므로 여기서 멈출 수 있다. 그러나 왼쪽 노드를 살펴보면 SSH 클래스이므로 각 클래스 레이블에 대해 엔트로피를 계산해야 한다. 왼쪽 노드에 대해 다음과 같이 단계별로 수행해보자.

- P_S = 가지에 있는 S 레이블의 수 / 가지에 있는 예제의 전체 수 = 2/3
- P_H = 가지에 있는 H 레이블의 수 / 가지에 있는 예제의 전체 수 = 1/3
- 엔트로피 E = $-2/3 \log_2 (2/3) -1/3 \log_2 (1/3) = 0.918$

다음 단계에서는 자식 노드의 가중치 평균 엔트로피를 계산해야 한다.

그림 8.36에서 보듯이 왼쪽 가지 부분으로 3개의 데이터 점이 있고, 오른쪽 가지로 1개의 데이터 점이 있다. 따라서 값과 식은 다음과 같다.

> 자식의 가중치 평균 엔트로피 = 왼쪽 가지 데이터 점 / 데이터 점의 총 개수 * (그 가지에 있는 자식의 엔트로피) + 오른쪽 가지 데이터 점 / 데이터 점의 총 개수 * (그 가지에 있는 자식의 엔트로피)

> 자식의 가중치 평균 엔트로피 = [가중치 평균] 엔트로피 (자식) = ¾ * 0.918 + ¼ * (0) = 0.6885

이제 IG를 구할 차례다.

> IG = 엔트로피 (부모 노드) − [가중치 평균] 엔트로피 (자식). 여기서 E (부모 노드) = 1와 [가중치 평균] 엔트로피 (자식) = 0.6885은 이미 계산했다.

따라서 최종 계산은 다음과 같다.

> IG = 1 − 0.6885 = 0.3115

카운트 컬럼을 나타낸 구에 초점을 두고 구 카운트 값 3에 대한 엔트로피를 계산해 보는데, 이것은 $E_{three\ (3)}$=1.0이 되고 구 카운트 값 4에 대한 엔트로피는 $E_{four\ (4)}$=1.0이 된다. 이제 [가중치 평균] 엔트로피 (자식)=1.0, IG=1.0 −1.0=0이 된다. 따라서 이 피처의 분할에서 정보를 얻지는 못한다. 그러므로 이 피처를 선택해서는 안 된다.

이제는 **색다른 구**, 또는 **보통 구**라는 구 카테고리를 언급한 구의 열에 초점을 맞춰보자. 이 열을 사용해 데이터 점을 분할하면 한 가지에서 Spam 클래스를 얻고 다른 가지에는 Ham 클래스를 얻는다. 여기서 IG를 계산해 보면 IG=1이 되며, 최대 IG를 얻게 된다. 따라서 우리는 분할에 대해 이 피처를 선택한다. 그림 8.37에서 의사결정 트리를 볼 수 있다.

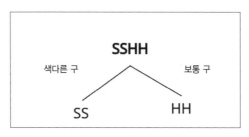

그림 8.37 구 타입 피처를 사용해 생성된 의사결정 트리

많은 수의 피처가 있으면 의사결정 트리는 각 피처에 대해 IG를 계산하고, 최대 IG를 제공하는 피처를 선택해 분할을 수행하기 때문에 아주 느리게 훈련을 수행한다.

이제 의사결정 트리를 사용하는 NLP 애플리케이션을 살펴볼 차례다. 스팸 필터링을 다시 개발하겠지만 이번에는 의사결정 트리를 사용한다.

스팸 필터링 애플리케이션의 알고리즘을 변경해야 하며, 이전에 생성한 것과 동일한 피처 세트를 사용해 스팸 필터링을 위한 의사결정 트리와 로지스틱 회귀의 결과를 비교할 수 있다. 여기서는 scikit-learn의 CountVectorizer API에 의해 생성된 동일한 피처를 사용한다. 해당 코드는 깃허브 링크 https://github.com/jalajthanaki/NLPython/blob/master/ch8/Spamflteringapplication/Spam_filtering_logistic_regression.ipynb에 있다.

그림 8.38에서 부분 코드를 볼 수 있다.

```
# import and instantiate CountVectorizer (with the default parameters)
from sklearn.feature_extraction.text import CountVectorizer
# instantiate the vectorizer
vect = CountVectorizer()
# learn training data vocabulary, then use it to create a document-term matrix
vect.fit(X_train)
X_train_dtm = vect.transform(X_train)
```

```
# equivalently: combine fit and transform into a single step
X_train_dtm = vect.fit_transform(X_train)
```

```
# examine the document-term matrix
X_train_dtm
```

```
<4179x7456 sparse matrix of type '<type 'numpy.int64'>'
        with 55209 stored elements in Compressed Sparse Row format>
```

```
# transform testing data (using fitted vocabulary) into a document-term matrix
X_test_dtm = vect.transform(X_test)
X_test_dtm
```

```
<1393x7456 sparse matrix of type '<type 'numpy.int64'>'
        with 17604 stored elements in Compressed Sparse Row format>
```

```
from sklearn import tree
clf = tree.DecisionTreeClassifier(criterion='entropy')
```

```
# train the model using X_train_dtm (timing it with an IPython "magic command")
%time clf.fit(X_train_dtm, y_train)
```

```
CPU times: user 88 ms, sys: 0 ns, total: 88 ms
Wall time: 89 ms

DecisionTreeClassifier(class_weight=None, criterion='entropy', max_depth=None,
            max_features=None, max_leaf_nodes=None,
            min_impurity_split=1e-07, min_samples_leaf=1,
            min_samples_split=2, min_weight_fraction_leaf=0.0,
            presort=False, random_state=None, splitter='best')
```

```
# make class predictions for X_test_dtm
y_pred_class = clf.predict(X_test_dtm)
```

그림 8.38 의사결정 트리를 사용한 스팸 필터링

그림 8.39에서 그 출력을 볼 수 있다.

```
# make class predictions for X_test_dtm
y_pred_class = clf.predict(X_test_dtm)
```

```
# calculate accuracy of class predictions
from sklearn import metrics
metrics.accuracy_score(y_test, y_pred_class)
```

```
0.97056712132089018
```

```
# print the confusion matrix
metrics.confusion_matrix(y_test, y_pred_class)
```

```
array([[1184,   24],
       [  17,  168]])
```

그림 8.39 의사결정 트리를 사용한 스팸 필터링 출력

보다시피 로지스틱 회귀에 비해 정확성이 낮다. 이제 ML 모델의 정확성을 향상시키는 데 사용할 수 있는 조정 매개변수를 살펴볼 차례다.

튜닝 가능한 매개변수

이 절에서는 튜닝 가능한 scikit-learn에 대해 설명한다. http://scikit-learn.org/stable/modules/generated/sklearn.tree.DecisionTreeClassifier.html#sklearn.tree. DecisionTreeClassifier링크에서 해당 문서를 확인할 수 있다.

다음과 같이 사용 가능한 매개변수를 알아보자.

- scikit-learn에는 하나의 매개변수인 criterion이 있다. 이 매개변수는 entropy 또는 gini로 설정할 수 있다. entropy 또는 gini는 IG를 계산하는 데 사용된다. 그래서 그것은 IG를 계산하기 위해 비슷한 메커니즘을 갖고 있고, 의사결정 트리는 entropy 또는 gini에 의해 주어진 IG 계산을 바탕으로 분할을 수행할 것이다.
- min_sample_size가 있으며 기본값은 2이다. 따라서 의사결정 트리 가지는 가지당 2개 이상의 데이터 점으로 될 때까지 분할된다. 때로는 의사결정 트리가 최대 훈련 데이터에 적합하도록 시도하고 훈련 데이터 점을 과적합하기도 한다. 과적합을 방지하려면 min_sample_size를 2에서 50 또는 60 이상 정도로 늘려야 한다.
- 트리 가지치기 기술을 사용할 수 있는데, 이를 위해 우리는 상향식 접근법을 따른다.

이제 의사결정 트리의 장단점을 살펴보자.

의사결정 트리의 장점

의사결정 트리가 제공하는 장점은 다음과 같다.

- 의사결정 트리는 간단하고 개발하기 쉽다.
- 의사결정 트리는 사람이 쉽게 해석할 수 있으며 화이트박스 알고리즘이다.
- 다양한 시나리오에 대한 최악의 값, 최선의 값, 기대 값을 결정하는 데 도움이 된다.

의사결정 트리의 단점

의사결정 트리의 단점은 다음과 같다.

- 많은 피처가 있으면 의사결정 트리에 과대 적합 문제가 있을 수 있다.
- 훈련하는 동안 전달할 매개변수에 주의해야 한다.

우리는 의사결정 트리의 단점을 알아보았다. 의사결정 트리는 일반적으로 훈련 데이터세트를 과적합시킨다. 우리는 매개변수 튜닝 또는 의사결정 트리 랜덤 포레스트 ML 알고리즘의 변형을 사용해 그 문제를 해결해야 한다. 다음으로는 랜덤 포레스트 알고리즘을 알아본다.

랜덤 포레스트

이 알고리즘은 과적합 문제를 해결하는 의사결정 트리의 변형이다.

랜덤 포레스트random forest는 분류 작업뿐만 아니라 선형 회귀를 개발할 수 있다. 여기서는 분류 작업에 초점을 맞출 것이다. 이 작업은 아주 간단한 트릭을 사용하는데 아주 잘 작동한다. 그 트릭이란 랜덤 포레스트가 투표 메커니즘을 사용해 테스트 결과의 정확성을 높인다는 것이다.

랜덤 포레스트 알고리즘은 훈련 데이터세트로부터 데이터의 무작위 부분집합을 생성하고, 이를 사용해 데이터의 각 부분집합에 대한 의사결정 트리를 생성한다. 이렇게 생성된 모든 트리를 **랜덤 포레스트**라고 한다. 이제 투표 메커니즘을 알아보자. 의사결정 트리가 생성되면 우리는 특정 데이터 점에 대해 각 트리에서 제공하는 클래스 레이블을 점검한다. 3개의 랜덤 포레스트 의사결정 트리를 생성했다고 가정하자. 그중 2개의 트리는 특정 데이터 점이 클래스 A에 속한다고 하고, 세 번째 의사결정 트리는 특정 데이터 점이 클래스 B에 속하는 것으로 예측한다. 이 알고리즘은 상위 투표를 고려해 그 특정 데이터 점에 대해 클래스 레이블 A를 할당한다.

랜덤 포레스트의 경우 분류를 위한 모든 계산은 의사결정 트리와 비슷하다. 약속한 대로 나는 5장에서 제공한 예제를 참조한다. 이 예제는 사용자 정의 POS 태거 예제다. 이 예제에서는 의사결정 트리를 사용했다. 깃허브 링크 https://github.com/jalajthanaki/NLPython/blob/master/ch5/CustomPOStagger/ownpostag.py에 있는 코드를 보라.

예제를 다시 살펴보고 그림 8.40에 나와 있는 피처와 코드를 보자.

```
X, y = transform_to_dataset(training_sentences)
clf = Pipeline([
    ('vectorizer', DictVectorizer(sparse=False)),
    ('classifier', DecisionTreeClassifier(criterion='entropy'))
])

clf.fit(X[:10000],
        y[:10000])  # Use only the first 10K samples if you're running it multiple times. It takes a fair bit :)
```

그림 8.40 사이킷런(scikit-learn)의 의사결정 트리 알고리즘에 대한 부분 코드

랜덤 포레스트의 장점

다음은 랜덤 포레스트의 장점이다.

- 과적합 방지를 도와준다.
- 회귀뿐만 아니라 분류에도 사용할 수 있다.

랜덤 포레스트의 단점

다음은 랜덤 포레스트의 단점이다.

- 랜덤 포레스트 모델은 쉽게 커질 수 있는데, 이 말은 데이터세트의 무작위 부분 집합의 층이 높으면 의사결정 트리가 많이 생긴다는 뜻이다. 그러면 의사결정 트리의 포레스트forest of decision tree라고도 부르는 하나의 트리 그룹을 이루게 되어 많은 메모리를 차지하게 될 것이다.
- 고차원 피처 공간의 경우 트리의 각 노드를 해석하기가 어려운데, 특히 한 포레스트에 높은 층의 트리가 있을 때 그렇다.

이제 다음 ML 알고리즘인 나이브 베이즈를 알아볼 차례다.

나이브 베이즈

이 절에서는 많은 데이터 과학 애플리케이션에서 많이 사용되는 확률론적 알고리즘을 알아본다. 이 알고리즘을 사용해 가장 유명한 NLP 애플리케이션인 감정 분석을 개발하겠지만, 애플리케이션으로 넘어가기에 앞서 나이브 베이즈Naive Bayes 알고리즘이 어떻게 작동하는지 알아보고자 한다. 그럼 시작하자!

나이브 베이즈 ML 알고리즘은 베이즈 정리Bayes theorem를 기반으로 한다. 이 정리에 따르면 우리의 가장 중요한 가정은 사건이 독립이라는 것인데 이것이 나이브naive 가정이라서 이 알고리즘을 **나이브 베이즈**라고 부르게 됐다. 그렇다면 독립 사건을 알아보자. 분류 작업에는 많은 피처가 있다. 나이브 베이즈 알고리즘을 사용하면 분류기에게 제공할 각 피처가 서로 독립적이라고 가정하는데, 이 말은 해당 클래스의 특정 피처 존재가 다른 피처에 영향을 주지 않는다는 뜻이다. 예를 들어보자. 여러분은 "It is very good!" 문장의 감정을 알고 싶다고 하자. 여러분에게는 단어 가방, 형용사 구 등과 같은 피처가 있다. 이들 모든 피처가 서로 종속하거나 다른 피처의 존재 여부에 따라 달라지더라도 이들 피처가 전달하는 모든 특성은 이 문장이 긍정적인 감정을 가질 확률에 독립적으로 기여한다고 보는 것이다. 이런 이유로 우리는 이 알고리즘을 나이브[2]라고 부른다.

이 알고리즘은 아주 간단할 뿐만 아니라 매우 강력하다. 많은 양의 데이터가 있으면 이 알고리즘이 효과적이다. 3개 이상의 클래스를 분류할 수 있으므로 여러 클래스 분류기를 만드는 데 도움이 된다. 이제 나이브 베이즈 알고리즘이 어떻게 작동하는지 알려줄 몇 가지 사항을 살펴본다. 수학과 확률론적 정리를 알아보자.

먼저 베이즈 규칙[Bayes rule]을 알아보자. 아주 간단히 말하면 어떤 사건에 대한 사전 확률[prior probability]을 알고 있으며 테스트 자료에서 같은 사건에 대한 증거를 찾아서 곱한다. 그러면 최종 확률을 유도하는 데 도움이 되는 사후 확률[posterior probability]을 얻게 된다. 세부사항을 알아볼 테니 용어에 대해 걱정하지 말라.

먼저 식을 알아보고 나서 무슨 계산을 해야 하는지 알 수 있게 예를 하나 들어보겠다. 그림 8.41의 식을 보자.

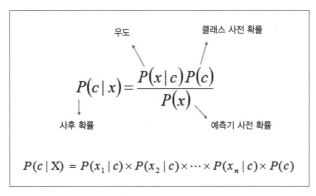

그림 8.41 나이브 베이즈 알고리즘은 베이즈 정리 식을 사용한다(이미지 출처: http://www.saedsayad.com/images/Bayes_rule.png).

---

2 어설프긴 하지만 좋은 결과를 내니까 사용한다는 의미다. – 옮긴이

여기서 P(c|x)는 클래스 c의 확률인데, 클래스 c는 대상이며 x는 피처 또는 데이터 속성이다. P(c)는 클래스 c의 사전 확률이고, P(x|c)는 대상 클래스에 대한 예측기의 확률인 우도 평가estimation of the likelihood이며 P(x)는 예측기의 사전 확률이다.

이 식을 사용해 예제를 계산해보자. 어떤 사람이 암에 걸렸는지 확인하는 검진을 한다고 하자. 특정 타입의 암에 걸린 사람의 사전 확률은 1%라고 하면 P(c)=0.01=1%이므로 P(not c)=0.99=99%가 된다.[3] 암에 걸린 사람이 검진에서 양성으로 나올 확률은 90%라고 한다. 그러면 P(양성 결과|c)=0.9=90%의 사전 확률이 되고, 사람이 암에 걸리지 않더라도 양성 결과가 나올 확률을 10%라고 하면 P(양성 결과|not c)=0.1=10%가 될 것이다.

이제 우리는 그 사람이 정말로 암에 걸렸는지 확진해야 한다. 검진이 양성인데 확진해보니 암에 걸린 사람이었다면, 그 확률은 P(c|양성 결과)로 쓰고, 검진은 양성이었지만 확진해보니 암에 걸리지 않은 사람이었다면, P(not c|양성 결과)로 쓴다. 사후 확률을 알아내려면 이 두 확률을 계산해야 한다. 먼저 다음의 동시 발생 확률을 계산할 필요가 있다.

P(c and 양성 결과) = P(c) * P(양성 결과|c) = 0.01 x 0.9 = 0.009[4]

P(not c and 양성 결과) = P(not c) * P(양성 결과|not c) = 0.99 x 0.1 = 0.099

위의 확률을 **동시 발생 확률**joint probability[5]이라고 한다. 이것은 최종 사후 확률을 알아내는 데 도움이 된다. 사후 확률을 얻으려면 다음과 같이 정규화를 적용해야 한다.

P (양성 결과) = P (c and 양의 결과) + P (not c and 양성 결과) = 0.009 +0.099 = 0.108

이제 실제 사후 확률은 다음과 같다.

---

3 P(not c)는 P(c^c) 또는 P($\sim$c)로 표기하기도 한다. – 옮긴이

4 P(c and 양성 결과)는 P(c $\cap$ 양성 결과)로 표기하기도 한다. – 옮긴이

5 동시 확률, 결합 확률, 교집합 확률이라고도 한다. – 옮긴이

P(c|양성 결과)의 사후 확률 = P(c and 양성 결과) / P(양성 결과) = 0.009 / 0.108 = 0.083333333333

P(not c|양성 결과)의 사후 확률 = P(not c and 양성 결과) / P (양성 결과) = 0.099 / 0.108 = 0.916666666667

사후 확률을 더하면, 즉 P(c|양성 결과)의 사후 확률 + P(not c|양성 결과)의 사후 확률로 하면 1이 되어야 한다. 이 경우에 그 합이 1로 나온다.

계속 수학이 나오므로 이해하기 쉽게 다이어그램을 그려보자. 그림 8.42를 참조하자.

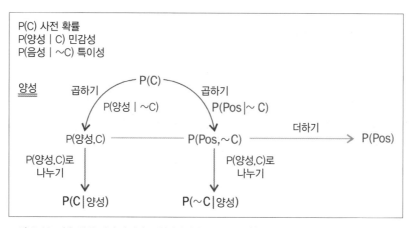

그림 8.42 사후 확률 계산 다이어그램(이미지 출처: https://classroom.udacity.com/courses/ud120/lessons/2254358555/concepts/30144285350923)

우리는 이 개념을 NLP 애플리케이션으로 확장할 것이다. 여기서는 NLP 기반의 기본 예제를 사용한다. 크리스와 사라라는 두 사람이 있다고 하자. 우리는 크리스와 사라의 이메일 세부정보를 갖고 있다. 그들 둘 모두는 life, love, deal 같은 단어를 사용한다. 단순하게 하기 위해 우리는 이들 3개 단어만을 고려한다. 두 사람 모두는 이들 3개 단어를 다른 빈도로 사용한다.

크리스는 자신의 메일에서 love 단어를 1%만 사용하지만, deal 단어를 80%를 사용하며 life는 1%를 사용한다. 한편 사라는 love 단어를 50% 사용하고 deal을 20%, life를 30% 사용한다. 우리가 새 이메일을 확보했을 때 둘 중 누가 썼는지를 알아내야 한다고 하자. P(크리스)=0.5 그리고 P(사라)=0.5의 사전 확률이 있다고 가정한다.

그 메일에는 Life Deal 문장이 있다고 하면 확률 계산은 P(크리스 | "Life Deal") = P(Life) * P(deal) * P(크리스) = 0.04와 P(사라 | "Life Deal") = P(Life) * P(Deal) * P(사라) = 0.03이 된다. 이제 정규화를 적용하고 실제 확률을 생성해 보자. 동시 발생 확률 = P(크리스 | "Life Deal") + P(사라 | "Life Deal") = 0.07로 된다. 다음은 실제 확률 값이다.

P(크리스 | "Life Deal") = 0.04 / 0.07 = 0.57
P(사라 | "Life Deal") = 0.03 / 0.07 = 0.43

따라서 Life Deal 문장은 크리스가 썼을 가능성이 크다. 이것이 예제의 끝이고 이제 실제로 구현할 차례다. 여기서는 가장 유명한 NLP 애플리케이션, 즉 감정 분석을 개발한다. 우리는 텍스트 데이터에 대한 감정 분석을 수행하는데 감정 분석은 인간이 생성한 의견의 텍스트 분석이라고 말할 수 있다. 감정 분석을 통해 고객이 특정 제품이나 이벤트에 대해 생각하고 있는 점을 분석할 수 있다.

감정 분석에 있어서는 단어 가방 접근법을 사용할 것이다. 인공 신경망을 사용할 수도 있지만 기본적으로 기본적이면서도 쉬운 접근법을 설명한다. 깃허브 링크 https://github.com/jalajthanaki/NLPython/blob/master/ch8/sentimentanalysis/sentimentanalysis_NB.py에서 관련 코드를 볼 수 있다.

우리는 사이킷런의 TfidVectorizer API뿐만 아니라 MultinomialNB 나이브 베이즈를 사용한다. 그림 8.43에서 해당 부분 코드를 보자.

```
# Create feature vectors
vectorizer = TfidfVectorizer(min_df=5,
                             max_df = 0.8,
                             sublinear_tf=True,
                             use_idf=True)
train_vectors = vectorizer.fit_transform(train_data)
test_vectors = vectorizer.transform(test_data)

clf = MultinomialNB()
t0 = time.time()
clf.fit(train_vectors, train_labels)
t1 = time.time()
prediction = clf.predict(test_vectors)
t2 = time.time()
time_train = t1-t0
time_predict = t2-t1
```

그림 8.43 나이브 베이즈를 사용한 감정 분석 부분 코드

그림 8.44의 출력을 참조하라.

```
Results for NaiveBayes (MultinomialNB)
Training time: 0.003208s; Prediction time: 0.000266s
              precision    recall  f1-score   support

        neg       0.81      0.92      0.86       100
        pos       0.91      0.78      0.84       100

avg / total       0.86      0.85      0.85       200
```

그림 8.44 나이브 베이즈를 사용한 감정 분석 출력

이제 튜닝 매개변수를 살펴볼 차례다.

튜닝 가능한 매개변수

이 알고리즘의 경우 때로는 스무딩smoothing을 적용해야 한다. 그렇다면 스무딩이란 무엇일까? 아주 간단히 설명하자면 일부 단어로 훈련 데이터를 구성하고 우리 알고리즘은 해당 데이터를 사용해 ML 모델을 생성했다고 하자. 훈련 데이터에 없지만 테스트 데이터에 있는 단어를 ML 모델이 마주친다면 알고리즘은 잘 예측할 수 없다. 우리는 이 상황을 해결해야 한다. 그래서 해결책으로 드문 단어에 대한 확률을 계산하는 것을 의미하는 스무

딩을 적용할 필요가 있는데 이것은 사이킷런에서 튜닝 가능한 매개변수다. 이 매개변수는 그냥 플래그일 뿐이다. 이 플래그를 켜놓으면 스무딩이 수행되고 끄면 스무딩이 적용되지 않는다.

나이브 베이즈의 장점

나이브 베이즈 알고리즘이 제공하는 장점은 다음과 같다.

- 나이브 베이즈 알고리즘을 사용해 고차원의 피처 공간을 다룰 수 있다.
- 3개 이상의 클래스를 분류하는 데 사용할 수 있다.

나이브 베이즈의 단점

나이브 베이즈 알고리즘의 단점은 다음과 같다.

- 각 단어로 구성된 구가 다른 의미를 지닌다면 이 알고리즘은 도움이 되지 않는다. Gujarat Lions라는 구가 있다고 하자. 이 구는 크리켓 팀의 이름이지만 Gujarat는 인도의 주이며 Lions는 동물이다. 따라서 나이브 베이즈 알고리즘은 개별 단어를 가져다가 개별적으로 해석하므로 이 알고리즘은 Gujarat Lions를 올바로 해석할 수 없다.
- 일부 카테고리 데이터가 테스트 데이터세트에만 나타나고 훈련 데이터에는 나타나지 않으면, 나이브 베이즈는 그에 대한 예측을 하지 못한다. 따라서 이런 종류의 문제를 해결하려면 스무딩 기술을 적용할 필요가 있다. 이 점에 관해서는 다음 링크를 읽기 바란다. https://stats.stackexchange.com/questions/108797/in-naive-bayes-why-bother-with-laplacian-smoothing-when-we-have-unknown-words-i
- 이제 마지막 분류 알고리즘인 서포트 벡터 머신support vector machine을 살펴볼 차례다.

서포트 벡터 머신

이것은 8장에서 살펴볼 마지막이지만 중요한 지도 알고리즘이다. 이 알고리즘은 **서포트 벡터 머신**SVM이라고 한다. 이것은 회귀 작업뿐만 아니라 분류 작업에도 사용된다. 이 알고리즘은 다중 클래스 분류 작업에도 사용된다.

SVM은 레이블이 있는 데이터를 가져와서 **초평면**hyperplane이라고 부르는 선을 사용해 데이터 점을 구분해서 분류한다. 목표는 기존 예제뿐만 아니라 본 적 없는 새 예제를 분류하는 데 사용될 최적의 초평면을 얻는 것이다. 최적의 초평면을 얻는 방법은 여기서 우리가 알아볼 내용이다.

최적의 초평면optimal hyperplane이라는 용어를 먼저 알아보자. 우리는 얻은 초평면이 모든 클래스의 가장 가까운 점까지의 거리를 최대화하는 방식으로 초평면을 얻어야 하는데, 이 거리를 **마진**margin이라고 부른다. 여기서는 이진 분류기binary classifier에 대해 이야기하겠다. 마진은 초평면(또는 선)과 두 클래스 중 가장 가까운 점 사이의 거리다. SVM은 마진을 극대화하려고 시도한다. 그림 8.45를 보자.

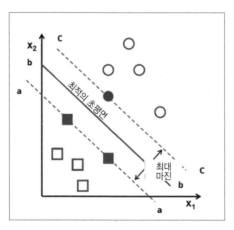

그림 8.45 SVM 분류기의 기본 이미지(이미지 출처: http://docs.opencv. org/2.4/_images/optimal-hyperplane.png)

이 그림에는 3개 선인 a, b, c가 있다. 이제 데이터 점을 가장 잘 구분할 것 같은 선을 선택한다. 나라면 b선을 선택할 텐데 그 이유는 두 클래스로부터 마진을 최대화하기 때문이며 다른 선인 a와 c는 그렇게 하지 못한다.

SVM은 먼저 분류 작업을 완벽하게 수행하고 나서 마진을 최대화하려고 시도한다는 점에 유의하라. 따라서 SVM의 경우에는 분류 작업을 올바르게 수행하는 것이 최우선 과제다. SVM은 선형 초평면linear hyperplane뿐만 아니라 비선형 초평면non-linear hyperplane도 생성할 수 있다. 이면에 숨어 있는 수학을 알아보자.

n 개의 피처가 있다면 SVM을 사용해 n-1 차원 초평면을 그릴 수 있다. 2차원 피처 공간이 있다면 1차원인 초평면을 그릴 수 있다. 3차원 피처 공간이 있다면 2차원 초평면을 그릴 수 있다. 모든 ML 알고리즘에서 우리는 실제로 손실 함수를 최소화하려고 하기 때문에 먼저 SVM의 손실 함수를 정의한다. SVM은 힌지 손실 함수hinge loss function를 사용한다. 우리는 이 손실 함수를 사용해 손실을 최소화하고 초평면의 최대 마진을 얻는다. 힌지 손실 함수식은 다음과 같다.

$$C\,(x, y, f(x)) = (1 - y * f(x))_+$$

여기서 x는 샘플 데이터 점이고, y는 진짜 레이블이고, f(x)는 예측된 레이블이며 C는 손실 함수다. 방정식의 + 부호는 y*f(x)를 계산할 때 >= 1이 나오면 1에서 그 값을 빼고 나서 음수를 취한다는 의미다. 우리는 이것을 원하지 않으므로 그런 사항이 있음을 나타내기 위해 + 기호를 붙인 것이다.

$$C\,(x, y, f(x)) = 0 \qquad if\ y * f(x) >= 0$$
$$= 1 - y * f(x) \quad else$$

이제는 손실 함수를 취하는 목적 함수$^{objective function}$뿐만 아니라 **정규화 항**$^{regularization term}$이라 부르는 람다^{lambda} 항을 정의할 차례다. 이것이 어떤 일을 하는지 알게 될 것이다. 하지만 튜닝 매개변수이기도 하다. 그림 8.46의 수학식을 보자.

$$min_w \ \lambda \parallel w \parallel^2 + \sum_{i=1}^{n} (1 - y_i * f(x_i, w))$$

그림 8.46 정규화 항인 람다가 있는 목적 함수

SVM에는 우리가 다뤄야 할 두 개의 튜닝 매개변수가 있다. 그 항 중 하나는 정규화 항을 나타내는 람다이다. 정규화 항이 너무 높으면 ML 모델이 과적합하므로 본 적 없는 데이터를 일반화할 수 없다. 너무 낮으면 부적합해서^{underfit} 거대한 훈련 오류가 발생한다. 따라서 정규화 항에 대해 정확한 값도 필요하다. 우리는 과적합을 방지할 정규화 항을 다뤄 손실을 최소화해야 한다. 그러므로 이 두 개 항 모두에 대해 편미분을 취한다. 다음은 손실을 최소화하고 정확한 정규화 값을 얻을 수 있도록 경사 하강법 수행에 사용할 수 있는 정규화 항과 손실 함수에 대한 미분이다. 그림 8.47의 편미분식을 참조하자.

$$\frac{\delta}{\delta w_k} \lambda \parallel w \parallel^2 = 2\lambda w_k$$

그림 8.47 정규화 항에 대한 편미분

그림 8.48에서 손실 함수에 대한 편미분을 확인해보자.

$$\frac{\delta}{\delta w_k} \left(1 - y_i \langle x_i, w \rangle\right)_+ = \begin{cases} 0, & \text{if}_{y_i} \langle x_i, w \rangle \geq 1 \\ -y_i x_{ik}, & \text{else} \end{cases}$$

그림 8.48 손실 함수에 대한 편미분

편미분 값을 계산하고 이에 따라 가중치를 업데이트해야 한다. 데이터 점을 잘못 분류하면 다음 식을 사용해 가중치를 업데이트해야 한다. 그림 8.49를 참조하라.

$$y_i \langle x_i, w \rangle < 1$$

그림 8.49 오분류 조건

y가 1보다 작으면 그림 8.50의 식을 사용해야 한다.

$$w = w + \eta \left(y_i x_i - 2\lambda w \right)$$

그림 8.50 오분류 조건에 대해 이 식을 사용하는 가중치 업데이트 규칙

여기서 긴 n 모양은 에타[eta]라고 부르며 학습 비율을 나타낸다. 학습 비율은 알고리즘 실행 속도를 보여주는 튜닝 매개변수다. 이것이 너무 높으면 훈련이 너무 빨리 완료되며 알고리즘이 전역 최소값을 놓치기 때문에 정확한 값이 필요하다. 반면에 너무 느리면 훈련에 너무 많은 시간이 걸리며 전혀 수렴하지 않을 수 있다.

오분류가 발생하면 정규화 항뿐만 아니라 손실 함수도 업데이트해야 한다.

이제 알고리즘이 데이터 점을 올바로 분류하면 어떻게 될까? 이 경우 손실 함수를 업데이트할 필요가 없다. 그림 8.51의 식을 사용해 알 수 있는 정규화 매개변수를 업데이트하면 된다.

$$w = w + \eta \left(-2\lambda w \right)$$

그림 8.51 정규화를 위한 가중치 업데이트

적절한 정규화 값과 전역 최소값이 있으면 SVM의 모든 점을 분류할 수 있다. 이때 마진 값도 최대 값이 된다.

비선형 분류기에 대해 SVM을 사용하려면 커널 트릭kernel trick을 적용해야 한다. 간단히 말해서 커널 트릭은 데이터세트를 분류할 수 있게 낮은 피처 공간을 비선형 속성을 도입한 더 높은 피처 공간으로 변환한다. 그림 8.52의 예를 보자.

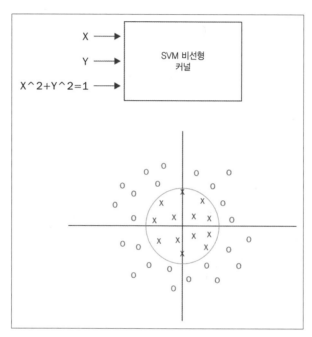

그림 8.52 비선형 SVM 사례

이 데이터를 분류하기 위해 X, Y 피처가 있다. 새로운 비선형 피처인 X2 + Y2를 도입해 데이터를 올바로 분류할 수 있는 초평면을 그릴 수 있다.

이제 SVM 알고리즘을 구현할 차례인데 감정 분석 애플리케이션을 다시 개발할 것이다. 그러나 이번에는 SVM을 사용해 정확성에 어떤 차이가 있는지 알아보겠다. 깃허브 링크 https://github.com/jalajthanaki/NLPython/blob/master/ch8/sentimentanalysis/sentimentanalysis_SVM.py에서 관련 코드를 찾을 수 있다.

그림 8.53에서는 부분 코드를 볼 수 있다.

```python
# Create feature vectors
vectorizer = TfidfVectorizer(min_df=5,
                             max_df = 0.8,
                             sublinear_tf=True,
                             use_idf=True)
train_vectors = vectorizer.fit_transform(train_data)
test_vectors = vectorizer.transform(test_data)

# Perform classification with SVM, kernel=rbf
classifier_rbf = svm.SVC()
t0 = time.time()
classifier_rbf.fit(train_vectors, train_labels)
t1 = time.time()
prediction_rbf = classifier_rbf.predict(test_vectors)
t2 = time.time()
time_rbf_train = t1-t0
time_rbf_predict = t2-t1

# Perform classification with SVM, kernel=linear
classifier_linear = svm.SVC(kernel='linear')
t0 = time.time()
classifier_linear.fit(train_vectors, train_labels)
t1 = time.time()
prediction_linear = classifier_linear.predict(test_vectors)
t2 = time.time()
time_linear_train = t1-t0
time_linear_predict = t2-t1
```

그림 8.53 SVM을 사용한 감정 분석

그림 8.54에서 출력 내용을 볼 수 있다.

```
Results for SVC(kernel=rbf)
Training time: 6.319218s; Prediction time: 0.680047s
                precision    recall  f1-score   support

        neg         0.86      0.75      0.80       100
        pos         0.78      0.88      0.83       100

avg / total         0.82      0.81      0.81       200

Results for SVC(kernel=linear)
Training time: 5.752379s; Prediction time: 0.565493s
                precision    recall  f1-score   support

        neg         0.91      0.92      0.92       100
        pos         0.92      0.91      0.91       100

avg / total         0.92      0.92      0.91       200

Results for LinearSVC()
Training time: 0.034271s; Prediction time: 0.000185s
                precision    recall  f1-score   support

        neg         0.92      0.94      0.93       100
        pos         0.94      0.92      0.93       100

avg / total         0.93      0.93      0.93       200
```

그림 8.54 SVM의 출력

이제 튜닝 매개변수를 살펴볼 차례다.

튜닝 가능한 매개변수

도움이 되는 다음의 SVM 튜닝 매개변수를 확인해보자.

- 사이킷런은 매우 유용한 커널 트릭에 대한 튜닝 매개변수를 제공한다. linear, rbf 등과 같은 다양한 타입의 커널을 사용할 수 있다.
- C와 **감마**gamma라는 다른 매개변수가 있다.
- C는 부드러운 결정 경계와 훈련 점에 대한 올바른 분류 간에 타협을 제어한다. C 값이 클수록 더 올바른 학습점을 얻게 된다.

- 감마는 마진을 설정할 경우 유용할 수 있다. 감마에 대해 높은 값을 설정하면 가까운 데이터 점만을 고려해 결정 경계를 그리게 되고, 감마 값이 낮으면 멀리 떨어진 점도 결정 경계로 고려해서 그 결정 경계가 마진을 최대화할지 여부를 측정한다.

이제 SVM의 장단점을 살펴볼 차례다.

SVM의 장점

다음은 SVM 알고리즘이 제공하는 장점이다.

- 복잡한 데이터세트를 잘 처리한다.
- 멀티 클래스 분류기에 사용될 수 있다.

SVM의 단점

다음은 SVM 알고리즘의 단점이다.

- 훈련 시간이 많이 걸리기 때문에 아주 큰 데이터세트가 있으면 잘 수행되지 않는다.
- 데이터에 쓸모 없는 자료가 많이 있으면 효과적으로 작동하지 않는다.

이것이 지도 ML 알고리즘의 끝이다. 수학과 개념을 많이 배웠는데 더 많이 알아보고 싶으면 다음 연습을 해보기 바란다.

연습

- NLP 분야에서 **K 최근접 이웃**KNN, K-Nearest Neighbor과 그 애플리케이션을 알아보라.
- NLP 분야에서 아다부스트AdaBoost와 그 애플리케이션을 알아보라.

우리는 NLP에서 사용되는 많은 멋진 분류 기술을 다뤘으며 블랙박스 ML 알고리즘을 화이트박스로 변환했다. 이제 알고리즘 내부에서 어떤 일이 일어나는지 알 수 있다. NLP 애플리케이션도 개발했으므로 이제는 비지도 ML로 뛰어들 차례다.

비지도 ML

이것은 머신 러닝 알고리즘의 또 다른 타입이다. 레이블이 붙은 데이터가 하나도 없으면 비지도 머신 러닝 알고리즘을 사용하면 된다. NLP 분야에서는 레이블이 있는 데이터세트를 구할 수 없는 상황이 일반적인데, 그러면 이 타입의 ML 알고리즘이 우리를 구해준다.

여기서는 K 평균 클러스터링K-means clustering이라는 비지도 ML 알고리즘에 대해 설명한다. 이 알고리즘은 많은 애플리케이션을 갖고 있다. 구글은 이런 종류의 비지도 학습 알고리즘을 수많은 제품에 사용했다. 유튜브 동영상에 함께 나타나는 관련 영상은 클러스터링 알고리즘을 사용한다.

다음 이미지를 보면 비지도 ML 알고리즘에서 어떻게 데이터 점이 표현되는지를 알 수 있다. 그림 8.55를 보자.

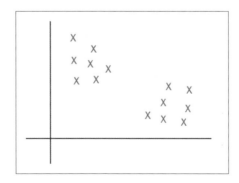

그림 8.55 비지도 ML 알고리즘에서 데이터 점의 일반적인 표현

그림 8.55에서 볼 수 있듯이 데이터 점에는 연관된 레이블이 없지만 시각적으로 보면 그룹, 또는 클러스터가 형성돼 있음을 알 수 있다. 우리는 실제로 비지도 ML 알고리즘을 사용해 데이터의 구조를 파악해서 본 적 없는 데이터 점에 대해 유익한 통찰력을 얻을 수 있게 한다.

여기서는 k 평균 클러스터링 알고리즘을 살펴보고 NLP 분야와 관련된 문서 분류 예제를 개발한다. 이제 시작하자!

k-평균 클러스터링

이 절에서는 k 평균 클러스터링 알고리즘에 대해 논의한다. 먼저 알고리즘을 알아볼 것이다. k 평균 클러스터링은 반복적인 정제 기술을 사용한다.

k 평균 알고리즘에 대한 몇 가지 기본 사항을 알아보자. k는 생성할 클러스터 수를 나타낸다. 임의의 점을 선택하고 그 점에 중심을 놓을 수 있다. k 평균 클러스터링에서 중심의 수는 k 값보다 크지 않은데, 이 말은 클러스터 값 k보다 크지 않다는 뜻이다.

이 알고리즘은 다음 두 단계를 반복해야 한다.

1. 첫 번째 단계는 중심을 지정하는 것이다.
2. 두 번째 단계는 최적화 단계를 계산하는 것이다.

k 평균의 단계를 이해하기 위해 예제를 살펴보겠다. 그에 앞서 k 평균에 대해 잘 이해할 수 있는 https://github.com/jalajthanaki/NLPython/blob/master/ch8/K_means_clustering/K-means_convergence.gif 링크의 애니메이션 이미지를 보기 바란다.

이제 예를 들어보자. 표에 5개의 데이터 점이 있으며 이 데이터 점을 2개의 클러스터로 그룹화하려면 k=2이다. 그림 8.56을 참조하라.

데이터 점	X	Y
A	1	1
B	1	0
C	0	2
D	2	4
E	3	5

그림 8.56 계산을 위한 k 평균 클러스터링 데이터 점

중심 할당을 위해서 점 A(1,1)과 점 C (0,2)를 선택했다. 이것이 할당 단계의 끝이다. 이제 최적화 단계를 알아보자.

우리는 모든 점에서 이 중심까지의 유클리드 거리를 계산한다. 유클리드 거리 공식은 그림 8.57에 나와 있다.

$$\sqrt{\sum_{i=0}^{n}\left(Xi - X\ mean\right)^2 + \left(Yi - Y\ mean\right)^2}$$

그림 8.57 k 평균 클러스터링 알고리즘의 유클리드 거리

매번 중심에서 유클리드 거리를 계산해야 한다. 계산을 확인해보자. 시작 중심 평균은 C_1=(1,1)과 C_2=(0,2)이다. 여기서는 두 개의 클러스터를 만드는데 그것이 우리가 두 개의 중심을 잡는 이유다.

반복 1

점 A=(1,1)의 경우:

C_1 = (1,1)이므로 ED = 제곱근 $((1-1)^2 + (1-1)^2)$ = 0

C_2 = (0,2)이므로 ED = 제곱근 $((1-0)^2 + (1-2)^2)$ = 1.41

여기서 $C_1 < C_2$이므로 점 A는 클러스터 1에 속한다.

점 B = (1,0)의 경우:

$C_1 = (1,1)$이므로 ED = 제곱근 $((1-1)^2 + (0-1)^2) = 1$

$C_2 = (0,2)$ 그래서 ED = 제곱근 $((1-0)^2 + (0-2)^2) = 2.23$

여기서 $C_1 < C_2$이므로 점 B는 클러스터 1에 속한다.

점 C = (0,2)의 경우:

$C_1 = (1,1)$이므로 ED = 제곱근 $((0-1)^2 + (2-1)^2) = 1.41$

$C_2 = (0,2)$이므로 ED = 제곱근 $((0-0)^2 + (2-2)^2) = 0$

여기서 $C_1 > C_2$이므로 점 C는 클러스터 2에 속한다.

점 D = (2,4)의 경우:

$C_1 = (1,1)$이므로 ED = 제곱근 $((2-1)^2 + (4-1)^2) = 3.16$

$C_2 = (0,2)$이므로 ED = 제곱근 $((2-0)^2 + (4-2)^2) = 2.82$

여기서 $C_1 > C_2$이므로 점 C는 클러스터 2에 속한다.

점 E = (3,5)의 경우:

$C_1 = (1,1)$이므로 ED = 제곱근 $((3-1)^2 + (5-1)^2) = 4.47$

$C_2 = (0,2)$이므로 ED = 제곱근 $((3-0)^2 + (5-2)^2) = 4.24$

여기서 $C_1 > C_2$이므로 지점 C는 클러스터 2에 속한다.

첫 번째 반복 후에 우리 클러스터는 다음과 같이 보인다. 클러스터 C_1에는 점 A와 B가 들어가고 C_2에는 점 C, D, E가 들어간다. 따라서 다음과 같이 새로운 클러스터 점에 대해서는 중심 평균 값을 다시 계산해야 한다.

$C_{1x} = (X_A + X_B) / 2 = (1+1) / 2 = 1$
$C_{1y} = (Y_A + Y_B) / 2 = (1+0) / 2 = 0.5$

그래서 새로운 $C_1 = (1,0.5)$을 얻는다.

$$C_{2x} = (X_C + X_D + X_E) / 3 = (0+2+3) / 3 = 1.66$$
$$C_{2y} = (Y_C + Y_D + Y_E) / 3 = (2+4+5) / 3 = 3.66$$

따라서 새로운 C_2 = (1.66,3.66)를 얻는다.

반복 1과 같은 방식으로 모든 계산을 다시 수행해야 한다. 따라서 다음과 같은 값을 얻게 된다.

반복 2

점 A = (1,1)의 경우:

C_1 = (1,0.5)이므로 ED = 제곱근 $((1-1)^2 + (1-0.5)^2)$ = 0.5

C_2 = (1.66,3.66)이므로 ED = 제곱근 $((1-1.66)^2 + (1-3.66)^2)$ = 2.78

여기서 $C_1 < C_2$이므로 점 A는 클러스터 1에 속한다.

점 B = (1,0)의 경우:

C_1 = (1,0.5)이므로 ED = 제곱근 $((1-1)^2 + (0-0.5) 2)$ = 1

C_2 = (1.66,3.66)이므로 ED = 제곱근 $((1-1.66)^2 + (0-3.66)^2)$ = 3.76

여기서 $C_1 < C_2$이므로 점 B는 클러스터 1에 속한다.

포인트 C = (0,2)의 경우:

C_1 = (1,0.5)이므로 ED = 제곱근 $((0-1)^2 + (2-0.5)^2)$ = 1.8

C_2 = (1.66, 3.66)이므로 ED = 제곱근 $((0-1.66)^2 + 2-3.66)^2)$ = 2.4

여기서 $C_1 < C_2$이므로 점 C는 클러스터 1에 속한다.

점 D = (2,4)의 경우:

C_1 = (1,0.5)이므로 ED = 제곱근 $((2-1)^2 + (4-0.5)^2)$ = 3.6

C_2 = (1.66,3.66)이므로 ED = 제곱근 $((2-1.66)^2 + (4-3.66)^2)$ = 0.5

여기에서 $C_1 > C_2$이므로 점 C는 클러스터 2에 속한다.

점 E = (3,5)의 경우:

C_1 = (1,0.5)이므로 ED = 제곱근 ((3−1)² + (5−0.5)²) = 4.9

C_2 = (1.66,3.66)이므로 ED = 제곱근 ((3−1.66)² + (5−3.66)²) = 1.9

여기에서 C_1>C_2이므로 지점 C는 클러스터 2에 속한다.

두 번째 반복 후에, 우리 클러스터는 다음과 같이 보인다. 즉 C_1에는 점 A, B, C가 들어가고 C_2에는 점 D와 E가 들어간다.

C_{1x} = (X_A + X_B + X_C) / 3 = (1+1+0) / 3 = 0.7

C_{1y} = (Y_A + Y_B + Y_C) / 3 = (1+0+2) / 3 = 1

그래서 새로운 C_1 = (0.7,1)을 얻는다.

C_{2x} = (X_D + X_E) / 2 = (2+3) / 2 = 2.5

C_{2y} = (Y_D + Y_E) / 2 = (4+5) / 2 = 4.5

그래서 새로운 C_2 = (2.5,4.5)을 얻는다.

클러스터가 변경되지 않을 때까지 반복해야 한다. 이것이 이 알고리즘을 **반복 알고리즘**iterative algorithm이라고 부르는 이유다. 이것이 k 평균 클러스터링 알고리즘에 대한 즉흥적인 느낌이다. 이제 문서 분류 애플리케이션의 실용적인 예를 살펴보자.

문서 클러스터링

문서 클러스터링document clustering은 추천 시스템을 도와준다. 연구 논문이 많이 있는데 태그가 없다고 가정해보자. 문서에 나타나는 단어에 따라 클러스터를 형성하는 데 도움이 되는 k 평균 클러스터링 알고리즘을 사용할 수 있다. 뉴스 카테고리화하는 애플리케이션도 만들 수 있다. 같은 카테고리의 모든 뉴스는 함께 묶여야 한다. 스포츠 뉴스 같은 상위 집합 카테고리를 두고 이 스포츠 뉴스 카테고리에 크리켓, 축구 등에 관한 뉴스를 포함시킨다.

여기서는 영화를 5개의 장르로 카테고리화한다. 다음 코드 작성자는 브랜든 로즈[Brandon Rose]다. 깃허브 링크 https://github.com/jalajthanaki/NLPython/blob/master/ch8/K_means_clustering/K-mean_clustering.ipynb에서 해당 코드를 확인할 수 있다.

그림 8.58의 부분 코드를 참조하자.

```python
from sklearn.cluster import KMeans
num_clusters = 5
km = KMeans(n_clusters=num_clusters)
%time km.fit(tfidf_matrix)
clusters = km.labels_.tolist()
```

그림 8.58 K 평균 알고리즘의 짧은 부분 코드

그림 8.59의 출력을 참조하라.

```
Top terms per cluster:


Cluster 0 words: family, home, mother, war, house, dies,


Cluster 0 titles: Schindler's List, One Flew Over the Cuckoo's Nest, Gone with the Wind, The Wizard of Oz, Titanic, Forrest Gump, E.T.
the Extra-Terrestrial, The Silence of the Lambs, Gandhi, A Streetcar Named Desire, The Best Years of Our Lives, My Fair Lady,
Ben-Hur, Doctor Zhivago, The Pianist, The Exorcist, Out of Africa, Good Will Hunting, Terms of Endearment, Giant, The Grapes of
Wrath, Close Encounters of the Third Kind, The Graduate, Stagecoach, Wuthering Heights,


Cluster 1 words: police, car, killed, murders, driving, house,
```

그림 8.59 k 평균 클러스터링의 출력

계층적 클러스터링에 대해서는 링크 http://brandonrose.org/clustering를 참조하자.

k 평균 클러스터링의 장점

다음은 k 평균 클러스터링이 제공하는 장점이다.

- NLP 애플리케이션에 있어서 매우 간단한 알고리즘이다.
- 태그가 있는 데이터나 결과 레이블이 필요 없기 때문에 주요 문제가 해결되므로, 이 알고리즘을 태그 없는 데이터에 사용할 수 있다

k 평균 클러스터링의 단점

k 평균 클러스터링의 단점은 다음과 같다.

- 클러스터 중심의 초기화는 정말 중요한 부분이다. 3개의 클러스터가 있는데 2개의 중심을 같은 클러스터에 넣고 1개의 중심을 다른 하나의 클러스터에 넣는다고 하자. k 평균 클러스터링은 클러스터의 모든 데이터 점에 대해 유클리드 거리를 최소화해 안정시킬 것이므로, 사실 하나의 클러스터에 2개의 중심이 있고 세 번째 클러스터에 1개의 중심이 있는 셈이다. 따라서 2개의 클러스터만 존재하게 된다. 이를 클러스터링에서의 **극소점**local minimum 문제라고 한다.

이것이 비지도 학습 알고리즘의 끝이다. 여기서는 k 평균 클러스터링 알고리즘에 대해 학습하고 문서 분류 애플리케이션을 개발했다. 이 기술에 대해 더 알고 싶으면 다음 연습을 수행하라.

연습

NLP 분야에서 계층적 클러스터링과 그 애플리케이션을 알아둬야 한다.

다음 절은 아주 흥미롭다. 준지도 머신 러닝 기술을 살펴볼 텐데, 여기서는 그 개요를 알게 될 것이다. 이 기술을 알아보자.

준지도 ML

준지도 ML 또는 **준지도 학습**SSL, semi-supervised learning은 기본적으로 데이터세트의 일부 데이터를 타깃 콘셉트, 또는 대상 레이블이 있는 훈련 데이터세트가 있고, 다른 부분의 데이터에는 레이블이 없는 경우에 사용된다. 이런 종류의 데이터세트를 갖고 있다면 준지도 ML 알고리즘을 적용할 수 있다. 즉 레이블이 있는 데이터 양이 아주 적고 레이블이 없는 데이터의 양이 많으면 준지도 기술을 사용할 수 있다. 현지 언어(영어 제외)용 NLP 도구를 만들려는데 레이블이 있는 데이터가 아주 적다면 준지도 방식을 사용하면 된다. 이 접근 방식에서는 레이블이 있는 데이터를 사용해서 ML 모델을 생성하는 분류기를 사용한다. 이 ML 모델은 레이블이 없는 데이터세트에 대해 레이블을 생성하는데 사용되며, 분류기는 레이블이 없는 데이터세트에 대해 높은 신뢰도 예측에 사용된다. 적절한 분류기 알고리즘을 사용해 레이블이 있는 데이터를 분류할 수 있다.

준지도 기술은 주요 연구 영역인데, 특히 NLP 애플리케이션에 대해서 그렇다. 작년 구글 연구소는 다음과 같이 그래프 기반의 준지도 기술을 개발했다.

https://research.googleblog.com/2016/10/graph-powered-machine-learning-at-google.html

 더 잘 이해하기 위해 여기에 제시한 흥미로운 내용을 읽는 것도 좋다.
- https://medium.com/@jrodthoughts/google-expander-and-the-emergence-of-semi-supervised-learning-1919592bfc49
- https://arxiv.org/ftp/arxiv/papers/1511/1511.06833.pdf
- http://www.aclweb.org/anthology/W09-2208
- http://cogprints.org/5859/1/Thesis-David-Nadeau.pdf
- https://www.cmpe.boun.edu.tr/~ozgur/papers/896_Paper.pdf
- http://graph-ssl.wdfiles.com/local--files/blog%3A_start/graph_ssl_acl12_tutorial_slides_final.pdf

연구에 관심이 있는 사람이라면 모든 NLP 애플리케이션을 위한 새로운 SSL 기술을 개발할 수 있다.

이제 ML 알고리즘 절을 완료했다. 하지만 알아야 할 몇 가지 중요한 점이 남아있다. 이들 중요 개념을 알아보자.

기타 중요 개념

이 절에서는 ML 알고리즘을 사용해 데이터세트에 대한 훈련을 어떻게 진행할지, 생성된 ML 모델이 본 적 없는 시나리오를 일반화할 수 있는지, ML 모델이 본 적 없는 시나리오를 제대로 일반화할 수 없다면 어떤 표시로 남길지에 대한 개념을 살펴본다. 이러한 상황을 감지하면 어떤 단계를 거쳐야 할까? NLP 애플리케이션에 널리 사용되는 평가 행렬은 무엇일까?

그렇다면 이 모든 질문에 대한 답을 찾아보자. 다음 주제를 다루게 되며, 우리는 하나씩 모두 살펴볼 것이다.

- 편향 분산 트레이드오프
- 부적합
- 과적합
- 평가 행렬

편향 분산 트레이드오프

여기에서는 편향 분산 트레이드오프Bias-variance trade-off에 대한 높은 수준의 아이디어를 살펴본다. 각 용어를 하나씩 알아보자.

먼저 편향bias 용어를 알아보자. ML 알고리즘을 사용해 훈련을 수행해 생성된 ML 모델이 훈련 반복의 첫 번째 과정에서 똑같이 수행된다면 ML 알고리즘의 편향이 높다는 사실을 즉시 인식할 수 있다. 이 상황에서 ML 알고리즘은 주어진 데이터로부터 배울 게 없으므로 ML 알고리즘이 학습할 만한 새 것을 배우지 못할 것이다. 즉 알고리즘의 편향이 너무 높으면 결국 학습이 중단된다. 감정 분석 애플리케이션을 만들고 ML 모델을 제출했다고 하자. 이제 ML 모델의 현재 정확성에 만족하지 않고 모델을 개선하고자 한다. 몇 가지 새 기능을 추가하고 일부 알고리즘 매개변수를 변경해 훈련시킬 것이다. 이렇게 새로 생성된 모델은 잘 수행하지 못하거나 테스트 데이터에서 다르게 수행되며, 이는 높은 편향이 있을 수 있다는 표시다. ML 알고리즘은 예상대로 수렴되지 않으므로 여러분은 ML 모델 결과를 개선시킬 수 있다.

두 번째 용어인 분산variance을 알아보자. 어떤 ML 알고리즘을 사용해 모델을 훈련시키면 훈련의 정확성이 아주 높아진다는 점을 알 수 있다. 하지만 동일한 ML 모델을 본 적 없는 테스트 데이터세트에 적용해서 출력을 생성해보면 ML 모델이 제대로 작동하지 않는 경우가 있다. 이런 상황, 즉 훈련 정확성은 아주 좋지만 ML 모델이 본 적 없는 데이터에 잘 판단하지 못하는 상황을 **높은 분산**high variance 상황이라고 한다. 따라서 그 ML 모델은 그저 훈련 데이터로 본 적 있는 출력이나 예측을 복제할 뿐이며, 본 적 없는 상황을 일반화할 수 있는 충분한 편향은 갖추지 못한다. 다른 말로 하면 여러분의 ML 알고리즘은 각 훈련 예제를 기억하려고 하고 결국에는 테스트 데이터세트에 대해 그 출력을 모방할 뿐이라고 말할 수 있다. 높은 분산 문제가 있으면 여러분의 모델은 특정 카테고리에 있는 데이터세트의 모든 예를 일일이 분류하고 한다. 이런 상황은 과적합이 돼 버린다. 과적합이 무엇인지 설명할 테니 걱정하지 말라! 곧 알게 될 것이다.

이전의 나쁜 상황을 모두 극복하려면 중간에 놓을 무언가가 필요한데, 이 말은 높은 편향과 높은 분산이 없다는 뜻이다. ML 알고리즘에 대해 가장 좋은 편향과 최선의 분산을 생성하는 기술을 사용하면 최적의 ML 모델이 될 것이다. 여러분의 ML 모델은 완벽하지 않을 수도 있지만 최고의 편향 분산 트레이드오프를 만들어야 한다.

다음 절에서는 부적합underfitting과 과적합overfitting 개념뿐만 아니라 이런 높은 편향과 높은 분산 상황을 제거할 트릭을 배운다.

부적합

이 절에서는 부적합이라는 용어에 대해 논의한다. 부적합은 무엇이고 편향 분산 트레이드 오프와 어떻게 관련이 있을까?

ML 알고리즘을 사용해 데이터를 훈련시키고 높은 훈련 오차를 얻는다고 하자. 그림 8.60을 참조하자.

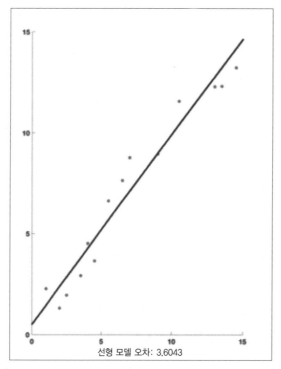

선형 모델 오차: 3.6043

그림 8.60 높은 훈련 오차를 나타내는 그래프(이미지 출처: http://www.learnopencv.com/ wp-content/uploads/2017/02/bias-variance-tradeoff.png)

매우 높은 훈련 오차를 얻은 위의 상황을 **부적합**underfitting이라고 부른다. ML 알고리즘은 훈련 데이터에서 제대로 수행할 수 없다. 이제 선형 결정 경계 대신에 고차 다항식을 시도할 차례다. 그림 8.61을 참조하자.

424

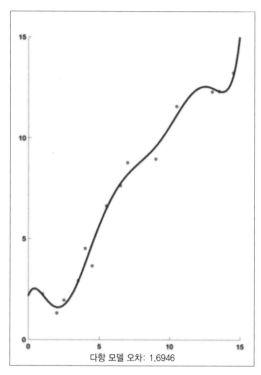

그림 8.61 높은 편향 상황(이미지 출처: http://www.learnopencv.com/wp-content/uploads/2017/02/bias-variance-tradeoff.png)

이 그래프에는 아주 구불구불한 선이 있으므로 훈련 데이터에서 잘 수행할 수 없다. 다르게 말하면 이전 반복과 같게 수행할 거라고 말할 수 있다. 이것은 이 ML 모델이 높은 편향을 갖고 있으며 새로운 것을 배우지 않음을 보여준다.

과적합

이 절에서는 과적합이라는 용어를 살펴본다. 나는 앞부분에서 분산을 설명할 때 여러분에게 이 용어를 설명했었다. 이제 과적합을 설명할 차례이며, 그것을 설명하기 위해 예제를 하나 들어보자.

데이터세트가 하나 있어서 2차원 평면에 모든 데이터 점을 찍는다고 하자. 이제 우리는 데이터 분류를 시도할 것이고, ML 알고리즘은 데이터를 분류하기 위해 결정 경계를 그린다. 그림 8.62를 보자.

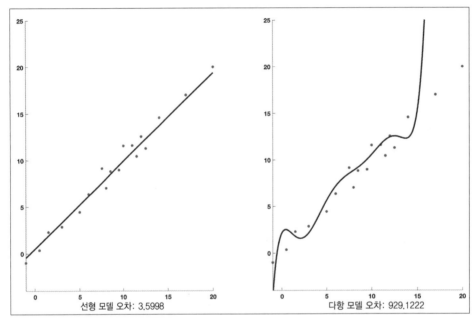

그림 8.62 과적합과 분산(이미지 출처: http://www.learnopencv.com/wp-content/uploads/2017/02/bias-variance-tradeoff-test-error.png)

왼쪽 그래프를 보면 결정 경계로 사용된 선형 선$^{linear\ line}$이 있다. 이제 이 그래프는 훈련 오차를 보여주기 때문에 두 번째 반복에서 매개변수를 튜닝하면 훈련의 정확성이 아주 높아진다. 오른쪽 그래프를 보자. 여러분은 테스트 데이터에 대해서도 테스트 정확성을 얻을 수 있기를 희망하지만, ML 모델은 테스트 데이터 예측에는 정말로 안 좋다. 따라서 어떤 알고리즘이 훈련 정확성은 좋지만 테스트 데이터에서 잘 수행하지 못하는 이런 상황을 **과적합**이라고 한다. 이것은 ML 모델의 분산이 높아서 본 적 없는 데이터를 일반화할 수 없는 상황이다.

부적합과 과적합을 알게 됐는데 이런 상황을 방지할 수 있는 경험 법칙이 존재한다. 다음과 같이 훈련 데이터를 항상 세 부분으로 나누자.

- 데이터세트의 60%는 훈련 데이터세트로 고려해야 한다.
- 데이터세트의 20%는 유효성 검사 데이터세트, 또는 개발 데이터세트로 고려해야 한다. 이는 예상치 못한 내용을 캡처해서 이에 따라 알고리즘을 변경할 수 있게 중간 알고리즘의 정확성을 높이는 데 유용할 것이다.
- 최종 정확성을 보고하기 위해 데이터세트의 20%는 따로 유지해야 하며 이것이 테스트 데이터세트가 될 것이다

k겹 교차 검증(k-fold cross validation)도 적용해야 한다. k는 검증이 필요한 횟수를 나타낸다. 우리는 이것을 3으로 설정한다고 하자. 즉 훈련 데이터를 세 부분으로 나눈다. 훈련 알고리즘의 첫 번째 타임스탬프에서는 두 부분을 사용해 한 부분에서 테스트하므로 기술적으로 66.66%로 훈련되고 33.34%에서 테스트된다. 그런 다음 두 번째 타임스탬프에서 ML 알고리즘은 한 부분을 사용해 두 부분에 대한 테스트를 수행하고, 마지막 타임스탬프에서는 전체 데이터세트를 사용해 훈련뿐만 아니라 테스트를 수행한다. 3번의 타임스탬프가 끝나면 평균 오차를 계산해 최상의 모델을 찾는다. 일반적으로 합리적인 양의 데이터세트의 경우 k는 10이 돼야 한다.

ML 모델에 대해 100%의 정확성을 가질 수는 없는데, 그 이유는 입력 데이터에 실제로 제거할 수 없는 노이즈noise가 있기 때문이며 이 노이즈를 **줄일 수 없는 오차**irreducible error라고 부른다.

ML 알고리즘에서의 최종 오차식은 다음과 같다.

총 오차 = 편향 + 분산 + 줄일 수 없는 오차

줄일 수 없는 오차는 정말 제거할 수 없기 때문에 편향과 분산에 집중해야 한다. 그림 8.63을 참조하는데, 이 그림은 편향과 분산의 타협을 어떻게 처리하는지 보여준다.

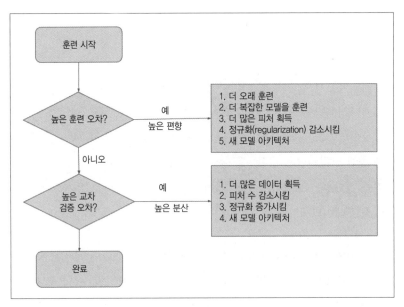

그림 8.63 높은 편향 또는 높은 분산 상황을 제거하는 단계(이미지 출처: http://www.learnopencv.com/wp-content/uploads/2017/02/Machine-Learning-Workflow.png)

ML에 대해 충분히 알아봤으므로 평가 행렬을 살펴볼 텐데, 이는 아주 유용하다.

평가 행렬

우리 코드의 경우 ML 모델을 평가할 때 정확성을 점검하지만, 어떤 속성이 중요한 역할을 하는지 알지 못한다. 여기서는 NLP 애플리케이션에 널리 사용되는 행렬을 고려해본다.

이 평가 행렬evaluation matrix은 F1 점수F1 score, 또는 F 측정F-measure이라고 부른다. 이것에는 세 개의 주요 컴포넌트가 있다. 이에 앞서 다음 용어를 알아보자.

- **정탐(TP)**True Positive: 이것은 분류기가 데이터 점에 A로 레이블을 붙였는데 실제로도 클래스 A의 데이터 점인 것을 말한다.

- **반탐(TN)**True Negative: 이것은 분류기의 해당 클래스에서 적절히 걸러내는 것을 말한다. 즉 분류기가 무작위로 데이터 점을 클래스 A로 분류하는 게 아니라 잘못된 레이블을 거부한다는 뜻이다.

- **오탐(FP)**^(False Positive): 제1종 오류^(type-l error)라고도 한다. 예를 들어 다음 측정을 생각해보자. 어떤 사람이 암 검사를 위해 채혈한다. 그는 실제로 암에 걸지 않았지만 검사 결과는 양성으로 나왔다면 이를 FP라고 한다.
- **미탐(FN)**^(False Negative): 제2종 오류^(type-ll error)라고도 한다. 예를 들어 어떤 사람이 암 검사를 위해 채혈한다. 그는 암에 걸린 상태지만 검사 결과는 음성으로 나왔다. 따라서 실제로 클래스 레이블을 놓친 것이다. 이것을 FN이라고 한다.
- **정밀도**^(Precision): 정밀도는 정확성의 척도다. 즉 분류기가 양성으로 레이블을 붙인 데이터 점의 몇 %가 실제로 양성이라는 것이다.

  정확도=TP / (TP + FP)
- **재현율**^(Recall): 재현율은 완전성의 척도다. 즉 분류기가 양성 데이터 점의 몇 %를 양성으로 레이블을 붙였다는 것이다.

  리콜 = TP / (TP + FN)
- **F 측정**: 이것은 단지 정밀도와 재현율의 가중치 측정일 뿐이다. 다음 식을 보자.

  F = 2 * 정밀도 * 리콜 / (정밀도 + 리콜)

이 외에도 혼동 행렬^(confusion matrix)을 사용해 TP, TN, FP, FN을 각각 알 수 있다. 분류기가 얼마나 음성과 양성을 구별할 수 있는지를 나타내는 ROC 곡선 아래의 영역을 사용할 수 있다. ROC=1.0은 모델이 모든 클래스를 올바르게 예측했음을 나타낸다. 0.5의 영역은 모델이 그냥 무작위로 예측한다는 것을 나타낸다.

새 용어와 기술을 더 알아보려면 다음 연습을 해본다.

연습

언더샘플링^(undersampling)과 오버샘플링^(oversampling) 기술에 대해 읽어보라.

이제 첫 번째 반복 후에 모델을 바로 만들 수 있는 방법을 알아야 할 차례다. 때로는 피처 엔지니어링이 많은 도움이 된다. 5장과 6장에서 피처 엔지니어링의 부분인 다양한 NLP

개념과 통계 개념을 사용해 텍스트 데이터에서 피처를 추출하는 방법에 대해 설명했었다. 피처 엔지니어링에는 피처 추출과 피처 선택이 들어간다. 이제 피처 선택의 한 부분인 기술을 알아볼 차례다. 피처 추출과 피처 선택을 통해 NLP 애플리케이션에 가장 중요 피처를 제공할 수 있다. 일단 이들 피처가 설정되면 다양한 ML 알고리즘을 사용해 최종 결과를 생성할 수 있다.

피처 선택 부분을 알아보자.

피처 선택

앞서 언급했듯이 피처 추출features extraction과 피처 선택features selection은 피처 엔지니어링의 한 부분이며 이 절에서는 피처 선택을 살펴본다. 피처 선택을 배우는 이유는 무엇인지 궁금할 텐데, 확실한 이유가 있으므로 각각 알아보겠다. 먼저 피처 선택에 대한 기본적인 지식을 살펴보자.

피처 선택은 변수 선택, 속성 선택, 변수 부분집합 선택이라고도 한다. 피처 선택은 좀 더 효율적인 머신 러닝 모델을 개발하는 데 도움이 되는 최상의 관련 피처, 변수, 데이터 속성을 선택하는 과정이다. 어떤 피처가 많은 기여를 하고 어떤 피처가 덜 기여하는지 식별할 수 있다면 가장 중요한 피처는 선택하고 덜 중요한 피처는 제거하면 된다.

한발 뒤로 물러나 먼저 피처 선택을 사용해 어떤 문제를 해결하려는지 알아야 한다.

피처 선택 기술을 사용하면 다음과 같은 이점을 얻을 수 있다.

- 관련된 적절한 피처를 선택하면 ML 모델을 단순화하는 데 도움이 된다. 이렇게 하면 ML 모델을 쉽게 해석할 수 있을 뿐만 아니라 ML 모델의 복잡성을 줄일 수 있다.
- 피처 선택 기술을 사용해 적절한 피처를 선택하면 ML 모델의 정확성을 향상시키는 데 도움이 된다.

- 피처 선택으로 머신 러닝 알고리즘은 더 빠르게 훈련할 수 있다.
- 피처 선택은 과적합도 방지한다.
- 차원의 저주를 제거하는 데 도움이 된다.

차원의 저주

차원의 저주curse of dimensionality가 무엇을 의미하는지 알아보는데, 그 이유는 피처 선택 기술이 왜 필요한지 이해하는 데 이 개념이 도움되기 때문이다. 차원의 저주란 피처나 차원의 수가 늘어나면, 즉 머신 러닝 알고리즘에 새 피처를 추가하면 일반화해야 하는 데이터의 양이 기하급수적으로 증가한다는 것을 말한다. 예를 들어보자.

선, 즉 1차원 피처 공간이 있다고 가정하고 그 선에 5개 점을 넣는다. 점마다 이 선에 약간의 공간이 차지한다는 것을 알 수 있다. 각 점은 선 공간의 1/5을 차지한다. 그림 8.64를 참조하자.

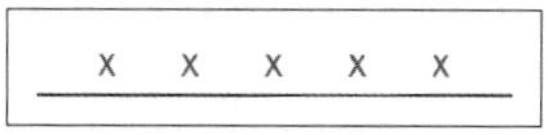

그림 8.64 5개의 데이터 점이 있는 1차원 피처 공간

2차원 피처 공간이 있다면 이 공간을 채우기 위해 5개보다 더 많은 데이터 점이 필요하다. 따라서 2차원에 대해서는 25개의 데이터 점이 필요하다. 이제 각 점은 공간의 1/25를 차지한다. 그림 8.65을 참조하자.

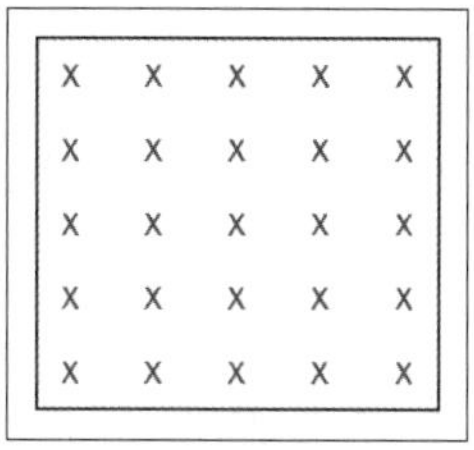

그림 8.65 25개의 데이터 점이 있는 2차원 피처 공간

3차원 피처 공간이 있다면 3개 피처가 있음을 의미하므로 정육면체를 채워야 한다. 그림 8.66에서 이를 볼 수 있다.

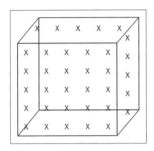

그림 8.66 1/125 데이터 점을 갖는 3차원 피처 공간

하지만 정육면체를 채우려면 그림 8.66에서 볼 수 있듯이 정확하게 125개의 데이터 점이 필요하다(125개 점이 있다고 가정함). 따라서 피처를 추가할 때마다 더 많은 데이터가 필요하다. 데이터 점이 5, 25, 125 등으로 기하급수적으로 증가한다는 사실에 모두 동의할 것이다. 따라서 일반적으로 Xd 피처 공간이 필요한데 여기서 X는 훈련에서 데이터 점의 수이고, d는 피처 또는 차원수다. ML 알고리즘이 데이터세트를 더 잘 이해하도록 여러분이 무작정 점점 더 많은 피처를 추가한다면, ML 알고리즘으로 하여금 더 큰 피처 공간를 데이터로 채우게 하는 것과 같다. 이 문제는 간단한 방법으로 해결할 수 있다. 이런 상황에서는 피처가 아니라 알고리즘에 더 많은 데이터를 제공해야 한다.

그러면 여러분은 자신이 새로운 피처를 추가하는 데 내가 제동을 건다고 생각할 수 있다. 이 점에 대해 설명하겠다. 피처 추가가 필요하다면 다음과 같이 할 수 있다. 즉 여러분은 ML 알고리즘이 학습하는 데 도움을 주는, 최상이면서 최소량의 피처를 선택하기만 하면 된다. 무턱대고 너무 많은 피처를 추가하지 말 것을 권한다.

어떻게 최상의 피처 세트를 유도해낼 수 있을까? 내가 만들 특정 애플리케이션에 대한 최상의 피처 세트는 무엇이며, 어떻게 ML 알고리즘이 이 피처 세트로 잘 작동하는지 알 수 있을까? 이러한 모든 질문에 대한 답은 다음 절의 피처 선택 기술에서 제공하겠다. 여기서는 피처 선택 기술에 대한 기본적인 아이디어를 제공한다. 지금까지 우리가 개발한 NLP 애플리케이션에서 실제로 여러분이 이런 기술을 구현해 보기를 권한다.

피처 선택 기술

> 가능한 한 간단해야 하지만, 지나치게 간단해서는 안 된다.

알버트 아인슈타인Albert Einstein의 이 인용문은 피처 선택 기술에 관해 이야기할 때 딱 들어 맞는다. 우리는 차원의 저주를 없애기 위해 피처 선택 기술이 필요하다는 사실을 알았다. 다음 피처 선택 기술을 살펴보자.

- 필터 방법Filter method
- 래퍼 방법Wrapper method
- 임베디드 방법Embedded method

그러면 각 방법을 알아보자.

필터 방법

피처 선택은 모두 별도의 활동이며 ML 알고리즘과는 독립적이다. 숫자 데이터세트의 경우 이 메서드는 일반적으로 데이터를 전처리할 때 사용되며, NLP 분야의 경우라면 텍스트 데이터를 숫자 형식이나 벡터 형식으로 변환한 후에 수행해야 한다. 먼저 그림 8.67에서 이 메서드의 기본 단계를 살펴보자.

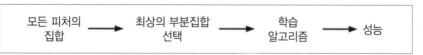

그림 8.67 피처 선택을 위한 필터 방법(이미지 출처: https://upload.wikimedia.org/wikipedia/commons/2/2c/Filter_Methode.png)

이 단계는 매우 분명해서 딱 보면 알 수 있다. 여기서는 점수를 부여하는 통계적 기법을 사용하며, 이를 기반으로 피처를 보관해야 하는지 아니면 삭제하거나 누락시킬지 결정할 것이다. 그림 8.68을 참조하자.

피처		응답	
		연속형	카테고리형
	연속형	상호관계	응답
	카테고리형	Anova	카이 제곱

그림 8.68 피처 선택 기술 리스트

나는 여러분을 위해 그림 8.68을 다음과 같이 단순화했다.

- 피처와 응답 둘 모두 연속적이면 상호관계correlation을 수행할 것이다
- 피처와 응답 둘 모두 카테고리형이라면 카이 제곱Chi-Square을 사용한다(NLP에서는 주로 이것을 사용함).
- 피처가 연속적이고 응답이 카테고리형이면 **선형 판별 분석**LDA, linear discriminant analysis 을 사용한다.
- 기능이 카테고리형이고 응답이 연속적이면 Anova를 사용한다.

나는 NLP 분야에 더 집중해서 LDA과 카이 제곱의 기본 사항을 설명하겠다.

LDA는 일반적으로 카테고리형 변수의 셋 이상 클래스를 특성화하거나 분리하는 선형 결합을 찾는 데 사용되는 반면, 카이 제곱은 주로 LDA와 비교해 NLP에서 사용된다. 카이 제곱은 카테고리형 피처 그룹에 적용돼 해당 도수 분포frequency distribution를 사용해서 피처 간의 상호관계 또는 연관성을 알아낸다.

래퍼 방법

이 방법에서는 최상의 피처 집합을 찾는다. 이 방법은 반복마다 최상의 피처 부분집합을 검색해야 하기 때문에 계산상 아주 많은 부하가 걸린다. 그림 8.69의 기본 단계를 참조하자.

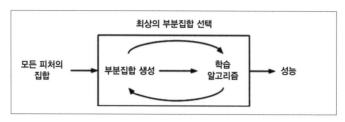

그림 8.69 래퍼 방법 단계(이미지 출처: https://upload.wikimedia.org/wikipedia/commons/0/04/Feature_selection_Wrapper_Method.png)

최상의 피처를 선택하는 데 사용할 수 있는 하위 방법에는 다음 세 가지가 있다.

- 앞으로 선택
- 뒤로 선택
- 재귀 피처 제거

앞으로 선택forward selection에서는 아무 피처가 없는 채로 시작해 반복마다 피처를 추가해 ML 모델을 개선한다. 모델이 더 이상 성능 향상이 없을 때까지 이 과정을 계속한다.

뒤로 선택backward selection은 모든 피처를 갖고 시작하며, 반복마다 최상의 피처를 찾아 불필요한 피처를 제거하면서 ML 모델에서 더 이상의 개선이 관찰되지 않을 때까지 반복한다.

재귀 피처 제거recursive feature elimination는 탐욕적 접근법greedy approach을 사용해 최상의 피처 부분집합을 찾아낸다. 반복적으로 모델을 생성하고 반복마다 최상의 성능, 또는 최악의 성능을 내는 모델을 따로 보관한다. 피처를 모두 사용할 때까지 모델을 만든다. 마지막으로 피처의 제거 순서에 따라 피처 순위를 매긴다.

임베디드 방법

이 방법에서는 필터 방법과 래퍼 방법을 혼합한다. 이 방법은 자체의 피처 선택 메서드가 내장된 알고리즘에 의해 구현된다. 그림 8.70을 참조하자.

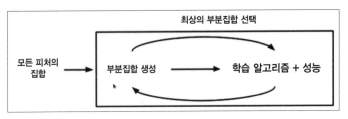

그림 8.70 임베디드 피처 선택 방법(이미지 출처: https://upload.wikimedia.
org/wikipedia/commons/b/bf/Feature_selection_Embedded_Method.png)

이 방법의 가장 보편적인 예는 라쏘LASSO와 리지RIDGE 회귀인데, 여기에는 과적합의 가능성
을 줄이기 위해 내장된 매개변수가 있다.

 다음 링크를 참조하면 매우 유용할 것이다.

- https://www.analyticsvidhya.com/blog/2016/01/complete-tutorial-ridge-
lasso-regression-python/
- https://machinelearningmastery.com/an-introduction-to-feature-selection/
- https://machinelearningmastery.com/feature-selection-in-python-with-scikit-
learn/

다음 절에서는 차원 축소를 살펴보겠다.

차원 축소

차원 축소dimensionality reduction는 머신 러닝에서 아주 유용한 개념이다. ML 모델을 개발하는
데 많은 피처가 들어간다면 실제로 필요하지 않은 피처가 들어가기도 한다. 때로는 고차
원 피처 공간이 필요하다. 피처 공간에 관해 특정한 의미를 갖게 하는 가능한 방법은 무엇
일까? 그래서 우리는 불필요한 피처를 제거하거나 우리의 고차원 피처 공간을 2차원, 또
는 3차원 피처로 변환해 어떤 일이 일어나는지 알 수 있는 기술이 필요하다. 그런데 왕좌
의 게임 데이터세트에 대한 word2vec를 생성하는 애플리케이션을 개발했을 때인 6장에

서 이 개념을 사용했다. 그때 우리는 2차원 공간에서 우리 결과를 시각화하기 위해 t–SNE t-distributed stochastic neighbor embedding 차원 축소 기술을 사용했다.

여기서는 2차원 공간에서 고차원 데이터를 시각화하는 데 사용되는 **주성분 분석(PCA)**principal component analysis과 t–SNE라는 가장 유명한 두 가지 기술을 살펴본다. 이제 시작하자.

PCA

PCA는 직교 변환orthogonal transformation을 사용해 상관 관계가 있는 피처의 데이터 점 집합을 **주 컴포넌트**principal component라는 선형 무상관 관계 피처 값의 집합으로 변환하는 통계 방법이다. 주 컴포넌트의 수는 원래 피처의 수보다 작거나 같다. 이 기술은 첫 번째 주 컴포넌트가 각 후속 피처에 대해 가능한 가장 큰 분산을 가지도록 변환을 정의한다.

그림 8.71을 보자.

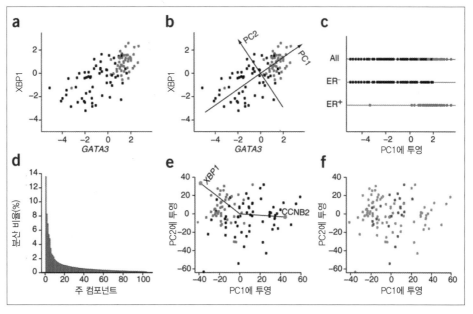

그림 8.71 PCA(이미지 출처: https://www.nature.com/article-assets/npg/nbt/journal/v26/n3/images/nbt0308-303-F1.gif)

이 그래프는 PCA를 이해하는 데 많은 도움이 된다. 2개의 주요 컴포넌트를 취했으며 이들 두 컴포넌트는 서로 직교할 뿐만 아니라 가능한 한 큰 분산을 만든다. c 그래프에서는 한 선 위에 투영해 2차원에서 1차원으로 차원을 축소했다.

PCA의 단점은 차원을 줄일 때 데이터 점이 나타내는 의미가 손실된다는 것이다. 해석 가능성 여부가 주로 차원 축소에 좌우된다면 PCA를 사용하면 안 된다. 이런 경우에는 t-SNE을 사용할 수 있다.

t-SNE

이것은 고차원의 비선형 공간을 시각화하는 데 도움이 되는 기술이다. t-SNE는 서로 가까이 있는 로컬 데이터 점 그룹을 보존하려고 시도한다. 이 기술은 고차원 공간을 시각화하고자 할 때 도움이 된다. 이를 사용해 word2vec, 이미지 분류 등과 같은 기술을 사용하는 애플리케이션을 시각화할 수 있다. 자세한 내용은 https://lvdmaaten.github.io/tsne/에서 확인할 수 있다.

▌ NLP 애플리케이션을 위한 하이브리드 접근법

하이브리드 접근법hybrid approach은 때때로 NLP 애플리케이션의 결과를 향상시키는 데 정말로 도움이 된다. 예를 들어 문법 교정 시스템을 개발한다면 "kick the bucket" 같은 여러 단어 표현을 식별하는 모듈, 그리고 잘못된 패턴을 식별해 올바른 패턴을 생성하는 규칙 기반 모듈을 개발한다. 이것이 하이브리드 방식 중 하나다. 동일한 NLP 애플리케이션에 대해 두 번째 예제를 살펴보자. 여러분은 문장에서 명사구에 대해 정확한 관사(한정사 - a, an, the)를 식별하는 분류기를 만들려고 한다. 이 시스템에서는 a/an과 the의 두 가지 카테고리를 선택할 수 있다고 하자. 우리는 한정사 카테고리를 생성하는 분류기를 개발해야 한다. 일단 명사구에 대해 관사를 생성하면, 첫 번째 카테고리에 대한 실제 한정사를 더 결정하는 규칙 기반 시스템을 적용할 수 있다. 우리는 a 또는 an을 수반해야 할지를 결정하는 데 사용할 수 있는 영어 문법 규칙도 알고 있다. 이것 또한 하이브리드 접근법의 사례다. 더 나은 감정 분석을 위해 어휘 기반 접근법, ML 기반 접근법, word2vec, 또는 GloVe 미리 훈련된 모델을 포함한 하이브리드 접근법을 사용해 매우 높은 정확도를 얻을 수 있다. 따라서 창의성을 갖고 NLP 문제를 이해해 다양한 타입의 기술을 활용해 NLP 애플리케이션을 개선할 수 있다.

후처리

후처리는 일종의 규칙 기반 시스템이다. 기계 번역 애플리케이션을 개발 중이며 생성된 모델이 특정 실수를 저지른다고 하자. 이러한 타입의 실수를 피하는 **기계 번역(MT)** 모델을 원하지만, 이를 방지하려면 훈련 과정의 속도를 늦추고 모델을 아주 복잡하게 만드는 피처가 많이 필요하다. 반면에 출력을 생성한 후에 좀 더 정확한 규칙이나 근사값을 알게 되면 MT 모델에 대해 후처리를 사용할 수 있다. 하이브리드 모델과 후처리의 차이점은 무엇일까? 나는 여러분의 혼동을 명확하게 밝혀주겠다. 주어진 예제에서 나는 단어 근사법word approximation을 사용했다. 따라서 규칙을 사용하는 대신 임계 값을 적용해 결과를 조정하는 등의 근사법을 적용할 수도 있지만, 정확한 결과를 얻을 수 있을 때만 근사법을 적용해야 한다. 이 근사법은 충분히 일반화된 NLP 시스템을 보완할 것이다.

▎ 요약

8장에서는 ML의 기본 개념뿐만 아니라 NLP 분야에서 사용되는 다양한 분류 알고리즘을 살펴봤다. NLP에서는 선형 회귀와 비교해 대부분 분류 알고리즘을 사용한다. 우리는 스팸 필터링, 감정 분석 등과 같은 멋진 예제를 봤다. POS 태거 예제를 재검토해 더 잘 이해할 수 있게 했다. 우리는 비지도 ML 알고리즘과 편향 분산 트레이드오프, 부적합, 과적합, 평가 행렬 등과 같은 중요한 개념을 살펴봤다. 피처 선택과 차원 축소도 알았다. 하이브리드 ML 접근법과 후처리에 대해서도 언급했다. 따라서 8장에서는 NLP 애플리케이션을 개발하고 튜닝하는 방법을 대부분 알아본 것이다.

9장에서는 머신 러닝의 새로운 시대(딥러닝)를 보게 된다. 우리는 AI에 필요한 기본 개념을 둘러볼 것이다. 그 후에는 선형 회귀와 경사 하강법을 포함한 러닝의 기초를 논의하겠다. 지난 몇 년간 딥러닝이 가장 인기있는 기술이 된 이유를 알 수 있다. 딥러닝과 관련된 수학의 필수 개념을 확인하고, 심층 신경망의 아키텍처를 알아보며 NLU 분야의 기계 번역과 NLG 분야의 텍스트 요약 같은 멋진 애플리케이션을 개발할 것이다. 텐서플로, 케라스, 기타 최신 종속성을 사용해 이 작업을 수행할 것이다. 전통적인 ML 알고리즘과 딥러닝 알고리즘에 적용할 수 있는 기본적인 최적화 기법도 살펴보겠다. 9장에서 딥러닝 세계에 깊이 빠져보자!

09

NLU과 NLG 문제에
대한 딥러닝

8장에서는 NLP 작업을 해결하기 위해 규칙 기반 접근법과 다양한 머신 러닝 기술을 알아 봤다. 9장에서는 **딥러닝(DL)**이라는 머신 러닝 기술의 최첨단 부분을 살펴본다. 지난 4~5년 동안 신경망과 딥러닝 기술은 인공지능 분야에서 많은 관심을 불러 일으켰는데, 그 이유는 많은 기술 대기업이 이러한 최첨단 기술을 사용해 실제 문제를 해결하고 있기 때문이며, 이들 기술의 결과는 매우 인상적이었다. 구글, 애플, 아마존, OpenAI 등의 기술 대기업은 실제 문제에 대한 혁신적인 솔루션을 만들기 위해 많은 시간과 노력을 기울인다. 이러한 노력은 대부분 인공지능을 개발해서 인류를 위해 세상을 더 좋은 곳으로 만드는 것이다.

우리는 먼저 전반적인 AI를 살펴보고 오늘날 왜 딥러닝이 많은 관심을 불러 일으키는지에 대해 알아보겠다. 9장에서는 다음 내용을 다룬다.

- NLU와 NLG가 서로 다른 점
- 신경망의 기본
- 다양한 딥러닝 기술을 사용해 NLP 및 NLG 애플리케이션 만들기

DL의 기본 사항을 이해한 후에는 딥러닝 분야에서 발생하는 최신 혁신에 대해 알아보겠다. 그럼 시작하자!

인공지능 개요

이 절에서는 인공지능의 다양한 측면과 인공지능과 관련된 딥러닝 방법을 살펴본다. 우리는 AI 컴포넌트, AI의 다양한 단계, 각 타입의 AI를 알아볼 것이다. 이 절의 마지막 부분에서는 딥러닝이 왜 완성도 있는 AI를 만들기 위해 가장 유망한 기술 중 하나인지에 대해 논의해본다.

AI의 기본

우리가 AI를 이야기할 때 지능형 머신intelligent machine에 대해서 생각해 보는데 이것이 AI의 기본 개념이다. AI는 머신에서 인간 수준의 지능을 가능하게 하는 방향으로 끊임없이 진행되는 과학 영역이다. AI의 기본 아이디어는 인간만이 할 수 있는 작업을 머신도 할 수 있는 지능을 머신에게 부여하는 것이다. 우리는 멋진 알고리즘 기술을 사용해 머신에서 인간 수준의 지능이 가능하게 하려고 노력 중이다. 이 과정에서 머신이 얻게 되는 모든 종류의 지능은 인위적으로 생성된다. 컴퓨터용 AI를 만드는 데 사용되는 다양한 알고리즘 기술은 대부분 머신 러닝 기술 부분이다. 핵심 머신 러닝과 딥러닝에 들어가기 전에 AI와 관련된 다른 사실을 알아보겠다.

AI는 많은 분야의 영향을 받는다. 그림 9.1에서는 인공지능에 큰 영향을 미치는 분야가 보일 것이다.

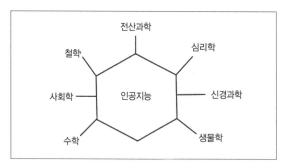

그림 9.1 AI에 영향을 끼치는 여러 분야

AI의 컴포넌트

우선 AI의 주요 컴포넌트를 알아보자. 이들 컴포넌트는 우리가 세상이 나아갈 방향을 이해하는 데 아주 유용할 것이다.

그림 9.2에서는 2개의 컴포넌트를 볼 수 있다.

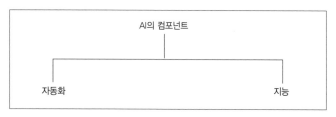

그림 9.2 AI의 컴포넌트

AI 컴포넌트를 자세히 살펴보자. 몇 가지 예도 들어본다.

자동화

자동화automation는 AI 중에서 잘 알려진 컴포넌트다. 전 세계 사람들이 자동화 작업을 많이 하고 있으며, 기계가 수행하는 자동 작업 영역에서 엄청난 성공을 거뒀다. AI에서 자동화 개념을 이해하는 데 필요한 직관적인 예제를 살펴본다.

자동차 분야에서는 자동차 제조에 자동 로봇을 사용한다. 이 로봇은 일련의 지시사항을 따르며 명확한 작업을 수행한다. 여기서 이 로봇은 인간과 상호작용하고 질문을 하거나 인간의 질문에 응답할 수 있는 지능형 로봇이 아니지만, 일련의 명령에 따라 고속으로 제조하는 데 있어서 높은 정확성과 효율성을 발휘한다. 따라서 이러한 종류의 로봇은 AI 분야의 자동화 사례가 된다.

다른 예제로는 DevOps 영역이 있다. 요즘 DevOps는 머신 러닝을 사용해 많은 인력을 투여하는 과정을 자동화하는데, DevOp 팀은 사내 서버를 유지관리하기 위해 다양한 서버 로깅을 분석한 후에 많은 권장 사항을 얻으며, 해당 권장 사항을 얻은 후에는 또 다른 머신 러닝 모델이 경고와 권장 사항의 우선 순위를 정하게 된다. 이러한 종류의 애플리케이션은 DevOps 팀이 멋진 작업을 제 시간에 해내는 데 시간을 절약시킨다. 따라서 이들 애플리케이션로 인해 자동화가 AI의 아주 중요한 컴포넌트라는 사실을 알 수 있다.

이제 지능이 AI의 부분으로서 세상에 어떻게 영향을 미치는지 알아보자.

지능

지능을 언급할 때면 우리의 기대치는 정말 높다. 우리의 목표는 머신이 우리의 행동과 감정을 이해하기를 바라는 것이다. 또한 머신이 인간의 행동에 따라 지능적으로 반응하기를 원하며 머신이 생성한 모든 반응은 인간의 지능을 모방하는 방식이어야 한다. 우리는 1900년대 중반 이래로 이 목표를 달성하기 위해 노력했다. 전 세계의 많은 연구자, 과학자 그룹, 커뮤니티는 머신을 인간만큼 지능적으로 만드는 데 멋진 연구를 많이 하고 있다.

머신이 지능을 갖춘 후에는 인간을 위해 대다수의 작업을 더 정확하게 수행하기를 바라는데, 이것은 하나의 광범위한 기대다. 지난 4년 동안 우리는 이 광범위한 목표를 성공적으로 달성하기 시작했으며, 수년 간 노력의 결과로 최근에 구글 어시스턴트가 인간의 자연어를 듣고 인간처럼 정확하게 음성 신호를 해석할 수 있다고 구글은 발표했다. 또 하나의 사례는 페이스북 연구 그룹이 질문과 답변에 추론을 적용하는 시스템을 구축하기 위해 아주 강력한 연구를 수행했다는 것이다. 테슬라와 구글의 자율주행차는 복잡한 AI 시스템이지만 매우 유용하고 지능적이다. 자율주행차와 챗봇은 좁은 AI^{narrow AI} 부분이다. 여러분도 웹에서 다른 예를 발견할 수 있는데, 가끔 소식으로 나오고 있다.

지능의 일부로 포함될 수 있는 특정 하위 컴포넌트가 있다. 그림 9.3을 참조하자.

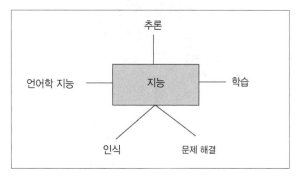

그림 9.3 지능의 하위 컴포넌트

지능^{intelligence}은 이 그림에서 설명한 모든 컴포넌트의 조합이다. 이들 모든 컴포넌트(추론, 학습, 경험을 통한 학습, 문제 해결, 인식, 언어 지능)는 인간에게 자연스럽지만 머신에게는 그렇지 않다. 따라서 머신에게 지능을 가능하게 할 기술이 필요하다.

9장의 뒷부분에서 사용할 기술의 이름을 배우기에 앞서, AI의 다양한 단계를 알아보자.

AI의 단계

AI 시스템에는 3개의 주요 단계가 있다. 우리는 다음과 같은 단계를 자세히 알아본다.

- 머신 러닝
- 머신 지능
- 머신 의식

AI의 각 단계에 대한 세부사항을 살펴보기 전에 그림 9.4를 참조하자.

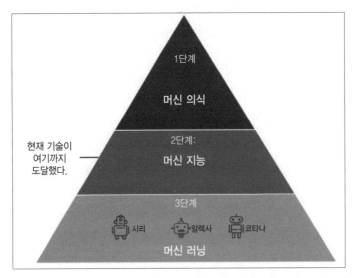

그림 9.4 AI의 단계(이미지 출처: https://cdn-images-1.medium.com/max/1600/0*aefkt8m-V66Wf5-j.png)

맨 아래에서 위쪽으로 머신 러닝 단계부터 머신 지능, 그리고 마지막으로 머신 의식을 알아보자.

머신 러닝

8장에서 머신 러닝에 대해 많은 내용을 배웠지만, 9장에서는 AI 관점에서 살펴본다.

ML 기술이란 정의된 출력을 생성하거나 도달하는 방법을 설명하는 알고리즘 집합이다. 이러한 종류의 알고리즘은 경험을 통해 배우려는 지능형 시스템에서 사용된다. ML 알고리즘을 사용하는 시스템은 과거 데이터, 또는 실시간 데이터로부터 학습하는 데 매우 유용하다. 따라서 이런 AI 단계에서는 ML 시스템에 제공한 피처를 사용해 데이터로부터 패턴, 또는 특정 구조를 학습하는 알고리즘에 중점을 둔다. 더 명확히 하기 위해 예를 들어보자.

446

감정 분석 애플리케이션을 만든다고 하자. 우리는 역사적 태그가 붙은 데이터, 수작업 피처, 나이브 베이즈 ML 알고리즘을 사용할 수 있다. 결과적으로 학습 예제에서 학습한 지능형 시스템(본 적 없는 새 데이터 인스턴스에 감정 태그를 어떻게 제공할 것인가)을 갖출 수 있다.

머신 지능

머신 지능machine intelligence은 알고리즘의 집합이지만, 알고리즘의 대부분은 인간의 두뇌가 어떻게 학습하고 생각하는지에 크게 영향을 받는다. AI 연구원은 신경과학, 생물학, 수학을 사용해 수작업으로 제작된 피처를 제공하지 않고 머신이 데이터에서 학습하는 데 도움이 되는 고급 레벨 알고리즘 집합을 제안했다. 이 단계에서 알고리즘은 레이블이 지정되지 않거나 레이블이 지정된 데이터를 사용한다. 여기에서는 최종 목표를 정의하기만 하면 고급 알고리즘이 예상 결과를 얻기 위해 자신의 방식을 찾아 나선다.

이 단계에서 사용하는 알고리즘과 기존의 ML 알고리즘을 비교하면, 이 머신 지능 단계에서는 어떤 알고리즘에도 수작업으로 만든 피처를 입력으로 제공하지 않는다는 것이 주된 차이점이다. 이 알고리즘은 인간의 두뇌에서 영감을 받는 것처럼 알고리즘 자체가 특징과 패턴을 학습해 출력을 생성한다. 현재 AI 세계는 이 단계에 와있다. 전 세계의 사람들은 머신이 인간과 유사한 지능을 갖게 하는 데 아주 유리한 이런 고급 알고리즘을 사용한다.

인공 신경망(ANN)과 딥러닝 기술은 머신 지능 확보에 사용된다.

머신 의식

머신 의식machine consciousness은 인공지능에서 가장 많이 논의되는 주제 중 하나인데, 그 이유는 우리의 최종 목표가 여기에 도달하는 것이기 때문이다.

우리는 머신이 사람이 배우는 방식 그대로 배우기를 원한다. 인간으로서 우리는 많은 양의 데이터를 필요로 하지 않는다. 추상적 개념을 이해하는 데 너무 많은 시간을 할애하지 않는다. 우리는 소량의 데이터나 아예 데이터 없이도 배우게 된다. 대부분의 경우 우리는 자신의 경험을 통해 배운다. 인간처럼 의식이 있는 시스템을 만들려면, 머신에 대해 의식을 생성하는 방법을 알아야 한다. 하지만 우리는 이 지식을 머신으로 옮겨서 우리가 의식하는 것처럼 만들기 위해 우리의 두뇌가 어떻게 작동하고 반응하는지 완전히 알고 있기는 한 걸까? 불행히도 지금 당장은 이를 알지 못한다. 그저 이 단계에서는 머신이 데이터 없이 또는 극소량의 데이터로 학습하고 정의된 결과를 얻기 위해 자체 경험을 사용할 것으로 기대한다.

 흥미로운 연구가 많이 있는데 머신 의식에 대해 말한 존 설(John Searle) 연구원의 유튜브 동영상(https://www.youtube.com/watch?v=rHKwlYsPXLg)을 보길 바란다. 이 동영상은 AI 의식에 대해 새로운 시각을 보여준다.

우리는 AI의 여러 단계를 알아봤다. ANN과 딥러닝은 머신 지능 단계의 한 부분이다. **딥러닝에 대한 간략한 개요** 절의 끝에 AI에 있어서 딥러닝이 새 전문 용어인 이유를 이해하는데 필요한 세부사항이 있다.

이제 다양한 타입의 AI를 알아보자.

인공지능 타입

AI에는 다음과 같이 세 가지 타입이 있다.

- 약인공지능
- 강인공지능
- 초인공지능

약인공지능

약인공지능ANI^{Artificial narrow intelligence}은 템플릿 기반의 챗봇, 애플의 시리 초기 버전 등의 기본 개인 보조 애플리케이션 같은 기본 작업을 다루는 AI 타입이다.

이러한 지능 타입은 주로 애플리케이션의 기본 프로토타입 제작에 중점을 둔다. 또한 이 지능 타입은 모든 애플리케이션의 시작점이며 기본 프로토타입을 향상시킬 수 있다. 강인 공지능을 추가함으로써 그 다음 단계의 지능으로 올라설 수도 있다. 단 최종 사용자가 실제로 그러한 종류의 기능이 필요한 경우에만 가능하다. 우리는 7장에서 이런 종류의 기본 챗봇을 알아본 적이 있다.

강인공지능

강인공지능(AGI)^{Artificial general intelligence}은 인간 수준의 작업을 수행할 수 있는 시스템을 구축하는 데 사용되는 AI 타입이다. 인간 수준의 작업이란 무슨 의미일까? 자율주행차를 만드는 것 같은 작업을 말한다. 구글의 자율주행차와 테슬라의 자동 조종 장치^{autopilot}가 가장 유명한 사례다. 휴머노이드 로봇도 이런 타입의 인공지능을 사용하려고 시도한다.

NLP 수준의 예로는 철자 오류와 문법 오류를 무시하면서 쿼리 또는 질문을 이해하는 정교한 챗봇이다. 딥러닝 기술은 인간처럼 자연어를 이해하는 데 큰 가능성이 보인다.

우리는 이제 전 세계의 사람과 커뮤니티가 기본 개념을 사용하는 단계에 있으며 서로의 연구 결과를 참고해 AGI가 있는 시스템을 구축하려고 한다.

초인공지능

초인공지능(ASI)^{artificial superintelligence}을 달성하는 방법은 우리에게 좀 어렵다. 이 타입의 인공지능에서는 머신이 인간보다 더 똑똑하기 때문에 특정 작업을 배우고 인간이 생활에서 할 수 있듯이 여러 작업을 수행할 수 있기를 기대한다. 이런 종류의 초지능^{superintelligence}은 현재 우리에게는 꿈이지만, 머신과 시스템이 항상 인간의 기술을 보완하고 인간에 대한 위협을 일으키지 않도록 우리는 이 목표를 달성하려고 노력하고 있다.

AI의 목표와 애플리케이션

이번에는 다양한 분야에서 일반적으로 AI에 대한 목표와 애플리케이션을 알아볼 차례다. 이들 목표와 애플리케이션은 AI 사용 가능 애플리케이션의 현재 상태를 알기 위한 것일 뿐이지만, 어떤 영역에 국한돼도 유용한 애플리케이션을 생각할 수 있으면 이 리스트에 포함시켜야 한다. 여러분은 그 애플리케이션에서 AI의 다양한 타입과 단계를 구현하려고 시도해야 한다.

이제 AI의 다양한 단계를 통합하고 해당 애플리케이션에 AI를 사용하도록 설정할 다음과 같은 영역을 알아보자.

- 추론
- 머신 러닝
- 자연어 처리
- 로봇공학
- 일반 지능 구현
- 컴퓨터 비전
- 자동 학습과 스케줄링
- 음성 분석

그림 9.5를 참조하는데, 여기서는 다양한 영역과 관련 애플리케이션을 보여준다.

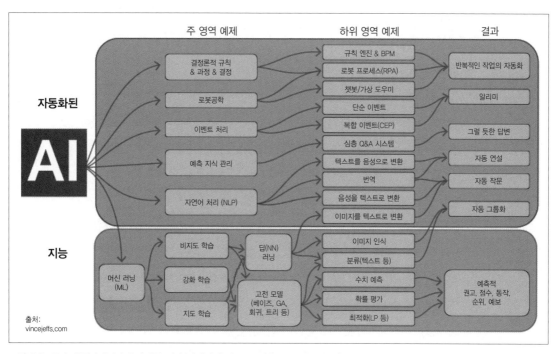

그림 9.5 AI와 애플리케이션의 다양한 영역(이미지 출처: http://vincejeffs.com/)

이제 위의 리스트에 있는 일부 영역의 애플리케이션을 살펴보자.

AI 가능 애플리케이션

여기서는 AI 가능 애플리케이션에 대해 간략하게 설명한다. 일부 애플리케이션은 다음과 같이 NLP 분야와 관련이 있다.

- 어떤 시스템에 대해서도 추론을 가능하게 하는 것은 아주 흥미로운 일이 될 것이다. 이 분야에서는 추론을 사용해 요청된 질문에 대한 답변을 얻을 수 있는 Q/A 시스템을 만들 수 있다.

- AI 기반 시스템에 있어서 추론을 가능하게 할 수 있다면 그러한 시스템은 의사 결정에 아주 좋을 것이며, 기존 의사 결정 시스템을 개선시킬 수 있다.

- 머신 러닝에서는 시스템 자체에서 결정할 수 있는 ML 기반 애플리케이션의 완벽한 아키텍처가 필요하다. 이것이 바로 ML에서 AI가 가능한 애플리케이션이라고 볼 수 있다.

- AI 가능 NLP 애플리케이션에 관해 말하면, 우리에게는 인간 자연어의 문맥을 이해하고 반응하며 인간처럼 행동할 수 있는 NLP 시스템이 정말로 필요하다.

- 휴머노이드 로봇은 AI 가능 시스템을 설명하는 데 가장 적합한 애플리케이션이다. 로봇은 지각력을 가져야 하는데, 그것이 AI의 오랜 목표다.

- 일반 지능에 관해 말하면 시스템은 인간이 하는 것처럼 반응해야 한다. 특히 머신 반응은 실제 인간 행동과 일치해야 한다. 머신은 어떤 상황을 분석한 후에 인간과 같거나 더 좋게 반응해야 한다.

- 요즘 컴퓨터 비전computer vision에는 곧 이 분야에서 AI가 실현되리라는 확실한 증거를 보여주는 많은 애플리케이션이 있다. 애플리케이션은 객체 식별, 이미지 인식, 이미지 인식 기술을 사용한 피부암 감지, 머신에서 얼굴 이미지 생성, 이미지의 텍스트 생성과 그 반대의 작업 등을 수행한다. 이러한 모든 애플리케이션은 컴퓨터 비전에서 AI가 동작하는 구체적 증거가 된다.

- 자동 학습과 스케줄링은 개인 지원을 위해 작동하고 일정을 관리하는 일종의 구축 시스템이다. AI 부분에 관해서는 시스템의 모든 사용자가 각자 다른 경험을 얻으리라고 기대하므로 개인 선택의 학습을 자동화하는 것이 AI 구동 스케줄링에 아주 중요하다. 이 목표를 달성하려면 자동화된 학습 시스템은 특정 사용자에게 가장 적합한 모델을 어떻게 선택할지도 학습해야 한다.

- 음성 분석은 NL의 다른 형태이지만 유감스럽게도 이 책에서는 이 개념에 대해 언급하지 않겠다. 여기서는 잠재적인 AI 가능 영역의 관점에서 음성 인식 시스템에 대해 애기한다. 이 음성 인식 영역에서 인공지능을 사용함으로써 우리는 인간의 사회학, 심리학, 철학의 영향으로 생성되는 인간의 환경과 사고 과정을 이해할 수 있다. 우리는 사람의 성격도 예측할 수 있다.

이 매력적인 애플리케이션을 모두 알아본 후, 우리가 생각해 볼 수 있는 다음 3개의 흥미로운 질문이 있다. AI 기반 시스템을 제작하게 된 원인은 무엇인가, 왜 지금 AI 기반 시스템을 구축해야 하는가, 어떻게 AI 가능 시스템을 구축할 수 있을까?

1900년대 중반 이래로 우리는 머신에 지능을 부여하기 위해 노력하고 있다. 이 과정 동안 연구자와 과학자는 많은 멋진 개념을 제시했다. 예를 들어 **맥컬록-피츠 모델(MCP)**McCulloch-Pitts이라고도 하는 인공 뉴런artificial neuron은 인간 두뇌에서 영감을 얻었으며, 이 개념의 목적은 인간 두뇌의 생물학적 작업 과정을 이해하고 이 과정을 수학과 물리학으로 표현하는 것이다. 따라서 머신에 대한 AI를 구현하는 데 도움이 될 것이다.

그들은 하나의 뉴런이 어떻게 작동하는지를 수학을 통해 성공적으로 표현했지만, 이 모델의 결과 하나는 훈련 목적으로 좋지 않았다. 그래서 프랭크 로젠블라트Frank Rosenblatt 연구원은 1958년 논문에서 동적 가중치dynamic weight와 임계 값threshold 개념을 도입해 퍼셉트론perceptron을 제안했다. 그 후 많은 연구자는 이전의 개념에 기초한 역전파와 다층 신경망 같은 개념을 개발했다. 연구 공동체는 개발된 개념을 실제 애플리케이션에서 구현하기를 원했고, 그 최초의 연구원인 제프리 힌튼Geoffrey Hinton은 일반화된 역전파 알고리즘을 사용해 다층 신경망 훈련 방법을 시연했다. 그 점으로부터 연구원과 커뮤니티는 이 일반화된 모델을 사용하기 시작했지만 1900년대 후반에는 데이터의 양이 지금과 비교해 적었으며 연산 장치는 느릴 뿐만 아니라 비용도 많이 들었다. 따라서 예상한 결과가 나오지 않았다. 하지만 연구원들은 그 당시 달성한 결과가 AI 기반 세계를 실현하는 데 사용될 개념이라는 믿음을 갖고 있었다. 이제는 많은 양의 데이터를 처리할 수 있는 빠르고 저렴한 데이터 처리 장치뿐만 아니라 많은 데이터를 보유하고 있다. 보편적인 기계 번역 시스템, 음성 인식 시스템, 이미지 인식 시스템 등과 같은 애플리케이션을 개발하기 위해 현재 ANN의 이런 오래된 개념을 적용할 때 우리는 매우 희망적인 결과를 얻게 된다. 예를 들어보자. 구글은 ANN을 사용해 범용 기계 번역 시스템을 개발하고 있으며 이 시스템은 여러 언어를 번역할 것이다. 이는 우리가 사용할 수 있는 대형 데이터세트가 마련돼 있고 ANN을 사용해 그 데이터세트를 처리하는 데 도움이 되는 빠른 계산 능력을 보유하고 있기 때문이다.

우리는 한 두 개가 아닌 많은 계층의 신경망을 사용했다. 달성된 결과는 매우 인상적이어서 모든 기술 대기업은 딥러닝 모델을 사용해 AI 가능 시스템을 개발하고 있다. 내 의견으로는 데이터, 계산 능력, 견고한 오래된 개념이 AI 기반 시스템을 개발하는 데 완벽한 핵심 컴포넌트다. 그림 9.6에서 신경망의 간단한 역사를 볼 수 있다.

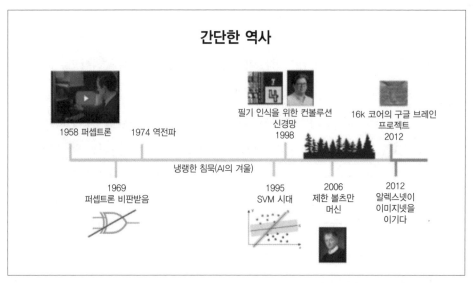

그림 9.6 ANN의 역사(이미지 출처: https://image.slidesharecdn.com/deeplearning-170124234229/95/deep-learning-9-638.jpg?cb=1485303074)

그림 9.7을 보면 신경망의 장기적인 역사를 알 수 있다.

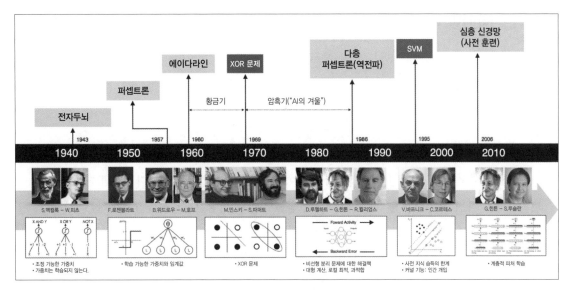

그림 9.7 ANN의 역사(이미지 출처: http://qingkaikong.blogspot.in/2016/11/machine-learning-3-artificial-neural.html)

이제 다음 질문으로 넘어가자. 즉 AI를 어떻게 활용할 수 있을까? 그 대답은 딥러닝으로 비AI 시스템에서 AI를 사용하는 가장 좋은 기술 중 하나다. AI 활성화를 위해 딥러닝을 하지 않는 경우도 있지만, NLP 영역에서는 딥러닝을 통해 AI를 활성화할 수 있다. 일반 지능을 개발하기 위해서 딥러닝을 사용할 수 있다. 우리는 이 기술로부터 아주 희망적인 결과를 얻게 된다. 머신이 인간 얼굴의 움직임을 파악하는 실험으로 시끄러운 환경에서 사람의 음성을 더 정확하게 알아낼 수 있으며 자율주행차, 질의 응답 시스템에 대한 추론은 그 실험 중 일부에 지나지 않는다. 딥러닝 기술은 많은 양의 데이터와 높은 계산 능력을 사용해 주어진 데이터에서 시스템을 훈련시킨다. 많은 양의 데이터에 대해 올바른 학습 모델을 적용하면 신기하고 인상적이며 확실한 결과를 얻게 되는데, 이것이 딥러닝이 요즘 화제가 되고 있는 이유다. 이제 여러분은 딥러닝이 왜 AI 세계의 유행어인지 알 것이다.

9장을 진행하면서 딥러닝 기술에 대해 자세히 살펴보고 딥러닝을 사용해 NLP 애플리케이션을 개발할 것이다.

▍ NLU와 NLG 비교

우리는 3장에서 NLU와 NLG 정의, 세부사항과 차이점을 이미 알아본 적이 있다. 이 절에서는 AI 가능 애플리케이션과 관련해 NLP의 이 두 하위 영역을 비교해보자.

자연어 이해

일찍이 우리는 NLU가 단어, 구, 문장과 같이 언어 구조에 대한 이해를 다루는데 더 초점을 맞춘다는 점을 알게 됐다. NLU는 이미 생성된 NL에 다양한 ML 기술을 적용하는 것을 넘어선다. NLU에서는 구문뿐만 아니라 의미에도 중점을 둔다. 우리는 구문 및 의미와 관련된 다양한 타입의 모호성도 해결하려고 한다. 어휘 모호성, 구문 모호성, 의미 모호성, 화용론 모호성은 이전에 살펴본 적이 있다.

이제 머신이 언어 구조와 의미를 좀 더 정확하고 효율적으로 이해할 수 있도록 AI를 사용할 수 있는 분야를 알아보자. AI와 ML 기술은 NL의 이러한 측면을 해결하는 데 그리 뒤쳐져 있지 않다. 예를 들자면 딥러닝은 기계 번역에서 인상적인 결과를 낸다. 이제 구문 모호성과 의미 모호성을 해결하는 데 딥러닝을 사용할 수 있다. 딥러닝과 word2vec를 사용할 NER 도구가 있다고 가정하면 구문 모호성을 해결할 수 있다. 이것은 하나의 적용일 뿐이지만 파서 결과와 POS 태거도 향상시킬 수 있다.

이제 화용론 모호성에 대해 얘기해볼 텐데, 이 모호성에서는 AGI뿐만 아니라 ASI도 필요하다. 이 모호성은 어떤 문장의 긴 맥락을 이전에 쓰여졌거나 말한 문장으로 이해하려고 할 때 발생하며, 말하기 또는 쓰기에 대한 화자의 의도에 따라서도 달라진다.

화용론적 모호성의 예를 들어보자. 여러분과 여러분의 친구는 대화를 나누고 있는데, 여러분의 친구는 NGO에 가입했고 가난한 학생들을 위해 사회 활동을 하겠다고 오래 전에 여러분에게 말했다. 이제 여러분은 그녀에게 사회 활동이 어떤지 묻는다. 이 경우 여러분의 친구는 여러분이 어떤 사회 활동에 관해서 얘기하는지를 안다. 이것은 인간으로서 우리의 두뇌가 그 정보를 저장할 뿐만 아니라 해당 정보를 가져올 시기, 해석 방법, 가져온 정보가 현재 대화와 관련이 있는지를 알고 있기 때문이다. 여러분과 여러분의 친구는 서로의 질문과 답변의 문맥과 관련성을 이해할 수 있지만 머신은 상황과 화자의 의도를 이해할 수 있는 능력이 없다.

이것이 우리가 지능형 머신에게 기대하는 점이다. 우리는 머신이 이런 종류의 복잡한 상황을 이해하기를 원한다. 화용론적 모호성을 해결할 수 있는 이런 종류의 기능은 MSI에 포함된다. 앞으로는 가능하리라고 확신하지만, 지금은 머신이 AGI를 채택하고 통계 기술을 사용해 의미를 이해하려는 단계에 있다.

자연어 생성

NLG는 NL을 합리적인 방식으로 어떻게 생성할지를 머신에게 가르치려는 영역이다. 이것은 그 자체로 도전적인 AI 작업이다. 딥러닝은 우리가 이러한 종류의 도전 과제를 수행하는 데 정말로 도움이 됐다. 한 가지 예를 들어보겠다. 구글의 새로운 받은 편지함을 사용할 경우, 어떤 메일에 회신할 때 주어진 메일에 대해 문장 형태로 가장 관련성이 높은 응답 3개를 받게 된다. 구글은 수백만 개의 이메일을 이용했고, 딥러닝을 사용해 훈련시킨 NLG 모델을 만들어 해당 메일에 대해 가장 관련 있는 응답을 생성하거나 예측했다. 그림 9.8을 참조하자.

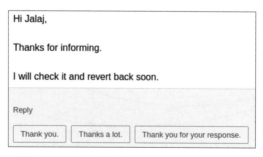

그림 9.8 구글 받은 편지함의 새로운 스마트 응답

이 애플리케이션 외에도 다른 애플리케이션이 있다. 즉 이미지를 보고 나면 머신이 특정 이미지의 캡션을 제공한다. 이것 또한 딥러닝을 사용하는 NLG 애플리케이션이다. 언어를 생성하는 작업은 NL의 생성, 즉 일관성보다 덜 복잡하며 여기에는 AGI가 필요하다.

우리는 딥러닝이란 용어에 대해 많이 이야기했지만, 실제로 그것이 어떻게 동작하고 왜 그렇게 유망할까? 이것에 대해서는 9장의 다음 절에서 알게 될 것이다. 우리는 NLU과 NLG 애플리케이션의 코딩 부분에 대해 살펴본다. 또한 NLU와 NLG 애플리케이션을 처음부터 개발할 것이다. 그에 앞서 ANN과 딥러닝의 개념을 이해해야 한다. 앞으로의 절에서는 수학을 포함시켜 간단하게 보이도록 최선을 다할 것이다. ANN의 세계와 딥러닝에 깊이 뛰어들어보자!

▌ 딥러닝에 대한 간략한 개요

머신 러닝은 AI의 하위 분야이며 딥러닝은 ML의 하위 분야다. 그림 9.9를 참조하자.

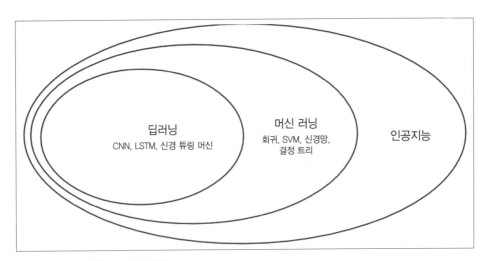

그림 9.9 ML 하위 분야로서의 딥러닝

딥러닝은 한 두 개의 계층이 아닌, **심층 신경망(DNN)**^{deep neural network}이라는 많은 계층으로 된 ANN을 사용한다. DNN을 사용해 동일한 문제에 대한 가능한 결과를 예측함으로써 주어진 문제를 해결할 때 이를 **딥러닝**이라고 한다.

딥러닝은 레이블이 있는 데이터, 또는 레이블이 없는 데이터를 사용할 수 있으므로 지도 기술뿐만 아니라 비지도 기술에도 사용될 수 있다. 딥러닝을 사용하는 주된 의도는 DNN과 엄청난 양의 데이터를 사용해 머신이 특정 작업을 일반화하고 인간만이 생성할 것 같은 결과를 내길 바라는 것이다. 딥러닝에는 기계 번역, 질의 응답 시스템, 요약 등과 같은 NLP의 다양한 문제를 해결할 기술과 알고리즘이 많이 들어간다. NLP 외에도 이미지 인식, 음성 인식, 객체 식별, 필기 인식, 얼굴 인식, 인공 얼굴 생성 같은 다른 애플리케이션 영역을 찾을 수 있다.

딥러닝은 AGI와 ASI를 구축하는 데 전망이 있을 것으로 보인다. 그림 9.10에서 딥러닝을 사용한 애플리케이션을 볼 수 있다.

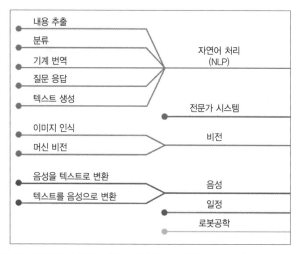

그림 9.10 딥러닝을 사용하는 애플리케이션(이미지 출처: http://www.fullai.org/)

이 절에서는 딥러닝에 대한 간략한 개요를 알아본다. 이 장에서는 딥러닝의 여러 측면을 살펴보지만, 그에 앞서 딥러닝 및 ANN과 관련된 개념을 설명하고자 한다. 이 개념은 여러분이 딥러닝의 전문성을 이해하는 데 도움이 될 것이다.

▌ 신경망의 기본 지식

신경망의 개념은 ML에서 가장 오래된 기술 중 하나다. 신경망은 인간의 두뇌로부터 유도해냈다. 이 절에서는 인간 두뇌의 컴포넌트를 알아보고 나서 ANN을 유도해낼 것이다.

ANN을 이해하려면 먼저 인간 두뇌의 기본 작업 흐름을 이해해야 한다. 그림 9.11을 참조하라.

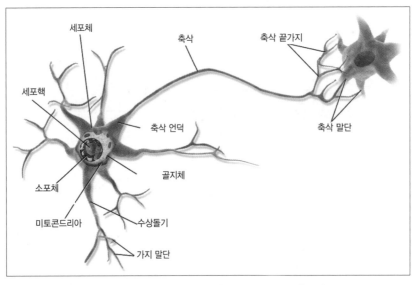

그림 9.11 인간 두뇌의 뉴런(이미지 출처: https://en.wikipedia.org/wiki/File:Blausen_0657_MultipolarNeuron.png)

460

인간의 두뇌는 **뉴런**neuron이라는 수백 억 개의 신경 세포로 이뤄져 있다. 각 뉴런은 다음과 같이 언급되는 세 가지 작업을 수행한다.

- 신호 수신: **수상돌기**dendrites로부터 일련의 신호를 받는다.
- 신호를 세포체로 전달하기로 결정: 정보를 세포체로 전달해야 하는지를 결정하기 위해 신호를 통합한다.
- 신호 전송: 신호 중 일부가 특정 임계 값을 통과하면 **활동 전위**action potential라는 신호를 축색돌기axon를 통해 다음 뉴런 세트로 전송한다.

그림 9.12에서는 생물학적 신경망에서 이 세 가지 작업을 수행하는 데 사용되는 컴포넌트를 보여준다.

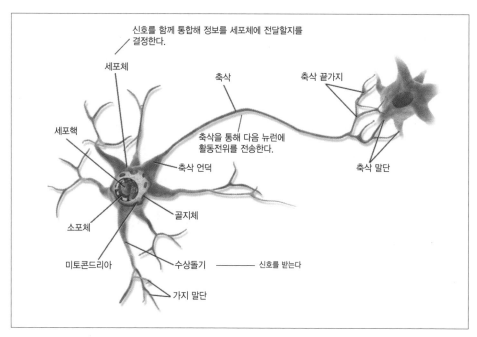

그림 9.12 세 가지 작업을 수행하는 컴포넌트가 나타나 있다.

이것은 우리 두뇌가 어떻게 학습하고 결정을 처리하는지에 대한 아주 간단한 개요다. 이제 다음과 같은 의문이 들 수 있다. 우리는 실리콘이나 그 외 금속 같은 비생물학적 기판을 사용하는 ANN을 만들 수 있을까? 당연히 만들 수 있으며, 많은 컴퓨터와 데이터를 투여함으로써 인간에 비해 훨씬 빨리 문제를 해결할 수 있다.

ANN은 생물학적 영감을 받은 알고리즘이며 데이터세트에서 패턴을 식별하는 것을 학습한다.

9장의 앞부분에서 ANN의 간단한 역사를 본 적이 있지만, 이제 ANN과 그 역사를 자세히 살펴볼 차례다.

뉴런의 첫 번째 계산 모델

1943년 중반, 맥컬록-피츠 연구원은 신경 세포의 첫 번째 계산 모델을 창안했다. 그들의 모델은 아주 간단하다. 이 모델에는 이진 입력binary input을 받아 이를 합하는 뉴런이 있으며, 그 합계가 특정 임계 값을 초과하면 출력은 1이고 그렇지 않으면 출력이 0이다. 그림 9.13에서 이를 표현한 그림을 볼 수 있다.

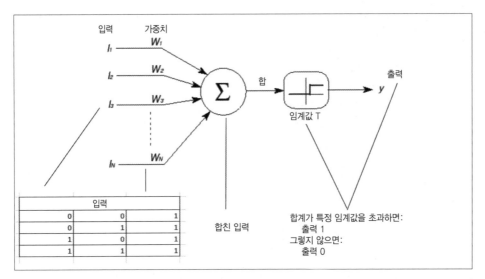

그림 9.13 뉴런에 대한 맥컬록-피츠 계산 모델(NN에 대한 이미지 출처: http://wwwold.ece.utep.edu/research/webfuzzy/docs/kk-thesis/kk-thesis-html/node12.html)

이것은 아주 단순해 보이지만 AI의 초창기에 고안됐기 때문에 이런 종류의 모델을 만들어 낸 것은 정말 큰 사건이었다.

퍼셉트론

뉴런의 첫 계산 모델을 고안한 몇 년 후, 프랭크 로젠블라트라는 심리학자는 맥컬록-피츠 모델이 입력 데이터로부터 학습할 수 있는 메커니즘을 갖고 있지 않다는 사실을 알아냈다. 그래서 그는 뉴런의 첫 번째 계산 모델이라는 아이디어를 바탕으로 신경망을 발명했다. 프랭크 로젠블라트는 이 모델을 **퍼셉트론**으로 불렀다. 이를 **단층 피드포워드 신경망**single-layer feedforward neural network이라고도 부른다. 이 신경망에서 데이터는 오직 한 방향, 즉 순방향으로 흐르기 때문에 이 모델을 피드포워드 신경망이라고 부른다.

이제 주어진 입력에 가중치를 부여하는 개념을 통합한 퍼셉트론의 작동을 이해해보자. 입력 출력 예제의 훈련 세트를 제공하면 주어진 입력 예제의 출력이 무엇인지에 따라 각 훈련 예제의 가중치를 지속적으로 높이거나 낮춰 피처를 훈련시켜야 한다. 이러한 가중치는 수학적으로 입력에 적용되므로 반복할 때마다 출력 예측이 좀 더 정확해진다. 이 모든 과정을 **훈련**이라고 한다. 로젠블라트의 퍼셉트론에 대한 도면을 이해하려면 그림 9.14를 참조하자.

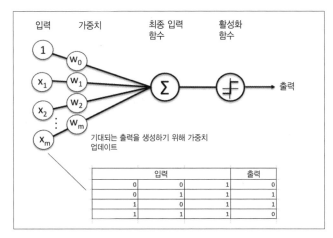

그림 9.14 로젠블라트의 퍼셉트론 도면(NN에 대한 이미지 출처: http://sebastianraschka.com/Articles/2015_singlelayer_neurons.html)

다음 절에서는 경사 하강법, 활성화 함수, 손실 함수와 같은 ANN 관련 수학 개념을 살펴본다. 따라서 수학을 다룰 준비를 하라!

ANN에 대한 수학 개념 이해

ML, ANN, DL이 수학 개념을 많이 사용하기 때문에 이 절은 아주 중요하다. 우리는 가장 중요한 내용을 알게 될 것이다. 여기 개념은 ML, ANN, DL 모델을 최적화하는 데 정말로 도움이 된다. 또한 다양한 타입의 활성화 함수와 어느 활성화 함수를 선택해야 하는지에 대한 팁을 볼 수 있다. 다음과 같은 수학 개념을 알아본다.

- 경사 하강법
- 활성화 함수
- 손실 함수

경사 하강법

경사 하강법은 거의 모든 신경망에서 사용되는 아주 중요한 최적화 기술이다. 이러한 기술을 설명하기 위해 예제를 제시하고자 한다. 각 학생에 대해 학생 점수와 학습 시간의 데이터세트가 있다. 우리는 공부 시간만으로 시험 점수를 예측하려고 한다. 여러분은 ML 선형 회귀 예제처럼 보인다고 말할 것이다. 그렇다. 우리는 선형 회귀를 사용할 것이다. 왜 선형 회귀이며 경사 하강법과는 어떻게 연결할까? 나는 이 질문에 답할 것이며 여러분은 코드와 멋진 시각화를 볼 수 있다.

선형 회귀는 통계 기법을 사용하는 ML 기술이며 두 개의 연속된 양적 변수quantitative variable[1] 사이의 관계를 연구할 수 있다. 여기서 변수는 학생의 점수와 학습 시간이다. 보통 선형 회귀에서는 데이터세트에 가장 적합한 선을 얻으려고 한다. 즉 우리가 수행하는 계산이 무

---

1 정량적 변수라고도 하며 몸무게, 키 등의 양을 가진 변수를 의미한다. – 옮긴이

엇이든 간에 주어진 데이터세트에 가장 적합한 선을 얻는 것이다. 이 최적의 선을 얻는 것이 선형 회귀의 목표다.

경사 하강법과와 선형 회귀의 연결에 대해 얘기해보자. 경사 하강법은 우리가 선형 회귀의 정확도를 최적화하고 손실 또는 오차 함수를 최소화하는 데 사용하는 가장 보편적인 최적화 기술이다. 즉 경사 하강법은 오차 함수를 최소화하고 예측 정확도를 최대화하는 데 도움이 되는 기술이다. 경사 하강법의 수학적 정의는 1차 반복 최적화 알고리즘이다. 이 알고리즘은 경사 하강법을 사용해 함수의 지역 최소값$^{local\ minimum}$을 찾는 데 사용된다. 각 단계는 현재 지점에서 함수의 기울기에 음수를 붙인 값에 비례한다. 실제 예제를 사용해 경사 하강법을 생각해보자. 여러분이 산 정상에 있다가 아름다운 호수가 있는 평지로 내려오려고 하면 아래쪽으로 향하기 시작해야 한다. 하지만 여러분은 어느 방향으로 걸어야 할지 모른다. 이 경우 근처 지형을 관찰하고 지형이 하강하는 쪽을 찾는다. 이렇게 하면 어느 방향으로 나아갈지 알 수 있다. 내려가는 방향으로 첫 걸음을 내딛고 매번 동일한 로직을 따른다면 호수에 도착할 가능성이 커진다. 이는 경사 하강법의 수학 공식을 사용해 수행하는 작업과 똑같다. ML과 DL에서는 최적화 측면에서 모든 사항을 고려하므로 경사 하강법은 시간 경과에 따른 손실 함수를 최소화하는 데 사용되는 기술이다.

다른 예제는 속이 둥글고 깊은 그릇의 한쪽 가장자리에서 작은 공을 굴리는 것이다. 시간이 지나면 공은 속도가 줄어들고 결국 바닥에 멈춘다는 사실을 알 수 있다. 그림 9.15를 참조하자.

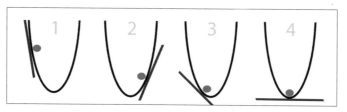

그림 9.15 경사 하강법의 느낌(이미지 출처: https://iamtrask.github.io/img/sgd_optimal.png)

다음 깃허브 링크에 있는 이미지도 확인해보라.

https://github.com/jalajthanaki/NLPython/blob/master/ch9/gradientdescentexample/

gradient_descent_example.gif

이 그림은 경사 하강법을 사용해 최적의 선을 얻는 과정 또는 단계를 보여준다. 이는 코드에서 수행할 작업에 대한 전반적인 아이디어를 제공하는 시각화다. 참고로 말하면 손실 함수, 오차 함수, 비용 함수는 서로 동의어다. 경사 하강법은 **급하강법**steepest descent이라고도 한다.

이제 코드를 살펴보고 진행하는 대로 설명하겠다. 여기서는 예측 모델을 개발하지 않는다. 즉 경사 하강법을 구현하고 이를 이해해본다. 데이터세트와 코드는 https://github.com/jalajthanaki/NLPython/tree/master/ch9/gradientdescentexample에 있다.

우선 데이터세트를 알아보자. 학생들의 시험 점수와 공부 시간에 대한 데이터세트다. 우리는 이 두 속성 간에 관계가 있어야 한다는 점을 알고 있다. 이를 테면 공부하는 양이 적을수록 학생 점수가 떨어지고 공부할수록 점수가 높아진다. 선형 회귀를 사용해 관계를 증명해보자. X 값은 데이터세트의 첫 번째 열, 즉 학생이 공부하는 시간을 의미하며 Y 값은 시험 점수인 두 번째 열을 의미한다. 그림 9.16을 참조하자.

X 점 = 학생의 공부 시간	Y 점 = 시험 점수
32.5023452695	31.7070058466
53.4268040333	68.7775959816
61.5303580256	62.5623822979
47.4756396348	71.5466322336
59.8132078695	87.2309251337
55.1421884139	78.2115182708
52.2117966922	79.6419730498
39.2995666943	59.1714893219
48.1050416918	75.3312422971

그림 9.16 데이터세트의 샘플 데이터

우리의 데이터세트와 기본 하이퍼 매개변수를 읽을 주요 함수를 정의하자. 우리는 오차와 실제 경사 하강법을 계산하는 데 사용할 함수도 호출했다. 그림 9.17에서 부분 코드를 볼 수 있다.

```python
def run():
    # Step 1 : Read data

    # genfromtext is used to read out data from data.csv file.
    points = genfromtxt("/home/jalaj/PycharmProjects/NLPython/NLPython/ch9/gradientdescentexample/data.csv", delimiter=",")

    # Step2 : Define certain hyperparameters

    # how fast our model will converge means how fast we will get the line of best fit.
    # Converge means how fast our ML model get the optimal line of best fit.
    learning_rate = 0.0001
    # Here we need to draw the line which is best fit for our data.
    # so we are using y = mx + b ( x and y are points; m is slop; b is the y intercept)
    # for initial y-intercept guess
    initial_b = 0
    # initial slope guess
    initial_m = 0
    # How much do you want to train the model?
    # Here data set is small so we iterate this model for 1000 times.
    num_iterations = 1000
```

그림 9.17 경사 하강법의 부분 코드

그림 9.18에서 그 출력을 볼 수 있다.

```python
    # Step 3 - print the values of b, m and all function which calculate gradient descent and errors
    # Here we are printing the initial values of b, m and error.
    # As well as there is the function compute_error_for_line_given_points()
    # which compute the errors for given point
    print "Starting gradient descent at b = {0}, m = {1}, error = {2}".format(initial_b, initial_m,
            compute_error_for_line_given_points(initial_b, initial_m, points))
    print "Running..."

    # By using this gradient_descent_runner() function we will actually calculate gradient descent
    [b, m] = gradient_descent_runner(points, initial_b, initial_m, learning_rate, num_iterations)

    # Here we are printing the values of b, m and error after getting the line of best fit for the given dataset.
    print "After {0} iterations b = {1}, m = {2}, error = {3}".format(num_iterations, b, m, compute_error_for_line_given_points(b, m, points))

if __name__ == '__main__':
    run()
```

그림 9.18 경사 하강법의 출력

그림 9.18에서 볼 수 있듯이 우리는 다음과 같이 두 개 함수를 호출했다.

compute_error_for_line_points( )은 실제 값과 예측 값 사이의 오차를 계산하고, gradient_descent_runner( )는 그레디언트를 계산한다. 오차를 계산하고 나서 그레디언트를 계산하는 방법을 먼저 알아야 한다.

오차 또는 손실 계산

ML 알고리즘의 오차를 계산하는 방법은 여러 가지가 있지만 9장에서는 가장 일반적인 기법인 거리 오차 제곱$^{squared\ distance\ error}$의 합을 사용한다. 이제 세부사항으로 바로 들어가보자.

이 오차 함수는 어떤 일을 할까? 우리의 목표를 떠올려보자. 즉 우리는 데이터세트에 대해 최적의 선을 원한다. 그림 9.19를 보면 이것은 직선의 기울기 방정식이다. 여기서 m은 선의 기울기이고, b는 y 절편이며 x와 y는 데이터 점이다. 우리의 경우 x는 학생이 공부 시간이고, y는 시험 점수다. 그림 9.19를 보자.

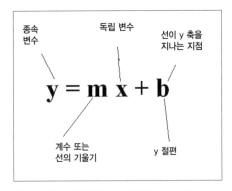

그림 9.19 직선의 방정식(이미지 출처: https://www.tes.com/lessons/Xn3MVjd8CqjH-Q/y-mx-b)

이 식을 사용해 선을 그릴 텐데, 기울기 m과 y 절편 b의 무작위 값으로 시작한다면 첫 번째 열 데이터 점을 x값으로 넣어 y값을 얻을 수 있다. 훈련 자료에는 이미 y값이 있는데, 이는 우리가 각 학생의 시험 점수를 알고 있다는 뜻이다. 따라서 각 학생에 대해 오차를 계산해야 한다. 매우 직관적인 예를 들어보자. 우리는 설명을 위한 더미 값$^{dummy\ value}$으로 작업할 것이다. 임의 값 m과 b를 넣어 y값 41.0을 얻는다고 하자. 이제 y의 실제 값, 즉 52.5를 가지면 예측 값과 실제 값의 차이는 11.5다. 이것은 하나의 데이터 점일 뿐이지만 모든 데이터 점에 대해 계산해야 한다. 그래서 이런 종류의 오차 계산을 하기 위해 우리는 거리 오차 제곱의 합을 사용한다.

그렇다면 거리 오차 제곱의 합을 어떻게 계산하고 왜 거리 오차 제곱의 합을 사용할까?

첫 번째 질문부터 시작해보면, 거리 오차 제곱의 합을 계산하는 식은 그림 9.20에 나와 있다.

$$\text{Error}_{(m,b)} = \frac{1}{N} \sum_{i=1}^{N} (y_i - (mx_i + b))^2$$

그림 9.20 거리 오차 제곱의 합 계산식(이미지 출처: https://spin.atomicobject.com/wp-content/uploads/linear_regression_error1.png)

보다시피 마지막 부분인 $mx_i + b$는 m과 b의 무작위 값을 선택해 그려진 선이며, 실제로 $mx_i + b$ 대신 y를 넣을 수 있다. 여기서는 원래 y값과 생성된 y값의 차이를 계산한다. 우리는 각 데이터 점에 대해 원래 y값에 생성한 y값을 빼고 나서 이 값을 제곱할 것이다. 제곱을 하는 이유는 덧셈할 때 음수가 나오지 않게 위해서이며, 제곱한 후에는 전체 크기를 측정할 것이다. 이 전체적인 크기를 최소화하려고 시도하기 때문에 우리는 실제 값을 원하지 않는다. 다시 앞의 식으로 돌아가보자. 원래의 y값과 생성된 y값의 차이에 대한 제곱을 계산했다. 이제 이 모든 점에 대해 합계를 수행한다. 시그마 기호를 사용하는데 이 기호는 데이터세트의 모든 데이터 점에 대한 합계 연산을 나타낸다. 이렇게 오차 크기를 나타내는 합계 값이 나오므로 이 값을 데이터 점의 총 수로 나눈다. 그러면 우리가 원하는 실제 오차 값을 얻게 된다.

깃허브 링크 https://github.com/jalajthanaki/NLPython/blob/master/ch9/gradientdescentexample/gradient_descent_example.gif에서 애니메이션 이미지를 볼 수 있다.

우리의 데이터세트에 대한 최적의 선을 생성하기 위해 반복마다 선이 움직이는 것을 볼 수 있다. 오차 값에 따라 m과 b값을 업데이트할 것이다. 이제 각 타임스탬프에 대해 선은 정지하게 되며 우리는 오차를 계산해야 한다. 그림 9.21을 참조하자.

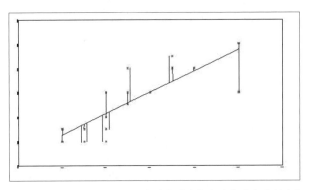

그림 9.21 주어진 타임스탬프에서 선과 데이터 점 간의 거리 계산(이미지 출처: http://statutor.org/c3/glmregression/IMAG004.JPG)

우리는 주어진 식에 따라 우리의 직관적인 예제와 식을 기술적인 방식으로 표현해야 한다. 여기서는 각 데이터 점으로부터 선까지 그린 거리를 계산해서 제곱하고 모두 합한 다음 전체 점 개수로 나눈다. 따라서 반복마다, 또는 타임 스탬프가 끝날 때마다 오차 값을 계산해서 직선이 얼마나 나쁜지 좋은지를 알 수 있다. 선이 좋지 않으면 우리는 최적의 선을 얻기 위해 m과 b의 값을 업데이트한다. 그래서 오차 값을 보면 최적의 선을 생성하기 위해 개선 가능성이 있는지 여부를 알 수 있다. 결국 최적의 선을 생성하려면 여기의 오차 값을 최소화해야 한다. 그러면 어떻게 이 오차를 최소화해서 최적의 선을 생성할 수 있을까? 이를 위한 다음 단계를 **경사 하강법**이라고 부른다.

오차 제곱의 합계를 사용하는 몇 가지 이유는 선형 회귀에 대해서 이 방법이 오차를 계산하는 가장 보편적인 기술이라는 점이다. 대형 데이터세트가 있는 경우에도 이 방법을 사용할 수 있다.

코딩 부분을 살펴보고 나서 경사 하강법 계산의 핵심 부분으로 넘어가자. 그림 9.22의 부분 코드를 참조하자.

```
# y = mx + b
# m is slope, b is y-intercept
# here we are calculating the sum of squared error by using the equation which we have seen in the book.
def compute_error_for_line_given_points(b, m, points):
    totalError = 0
    for i in range(0, len(points)):
        x = points[i, 0]
        y = points[i, 1]
        totalError += (y - (m * x + b)) ** 2
    return totalError / float(len(points))
```

그림 9.22 제곱의 합을 계산하기 위한 부분 코드

이제 경사 하강법을 계산하는 다음 단계를 알아보자.

경사 하강법 계산

이 절에서는 오차 함수를 사용해 최적의 선을 생성하기 위해 선을 업데이트해야 하는지는 알고 있지만, 선을 어떻게 업데이트하는지에 대해 의문이 들 때 살펴볼 내용을 설명한다. 이 오차를 어떻게 최소화해 최적의 선을 생성할 것인가? 이 질문에 답하기 위해 우선 경사 하강법과 코딩 부분에 대해 기본적인 이해를 알아보는데, 코딩 부분에서 마지막 하나 남은 함수가 gradient_descent_runner( )이다. 그림 9.23을 참조하자.

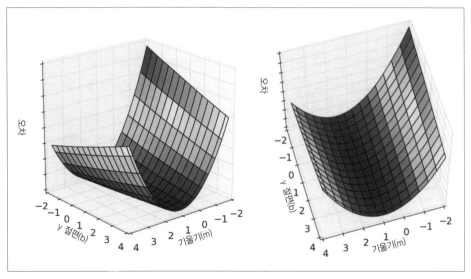

그림 9.23 경사 하강법 이해를 위한 3D 그래프(이미지 출처: https://spin.atomicobject.com/wp-content/uploads/gradient_descent_error_surface.png)

그림 9.23에서 볼 수 있듯이 이 그래프는 3차원 그래프다. 이 두 그래프는 동일하고, 시야 각만 다를 뿐이다. 따라서 이들 그래프는 기울기 m, y 절편 b, 오차의 가능한 모든 값을 보여준다. 이것들은 m, b, 오차를 포함하는 3개 값의 쌍이다. 여기서 x축은 기울기 값이고, y축은 y 절편이며, z축은 오차 값이다. 우리는 오차가 가장 적은 지점을 구하려고 한다. 그래프를 자세히 보면 곡선의 맨 아래에서 오차 값이 가장 작다는 사실을 알 수 있다. 그 값이 가장 작은 점을 ML에서는 **지역 극소점**local minima이라고 한다. 복잡한 데이터세트에서는 여러 개의 지역 극소점을 찾을 수 있다. 여기서 우리의 데이터세트는 간단하므로 하나의 지역 극소점만 있다. 여러 개의 지역 극소점이 있는 복잡한 고차원 데이터세트가 있다면 2차 최적화를 수행해서 정확도를 높이기 위해 어느 지역 극소감을 선택해야 할지 결정해야 한다. 이 책에서는 2차 최적화를 알아보지 않는다. 이제 그래프를 다시 살펴보는데 가장 작은 오차 값이 있는 지점을 눈으로 알아볼 수 있을 것이며, 그 점이 바로 y 절편의 이상적인 값인 b와 기울기 값 m도 알려준다. b와 m에 대한 이상적인 값을 구하면 y=mx+c 식에다 이들 값을 넣어 최적의 선을 얻는다. 이 방법이 최적의 선을 얻는 유일한 방법은 아니지만, 나중에 DL에서 이 개념을 사용할 수 있도록 경사 하강법에 대한 기본 아이디어로 참고할 만하다.

이제 눈으로는 오차가 가장 작은 지점을 볼 수 있지만, 이 지점에 어떻게 도달할 것인가? 그 대답은 경사를 계산하는 것이다. 경사는 기울기slope라고도 하지만 기울기 값 m이 아니므로 혼동하지 말라. 우리는 가장 작은 오차 지점으로 가는 방향으로 기울기에 대해 얘기한다. 따라서 어떤 b값과 어떤 m값을 갖고 매 반복 후에, 가장 작은 오차 값 점에 도달할 수 있게 이러한 b값과 m값을 업데이트한다. 따라서 3차원 이미지의 관점에서 여러분이 곡선의 맨 위에 있다면 반복할 때마다 경사와 오차를 계산한 다음 m과 b값을 업데이트해 곡선의 맨 아래에 도달시킨다. 곡선의 바닥에 도달해야 하는데 경사 값을 계산해 다음 단계로 나아가야 할 방향에 대한 아이디어를 얻는다. 따라서 경사는 최소 오차 점에 도달하기 위해 위쪽 아래쪽 상관 없이 이동할 방향을 계속 알려주는 접선인데, 이렇게 해서 이상적인 b와 m값을 얻어 최적의 선을 생성하게 된다. 그림 9.24를 참조하자.

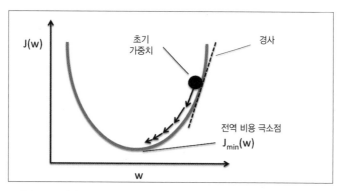

그림 9.24 경사 값과 방향(이미지 출처: https://sebastianraschka.com/images/faq/closed-form-vs-gd/ball.png)

이제 경사 하강법 계산의 마지막 식을 알아보자. 그림 9.25에서는 오차 함수의 편미분일 뿐인 경사 하강법 식을 볼 수 있다. 경사 하강법을 계산하기 위해 오차 제곱의 합에 대한 식에 m과 b로 편미분을 했다. 결과는 그림 9.25에 나타나 있다.

$$\frac{\partial}{\partial m} = \frac{2}{N}\sum_{i=1}^{N} -x_i(y_i - (mx_i + b))$$

$$\frac{\partial}{\partial b} = \frac{2}{N}\sum_{i=1}^{N} -(y_i - (mx_i + b))$$

그림 9.25 경사 하강법 계산을 위한 식(이미지 출처: https://spin.atomicobject.com/wp-content/uploads/linear_regression_gradient1.png)

왼쪽 ∂ 기호는 편미분 기호다. 여기서 오차 함수에 변수 m으로 편미분하고, 두 번째 식에서는 변수 b으로 편미분했기 때문에 두 개의 식이 나왔다. 이들 두 식으로 b와 m의 업데이트된 값을 얻는다.

경사를 계산하려면 오차 함수의 편미분을 유도해야 한다. ML과 DL의 몇 가지 문제때문에 우리는 오차 함수의 편미분을 알지 못하는데, 이 말은 경사를 구할 수 없다는 뜻이다. 따라서 우리는 이런 종류의 함수를 어떻게 처리해야 할지 모른다. 오차 함수는 미분 가능해야 하는데 즉 오차 함수는 편미분돼야 한다. 여기서 또 다른 점은 선형 방정식을 사용하는 것인데, 고차원 데이터를 가진 경우에 오차 함수를 알고 있으면 비선형 함수를 사용할 수 있다. 경사 하강법은 처음 시작부터 극소값이 나오지 않는다. 경사는 양수 값, 또는 음수 값으로 업데이트하는지에 상관없이 m과 b값을 업데이트하는 방법을 알려준다. 경사를 통해 m과 b값을 어떻게 업데이트하는지 알게 되는데, 이 말은 경사를 계산하면 가장 작은 오차 값과 m과 b에 대한 최적 값을 얻는 방향으로 이동해서 해당 점을 얻는다는 뜻이다.

이제 코드로 다시 이동해 경사 하강법을 마무리할 차례다. 그림 9.26을 참조하자.

```python
def step_gradient(b_current, m_current, points, learningRate):
    b_gradient = 0
    m_gradient = 0
    N = float(len(points))
    for i in range(0, len(points)):
        x = points[i, 0]
        y = points[i, 1]
        # Here we are coding up out partial derivatives equations and
        # generate the updated value for m and b to get the local minima
        b_gradient += -(2/N) * (y - ((m_current * x) + b_current))
        m_gradient += -(2/N) * x * (y - ((m_current * x) + b_current))
    # we are multiplying the b_gradient and m_gradient with learningrate
    # so it is important to choose ideal learning rate if we make it to high then our model learn nothing
    # if we make it to small then our training is to slow and there are the chances of over fitting
    # so learning rate is important hyper parameter.
    new_b = b_current - (learningRate * b_gradient)
    new_m = m_current - (learningRate * m_gradient)
    return [new_b, new_m]

def gradient_descent_runner(points, starting_b, starting_m, learning_rate, num_iterations):
    b = starting_b
    m = starting_m
    for i in range(num_iterations):
        # we are using step_gradient function to calculate the actual partial derivatives for error function
        b, m = step_gradient(b, m, array(points), learning_rate)
    return [b, m]
```

그림 9.26 실제 경사 강하법 실행기 함수의 부분 코드

이 코드에서는 m_gradient와 b_gradient에 학습 비율을 곱했으므로 학습 비율은 중요한 하이퍼 매개변수다. 그 값을 선택하는 동안 주의하라. 아주 높은 값을 선택하면 모델이 전혀 훈련되지 않을 수 있다. 아주 낮은 값을 선택하면 훈련하는 데 많은 시간이 걸리고 과적합할 가능성이 있다. 그림 9.27을 보면 좋은 학습 비율이란 어떤 것인지 금방 알 수 있다.

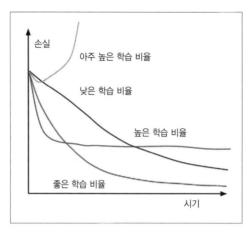

그림 9.27 학습 비율 느낌(이미지 출처: http://cs231n. github.io/assets/nn3/learningrates.jpeg)

이것은 선형 회귀와 경사 하강법의 코딩 부분에 대한 내용이다. 코드를 실행하면 그림 9.28과 같은 출력을 볼 수 있다.

```
Starting gradient descent at b = 0, m = 0, error = 5565.10783448
Running...
After 1000 iterations b = 0.0889365199374, m = 1.47774408519, error = 112.614810116
```

그림 9.28 부분 코드의 출력

경사 하강법에는 몇 가지 타입이 있으므로 알아보겠지만 자세히 살펴보지는 않는다. 여러분은 모멘텀, 아다그라드Adagrad, 아담Adam 등의 경사 하강법을 둘러볼 수 있다.

 더 많은 내용을 알고 싶으면 다음의 링크가 도움이 될 것이다.

https://www.analyticsvidhya.com/blog/2017/03/introduction-to-gradient-descent-algorithm-along-its-variants/

이제 활성화 함수를 이해할 차례다. 그렇다면 시작하자!

활성화 함수

먼저 활성화 함수를 보자. ANN의 어느 단계에서 이 활성화 함수를 사용할지 알아본다. 퍼셉트론에 대한 논의에서 신경망은 특정 임계 값을 초과하면 1의 출력을 생성한다고 말했는데, 그렇지 않으면 출력은 0이 될 것이다. 임계 값을 계산하고 그 임계 값을 기반으로 출력을 생성하는 이런 전체 메커니즘은 활성화 함수로 처리된다.

활성화 함수는 0과 1 사이의 값을 제공할 수 있다. 이후로 임계 값을 사용해 출력값 1, 또는 출력값 0을 생성할 수 있다. 임계 값이 0.777이고 활성화 함수 출력이 0.457이라고 가정하면 결과 출력은 0이 된다. 활성화 함수 출력이 0.852이면 결과 출력은 1이 된다. 따라서 ANN에서 활성화 함수가 작동하는 방식은 다음과 같다.

일반적으로 신경망에서는 각 뉴런에 대해 특정 가중치와 입력 값이 있다. 우리는 그 값을 합해 가중치 적용 합계 값을 생성한다. 이들 값이 비선형 함수non-linear function를 거치면 이 비선형 함수는 특정수의 뉴런을 활성화해 복잡한 작업에 대한 출력을 얻는다. 특정 비선형 수학 함수를 사용하는 뉴런의 활성화 과정을 **활성화 함수**activation function, 또는 **전달 함수**transfer function라고 한다. 활성화 함수는 특정 수학 연산을 사용해 입력 노드를 출력 노드에 특정 방식으로 매핑한다.

ANN에서 활성화 함수를 사용하는 목적은 네트워크에 비선형성non-linearity을 도입하는 것이다. 단계별로 이 단계를 알아보자.

ANN의 구조에 집중해보자. 이 ANN 구조는 다음과 같이 세 부분으로 나눌 수 있다.

- **아키텍처**: 아키텍처는 ANN에서 뉴런과 계층의 배치를 결정한다.
- **활동**: 복잡한 작업의 출력을 생성하기 위해서는 뉴런의 활동을 관찰해야 한다(하나의 뉴런이 복잡한 행위를 만들어내기 위해 다른 뉴런에 어떻게 반응하는가).
- **학습 규칙**: ANN이 출력을 생성할 때, 출력을 최적화하기 위해 오차 함수를 사용해 타임스탬프마다 ANN 가중치를 업데이트해야 한다.

활성화 함수는 활동 부분의 일부다. 앞서 언급했듯이 우리는 ANN에 비선형성을 도입한다. 그 이유는 비선형성이 없으면 ANN이 복잡한 작업을 해결하기 위해 복잡한 행위를 만들어낼 수 없기 때문이다. DL에서는 대부분의 시간에 복잡한 행위를 얻기 위해 비선형 활성화 함수를 사용한다. 그 외에도 우리는 입력을 비선형 방식으로 출력에 매핑할 것이다.

여러분이 비선형 활성화 함수를 사용하지 않을 거라면 행렬을 돌려야 하기 때문에 ANN은 복잡한 작업에 대해 유용한 출력을 제공하지 않는다. 그리고 ANN에서 선형 활성화 함수와 함께 둘 이상의 계층을 사용하면 모든 계층으로부터 입력 값, 가중치, 편향을 합한 출력을 얻게 된다. 이 출력으로 또 다른 선형 함수가 나오는데, 이 말은 이 선형 함수가 다중 계층 ANN의 행위를 단일 계층 ANN으로 변환한다는 뜻이다. 이런 종류의 행위는 복잡한 작업을 해결하는 데 전혀 도움이 되지 않는다.

나는 연결주의connectionism의 아이디어를 강조하고 싶다. ANN에서의 연결주의란 인간의 두뇌와 마찬가지로 서로 상호연결되어 복잡한 행위를 만드는 뉴런을 사용하는 방법인데, ANN에 비선형성을 도입하지 않으면 이런 종류의 행위를 달성할 수 없다. 활성화 함수를 이해하기 위해 그림 9.29를 살펴보자.

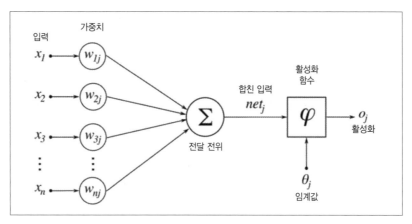

그림 9.29 활성화 함수가 있는 ANN(이미지 출처: https://cdn-images-1.medium.com/max/800/0*bWX2_ecf3l6lKyVA.png)

여기서는 위의 이미지에서 언급한 다음 함수를 다룬다.

- **전달 전위**: 입력과 가중치를 집계하는 함수다. 좀 더 구체적으로 말하면 이 함수는 입력과 가중치의 덧셈을 수행한다.
- **활성화 함수**: 이 함수는 전달 전위 함수의 출력을 입력으로 받아서 활성화 함수를 사용해 비선형 수학 변환을 적용한다
- **임계 값 함수**: 활성화 함수에 따라 임계 값 함수는 뉴런을 활성화하거나 활성화하지 않는다

전달 전위transfer potential는 입력의 내적dot product을 연결의 가중치로 합산하는 간단한 합계 함수다. 그림 9.30에서 이 식을 볼 수 있다.

$$\sum_{i=1}^{n} x_i * w_i$$

그림 9.30 전달 전위에 대한 합계식(이미지 출처: https://cdn-images-1.medium.com/max/800/0*005k9F1JxQ0oKEeM.png)

이 전달 전위는 일반적으로 내적이지만, 다중 2차 함수multi-quadratic function 같은 수학식을 사용할 수 있다.

반면 활성화 함수는 미분 가능하고 비선형 함수여야 한다. 우리가 오차 경사error gradient를 계산할 수 있게 미분 가능해야 하며, 이 함수는 신경망에서 복잡한 행위를 얻기 위해 비선형 특성을 가져야 한다. 대체로 우리는 시그모이드 함수를 활성화 함수로 사용할 텐데, 이 함수는 전달 전위 출력값을 입력으로 사용해 최종 출력을 계산한 후 실제 출력과 생성된 출력 사이의 오차를 계산한다. 그런 다음 우리는 ANN 연결의 가중치를 업데이트하기 위해 역전파 최적화 전략 적용뿐만 아니라 오차의 경사 계산에 대한 개념을 사용한다.

그림 9.31은 **로짓**logit이라고도 부르는 세타로 전달 전위 함수를 표현하는데, 다음과 같이 로지스틱 시그모이드 활성화 함수식에서 이를 사용한다.

$$\theta = \sum_{i=1}^{n} X_i * W_i$$

그림 9.31 로짓 값 형태의 전달 전위 출력(이미지 출처: https://cdn-images-1. medium.com/max/800/0*mPYW0-FKPTOSACPP.png)

그림 9.32에서 로지스틱 시그모이드 함수식을 볼 수 있다.

$$f(\theta) = \frac{1}{1 + e^{-\theta}}$$

그림 9.32 로지스틱 시그모이드 활성화 함수(이미지 출처: https://cdn-images-1. medium.com/max/800/0*SwSxznoodb2762_9.png)

활성화 함수의 이면에 있는 전체 아이디어는 두뇌 속에서 뉴런이 서로 통신하는 방식으로 대략 모델링된다. 특정 임계 값에 도달하면 각 뉴런은 활동 전위를 통해 활성화된다. 그때 우리는 뉴런이 활성화하는지 여부를 알게 된다. 활성화 함수는 뇌의 활동 전위의 급상승 을 시뮬레이션한다. **심층 신경망(DNN)**deep neural nets은 **범용 근사자**universal approximator 함수라고 부르는데, 그 이유는 어느 경우에나 아무 함수를 계산할 수 있기 때문이다. 이 함수는 미 분 가능 선형 함수뿐만 아니라 비선형 함수를 계산할 수 있다. 이제 이 활성화 함수를 언 제 사용할지 궁금할 텐데 다음 단락에서 설명하겠다.

사용 가능한 다양한 활성화 함수가 있지만 이것을 사용할 때는 조심하라. 새롭고 멋지게 들린다고 아무거나 사용해서는 안 된다. 여기서는 여러분이 어떤 함수를 사용해야 할지 아 는 방법에 대해 얘기해 보겠다. 사용 가능한 여러 다른 활성화 함수가 있지만 우리는 3개의 주요 활성화 함수를 알아볼 텐데, 그 이유는 이 함수가 DL에서 폭넓게 사용되기 때문이다.

3개의 활성화 함수는 다음과 같다.

- 시그모이드
- Tanh
- ReLU와 그 변형

시그모이드

시그모이드 함수는 수학 개념으로 이해하기 쉽다. 수학 공식은 그림 9.33에 나타나 있다.

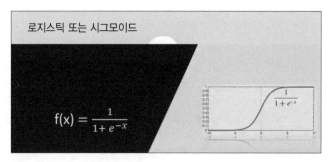

그림 9.33 시그모이드 함수식(이미지 출처: https://cdn-images-1. medium.com/max/800/1*QHPXkxGmlyxn7mH4BtRJXQ.png)

그림 9.33에서 볼 수 있듯이 시그모이드 함수는 주어진 식을 사용해 넣은 수를 0과 1 사이의 범위로 제한해 버린다. 이 함수는 s자 모양의 곡선을 만든다.

이 함수는 활성화 함수로 ANN에서 사용되는 최초 함수인데 그 이유는 뉴런의 점화 비율$^{firing\ rate}$[2]로 해석될 수 있기 때문이다(0은 점화되지 않음을 의미하고, 1은 완전히 점화됐음을 의미한다). DNN용으로 이 활성화 함수를 사용할 때는 이 함수에 몇 가지 제한 사항이 있는데 이런 이유로 요즘에는 덜 사용한다.

이 함수의 기본적인 문제는 다음과 같다.

- 경사가 사라지는 문제가 있다.
- 수렴 비율이 느리다.
- 0 중심의 함수가 아니다.

각 문제를 자세히 알아보자.

---

2 뉴런은 전기적인 생화학 점화 방식에 의해 흥분을 전달한다. – 옮긴이

사라지는 경사 문제: 특정 ANN을 경사 기반 방법으로 훈련시킬 때, 주로 역전파가 사용된 ANN에서 이 문제를 발견할 수 있다. 이 문제는 ANN에서 이전 계층의 매개변수를 학습하고 튜닝하는 것을 정말로 어렵게 만든다. 여러분이 ANN에 더 많은 계층을 추가할 때 이것은 더 문제가 된다. 현명하게 활성화 함수를 선택한다면 이 문제를 해결할 수 있다. 먼저 문제에 대한 세부사항을 언급하고 나서 그 원인을 논의하겠다.

경사 기반 방법은 입력 매개변수와 가중치의 작은 변화가 NN의 출력에 미치는 영향을 이해함으로써 매개변수의 값을 학습한다. 이 경사가 너무 작으면 매개변수의 변경으로 인해 ANN 출력에 아주 작은 변화가 발생한다. 이 경우 얼마간 반복한 후에 ANN은 매개변수를 효과적으로 학습할 수 없으며 원하는 방식으로 수렴하지 않는다. 이것이 경사가 사라지는 문제를 일으킨다. 초기 계층의 매개변수에 대한 망 출력의 경사는 아주 작아진다. 입력 계층과 가중치의 매개변수 값에 큰 변화가 있더라도 출력에 큰 영향을 미치지 않는다고 말할 수 있다.

시그모이드 함수도 똑같은 문제에 직면할 수 있기 때문에 이 모든 세부사항에 대해 얘기한다. 가장 기본적인 것은 이런 사라지는 경사 문제가 활성화 함수의 선택에 달려있다는 점이다. 시그모이드는 비선형 방식으로 입력을 작은 범위의 출력으로 축소시킨다. 시그모이드 함수에 실수를 지정하면 해당 숫자가 [0,1]의 범위로 줄어든다. 따라서 넓은 영역의 입력 공간이 아주 작은 범위로 매핑된다. 심지어 입력 매개변수가 크게 변경돼도 출력은 아주 작은 변화만 발생하는데, 그 이유는 이 영역의 경사가 작기 때문이다. 시그모이드 함수의 경우 뉴런이 0, 또는 1에 가깝게 되면 이 영역의 기울기는 0에 아주 근접한다. 역전파 동안에는 이런 지역 경사에 각 계층의 출력 게이트의 경사를 곱한다. 따라서 첫 번째 계층은 큰 입력 영역에 매핑하면 매우 작은 경사뿐만 아니라 첫 번째 계층의 출력에서 아주 작은 변화만 얻게 된다. 이 작은 변화가 다음 계층으로 넘어가면 두 번째 계층의 출력에서는 더 작은 변화가 만들어진다. DNN의 경우 몇 개의 계층을 거치면 출력에 아무 변화가 없게 된다. 이것이 시그모이드 활성화 함수의 문제점이다.

사라지는 경사 문제는 다음 링크에서 자세히 알 수 있다.

https://ayearofai.com/rohan-4-the-vanishing-gradient-problem-ec68f76ffb9b

낮은 수렴 비율: 사라지는 경사 문제 때문에 시그모이드 활성화 함수가 있는 ANN이 아주 느리게 수렴하기도 한다.

사라지는 경사 문제를 자세히 알고 싶다면 다음 링크를 확인하라.

https://cs224d.stanford.edu/notebooks/vanishing_grad_example.html

0 중심이 아닌 함수: 시그모이드 함수는 0 중심의 활성화 함수가 아니다. 이 말은 시그모이드 함수의 출력 범위가 [0,1]라는 의미인데, 그러면 함수의 출력값이 항상 양수로 나오기 때문에 가중치의 경사가 모두 양수로 되거나 모두 음수로 돼버린다. 이렇게 되면 경사 업데이트가 한쪽 방향으로만 이동하게 되어 최적화가 어려워진다.

이런 한계로 인해 최근에는 DNN에서 시그모이드 함수를 사용하지 않는다. 다른 함수를 사용해 이들 문제를 해결할 수 있지만, ANN의 마지막 계층에서만 시그모이드 활성화 함수를 사용할 수도 있다.

TanH

시그모이드 함수의 문제를 극복하기 위해 하이퍼볼릭 **탄젠트 함수(TanH)**hyperbolic tangent function라는 활성화 함수를 도입할 것이다. TanH의 방정식은 그림 9.34에 나타나 있다.

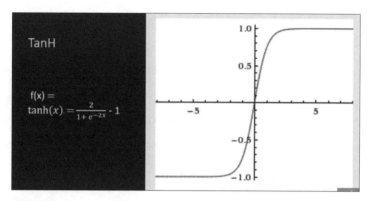

그림 9.34 Tanh 활성화 함수식(이미지 출처: https://cdn-images-1.medium. com/max/800/1*HJhu8BO7KxkjqRRMSaz0Gw.png)

이 함수는 [−1, 1]의 범위에서 입력 영역을 축소해서 0을 출력의 중심에 두기 때문에 최적화가 더 쉬워진다. 이 함수에는 앞서 언급한 경사 문제도 없어지므로 다른 활성화 함수를 알아볼 필요가 없다.

ReLu와 그 변종

정류형 선형 유닛(ReLu) Rectified Linear Unit은 업계에서 가장 인기 있는 함수다. 그림 9.35의 함수식을 보자.

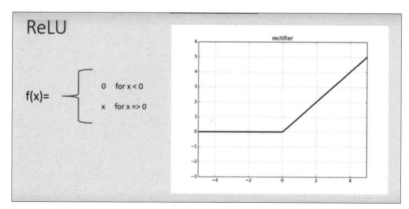

그림 9.35 ReLu 활성화 함수식(이미지 출처: https://cdn-images-1.medium.com/ max/800/1*JtJaS_wPTCshSvAFlCu_Wg.png)

ReLu 수학식을 보면 max(0, x)라는 것을 알게 될 텐데, 이는 x가 0보다 작으면 값이 0이고 x가 0이상이면 기울기가 1인 직선이라는 뜻이다. 크리제브스키[Krizhevsky]라는 연구원은 이미지 분류에 대한 논문을 발표하며 ReLu를 활성화 함수로 사용해 6배 빠른 수렴 속도를 얻었다. 이 연구 보고서는 http://www.cs.toronto.edu/~fritz/absps/imagenet.pdf를 통해 읽을 수 있다. 이 함수는 간단해서 복잡한 연산을 필요로 하지 않으므로 시그모이드와 TanH에 비해 부담이 적다. 이런 점이 이 함수를 더 빨리 학습하는 이유가 된다. 이 외에도 사라지는 경사 문제도 없다.

이 활성화 함수는 DNN의 각 계층에서 적용하곤 했다. 요즘 ReLu는 대부분의 DNN에 사용되지만 DNL의 은닉 계층에도 적용된다. softmax 함수는 각 클래스에 대한 확률을 제공하기 때문에 분류 문제를 해결하려면 출력 계층은 softmax를 사용해야 한다. 우리는 word2vec 알고리즘에서 softmax 활성화 함수를 사용한 적이 있다. 회귀 문제가 있는 경우, 신호가 변경되지 않기 때문에 출력 계층은 선형 함수를 사용해야 한다.

ReLu의 이러한 모든 장점 외에도 하나의 문제가 있다. 즉 신경망의 일부 유닛이 훈련 중에 망가지거나 죽을 수 있다는 점인데, 이 말은 ReLu 뉴런을 통과하는 큰 경사로 인해 가중치 업데이트가 어느 데이터 점을 다시 활성화시키지 못하게 할 수 있다는 뜻이다. 그래서 그 뉴런을 통과하는 경사는 그 점에서 항상 0이 된다. ReLu의 이런 한계를 극복하기 위해 ReLu의 변형인 Leaky ReLu가 도입됐다. x가 0보다 작을 때(x < 0) Leaky ReLu는 0이 되는 것이 아니라 양수의 작은 기울기를 가진다. 그림 9.36을 보자.

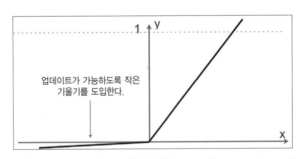

그림 9.36 Leaky ReLu(이미지 출처: http://wangxinliu.com/images/machine_learning/leakyrelu.png)

484

ReLu와 Leaky ReLu을 일반화된 형태로 만든 **maxout**이라는 또 다른 변종이 있지만, 각 뉴런의 매개변수를 2배로 하는 단점이 있다.

이제 여러분은 활성화 함수에 대해 충분히 알게 됐는데, 그렇다면 어느 함수를 사용해야 할까? 대답은 ReLu이지만 너무 많은 뉴런이 죽어버리면 Leaky ReLu 또는 maxout을 사용하자. 이 활성화 함수는 은닉층에 적용된다. 출력 계층의 경우 분류 문제를 해결하려면 **softmax** 함수를 사용하고, 회귀 문제를 해결하려면 선형 활성화 함수를 사용한다. 시그모이드와 TanH는 DNN에 사용해서는 안 된다. 이것은 꽤 흥미로운 연구 영역이며 멋진 활성화 함수를 제시할 여지가 많다.

식별 함수, 이진 단계 함수, ArcTan 등과 같이 알아볼 만한 다른 활성화 함수가 있다. 이제 세 번째로 중요한 개념인 손실 함수를 알아보자.

손실 함수

때때로 손실 함수^{loss function}는 **비용 함수**^{cost function} 또는 **오차 함수**^{error function}라고도 한다. 손실 함수는 주어진 훈련 예제와 관련해 ANN이 얼마나 훌륭한지를 알려준다. 먼저 오차 함수를 정의하고 ANN을 훈련할 때 출력을 얻게 될 것이다. 생성된 출력을 학습 데이터의 일부로 제공된 예상 출력과 비교해서 이 오차 함수의 경사 값을 계산한다. 우리는 생성된 출력을 최적화하기 위해 기존의 가중치와 편향값을 업데이트할 수 있도록 망의 오차 경사를 역전파한다. 오차 함수는 훈련의 주요 부분이다. 사용 가능한 오차 함수가 다양하게 있다. 여러분이 내게 어느 오차 함수를 선택하냐고 묻는다면, 모든 ANN 훈련과 최적화가 이 손실 함수에 따라 달라지기 때문에 구체적으로 답할 수 없다. 따라서 여러분의 데이터와 문제 진술에 달려있다. 여러분이 누군가에게 ANN에서 어떤 오차 함수를 사용했는지 묻는다면, 여러분은 간접적으로 훈련 알고리즘의 전체 로직을 묻는 게 된다. 어떤 오차 함수를 사용하든지 그 함수는 미분 가능해야 한다. 가장 인기있는 오차 함수 중 일부를 다음에 나열했다.

- 오차 제곱의 평균mean squared error 또는 **오차 제곱의 합**sum squared error이라고도 하는 2차 비용 함수
- 베르누이 음의 로그 우도Bernoulli negative log likelihood 또는 **이진 교차 엔트로피**binary cross-entropy로도 알려진 교차 엔트로피 비용 함수
- Kullback−Leibler 발산은 **정보 발산**information divergence, **정보 획득**information gain, **상대 엔트로피**relative entropy, KLIC라고도 한다.
- 위의 세 가지 외에도 지수 비용exponential cost, 헬링거Hellinger 거리, 일반화된 Kullback−Leibler 발산, 이타쿠라−사이토Itakura-Saito 거리 같이 다른 손실 함수가 많이 있다

일반적으로는 카테고리 데이터와 분류 작업에 대해 회귀 및 교차 엔트로피용으로 오차 제곱의 합계를 사용한다.

우리는 ANN을 개발하기 위해 가장 중요한 수학적이고도 이론적 개념을 살펴봤다. 다음 절에서는 첫 번째 ANN 구현을 알아본다. 구현 부분으로 넘어가자.

❙ ANN 구현

이 절에서는 넘피numpy를 종속성으로 사용해 파이썬으로 첫 번째 ANN을 구현한다. 이 구현 과정에서 경사 하강법, 활성화 함수 및 손실 함수가 코드에 통합된 방법을 관련시킬 수 있다. 이 외에도 우리는 역전파 개념을 보게 된다.

다음으로는 역전파가 있는 단일 계층 NN의 구현을 알아보자.

역전파가 있는 단일 계층 NN

여기서는 먼저 전파의 개념을 알아보고 나서 코딩을 하고 이어서 설명한다.

역전파

단일 계층 신경망에서는 첫 번째 계층에 넣는 입력이 있다. 이들 계층 연결에는 약간의 가중치가 있다. 입력, 가중치, 편향을 사용하고 그것을 합산한다. 이 합계는 활성화 함수를 통과해 출력을 생성한다. 이것이 중요한 단계다. 어떤 출력이 생성되더라도 실제 예상 출력과 비교해야 한다. 오차 함수로 오차를 계산한다. 이제 오차 함수의 경사를 사용해 오차 기울기를 계산하라. 이 과정은 경사 하강법 절에서 살펴본 내용과 같다. 이 오차 경사를 사용하면 생성된 출력을 최적화할 수 있는 방법을 알 수 있다. 오차 경사는 ANN에서 역방향으로 진행하며, 가중치 업데이트를 시작해서 다음 반복에서 더 나은 결과를 얻게 된다. 더 정확한 출력을 생성하기 위해 ANN에서 오차 경사를 역순으로 풀어 가중치를 업데이트하는 과정을 **역전파**라고 한다. 간단히 말하면 역전파는 경사 하강법을 통해 가중치를 업데이트해 신경망을 학습하는 인기 있는 훈련 기술이다.

계산과 수학의 다른 모든 측면은 코딩 부분에서 볼 수 있다. 따라서 역전파를 사용해 우리 자신의 단일 계층 피드포워드 신경망을 코딩해보자.

먼저 main 함수와 추상 단계를 정의한다. 여기에서는 입력 값과 출력 값을 제공한다. 우리의 데이터에 레이블이 붙어 있기 때문에 지도 훈련 예제가 된다. 두 번째 단계는 훈련이며, 우리는 10,000번 훈련을 반복한다. 먼저 임의의 가중치로 시작하고 활성화 함수와 오차 함수에 따라 가중치를 조정한다. 그림 9.37을 참조하자.

```
if __name__ == "__main__":

    #Intialise a single neuron neural network.
    neural_network = NeuralNetwork()

    print "Random starting synaptic weights: "
    print neural_network.synaptic_weights

    # The training set. We have 4 examples, each consisting of 3 input values
    # and 1 output value.
    training_set_inputs = array([[0, 0, 1], [1, 1, 1], [1, 0, 1], [0, 1, 1]])
    # Python store output in horizontally so we have use transpose
    training_set_outputs = array([[0, 1, 1, 0]]).T

    # Train the neural network using a training set.
    # Do it 10,000 times and make small adjustments each time.
    neural_network.train(training_set_inputs, training_set_outputs, 10000)

    print "New synaptic weights after training: "
    print neural_network.synaptic_weights

    # Test the neural network with a new situation.
    print "Considering new situation [1, 0, 0] -> ?: "
    print neural_network.think(array([1, 0, 0]))
```

그림 9.37 단일 계층 ANN에 대한 main 함수의 부분 코드

여기서는 활성화 함수로 시그모이드를 사용하고 있다. 시그모이드 미분을 사용해 시그모이드 곡선의 경사를 계산한다. 우리의 오차 함수는 생성된 출력에서 실제 출력을 그냥 뺀다. 이 오차 값에 경사를 곱해 오차 경사를 얻는데, 이것이 NN의 가중치를 조정하는 데 도움이 된다. 새로 업데이트된 가중치와 입력은 ANN을 다시 통과해서 시그모이드 곡선의 경사 하강과 오차 경사를 계산하며 최소 오차가 나올 때까지 가중치를 조정한다. 그림 9.38과 그림 9.39를 참조하자.

```
from numpy import exp, array, random, dot


class NeuralNetwork():
    def __init__(self):
        # Seed the random number generator, so it generates the same numbers
        # every time the program runs.
        random.seed(1)

        # We model a single neuron, with 3 input connections and 1 output connection.
        # We assign random weights to a 3 x 1 matrix, with values in the range -1 to 1
        # and mean 0.
        self.synaptic_weights = 2 * random.random((3, 1)) - 1

    # The Sigmoid function, which describes an S shaped curve.
    # We pass the weighted sum of the inputs through this function to
    # normalise them between 0 and 1.
    def __sigmoid(self, x):
        return 1 / (1 + exp(-x))

    # The derivative of the Sigmoid function.
    # This is the gradient of the Sigmoid curve.
    # It indicates how confident we are about the existing weight.
    def __sigmoid_derivative(self, x):
        return x * (1 - x)
```

그림 9.38 단일 계층 ANN의 부분 코드

다음의 부분 코드를 참조하라.


```
    # We train the neural network through a process of trial and error.
    # Adjusting the synaptic weights each time.
    def train(self, training_set_inputs, training_set_outputs, number_of_training_iterations):
        for iteration in xrange(number_of_training_iterations):
            # Pass the training set through our neural network (a single neuron).
            output = self.think(training_set_inputs)

            # Calculate the error (The difference between the desired output
            # and the predicted output).
            error = training_set_outputs - output

            # Multiply the error by the input and again by the gradient of the Sigmoid curve.
            # This means less confident weights are adjusted more.
            # This means inputs, which are zero, do not cause changes to the weights.
            adjustment = dot(training_set_inputs.T, error * self.__sigmoid_derivative(output))

            # Adjust the weights.
            self.synaptic_weights += adjustment

    # The neural network thinks.
    def think(self, inputs):
        # Pass inputs through our neural network (our single neuron).
        return self.__sigmoid(dot(inputs, self.synaptic_weights))
```

그림 9.39 ANN 부분 코드

코드를 실행하면 다음 결과를 얻을 수 있는데, 그림 9.40를 참조하자.

```
Random starting synaptic weights:
[[-0.16595599]
 [ 0.44064899]
 [-0.99977125]]
New synaptic weights after training:
[[ 9.67299303]
 [-0.2078435 ]
 [-4.62963669]]
Considering new situation [1, 0, 0] -> ?:
[ 0.99993704]
```

그림 9.40 단일 계층 ANN의 부분 출력

연습

넘파이를 종속성으로 사용해 3개층 깊이로 ANN을 만들어라.

힌트: 단일 계층 ANN에서는 한 층만 사용했지만 여기에서는 3개 층을 사용한다. 일반적으로 역전파는 재귀적으로 얻은 미분을 사용하지만, 한 층의 예제에서는 재귀가 없었다. 따라서 재귀 미분recursive derivatives을 적용해야 한다.

▌ 딥러닝과 심층 신경망

이제 ANN에서 DNN으로 이동하자. 다음 절에서는 DNN의 딥러닝과 아키텍처를 살펴보고 NLP용 DL과 NLP 용 ML의 접근법을 비교해본다.

DL 복습

우리는 DL에 대해 기본적인 내용을 알아본 적이 있다. 여기서의 목적은 그저 재충전하기 위해 기억을 더듬어보는 것이다. 2~3개의 층이 아니라 깊은 층이 많은 ANN을 DNN이라고 한다. 많은 컴퓨팅 능력으로 많은 양의 심층 신경망을 사용할 때, 이 과정을 딥러닝이라고 부른다.

심층 신경망의 아키텍처를 알아보자.

DNN의 기본 아키텍처

이 절에서는 DNN의 아키텍처에 대해 알아본다. 그림 표현은 아주 단순해 보이며 활성화 함수, 은닉층 활성화 함수, 손실 함수 등의 형태를 가진 멋진 수학 공식으로 정의된다. 그림 9.41에서 DNN의 기본 아키텍처를 볼 수 있다.

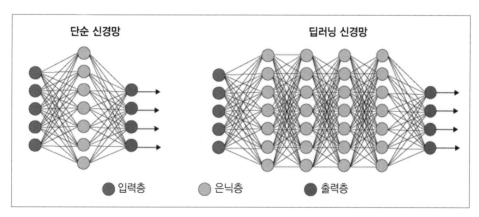

그림 9.41 DNN 아키텍처(이미지 출처: https://cdn-images-1.medium.com/max/800/1*5egrX--WuyrLA7gBEXdg5A.png)

그렇다면 우리는 왜 다층multi-layer의 깊은 신경망을 사용할까? 이에 대한 확실한 이유가 있는가? 많은 층을 갖는 의미는 무엇인가?

다층 DNN을 사용하는 이유를 설명하겠다. 여러분은 코더로서 과일의 이미지를 식별하는 시스템을 개발한다고 가정하자. 이제 오렌지와 사과의 이미지가 있고, 과일의 색을 사용해 이미지를 식별할 수 있는 로직을 개발하고 식별 매개변수로 모양을 추가했다. 코딩을 해서 결과를 낼 준비가 됐다. 그런데 누군가가 우리에게 흑백 이미지도 있다고 알려줬다. 이제 코딩 작업을 다시 해야 한다. 인간의 두뇌가 실제 과일 이름을 식별하는 데는 탁월하지만, 이미지의 일부 종류는 너무 복잡해서 여러분이 코딩할 수 없다. 따라서 여러분이 그런 복잡한 문제를 겪고 어떻게 코딩할지 모를 경우, 또는 머신이 문제를 해결하는 데 도움이 되는 피처나 매개변수에 대한 자세한 내용을 알지 못할 경우에 심층 신경망을 사용한다. 몇 가지 이유가 있는데 그 이유는 다음과 같다.

- DNN은 인간의 두뇌가 어떻게 작동하는지에 대한 추상적 개념을 사용해 유도됐다.
- 우리는 DNN을 사용해 코딩 방법을 뒤집는다. 처음에는 주어진 이미지에서 과일 이름을 식별하기 위해 색상, 모양 등의 피처를 머신에 제공했지만, 이제는 DNN과 DL을 사용해 머신에 많은 예제를 제공하고 머신은 피처를 스스로 배우도록 학습한다. 그 후에 과일의 새 이미지를 머신에 제공하면 머신은 과일의 이름을 예측하게 된다.

이제 DNN이 자체적으로 피처를 어떻게 학습하는지 알려고 하므로 다음과 같은 몇 가지 사항을 눈여겨보자.

- DNN은 피처 추출과 변환에 사용되는 많은 수의 비선형 처리 유닛 층을 사용한다. DNN의 각 연속 층은 이전 층의 출력을 입력으로 사용하며, 이 과정은 인간 두뇌가 한 뉴런에서 다른 뉴런으로 정보를 전송하는 방법과 아주 유사하다. 그래서 우리는 DNN의 도움으로 동일한 구조를 구현하려고 한다.
- DL에서는 DNN의 도움을 받아 여러 수준의 표현을 사용해 피처를 학습했다. 더 높은 수준의 피처나 표현은 더 낮은 수준의 피처로부터 유도된다. 따라서 DNN

에서 피처 또는 표현을 유도하는 개념은 계층적이라고 말할 수 있다. 우리는 이런 낮은 수준의 아이디어를 사용해 새로운 내용을 배우고 그 외의 것도 학습하려고 한다. 우리의 두뇌는 또한 개념을 계층적 방식으로 사용해서 유도해낸다. 이러한 다양한 수준의 피처나 표현은 다른 수준의 추상화와 관련이 있다.

- DNN의 다층은 머신이 계층적 표현을 유도하는 데 도움이 되므로 아키텍처의 부분으로서 많은 계층을 두게 된다.
- DNN과 수학 개념의 도움으로 머신은 인간 두뇌의 과정 중 일부를 모방할 수 있다.
- DL은 기계 번역, 요약, 질의 응답 시스템, 에세이^{essay} 생성, 이미지 캡션 태깅 등과 같은 NLP 애플리케이션을 개발하기 위해 지도 데이터세트뿐만 아니라 비지도 데이터세트에도 적용될 수 있다.

이제 다음 절로 이동해 NLP에서 딥러닝의 필요성에 대해 논의해보자.

NLP의 딥러닝

NLP의 초기 시대는 규칙 기반 시스템에 바탕을 두었는데, 엄청난 양의 데이터가 없었기 때문에 많은 애플리케이션의 경우 초기 프로토타입은 규칙 기반 시스템을 바탕으로 했다. 이제 우리는 자연어를 처리하기 위해 ML 기술을 적용하고 통계와 확률 기반 접근법을 사용하는데, 여기서는 원핫 인코딩 형식 또는 동시 발생 행렬의 형태로 단어를 표현한다.

이 접근법에서 우리는 의미론적 표현 대신에 대부분 구문론적인 표현을 얻을 것이다. 단어 가방, n그램 같은 어휘 기반 접근법을 시도하면 특정 문맥을 구별해낼 수 없다.

요즘에는 사용 가능한 방대한 양의 데이터가 있기 때문에 우리는 DNN과 DL이 이들 모든 문제를 해결하기를 희망한다. 자연어의 의미론적 측면을 포착하기 위해 word2vec, GloVe 등과 같은 우수한 알고리즘이 개발됐다. 이 외에도 DNN과 DL은 다음과 같은 멋진 기능을 제공한다.

- **표현 가능성**: 이 기능은 머신이 보편적인 기능에 대해 얼마나 가깝게 할 수 있는 지 표현한다.
- **훈련 가능성**: 이 기능은 NLP 애플리케이션에 매우 중요하며, DL 시스템이 주어진 문제에 대해 얼마나 잘 학습해서 중요한 출력을 할 수 있는지를 나타낸다.
- **일반화 가능성**: 본 적 없는 데이터에 대해 정확한 결과를 예측하거나 생성할 수 있 도록 시스템이 주어진 작업을 얼마나 잘 일반화할 수 있는지 나타낸다.

이 세 가지 기능 외에도 해석 가능성, 모듈성, 전송 가능성, 대기 시간, 대립적인 안정 성adversarial stability, 보안 같은 DL이 제공하는 다른 기능이 있다.

우리는 언어가 다뤄야 할 복잡한 문제를 알고 있지만 때로는 특정 NLP 문제를 해결하는 방법은 알지 못한다. 그 이유는 세상에는 독자적인 구문 구조와 단어 사용법과 의미를 지 닌 언어가 너무나 많아서 같은 방식으로는 다른 언어로 표현할 수 없기 때문이다. 그래서 문제를 일반화하고 좋은 결과를 낼 수 있는 몇 가지 기술이 필요하다. 이러한 모든 이유 와 요소로 인해 NLP 애플리케이션에 대해서 DNL과 DL을 사용하는 방향으로 흐르게 되 는 것이다.

이제 고전적인 NLP 기술과 DL의 NLP 기술 간의 차이점을 살펴보자. 그렇게 하면 DL 이 NLP 분야 관련 문제를 해결하는 데 얼마나 더 유용한지에 대해 결론을 내릴 수 있다.

고전적인 NLP와 딥러닝의 NLP 기술 간의 차이점

이 절에서는 NLP에 대해 고전적인 NLP 기술과 DL 기술을 비교하는데, 그림 9.42를 참 조하자.

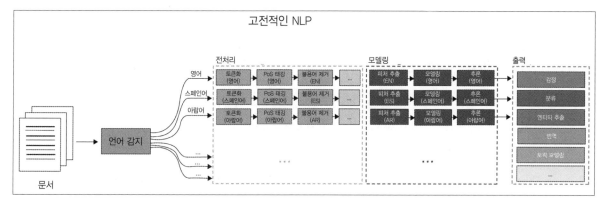

그림 9.42 고전적인 NLP 접근법(이미지 출처: https://s3.amazonaws.com/aylien-main/misc/blog/images/nlp-language-dependence-small.png)

DL 기술에 대해서는 그림 9.43을 참조하자.

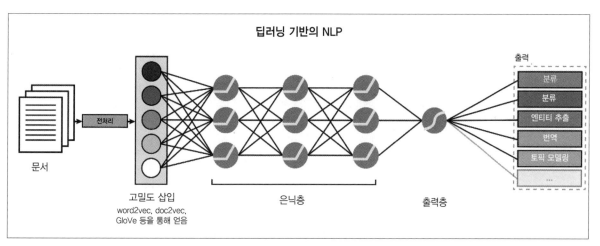

그림 9.43 NLP에 대한 딥러닝 접근법(이미지 출처: https://s3.amazonaws.com/aylien-main/misc/blog/images/nlp-language-dependence-small.png)

고전적인 NLP 기술에서는 데이터에서 피처를 생성하기 전에 초기 단계에서 데이터를 전처리했다. 그 다음 단계에서는 NER 도구, POS 태거, 파서를 사용해 생성된 수작업 피처를 사용한다. 우리는 이들 피처를 ML 알고리즘의 입력으로 공급해서 모델을 훈련시킨다.

우리는 정확성을 점검해서 정확도가 좋지 않으면 알고리즘의 일부 매개변수를 최적화해 좀 더 정확한 결과를 얻으려고 한다. NLP 애플리케이션에 따라 언어를 감지하고 나서 피처를 생성하는 모듈을 포함시킬 수 있다.

이제 NLP 애플리케이션에 대한 딥러닝 기술을 살펴보자. 이 접근법에서는 우리가 갖고 있는 데이터에 대해 몇 가지 기본적인 전처리를 수행한다. 그러고 나서 텍스트 입력 데이터를 고밀도 벡터 형식으로 변환한다. 고밀도 벡터를 생성하려면 word2vec, GloVe, doc2vec 등과 같이 워드 임베딩word-embedding 기술을 사용하고, 이들 고밀도 벡터 삽입물을 DNN에 공급한다. 여기서는 수작업 피처가 아닌 기계 번역과 같은 NLP 애플리케이션에 따라 다른 타입의 DNN을 사용할 것인데, **시퀀스 간 모델**sequence-to-sequence model이라는 DNN 변형을 사용한다. 요점을 말하면 **LSTM**Long Short-Term Memory Unit이라는 또 다른 변형을 사용할 것이다. DNN의 다층은 목표를 일반화하고 정의된 목표를 달성하기 위한 단계를 학습한다. 이 과정에서 머신은 계층적 표현을 학습해서 필요에 따라 모델을 검증하고 조정하는 결과를 제공한다.

실제로 DNN의 다양한 변형에 대한 코딩을 보고 싶으면 다음 깃허브 링크를 사용한다.
https://github.com/wagamamaz/tensorflow-tutorial

다음 절은 9장의 가장 흥미로운 부분이다. 우리는 2개의 주요 애플리케이션을 만들 텐데, 하나는 NLU 용이고 다른 하나는 NLG 용이다. 예제를 코딩하는 데는 텐세플로와 케라스를 주요 종속성으로 사용한다. 더 잘 이해하기 위해 코딩할 때 시퀀스 투 시퀀스sequence-to-sequence와 LSTM 같은 DNN 변종을 알아볼 것이다.

우리가 어떤 애플리케이션을 만들 것 같은가? 우리는 NLP 애플리케이션의 부분으로써 기계 번역기를 만들고 비책을 통해 요약을 생성할 것이다. 그럼 코딩 부분으로 건너가보자! 여러분에게 재미있는 연습이 되리라 생각한다!

딥러닝 기술과 NLU

이 절에서는 코딩을 기반으로 개념을 설명한다. 여기서 만들 애플리케이션은 NLU의 주요 애플리케이션 중 하나다.

인간이 말하거나 쓰거나 읽는 언어는 아주 많다. 여러분은 새 언어를 배우려고 노력한 적이 있는가? 그렇다면 새 언어를 말하거나 쓰는 기술의 습득이 얼마나 어려운지 알 것이다. 구글 번역기가 언어를 번역하는 데 어떻게 사용되는지 생각한 적이 있는가? 궁금한 언어가 있다면 딥러닝 기술을 사용해 기계 번역 애플리케이션을 개발해보자. 내가 자세히 설명할 테니 어떤 타입의 DNN을 사용할지 같은 의문에 대해 걱정하지 말라. 이제 번역을 해보자!

 내가 코드에 대한 세부사항을 제공하긴 하지만, DL은 많은 컴퓨팅 성능을 필요로 하므로 그 모델을 실제로 훈련시키지는 않을 것이며, 그저 훈련된 모델을 사용해 끝에 가서 결과를 복제하겠다. 구글이 언어 변환 모델을 훈련시키기 위해 1주일 동안 100개의 GPU를 계속해서 사용한다는 점을 알아두기 바란다. 따라서 우리는 코드를 살펴보고 개념을 이해하며 이미 훈련된 모델을 사용해 결과를 확인할 뿐이다.

특정 버전의 텐서플로를 사용하려면 다음 명령을 사용하면 된다. 텐서플로 0.12 버전을 설치하기 위해서는 다음 명령을 사용한다.

```
$ export TF_BINARY_URL=https://storage.googleapis.com/tensorflow/linux/cpu/
tensorflo w-0.12.1-cp27-none-linux_x86_64.whl $ sudo pip install --upgrade $TF_
BINARY_URL
```

이 버전의 텐서플로를 사용하려면 코드를 실행할 때 import 문을 업데이트하라. 다음의 간단한 명령을 사용해 CPU용 텐서플로를 설치할 수 있다. 나는 GPU 버전만을 사용하고 있다.

```
$ pip install tensorflow
```

GPU에서 실행하려면 구글 클라우드, AWS 같은 클라우드 플랫폼, 또는 그 외의 클라우드 플랫폼을 사용할 수 있으며 그렇지 않으면 여러분에게는 GPU 가능 컴퓨터가 필요하다. GPU용 텐서플로를 설치하려면 링크 https://www.tensorflow.org/install/를 따라가면 된다.

기계 번역

기계 번역(MT)^{machine translation}은 NLU 분야에서 널리 알려진 애플리케이션이다. 연구소와 기술 대기업은 모든 언어를 번역할 수 있는 단일 MT 시스템을 만들기 위해 많은 실험을 하고 있다. 이 MT 시스템을 범용 기계 번역 시스템이라고 한다. 따라서 장기적인 목표는 하나의 MT 시스템으로 영어를 여러 언어로 번역하는 것이다. 우리는 어떤 언어라도 번역할 수 있는 하나의 시스템을 만들기 위해 노력하고 있다. 범용 기계 번역 시스템을 만드는 날까지 연구원들이 수행하는 노력과 실험에 대해 얘기해보자.

1954년, 러시아어와 영어 간에 250 단어를 번역한 최초의 기계 번역 시연이 있었다. 이것은 사전 기반 접근 방식이었으며 이 접근법은 소스와 대상 언어에 대한 단어 매핑을 사용했다. 여기서 번역은 한 단어씩 이뤄졌으며 구문 정보를 포착할 수 없었는데, 정확도가 좋지 않았다는 뜻이다.

다음 버전은 다국어였다. 소스 언어를 얻어 소스 언어 구문, 문법 등에 대한 특정 규칙을 인코딩하고 표현하는 중간 언어를 생성한 다음, 그 중간 언어로부터 대상 언어를 생성해냈다. 이 접근법은 첫 번째 접근법에 비해 좋았지만, 곧 **통계 기반 기계 번역(SMT)**^{statistical machine translation} 기술로 대체됐다.

IBM은 이 SMT 접근법을 사용했다. 여기 연구원들은 텍스트를 여러 부분으로 나누고 나서 정렬된 2개 언어 코퍼스와 비교했다. 그 후 통계 기술과 확률을 사용해 가장 가능성 있는 번역을 선택했다.

세계에서 가장 많이 사용되는 SMT는 구글 번역이며, 최근에 구글은 기계 번역 시스템이 딥러닝을 통해 훌륭한 결과를 산출한다는 내용의 논문을 발표했다. 우리는 구글에서 제공하는 딥러닝을 위한 오픈 소스 라이브러리인 텐서플로 라이브러리를 사용할 것이다. 딥러닝을 사용해 어떻게 기계 번역을 하는지 알기 위해 코드를 작성해보자.

우리의 데이터세트로는 영화 자막을 사용하는데, 이 데이터세트에는 독일어와 영어가 모두 들어가 있다. 우리는 독일어를 영어로 번역할 모델을 만드는데, http://opus.lingfil.uu.se/OpenSubtitles.php에서 해당 데이터를 다운로드하면 된다. 여기서 나는 피클pickle 형식의 데이터를 사용할 것이다. 파이썬 종속성인 pickle을 사용해 데이터세트를 직렬화할 수 있다.

우선 우리는 장기와 단기 종속성을 기억하는 데 사용되는 LSTM 망을 사용할 것이다. 텐서플로에 내장된 data_utils 클래스를 사용해 데이터를 전처리한다. 그리고 나서 모델을 훈련시키는 데 필요한 어휘 크기를 정의해야 한다. 여기서 우리의 데이터세트는 작은 크기의 어휘를 가지므로 데이터세트의 모든 단어를 고려할 것이며, 30,000 단어와 같은 어휘vocab 크기, 즉 작은 훈련 데이터세트를 정의한다. data 디렉토리에서 데이터를 읽어들이는 데는 data_utils 클래스를 사용할 것이다. 이 클래스를 사용하면 두 언어 모두에서 토큰화되고 형식화된 단어를 얻을 수 있다. 그런 후 입력을 위한 인코더와 디코더인 텐서플로의 자리 표시자placeholder를 정의한다. 이 둘은 이산 값을 나타내는 정수 텐서integer tensor가 된다. 그것은 고밀도 표현 안에 삽입된다. 우리는 인코더에 우리의 어휘를 공급하고 디코더에는 훈련된 인코딩 표현을 공급할 것이다. 깃허브 링크 https://github.com/jalajthanaki/NLPython/tree/master/ch9/MT/Machine_Translation_GR_EN에서 해당 코드를 볼 수 있다.

이제 우리 모델을 만들 수 있으며, 그림 9.44, 그림 9.45, 그림 9.46에서 부분 코드를 볼 수 있다.

```
# read dataset
X, Y, en_word2idx, en_idx2word, en_vocab, de_word2idx, de_idx2word, de_vocab = data_utils.read_d
ataset('data.pkl')

# inspect data
print 'Sentence in English - encoded:', X[0]
print 'Sentence in German - encoded:', Y[0]
print 'Decoded:\n------------------------'

for i in range(len(X[1])):
    print en_idx2word[X[1][i]],

print '\n'

for i in range(len(Y[1])):
    print de_idx2word[Y[1][i]],
```

그림 9.44 MT에 대한 부분 코드

```
# data processing

# data padding
def data_padding(x, y, length = 15):
    for i in range(len(x)):
        x[i] = x[i] + (length - len(x[i])) * [en_word2idx['<pad>']]
        y[i] = [de_word2idx['<go>']] + y[i] + [de_word2idx['<eos>']] + (length-len(y[i])) * [de_
word2idx['<pad>']]

data_padding(X, Y)

# data splitting
X_train,  X_test, Y_train, Y_test = train_test_split(X, Y, test_size = 0.1)

del X
del Y
```

그림 9.45 MT에 대한 부분 코드

```
input_seq_len = 15
output_seq_len = 17
en_vocab_size = len(en_vocab) + 2 # + <pad>, <ukn>
de_vocab_size = len(de_vocab) + 4 # + <pad>, <ukn>, <eos>, <go>

# placeholders
encoder_inputs = [tf.placeholder(dtype = tf.int32, shape = [None], name = 'encoder{}'.format(i))
 for i in range(input_seq_len)]
decoder_inputs = [tf.placeholder(dtype = tf.int32, shape = [None], name = 'decoder{}'.format(i))
 for i in range(output_seq_len)]

targets = [decoder_inputs[i+1] for i in range(output_seq_len-1)]
# add one more target
targets.append(tf.placeholder(dtype = tf.int32, shape = [None], name = 'last_target'))
target_weights = [tf.placeholder(dtype = tf.float32, shape = [None], name =
'target_w{}'.format(i)) for i in range(output_seq_len)]

# output projection
size = 512
w_t = tf.get_variable('proj_w', [de_vocab_size, size], tf.float32)
b = tf.get_variable('proj_b', [de_vocab_size], tf.float32)
w = tf.transpose(w_t)
output_projection = (w, b)
```

그림 9.46 MT에 대한 부분 코드

이제 이 인코더와 디코더 기반 시스템을 이해해보자. 최근에 구글은 자사의 번역 시스템에 통합된 시스템, 즉 **인공 신경망 기계 번역(NMT)**neural machine translation에 대해 논의하는 문서를 게시했다. 그것은 새로운 NMT 아키텍처를 갖춘 인코더 디코더 기반 모델이다. 일찍이 구글은 A 언어를 영어로 번역하고 나서 다시 B 언어로 번역하는 식이었다. 이제 구글 번역기는 한 언어에서 다른 언어로 바로 번역할 수 있다. 그림 9.47을 참조하자.

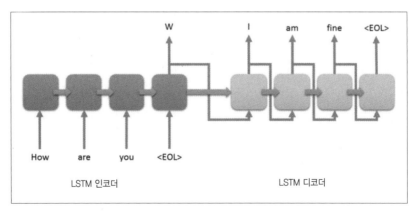

그림 9.47 LSTM 기반의 인코더와 디코더 아키텍처(이미지 출처: https://camo.githubuser content.com/242210d7d0151cae91107ee63bff364a860db5dd/687474703a2f2f69363 42e74696e797069632e636f6d2f333031333674652e706e67)

이제 NMT의 존재로 구문끼리의 번역을 기억할 필요가 없다. NMT의 도움으로 번역 시스템은 문장의 의미를 인코딩할 수 있다. 이 인코딩은 일반화됐으므로 중국어에서 영어, 프랑스어에서 영어로의 번역뿐만 아니라 이전에 본 적도 없던 한국어에서 일본어로의 번역도 가능하다.

이제 우리가 이런 간단한 LSTM 기반 인코더-디코더 아키텍처를 사용할 수 있을까? 우리는 이 아키텍처의 근본적인 세부사항 중 일부를 알게 될 것이다. 그림 9.48을 참조하자.

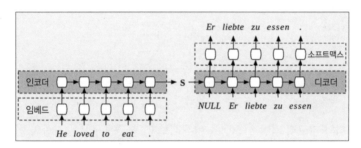

그림 9.48 번역용 LSTM 반복 NN(이미지 출처: https://smerity.com/articles/2016/google_nmt_arch.html)

우리는 LSTM 반복 NN을 사용해 A 언어의 문장을 인코딩할 수 있다. 그림 9.48에 보는 것과 같이 RNN은 은닉 상태 S를 분할한다. 이 S는 문장의 벡터화된 내용을 나타낸다. 그후 이 벡터화된 형식을 디코더로 전달하는데, 이 디코더는 B 언어로 번역된 문장을 단어별로 생성한다. 이 아키텍처는 이해하기에 쉽다. 그렇지 않은가? 하지만 이 아키텍처에는 몇 가지 단점이 있다. 이 아키텍처에는 메모리가 제한된다. LSTM의 은닉 상태 S는 우리가 번역하려는 전체 문장을 넣을 곳이지만, 여기서 S는 보통 수백 길이의 부동 소수점 숫자다. 우리는 문장을 이런 고정된 차원에 맞춰야 하고 한정된 공간에 맞추다 보면 망network에 손실이 가게 되는데, 이 말은 정보가 손실된다는 뜻이다. 장기 종속성을 기억하는 것이 주 목적이기 때문에 LSTM의 은닉 크기를 늘릴 수 있지만, 은닉 크기를 늘리면 훈련 시간이 기하급수적으로 늘어난다. 따라서 수렴하는 데 많은 시간이 걸리는 아키텍처를 사용해서는 안 된다.

우리는 또 다른 아키텍처인 주의 기반attention-based의 인코더-디코더 모델을 도입할 것이다. 인간으로서 우리는 긴 문장을 보고 번역할 필요가 있으면 원본 문장을 몇 번 훑어보며 모든 세부사항을 확실히 잡아낸다. 인간의 마음은 원본 문장의 관련 부분에 반복적으로 주의를 기울인다. 우리는 신경망이 LST의 이전 출력을 저장하고 참조하도록 함으로써 우리와 똑같은 일을 하기를 원한다. 그러면 LSTM의 기능성은 그대로이면서 우리 모델의 저장 공간만 늘어난다. 그림 9.49를 참조하자.

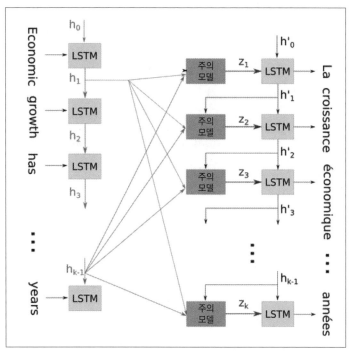

그림 9.49 주의 기반 NMT의 아키텍처(이미지 출처: https://heuritech.files. wordpress.com/2016/01/trad_attention1.png?w=470)

일단 저장된 인코더로부터 LSTM 출력을 얻으면, 디코더에서 발생하는 현재 계산이 얼마나 관련이 있는지 각 출력에 질의할 수 있다. 각 인코더 출력은 소프트맥스 활성화 함수를 사용해 확률 점수로 변환할 수 있는 관련성 점수를 얻게 된다. 그림 9.50을 보자.

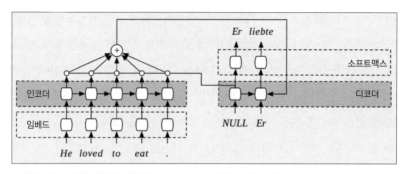

그림 9.50 관련성 점수를 생성하는 소프트맥스 함수(이미지 출처: https://smerity.com/articles/2016/google_nmt_arch.html)

그런 다음 인코더 출력의 가중치 합계인 문맥 벡터를 추출한다. 이제 코드로 되돌아가 보자. 이런 주의 기반 기능성을 구현하기 위해 우리는 텐서플로에 내장된 임베딩 주의 시퀀스 투 시퀀스 함수를 사용한다. 이 함수는 인코더와 디코더 입력뿐만 아니라 하이퍼 매개 변수도 인자로 받는다. 이 함수는 우리가 논의했던 것과 같은 아키텍처다. 텐서플로에는 우리가 쉽게 사용할 수 있는 정말 멋진 내장형 모델이 있다. 부분 코드는 그림 9.51을 참조하자.

```
outputs, states = tf.contrib.legacy_seq2seq.embedding_attention_seq2seq(
                                encoder_inputs,
                                decoder_inputs,
                                tf.contrib.rnn.BasicLSTMCell(size),
                                num_encoder_symbols = en_vocab_size,
                                num_decoder_symbols = de_vocab_size,
                                embedding_size = 100,
                                feed_previous = False,
                                output_projection = output_projection,
                                dtype = tf.float32)
```

그림 9.51 주의 기반 시퀀스 투 시퀀스 모델에 대한 부분 코드

위의 코드의 출력에 대해서는 그림 9.52를 참조하라.

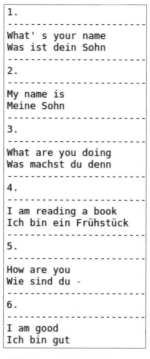

```
1.
--------------------
What' s your name
Was ist dein Sohn
--------------------
2.
--------------------
My name is
Meine Sohn
--------------------
3.
--------------------
What are you doing
Was machst du denn
--------------------
4.
--------------------
I am reading a book
Ich bin ein Frühstück
--------------------
5.
--------------------
How are you
Wie sind du -
--------------------
6.
--------------------
I am good
Ich bin gut
```

그림 9.52 MT에 대한 출력

https://www.tensorflow.org/tutorials/seq2seq 링크를 방문하면 사용자 정의 코드를 작성하지 않고 MT 예제를 실행할 수 있다. 이 튜토리얼은 프랑스어에서 영어로, 영어에서 프랑스어로의 번역 시스템에 대한 예제다. 이렇게 하는 것이 이 예제를 실행하기에 아주 쉬운 길이다. 사용자 정의 코드는 처음부터 복잡하기 때문에 다음과 같이 이 방법을 사용하는 것이 좋다.

1. 먼저 http://www.statmt.org/wmt10/training-giga-fren.tar 링크에서 2.4 GB의 giga-fren.tar 훈련 데이터세트를 다운로드한다.

2. 이제 이 데이터를 data_dir 디렉터리에 저장하고 시간별로 훈련된 모델을 저장한다. 이를 위해 train_dir에 체크포인트 디렉터리를 만든다.

3. 그 후에 다음 명령을 실행한다.

```
python translate.py  --data_dir [your_data_directory] --train_dir
[checkpoints_directory]  --en_vocab_size=40000 -fr_vocab_size=40000
```

4. 위의 명령이 GPU 메모리를 많이 차지하면 다음 명령을 실행하라.

```
python translate.py  --data_dir [your_data_directory] --train_
dir [checkpoints_directory]  --size=256 --num_layers=2 -steps_per_
checkpoint=50
```

5. 에폭epoch[3]이 배치batch[4] 크기 64로 340K에 도달하면 번역용으로 이 모델을 사용할 수 있는데, 그 전에 모델을 사용할 수도 있지만 정확도는 다음과 같다.

```
python translate.py --decode  --data_dir [your_data_directory] -train_dir
[checkpoints_directory]Reading model parameters from /tmp/translate.ckpt-
340000>  Who is the president of the United States? Qui est le pr?sident
des ?tats-Unis ?
```

우리의 German to English(GR_EN) 번역 모델은 상당히 좋은 결과를 내며 1 라운드의 훈련만 하고 있지만, 구글의 번역 시스템 같은 정확성을 얻으려면 이 모델을 100개의 GPU와 같은 고성능으로 몇 주 동안 계속 실행하며 훈련시켜야 한다. 여기서는 그 모델을 구현하지 않고 해당 동작만 설명할 것이다. 그럼 개념적으로 알아보자.

인코딩된 소스 문장에 대해 출력이 충분한 문맥을 갖지 않으면 모델이 좋은 번역 결과를 낼 수 없다. 이 경우 인코더 출력이 좌우의 단어에 의해 결정되도록 향후 단어에 대한 정보를 제공해야 한다. 인간은 이런 종류의 완전한 문맥을 사용해 문장의 의미를 이해한다. 머신 수준에서는 2개의 **반복 신경망(RNN)**recurrent neural nets을 포함하도록 양방향 인코더bidirectional encoder를 넣음으로써 이런 이해를 하게 만든다. 하나는 문장에서 순방향으로

---

3 데이터 학습 횟수. 예를 들어 50개 데이터를 50개 모두 훈련시키면 1 에폭이라고 한다. - 옮긴이

4 데이터 양이 많으면 나눠서 메모리에 올려 훈련시키는데, 50개 데이터를 10 배치로 5번 반복하면 1 에폭이 된다. - 옮긴이

진행하고 다른 하나는 역방향으로 진행한다. 따라서 각 단어의 경우 벡터를 생성하는 벡터 출력은 양측의 문맥과 연결된다. 그림 9.53을 참조하자.

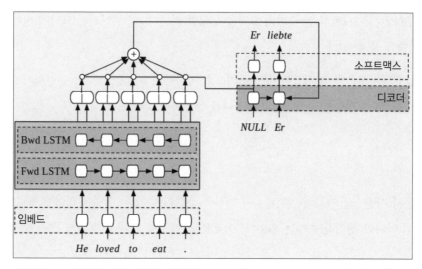

그림 9.53 MT에 대한 양방향 RNN 아키텍처(이미지 출처: https://smerity.com/articles/2016/google_nmt_arch.html)

구글은 모델에 하나의 양방향 RNN 층과 7개의 단일 층이 있는 인코더뿐만 아니라 많은 층을 포함시켰다. 디코더에는 8개의 단방향 RNN 층이 있다. 계층을 더 추가하면 훈련 시간이 길어진다. 여기서는 단방향 층 하나만 사용한다. 모든 층이 양방향인 경우, 다른 층 종속성이 계산을 시작하기 전에 전체 층은 계산을 완료해야 한다. 단방향 층 덕분에 우리는 병렬로 계산을 수행할 수 있다.

이것이 기계 번역에 대한 전부다. 우리는 기계 번역 출력을 생성했지만 여전히 개선의 여지가 있다. DL을 사용해 단일 범용 기계 번역 시스템을 만들어 보겠다.

이제 NLG를 기반으로 코딩의 다음 부분을 시작해보자.

▌ 딥러닝 기술과 NLG

이 절에서는 NLG에 대해 아주 간단하면서도 직관적인 애플리케이션을 만들어 본다. 우리는 주목받는 기사에서 한 줄짜리 요약을 생성할 것이다. 이 절에서는 요약에 대한 모든 세부사항을 볼 수 있다.

이 애플리케이션은 훈련 시간이 많이 걸리므로 여러분의 모델을 CPU로 훈련시키면서 다른 작업을 하는 편이 좋다. 할 게 없으면 다음 연습이라도 하자.

연습

시작 문자 시퀀스를 제공해 위키피디아 기사를 생성할 수 있는 방법을 찾아보자. 그냥 하는 말이 아니라 진지하게 하는 말이다! 여러분도 이것에 대해 진지하게 생각할 필요가 있다.

https://einstein.ai/research/the-wikitext-long-term-dependency-language-modeling-dataset에 여러분이 사용할 수 있는 데이터세트가 있다. Download 영역으로 이동해 Download WikiText-103 word level(181 MB)이라는 데이터세트를 다운로드하자.

(힌트: https://github.com/kumikokashii/lstm-text-generator 참조)

걱정하지 말라. 요약의 개념을 이해한 후에 이를 시도할 수 있다. 요약의 길로 떠나보자!

레시피 요약기와 타이틀 생성

코딩에 들어가기 전에 요약에 대한 간단한 배경을 알아보자. 아키텍처와 기타 기술적인 부분은 우리가 코딩할 때 이해될 것이다.

의미론은 NLP에서 실제로 큰 의미가 있다. 텍스트의 밀도가 증가함에 따라 정보도 증가한다. 요즘 주위 사람들은 짧은 시간에 가장 중요한 것을 효과적으로 말하기를 기대한다.

텍스트 요약text summarization은 90년대에 시작됐다. 캐나다 정부는 일기 예보 데이터를 사용해서 요약을 생성하는 **포캐스트 제너레이터(FoG)**Forecast Generator라는 시스템을 만들었다. 그것은 머신이 특정 값을 채우는 데 필요한 템플릿 기반 방식이었다. 예를 들면 **Saturday will be sunny with 10% chances of rain**(토요일에는 10 % 확률로 화창할 것이다.)로 나온다. sunny 단어와 10%는 실제로 FoG에 의해 생성된다.

다른 분야로는 금융, 의료 등이다. 최근 세계적으로 의사들은 환자의 병력에 대한 요약을 매우 유용하게 생각해서 사람들을 효율적이고 효과적으로 진단할 수 있다.

다음과 같이 요약에는 두 가지 타입이 있다.

- 추출
- 추상

과거 대부분의 요약 도구는 추출 타입이었다. 사람들은 기사의 요약을 생성하기 위해 기사에서 기존 단어 세트를 선택했다. 인간으로서 우리는 더 많은 일을 해낸다. 즉 우리가 요약할 때는 우리가 읽은 내용을 내부적으로 생각해서 의미 표현을 만들어낸다. 그리고 이 내부 의미 표현을 사용해 텍스트를 요약한다. 이런 종류의 요약을 **추상 요약**abstractive summarization이라고 한다.

그럼 케라스를 사용해 추상 요약 도구를 만들어보자.

 케라스는 텐서플로와 티아노(Theano)의 하이 레벨 래퍼다. 이 예제에는 12시간 이상 동안 돌릴 여러 개의 GPU가 필요하다. 결국 결과를 재현하려면 계산 능력이 많이 든다.

다음은 코딩 부분에 대한 단계다. 여기서는 처음으로 파이썬 3을 사용한다.

1. 다음의 깃허브 저장소를 복제한다.

   https://github.com/jalajthanaki/recipe-summarization

2. 서브 모듈을 업데이트한다.

   git submodule update --init -recursive

3. 해당 폴더 안으로 이동한다.
4. 종속성을 설치한다.

   pip install -r requirements.txt

5. 디렉토리를 설정한다.

   python src/config.py

6. 웹에서 레시피를 긁어오거나 다음 링크에 있는 기존의 레시피를 사용한다.

   wget -P recipe-box/data https://storage.googleapis.com/recipebox/recipes_raw.zip; unzip recipe-box/data/recipes_raw.zip -d recipebox/data

7. 데이터를 토큰화한다.

   python src/tokenize_recipes.py

8. GloVe 벡터로 단어 삽입을 초기화한다.
   1. GloVe 벡터 훈련 모델을 얻는다.

      wget -P data http://nlp.stanford.edu/data/glove.6B.zip; unzip data/glove.6B.zip -d data

2. 삽입을 초기화한다.

```
python src/vocabulary-embedding.py
```

9. 모델을 훈련시킨다.

```
python src/train_seq2seq.py
```

10. 예측을 만든다.

```
use src/predict.ipynb
```

여기서 벡터화의 경우 우리는 요약을 위해 단어의 글로벌 레벨 표현을 원하기 때문에 GloVe를 사용할 것이며, 데이터를 훈련시키기 위해서는 시퀀스 투 시퀀스 모델(Seq2Seq 모델)을 사용한다. Seq2Seq는 기계 번역 절에서 논의한 모델과 동일하다. 그림 9.54, 그림 9.55, 그림 9.56의 부분 코드를 참조하고 훈련 후에는 그림 9.57의 출력을 볼 수 있다.

```python
def tokenize_recipes(recipes):
    tokenized = []
    N = len(recipes)
    for i, r in enumerate(recipes.values()):
        if recipe_is_complete(r):
            ingredients = '; '.join(parse_ingredient_list(r['ingredients'])) + '; '
            tokenized.append((
                tokenize_sentence(r['title']),
                tokenize_sentence(ingredients) + tokenize_sentence(r['instructions'])))
        if i % 10000 == 0:
            print('Tokenized {:,} / {:,} recipes'.format(i, N))
    return tuple(map(list, zip(*tokenized)))

def pickle_recipes(recipes):
    # pickle to disk
    with open(path.join(config.path_data, 'tokens.pkl'), 'wb') as f:
        pickle.dump(recipes, f, 2)
```

그림 9.54 토큰화 부분 코드

GloVe를 사용해 보캡vocab을 만드는 방법은 다음 그림을 참조하자.

```
FN = 'vocabulary-embedding'
seed = 42
vocab_size = 40000
embedding_dim = 100
lower = False


# read tokenized headlines and descriptions
with open(path.join(config.path_data, 'tokens.pkl'), 'rb') as fp:
    heads, desc = pickle.load(fp)

if lower:
    heads = [h.lower() for h in heads]

if lower:
    desc = [h.lower() for h in desc]

# build vocabulary
def get_vocab(lst):
    vocabcount = Counter(w for txt in lst for w in txt.split())
    vocab = list(map(lambda x: x[0], sorted(vocabcount.items(), key=lambda x: -x[1])))
    return vocab, vocabcount

vocab, vocabcount = get_vocab(heads + desc)
```

그림 9.55 GloVe를 사용한 보캡 제작

모델을 훈련시키려면 다음 그림을 참조하자.

```
# start with a standaed stacked LSTM
model = Sequential()
model.add(Embedding(vocab_size, embedding_size,
                    input_length=maxlen,
                    W_regularizer=regularizer, dropout=p_emb, weights=[embedding], mask_zero=True,
                    name='embedding_1'))
for i in range(rnn_layers):
    lstm = LSTM(rnn_size, return_sequences=True,
                W_regularizer=regularizer, U_regularizer=regularizer,
                b_regularizer=regularizer, dropout_W=p_W, dropout_U=p_U,
                name='lstm_{}'.format(i + 1))
    model.add(lstm)
    model.add(Dropout(p_dense, name='dropout_{}'.format(i + 1)))
```

그림 9.56 모델 훈련

예제는 다음 그림에 나와 있다.

Example 1:

- **Generated:** Chicken Cake
- **Original:** Chicken French - Rochester , NY Style
- **Recipe:** all purpose flour ; salt ; eggs ; white sugar ; grated parmesan cheese ; olive oil ; skinless ; butter ; minced garlic ; dry sherry ; lemon juice ; low sodium chicken base ; ;Mix together the flour , salt , and pepper in a shallow bowl . In another bowl , whisk beaten eggs , sugar , and Parmesan cheese until the mixture is thoroughly blended and the sugar has dissolved . Heat olive oil in a large skillet over medium heat until the oil shimmers . Dip the chicken breasts into the flour mixture , then into the egg mixture , and gently lay them into the skillet . Pan-fry the chicken breasts until golden brown and no longer pink in the middle , about 6 minutes on each side . Remove from the skillet and set aside . In the same skillet over medium-low heat , melt the butter , and stir in garlic , sherry , lemon juice , and chicken base ...

Example 2:

- **Generated:** Fruit Soup
- **Original:** Red Apple Milkshake
- **Recipe:** red apple peeled ; cold skim milk ; white sugar ; fresh mint leaves for garnish ; ;In a blender , blend the apple , skim milk , and sugar until smooth . Garnish with mint to serve .

그림 9.57 모델의 예측 결과

이 요약 예제가 많은 계산 능력을 필요로 해서 여러분의 로컬 머신이 이 코드를 실행하기에 충분한 메모리(RAM)를 갖고 있지 않을 수도 있다. 이 경우 사용할 수 있는 다양한 클라우드 옵션이 있으니 걱정하지 않아도 된다. 구글 클라우드, 아마존 웹 서비스(AWS), 그 외의 서비스를 사용할 수 있다.

이제 NLU와 NLG 애플리케이션에 대한 충분히 알아봤다. 나는 깃허브 링크 https://github.com/tensorflow/models/tree/master/im2txt에 NLG 분야와 관련된 애플리케이션도 추가해 놓았다.

이 애플리케이션은 이미지에 대한 캡션을 생성한다. 이것은 컴퓨터 비전과 NLG의 결합된 애플리케이션의 일종이다. 필요한 세부사항은 깃허브에 있으므로 이 예제도 확인하라.

다음 절에서는 경사 하강법 기반의 최적화 전략을 살펴본다. 텐서플로는 경사 하강법 알고리즘의 변형을 제공한다. 일단 이러한 모든 변형이 어떻게 작용하는지, 각각의 단점과 장점은 무엇인지를 생각해 보면, DL 알고리즘의 최적화를 위한 최상의 옵션을 선택하기가 쉽다. 그럼 경사 하강법 기반의 최적화를 알아보자.

▌ 경사 하강법 기반의 최적화

이 절에서는 텐서플로에서 제공하는 경사 하강법 기반의 최적화 옵션에 대해 설명한다. 처음에는 어떤 최적화 옵션을 사용해야 하는지 명확하지 않지만 DL 알고리즘의 실제 로직을 알고 나면 훨씬 명확해질 것이다.

우리는 경사 하강법 기반의 접근법을 사용해 지능형 시스템을 개발한다. 이 알고리즘을 사용해 머신은 데이터에서 패턴을 식별하는 방법을 배울 수 있다. 여기에서 최종 목표는 지역 극소값을 얻는 것이며 목적 함수$^{objective\ function}$는 머신이 만들어낸 최종 예측, 또는 머신이 생성하는 결과가 된다. 경사 하강법 기반의 알고리즘에서 우리는 첫 번째 단계에서 목적 함수를 위한 최선의 최종 목표를 어떻게 달성하는지에 집중하는 것이 아니라 순환하거나 반복적으로 작은 단계를 수행해서 중간 단계 최적 옵션을 선택하는데, 이 옵션으로 최종 최선의 옵션, 즉 지역 극소값을 얻게 된다. 이러한 종류의 교육된 추측과 검사 방법은 지역 극소값을 얻기에 적합하다. DL 알고리즘이 지역 극소값을 얻으면, 해당 알고리즘은 최상의 결과를 생성할 수 있다. 우리는 이미 기본적인 경사 하강법 알고리즘을 살펴본 적이 있다. 과적합과 부적합 상황에 직면하면 다른 타입의 경사 하강법을 사용해 알고리즘을 최적화하면 된다. 이상적인 지역 극소값을 생성하고 알고리즘의 분산을 제어하며, 매개변수를 업데이트하고 ML, 또는 DL 알고리즘을 수렴하도록 유도하기 위해 다양한 경사 하강법의 방식이 존재한다. 예를 들어보자. Y=X2 함수가 있다고 하면, 이 주어진 함수의 편미분은 2X다. 시작 값을 무작위로 추측해서 값 X=3으로 시작하면 Y=2(3)=6이 되어 지역 극소값을 얻으려면 음의 방향으로 한 걸음 나가야 한다. 따라서 Y=−6이 된다. 첫 번째 반복 후에 X=2.3 값을 추측하면 Y=2(2.3)=4.6이 되며 다시 음의 방향으로 이동해(양의 값이기 때문) Y=−4.6이 된다. 음수 값을 얻으면 양의 방향으로 움직인다. 특정 반복 후에 Y의 값은 거의 0에 가까우며 이는 지역 극소값이다. 이제 기본 경사 하강법으로 시작해 경사 하강법의 다양한 탐험을 시작하자.

기본 경사 하강법

기본 경사 하강법에서는 전체 훈련 데이터세트에 있는 매개변수와 관련해 손실 함수의 경사를 계산하고 단일 업데이트를 수행하기 위해 전체 데이터세트에 대한 경사를 계산해야 한다. 단일 업데이트의 경우 모든 매개변수뿐만 아니라 전체 교육 데이터세트를 고려해야 하므로 아주 느려진다. 그림 9.58에서 그 식을 볼 수 있다.

$$\theta = \theta - \eta \cdot \nabla_{\theta} J(\theta).$$

그림 9.58 경사 하강법의 식(이미지 출처: http://sebastianruder.com/optimizing-gradient-descent/index.html#challenges)

그림 9.59에서 이해를 돕기 위한 샘플 로직 코드를 볼 수 있다.

```
for i in range(nb_epochs):
  params_grad = evaluate_gradient(loss_function, data, params)
  params = params - learning_rate * params_grad
```

그림 9.59 경사 하강법에 대한 샘플 코드(이미지 출처: http://sebastianruder.com/optimizing-gradient-descent/index.html#challenges)

이 기술이 느리기 때문에 확률적 경사 하강법Stochastic Gradient Descent이라는 새로운 기술을 도입할 것이다.

확률적 경사 하강법

이 기술에서는 각 훈련 예제 및 레이블에 대한 매개변수를 업데이트하므로, 훈련 데이터 세트에 루프를 추가만 하면 이 방법이 기본 경사 하강법에 비해 더 빠르게 매개변수를 업데이트한다. 그림 9.60에서 그 식을 볼 수 있다.

$$\theta = \theta - \eta \cdot \nabla_{\theta} J(\theta; x^{(i)}; y^{(i)}).$$

그림 9.60 확률적 경사 하강법에 대한 식(이미지 출처: http://sebastianruder.com/optimizing-gradient-descent/index.html#challenges)

그림 9.61에서 이해를 돕기 위한 샘플 로직 코드를 볼 수 있다.

```
for i in range(nb_epochs):
  np.random.shuffle(data)
  for example in data:
    params_grad = evaluate_gradient(loss_function, example, params)
    params = params - learning_rate * params_grad
```

그림 9.61 확률적 경사 하강법에 대한 샘플 코드(이미지 출처: http://sebastianruder. com/optimizing-gradient-descent/index.html#challenges)

이 방법에는 몇 가지 문제가 있다. 이 방법은 수렴을 복잡하게 만들고 때로는 매개변수 업데이트가 너무 빠르다. 알고리즘은 지역 극소값을 초과해서 계속 실행될 수 있다. 이 문제를 피하기 위해 미니 배치 경사 하강법Mini-Batch Gradient Descent이라는 또 다른 방법을 도입한다.

미니 배치 경사 하강법

이 방법에서는 기본 경사 하강법과 확률적 경사 하강법에서 제일 좋은 부분을 취할 것이다. 훈련 데이터세트의 부분집합을 일괄batch적으로 가져와서 매개변수를 업데이트한다. 이런 타입의 경사 하강법은 기본 타입의 ANN에 사용된다.

그림 9.62에서 그 식을 볼 수 있다.

$$\theta = \theta - \eta \cdot \nabla_\theta J\left(\theta; x^{(i:i+n)}; y^{(i:i+n)}\right).$$

그림 9.62 미니 배치 경사 하강법에 대한 식(이미지 출처: http://sebastianruder. com/optimizing-gradient-descent/index.html#challenges)

그림 9.63에서 이해를 돕기 위한 샘플 로직 코드를 볼 수 있다.

```
for i in range(nb_epochs):
  np.random.shuffle(data)
  for batch in get_batches(data, batch_size=50):
    params_grad = evaluate_gradient(loss_function, batch, params)
    params = params - learning_rate * params_grad
```

그림 9.63 미니 배치 경사 하강법에 대한 샘플 코드(이미지 출처: http://sebastianruder. com/optimizing-gradient-descent/index.html#challenges)

우리에게 고차원 데이터세트가 있다면, 다른 경사 하강법 방법인 모멘텀momentum을 사용할 수 있다. 모멘텀으로 시작해보자.

모멘텀

가능한 모든 매개변수의 값이 한 차원에서 다른 차원으로 훨씬 가파르게 곡선을 그리는 경우, 이것은 지역 최적화에 있어서 아주 흔하다. 이 시나리오에서 SGD는 그 기울기를 오가며 진동한다. 그래서 이 진동 문제를 해결하기 위해 우리는 모멘텀 방법을 사용한다. 그림 9.64에서 그 식을 볼 수 있다.

$$v_t = \gamma v_{t-1} + \eta \nabla_\theta J(\theta)$$
$$\theta = \theta - v_t$$

그림 9.64 모멘텀 식(이미지 출처: http://sebastianruder.com/optimizing-gradient-descent/index.html#challenges)

이 식을 보면 이전 시간 단계에서 현재 단계까지의 경사 방향의 일부를 더하고 오른쪽 방향으로 매개변수 업데이트를 증폭해서 수렴 속도를 높이고 진동을 줄인다. 따라서 여기에서 모멘텀의 개념은 물리학에서의 모멘텀의 개념과 비슷하다. 이 변형은 지역 극솟값을 얻으면 느려지지 않는데, 그 이유는 그 순간에 운동량이 높기 때문이다. 이 상황에서 우리의 알고리즘은 지역 극솟값을 완전히 놓칠 수 있는데 이 문제는 네스테로프 가속 경사Nesterov accelerated gradient로 해결할 수 있다.

네스테로프 가속 경사

이 방법은 유리이 네스테로프Yurii Nesterov가 고안해냈다. 그는 모멘텀 기술에서 발생한 문제를 해결하려고 했는데 이에 대한 논문을 펴내기도 했다.

그림 9.65에서 그 식을 볼 수 있다.

$$v_t = \gamma v_{t-1} + \eta \nabla_\theta J(\theta - \gamma v_{t-1})$$
$$\theta = \theta - v_t$$

그림 9.65 네스테로프 가속 경사에 대한 식(이미지 출처: http://sebastianruder.com/optimizing-gradient-descent/index.html#challenges)

보다시피 우리는 모멘텀에 대해 한 것과 같은 계산을 하지만 계산 순서는 변경했다. 모멘텀에서는 모멘텀에 의해 증폭된 방향으로 점프하는 경사를 계산하는 반면, 네스테로프 가속 경사 방법에서는 먼저 모멘텀에 기초해 점프를 하고, 그 후에 경사를 계산하고 보정을 추가해 우리 매개변수에 대한 최종 업데이트를 생성한다. 이는 매개변수 값을 좀 더 동적으로 제공하는 데 도움이 된다.

아다그라드

아다그라드Adagrad는 적응형 경사adaptive gradient의 약어다. 이 방법을 사용하면 매개변수에 따라 학습 비율을 적용할 수 있다. 이 알고리즘은 빈번하지 않은 매개변수에 대해 큰 업데이트를 제공하고 빈번한 매개변수에 대해서는 작은 업데이트를 제공한다. 그림 9.66에서 그 식을 볼 수 있다.

$$\theta_{t+1} = \theta_t - \frac{\eta}{\sqrt{G_t + \epsilon}} \odot g_t.$$

그림 9.66 아다그라드에 대한 식(이미지 출처: http://sebastianruder.com/optimizing-gradient-descent/index.html#challenges)

이 방법은 해당 매개변수에 대해 계산된 과거의 경사를 기반으로 해당 타임 스탬프에서 모든 매개변수에 대해 다른 학습 비율을 제공한다. 여기에는 한계가 있지만 학습 비율을 수동으로 조정할 필요가 없다. 식에 따르면 분모에 놓인 경사 제곱의 누적값이 항상 양수이므로 학습 비율은 항상 감소하고 분모가 커짐에 따라 전체 항이 감소한다. 때로는 학습 비율이 너무 작아 ML 모델이 학습을 중단한다. 이 문제를 해결하기 위해 아다델타라는 방법이 등장했다.

아다델타

아다델타Adadelta는 아다그라드의 확장판이다. 아다그라드에서는 학습 비율을 감소시키는 합에 계속해서 제곱근을 더한다. 여기서는 이전의 모든 제곱근을 합산하는 대신 누적된 과거의 경사에 대한 윈도우를 고정된 크기로 제한한다.

그림 9.67에서 그 식을 볼 수 있다.

$$\Delta\theta_t = -\frac{\eta}{\sqrt{E[g^2]_t + \epsilon}} g_t.$$

그림 9.67 아다델타에 대한 식(이미지 출처: http://sebastianruder.com/optimizing-gradient-descent/index.html#challenges)

방정식에서 볼 수 있듯이 과거의 모든 경사 제곱의 감쇠 평균decaying average으로 경사 합계를 사용한다. 여기서 주어진 타임스탬프에서의 이동 평균인 $E[g^2]_t$는 이전 평균과 현재의 경사에 종속한다.

모든 최적화 기술을 알고 나면 각 매개변수의 개별 학습 비율, 모멘텀 계산 방법, 학습 비율 저하를 방지할 수 있는 방법을 알 수 있다. 그럼에도 불구하고 일부 적응형 모멘텀을 적용해 개선할 여지가 있으며 이는 **아담**이라는 최종 최적화 방법으로 이어진다.

아담

아담Adam은 적응형 모멘텀 추정adaptive momentum estimation을 의미한다. 각 매개변수에 대한 학습 비율을 계산할 때 각 매개변수에 대한 모멘텀 변경 사항을 별도로 저장할 수도 있다. 그림 9.68에서 그 식을 볼 수 있다.

$$\hat{m}_t = \frac{m_t}{1 - \beta_1^t}$$
$$\hat{v}_t = \frac{v_t}{1 - \beta_2^t}$$

그림 9.68 아담의 평균과 분산(이미지 출처: http://sebastianruder.com/optimizing-gradient-descent/index.html#challenges)

먼저 경사의 평균을 계산하고 나서 경사의 비중심 분산uncentered variance을 계산하고 이 값을 사용해 매개변수를 업데이트한다. 아다델타처럼 말이다. 그림 9.69에서 아담의 식을 볼 수 있다.

$$\theta_{t+1} = \theta_t - \frac{\eta}{\sqrt{\hat{v}_t} + \epsilon} \hat{m}_t.$$

그림 9.69 아담에 대한 식(이미지 출처: http://sebastianruder.com/optimizing-gradient-descent/index.html#challenges)

이제 여러분은 어느 방법을 사용해야 하는지 알고 싶을 것이다. 내 의견으로는 아담이 가장 좋은 선택이라 생각하는데 그 이유는 다른 방법보다 성능이 우수하기 때문이다. 아다델타와 아다그라드를 사용할 수도 있다. 여러분의 데이터가 빈약하다면 SGD, 모멘텀, 네스테로프를 사용해서는 안 된다.

▌ 인공지능 대 인간지능

최근에 여러분은 인공지능의 우려에 대해 들어봤을지도 모르겠다. AI 세계에서는 이런 우려가 늘 존재한다. 사람들은 AI가 인류를 말살하고 머신이 세상을 지배할 거라고 과장해서 말했다. 내가 말하건대 이것은 진실이 아니다. 이런 종류의 위협은 SF소설에서나 나올 법하다. 내가 생각하기에 AI는 개발 단계가 빠르지만 그 목적은 인류를 보조해서 인간의 삶을 편하게 만드는 것이다. 우리는 여전히 이 우주의 복잡하고도 알려지지 않은 진실을 파악하는 중인데 그런 진실을 알면 알수록 AI 가능 시스템을 더 정교하게 만들 수 있다. 그렇게 되면 AI는 순전히 우리에게 도움을 줄 것이다. AI는 확실히 우리의 삶을 놀라게 하겠지만 곧 그 파생물로 압도당하지는 않을 것이다. 따라서 현재의 AI 단계를 즐기며 긍정적인 방식으로 AI 생태계에 기여하자.

사람들은 AI가 우리 일자리를 빼앗지 않을까 우려를 한다. AI는 여러분의 일자리를 빼앗지 않을 것이며, 여러분의 일을 더 쉽게 만들 수 있다. 여러분이 의사이고 암 보고서에 자신의 소견을 넣고 싶으면, AI는 여러분을 도울 것이다. 정보 기술[IT] 업계에서는 AI가 코더[coder]를 대체할 거라는 우려가 있다. 연구소와 기술업체가 인간보다 더 강력한 머신을 아주 빨리 만들어 AI 시대가 곧 도래하고, 머신이 우리 일자리를 빼앗아 가리라고 믿는다면 여러분은 ML, DL, AI 관련 기술을 익히기에 더 좋을 것이며, 아마 여러분은 이 행성에서 할 일을 가진 마지막 사람이 될 것이다! 우리는 AI가 일부 일자리를 빼앗을 거라고 추측하지만 이 AI 생태계는 새로운 일자리를 창출할 것이다. 그러니 걱정하지 말라! 이 논의는 계속되겠지만, 여러분이 이런 문제에 대해 생각할 시간을 갖는 것도 좋겠다.

▌요약

축하한다! 우리는 마지막 장을 마쳤다! 여러분의 노력에 경의를 표한다. 9장에서는 요즘 딥러닝이 왜 유행인지 알 만한 인공지능 측면 등에 있어서 많은 내용을 배웠다. 우리는 ANN의 개념을 살펴봤으며, 경사 하강법, 다양한 활성화 함수, 손실 함수 같은 개념을 알았다. DNN 아키텍처와 DL 라이프 사이클도 살펴봤다. 시퀀스 투 시퀀스 모델의 기본 사항을 다뤘으며 기계 번역, 타이틀 생성과 요약 같은 애플리케이션도 개발했다. 또한 경사 하강법 기반의 최적화 기술을 살펴봤다.

다음은 부록 A부터 C까지이며, 여기에는 하둡, 스파크 등과 같은 프레임워크에 대한 개요가 나와 있다. 이들 프레임워크의 설치 가이드뿐만 아니라 다른 도구와 라이브러리도 볼 수 있다. 이 외에도 여러분이 파이썬 초보자라면 많은 파이썬 라이브러리에 대한 치트 시트도 쉽게 찾을 수 있다. NLP 기술뿐만 아니라 데이터 과학을 실제로 향상시키려 한다면 내가 알려주는 유용한 팁도 있다. 또한 질문이 있을 경우를 대비해 내게 연락할 수 있게 부록에 깃터Gitter 링크도 남겨놓았다.

A

고급 도구

이 부록에서는 NLP 애플리케이션에서 어떻게 다양한 프레임워크를 사용하는지에 중점을 둔다. 프레임워크의 개요를 살펴보고 기본 피처와 하는 일에 대해 알아본다. 각 프레임워크의 상세한 아키텍처는 알아보지 않는다. 여기서의 목적은 다양한 NLP 애플리케이션을 만드는 데 함께 사용할 수 있는 다양한 도구와 프레임워크에 대해 알려주는 것이다. 대시보드 개발에 도움이 되는 시각화 라이브러리도 살펴본다.

▌ 저장소 프레임워크로서의 아파치 하둡

아파치 하둡Apache Hadoop은 널리 사용되는 프레임워크 중 하나다. 하둡을 사용하면 간단한 프로그래밍 모델을 사용해 범용 컴퓨터의 클러스터에 걸쳐 대규모 데이터세트를 분산 처리할 수 있다. 하둡은 맵리듀스MapReduce 개념을 사용한다. 맵리듀스는 입력 쿼리를 작은 부분으로 나누고, 그 부분을 **하둡 분산 파일 시스템(HDFS)** Hadoop distributed file system에 저장된 데이터와 함께 병렬로 처리한다.

하둡의 기능은 다음과 같다.

- 규모 확대가 가능하다.
- 비용 효율적이다.
- 강력한 생태계를 제공한다.
- 빠른 데이터 처리를 제공한다.

하둡은 NLP 애플리케이션을 위한 저장소 프레임워크로 사용될 수 있다. 대용량의 데이터를 저장하려면 다중 노드multinode 하둡 클러스터를 사용하고 데이터를 HDFS에 저장하면 된다. 따라서 많은 NLP 애플리케이션은 과거의 데이터historical data에 대해 HDFS를 사용한다. 하둡은 프로그램에 데이터를 보내고 해당 데이터는 로컬로 처리된다. 이러한 기능을 통해 하둡은 좋은 속도를 유지한다. 하둡은 느린 디스크 레벨에서 작업을 수행하지만 데이터 처리가 빠르도록 작업을 병렬로 실행한다. 디스크 연산이 메모리 연산에 비해 느릴 거라고 생각할 수 있지만 대량의 데이터가 있으면 한 번에 메모리에 넣지를 못한다. 따라서 멀티 노드 클러스터를 사용해 로컬에서 데이터를 처리하고 병렬로 작업을 실행하는 이런 방식을 통하면 우수한 처리량을 얻을 수 있다.

하둡에는 핵심 아키텍처의 부분으로 다음과 같은 컴포넌트가 있다.

- HDFS
- 맵리듀스

- 얀YARN

- 하둡 공용 유틸리티

그림 A.1에서 하둡의 아키텍처를 볼 수 있다.

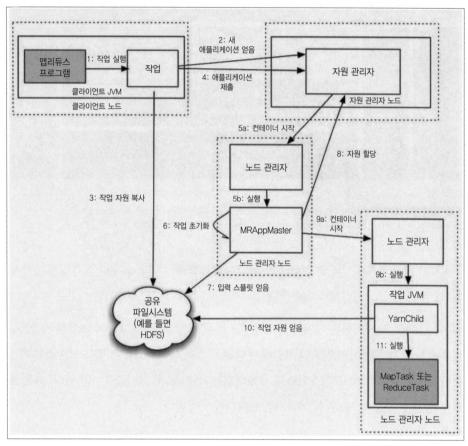

A.1 하둡 2.x 얀 아키텍처
(이미지 출처: https://github.com/zubayr/big_config/blob/master/hbase/hbase_tuning.md)

그림 A.2에서는 하둡 생태계를 볼 수 있다.

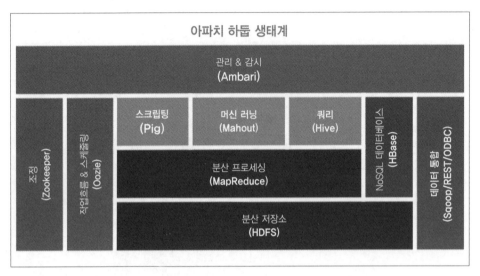

A.2 하둡 생태계(이미지 출처: https://s3.amazonaws.com/files.dezyre.com/images/blog/Big+Data+and+Hadoop+Training+Hadoop+Components+and+Architecture_1.png)

실시간 데이터 프로세싱의 경우 하둡은 좀 느리고 비효율적이다. 그렇다고 걱정하지 말라! 실시간 데이터 프로세싱에 도움이 되는 또 다른 프레임워크가 있다.

많은 NLP 애플리케이션은 데이터 프로세싱을 잘 처리할 수 있기 때문에 데이터 저장소를 위해 하둡을 사용한다. 개인적인 차원에서 나는 하둡을 사용해 HDFS에 내 코퍼스를 저장했다. 그리고 나서 스파크의 MLlib를 사용해 **머신 러닝(ML)** 알고리즘을 개발했다. 나는 실시간 데이터 프로세싱을 위해 아파치의 플링크를 사용한다.

실험 목적으로 나는 단일 노드 하둡 클러스터를 설정하는 단계를 넣었다. 이에 대한 깃허브 링크는 https://github.com/jalajthanaki/NLPython/blob/master/Appendix3/Installationdocs/App3_3_Hadoop_installation.md에 있다.

다음 문서에서는 하둡의 명령어를 찾을 수 있다.

- https://dzone.com/articles/top-10-hadoop-shell-commands
- https://hadoop.apache.org/docs/current/hadoop-project-dist/
  hadoop-common/FileSystemShell.html

▌ 프로세싱 프레임워크로서의 아파치 스파크

아파치 스파크Apache Spark는 대규모 데이터 프로세싱 프레임워크다. 이것은 빠르고 범용 엔진이다. 가장 빠른 프로세싱 프레임워크 중 하나다. 스파크는 디스크에서의 데이터 프로세싱뿐만 아니라 메모리에서의 데이터 프로세싱도 수행할 수 있다.

스파크의 중요한 기능은 다음과 같다.

- **속도**: 아파치 스파크는 하둡 맵리듀스를 메모리에서는 최대 100배, 디스크에서는 10배 더 빠르게 프로그램을 실행할 수 있다.
- **사용 편의성**: 스칼라, 자바, 스파크, R에서 애플리케이션을 개발하는 데 사용할 수 있는 다양한 API가 있다.
- **일반성**: 스파크는 컴바인 SQL, 스트리밍, 복잡한 분석 기능을 제공한다.
- **어디서든 실행**: 스파크는 하둡, 메소스Mesos, 단독형 또는 클라우드에서 실행될 수 있다. 여러분은 HDFS, 카산드라, HBase, S3를 포함해 다양한 데이터 소스에 접근할 수 있다.

나는 MLlib을 사용한 모델을 훈련시키기 위해 스파크를 사용했다. 나는 스파크 자바뿐만 아니라 PySpark API도 사용했다. 결과적으로 HDFS로 리디렉션될 수 있다. 나는 훈련된 모델을 HDFS에 저장하고 나서 필요에 따라 해당 모델을 로드했다. 스파크는 프로세싱 시간을 크게 단축시킨다. 나는 이 점을 경험했다. 이런 이유는 인메모리in-memory 프로세싱 아키텍처때문이다. 스파크 아키텍처는 그림 A.3에 나와 있다.

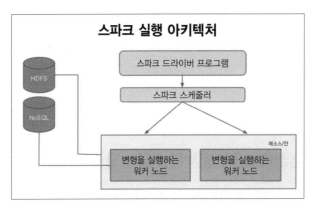

A.3 스파크 실행 아키텍처 (이미지 출처: https://www.slideshare.net/datamantra/spark-architecture)

그림 A.4에서는 스파크 생태계를 볼 수 있다.

A.4 스파크 생태계(이미지 출처: http://jorditorres.org/spark-ecosystem/)

다음 깃허브 링크에서 관련 설치 단계를 볼 수 있다.

- https://github.com/jalajthanaki/NLPython/blob/master/Appendix3/ Installationdocs/App3_4_Spark_installation.md

다음 링크에서는 좀 더 자세한 정보를 확인할 수 있다.

- https://jaceklaskowski.gitbooks.io/mastering-apache-spark/content/
- https://www.gitbook.com/book/jaceklaskowski/mastering-apache-spark/details
- http://spark.apache.org/
- http://spark.apache.org/docs/latest/ml-guide.html
- http://spark.apache.org/docs/latest/mllib-guide.html

▌ 실시간 프로세싱 프레임워크로서의 아파치 플링크

아파치 플링크Apache Flink는 실시간 스트리밍과 일괄 처리에 사용한다. 나는 실시간 프레임 워크에 대해 걱정할 필요가 없다고 말한 적이 있는데, 그 이유는 플링크 프레임워크가 있기 때문이다.

플링크는 분산형, 고성능, 항상 사용 가능, 정확한 데이터 스트리밍 애플리케이션을 위한 오픈 소스 스트림 프로세싱 프레임워크다. 플링크에 대한 자세한 내용은 https://flink.apache.org/에서 확인할 수 있다.

플링크는 아주 좋은 미래를 열어줄 것이다. 그림 A.5에서 그 내용을 볼 수 있다.

A.5 플링크의 기능(이미지 출처: https://flink.apache.org/)

플링크는 새로운 프레임워크다. 실시간 감정 분석을 수행하거나 실제 추천 엔진을 만들려면 플링크가 아주 유용하다. HDFS, 플링크, 카파Kappa, 람다lamda 아키텍처가 어떻게 사용되었는지 이해할 수 있게 다음 동영상을 참조하면 좋다. https://www.youtube.com/watch?v=mYGF4BUwtaw은 꼭 봐야 할 동영상이다.

이 동영상은 다양한 프레임워크가 어떻게 융합되어 좋은 실시간 애플리케이션을 개발하는지 이해하는 데 도움이 된다.

▌파이썬의 시각화 라이브러리

시각화는 특정 프로세스와 애플리케이션 결과를 추적하는 데 사용되는 중요한 활동 중 하나다. matplotlib는 6장뿐만 아니라 다른 장에서도 사용됐다.

matplotlib 외에도 다음과 같이 다양한 시각화 라이브러리를 사용할 수 있다.

- matplotlib: 사용하기 쉽고 아주 유용하다.

- bokeh: 사용자 정의 테마와 차트를 제공한다.
- pygal: 멋진 그래프와 차트를 만들 수 있다.

다음 링크를 통해 각 라이브러리를 알아볼 수 있다. 모든 라이브러리에는 문서가 있으므로 내용을 확인해서 자신의 차트를 만들면 된다.

matplotlib에 대한 자세한 내용은 https://matplotlib.org/에서 확인할 수 있다.

Bokeh에 대한 자세한 내용은 http://pygal.org/en/stable/documentation/index.html에서 확인할 수 있다.

pygal에 대한 문서는 http://pygal.org/en/stable/documentation/index.html에서 찾을 수 있다.

▌ 요약

이 프레임워크의 자세한 사항은 이 책의 범위를 벗어나기 때문에 이 프레임워크와 라이브러리에 대해 자세한 정보가 필요하면 Gitter 채팅방을 사용해 나와 만나면 된다.

이 프레임워크 개요는 NLP 애플리케이션에서 어떻게 다양한 프레임워크를 사용하는지를 이해하는 데 도움이 될 것이다. 하둡은 저장소용으로 사용된다. 스파크 MLlib는 머신 러닝 모델을 개발하고 훈련된 모델을 HDFS에 저장하는 데 사용된다. 필요할 때 훈련된 모델을 로드해 실행할 수 있다.

실시간 분석과 데이터 프로세싱이 등장할 때 플링크를 사용하면 편하다. 실시간 감정 분석, 문서 분류, 사용자 권장 엔진 등은 플링크를 사용해 구축할 수 있는 실시간 애플리케이션 중 일부다. matplotlib는 머신 러닝 모델을 개발하는 동안 사용된다. Pygal과 bokeh는 최종 사용자를 위한 멋진 대시보드를 만드는 데 사용된다.

B

NLP 기술을
향상시키는 방법

이 부록에서는 NLP에서 자신의 기술을 어떻게 향상시킬 수 있는지에 대해 자세한 정보를 제공한다. 여러분의 지식을 업데이트하는 데에도 도움이 될 것이다.

❚ NLP로 새로운 경력 쌓기

여러분이 코더이고 NLP로 경력 쌓기를 원한다면 다음 사항을 명심한다.

- AI뿐만 아니라 NLP도 빠르게 성장해서 기술 습득만으로는 충분하지 않다. 기술 업데이트도 필요하다.
- 캐글Kaggle은 모든 NLP와 데이터 과학 사용자를 위한 최고의 학습 플랫폼 중 하나다. 이 해커톤hackathon 플랫폼에 대해 처음 듣는다면 https://www.kaggle.com/ 링크를 클릭해보라. 실망하지 않을 것이다.
- 캐글 대회에 참가하라. 배우고, 토론하고, 구현하라.
- 코딩 경험이 있다면 깃허브는 여러분의 새 이력서를 위한 곳이다. 새로운 프로젝트를 만들어 깃허브에 올려라.
- 오픈 소스 커뮤니티 프로젝트에 기여하라. 그러면 여러분의 코딩 기술뿐만 아니라 사고 과정에도 도움이 된다.
- 다양한 컨퍼런스에 참석하라. 새 아이디어와 기술을 둘러보자.
- 연구 논문과 기사를 읽어라.
- 커뮤니티와 대화에 참여하라
- 질문을 하라. 단순하게 말하면 그냥 자신을 개방적으로 만들어라.
- 제품 아키텍처에 대해 생각하라.
- 모든 학습 내용을 결합해 개발 제품에 대한 큰 그림을 보라.
- 충분히 배웠다고 생각이 들어도 다시 생각해보라. 때로는 시도했던 사용 사례, 애플리케이션 등이 너무 유사해 아주 흥미로운 내용을 찾지 못할 수도 있다. 모든 학습과 경험을 떠올려보자. 생각을 새롭고 더 나은 방향으로 돌려라(뉴튼이나 아인슈타인처럼 말이다. 그들은 학습을 중단하고 사고력을 발휘해 과학에 대한 훌륭한 이론을 만들어냈다). 긍정적인 자세로 다른 사람의 삶에 영향을 미치는 유용한 제품을 만들어보라.

▌ 치트 시트

https://github.com/jalajthanaki/NLPython/tree/master/Appendix2/Cheatsheets
링크에 라이브러리와 프레임워크에 대한 치트 시트^{cheat sheet}를 넣어둘 것이다.

치트 시트에서는 라이브러리, 도구, 프레임워크를 다룬다. 이들 치트 시트는 내가 개발한 제품은 아니다. 다음 주제에 대한 치트 시트를 만든 각 저작자에게 크게 감사한다.

- 초보자용 리눅스 책
- 파이썬
- 넘피
- 싸이파이^{SciPy}
- 팬더스^{pandas}
- 패스크^{Fask}
- 사이킷런
- 텐서플로 API(https://www.tensorflow.org/api_docs/python/)
- 크리스천 카르델리노가 만든 크리스티 텐서플로 치트 시트(https://github.com/crscardellino/cheatsheets/blob/master/tensorflow.md)
- 케라스
- 파이스파크^{PySpark}
- 수학
- 깃^{Git}
- 리눅스

▌ 자신의 영역 선택

모든 장을 읽고 나면 여러분 자신이 무엇을 좋아할지 충분히 알 것이다. 핵심 ML을 만들고 싶은가? 하둡, 스파크 등과 같은 프레임워크에서 작업하기를 원하는가? 아키텍처 설계에 열중하는가? 시각화에 기여하고 싶은가? 생각해보고 선택하라.

여러분은 데이터 과학에서 어떤 영역을 선택하거나 전체 데이터 과학 제품 개발 라이프 사이클의 일부에 참여할 수 있다. 나는 내 사례를 알려주고 싶다. 나는 중견 규모 업체와 창업 회사와 함께 일해왔다. 지금까지 데이터 과학 제품을 제안하고 제품을 출시하는 등 데이터 과학과 관련된 다양한 영역을 자유롭게 둘러볼 수 있었다. 나는 사업 기회를 분석한 후 신제품을 제안하곤 했다. 이 제품을 만들 경우 최종 사용자가 그 제품을 사용하고는 내가 일하는 회사에 대해 긍정적인 반응을 갖게끔 제품 제안서를 검증한다. 그러고 나서 나는 어떤 종류의 데이터가 필요한지, 어떤 데이터 자원을 사용할지, 수집해야 할 중요한 데이터 점은 무엇인지, 제품의 아키텍처는 무엇일지, 어떤 머신 러닝 모델을 사용할지, 기존 제품과 어떻게 통합할지, 언제 출시할지 등과 같이 많은 질문을 함으로써 설계 부분에 대한 작업을 시작한다. 만약 여러분이 나처럼 생각하고 데이터 과학 제품의 모든 컴포넌트뿐만 아니라 모든 분야에서 일하기를 원한다면, 그것은 매우 좋은 현상이다. 열정을 갖고 진심을 다해 일하라. 큰 그림도 보라.

▌ 성공을 달성하기 위한 일의 민첩한 방식

NLP 또는 기타 데이터 과학 관련 프로젝트에서 최적의 결과를 얻으려면 많은 반복 작업이 필요하다. 문제 진술도 이해해야 한다. 그러고 나서 최상의 결과를 얻기 위해 데이터 분석을 시작해야 한다. 데이터를 분석한 후 기본적인 프로토타입을 만들어라. 그런 다음 모델을 검증하라. 그렇게 해서 최상의 결과가 나오면 끝난 것이다. 그렇지 않은 경우라면 다른 알고리즘을 구현하거나, 하이퍼 매개변수를 튜닝하거나, 피처 세트를 변경하거나 개선하

라. 여러분 자신의 작업 과정에서 민첩해야 한다. 문제를 식별하거나 실수하고 나서는 현명하게 반복하라. 스택 오버플로우에 대한 질문을 하고 답을 찾아 보라. 그러면 정말 도움이 될 것이다. 모든 기술과 도구로 여러분 자신을 업데이트하라. 여러분의 문제를 해결할 수 있는 라이브러리가 있다. 사용 가능한 유료 서드파티 도구를 찾아보고 작동 방식을 이해해보라. 여러분이 그런 도구를 사용한 후에 여러분 제품의 장인이 된다면 그 제품은 최종 사용자에게 더 가치 있게 될 것이다.

▌ NLP와 데이터 과학에 대해 유용한 블로그

다음은 NLP와 데이터 과학에 대한 중요 블로그다.

- http://www.datasciencecentral.com/
- https://nlp.stanford.edu/blog/
- http://www.kdnuggets.com/
- https://nlpers.blogspot.in/
- https://lingpipe-blog.com/lingpipe-home-page/

▌ 공개 데이터세트 얻기

다음은 이용 가능한 데이터세트 리스트다.

- Kaggel 데이터세트: https://www.kaggle.com/datasets
- UCI 머신 러닝: http://archive.ics.uci.edu/ml/
- 레딧: https://www.reddit.com/r/datasets/
- 공개 데이터세트 리스트가 있는 멋진 깃허브 저장소: https://github.com/caesar0301/awesome-public-datasets

- 구글의 고급 검색은 데이터세트를 검색할 때도 편리하다. https://www.google.co.in/advanced_search

데이터 과학에 필요한 수학

여러분이 비전문가 출신에 NLP, 또는 다른 데이터 과학 프로젝트에서 도움이 될 만한 수학을 배우고 싶다면 https://www.khanacademy.org/에서 학습을 시작할 수 있다.

참조 링크, 연구 논문, 서적을 보고 싶다면 깃허브 링크 https://github.com/jalajthanaki/NLPython/tree/master/Appendix2를 클릭하라.

위 페이지에 항목을 추가하고 싶다면 언제든지 그렇게 하라. 가던 길을 멈추지 말고 계속 가라.

요약

이 절은 내 의견을 여러분과 논의하고 공유하는 내용에 관한 것이다.

여기 전체 절은 내 견해를 논의하고 공유하는 것 이상이다. 이러한 견해는 여러분이 앞으로 나아가도록 돕는다. 여러분이 원할 경우, 확인해서 흡수할 수 있는 몇 가지 제안, 절차, 영역을 제공했다. 나는 유용한 블로그에 대한 링크와 공개적으로 이용 가능한 데이터 세트에 대한 중요 링크를 소개하고, 각 파이썬 라이브러리에 대한 치트 시트도 제공했다.

C

설치 안내

이 부록에서는 단일 노드 하둡 클러스터와 단일 노드 스파크 클러스터뿐만 아니라 파이썬 라이브러리 설치와 관련된 정보를 제공한다. 이 책이나 NLP와 관련해서 내게 묻고 싶으면 Gitter 채팅방에서 나를 만나면 된다.

▌ 파이썬, pip, NLTK 설치

pip란 pip 설치 패키지, 또는 pip설치 파이썬을 의미한다.

다음 링크에서 pip와 nltk를 어떻게 설치하는지를 알 수 있다.

- https://github.com/jalajthanaki/NLPython/blob/master/Appendix3/
  Installationdocs/App3_1_Install_python_pip_NLTK.md

파이썬은 리눅스와 맥OS에 미리 설치돼 있다. 리눅스 OS 또는 맥OS 사용을 권장하는데, 그 이유는 ML 관련 프레임워크를 쉽게 설정할 수 있기 때문이다.

▌ PyCharm IDE 설치하기

다음 링크를 통해 리눅스 OS용 PyCharm 커뮤니티 IDE를 설치할 수 있다.

- https://github.com/jalajthanaki/NLPython/blob/master/Appendix3/
  Installationdocs/App3_2_Pycharm_installation_guide.md

▌ 종속성 설치

다음 명령을 실행해 NLP 프로젝트에 대한 다양한 파이썬 종속성을 설치할 수 있다.

```
sudo pip install -r pip-requirements.txt
```

다음은 종속성 파일에 대한 링크다.

- https://github.com/jalajthanaki/NLPython/blob/master/pip-
  requirements.txt

▐ 프레임 설치 가이드

하둡 단독형 클러스터 설치 가이드:

- https://github.com/jalajthanaki/NLPython/blob/master/Appendix3/
Installationdocs/App3_3_Hadoop_installation.md

스파크 단독형 클러스터 설치 가이드:

- https://github.com/jalajthanaki/NLPython/blob/master/Appendix3/
Installationdocs/App3_4_Spark_installation.md

텐서플로 설치 가이드:

- https://www.tensorflow.org/install/

▐ 질문

설치와 관련된 의문이 있다면 다음 링크를 사용해 Gitter에 참여하면 된다.

- https://gitter.im/NLPython/Installation_queries?utm_source=share-
link&utm_medium=link&utm_campaign=share-link

코딩 관련 질문이나 이 책과 관련된 다른 질문을 하고 싶다면 다음 Gitter 채팅방에서 나를 만나라.

- https://gitter.im/NLPython/Lobby?utm_source=share-link&utm_
medium=link&utm_campaign=share-link

▎ 요약

이 절의 중심 영역에서는 다양한 라이브러리 설치에 대한 세부사항을 제공했다. 여러 IDE의 설치 단계도 설명했다. 나는 일을 편하게 하기 위해 pip 요구사항 문서 하나를 개발했다. 앞서 언급한 명령을 실행하면 파이썬 종속성을 설치할 수 있다. 여러분의 머신에 하둡과 스파크를 설치하는 단계를 알려줬는데 그 모두는 단일 노드 클러스터에서 실행된다. 설치 사항에 의문이 있다면 내게 연락해도 된다.

찾아보기

에이콘출판의 기틀을 마련하신 故 정완재 선생님 (1935-2004)

파이썬 자연어 처리의 이론과 실제

효율적인 자연어 처리를 위한 머신 러닝과 딥러닝 구현하기

발   행 | 2018년 6월 29일

지은이 | 잘라지 트하나키
옮긴이 | 이승준

펴낸이 | 권성준
편집장 | 황영주
편   집 | 양아영
          배혜진
디자인 | 박주란

에이콘출판주식회사
서울특별시 양천구 국회대로 287 (목동)
전화 02-2653-7600, 팩스 02-2653-0433
www.acornpub.co.kr / editor@acornpub.co.kr

한국어판 ⓒ 에이콘출판주식회사, 2018, Printed in Korea.
ISBN 979-11-6175-172-6
ISBN 978-89-6077-210-6 (세트)
http://www.acornpub.co.kr/book/python-nlp

이 도서의 국립중앙도서관 출판시도서목록(CIP)은 서지정보유통지원시스템 홈페이지(http://seoji.nl.go.kr)와
국가자료공동목록시스템(http://www.nl.go.kr/kolisnet)에서 이용하실 수 있습니다.(CIP제어번호: CIP2018019046)

책값은 뒤표지에 있습니다.